古代埃及

〔美〕詹姆斯·亨利·布雷斯特德 著
罗 静 译
郭子林 审校

从原初时代到波斯征服

北京理工大学出版社
BEIJING INSTITUTE OF TECHNOLOGY PRESS

本书出版时间较早,书中较多内容与现代埃及学研究成果差别较大,建议在阅读时,参考刘文鹏教授的《古代埃及史》。

——编者注

爱斯那神庙的柱廊大殿

这座神庙属于古希腊—罗马时代。它的柱廊是后来丰富而华丽的植物型圆柱的一个很好的例子。该类型圆柱由赛伊斯时代早期的建筑师设计出来。

目 录

001 － 序

第一卷
引 言

003 － 第一章
　　　这片土地

016 － 第二章
　　　前期研究、年表和文献来源

033 － 第三章
　　　最早的埃及

第二卷
古王国

071 － 第四章
　　　早期宗教

096 — 第五章

　　古王国：政府和社会，工业和艺术

145 — 第六章

　　金字塔的建造者

172 — 第七章

　　第六王朝：古王国的衰落

第三卷
中王国，封建时代

193 — 第八章

　　北方的衰落和底比斯的崛起

205 — 第九章

　　中王国，封建时代：国家、社会和宗教

229 — 第十章

　　第十二王朝

第四卷
喜克索斯时代：帝国的崛起

277 — 第十一章

　　中王国的衰落；喜克索斯时代

293 — 第十二章

　　喜克索斯的败退和底比斯的胜利

第五卷
帝国时代：第一时期

305 — 第十三章

　　新国家：社会和宗教

332 — 第十四章

　　王国的兼并；帝国的崛起

348 — 第十五章

　　图特摩斯王朝的争斗和哈特谢普苏特女王的统治

372 — 第十六章

　　帝国的兼并：图特摩斯三世

422 — 第十七章

　　帝　国

467 — 第十八章

　　埃赫那吞的宗教革命

505 — 第十九章

　　埃赫那吞的失败和帝国的瓦解

第六卷
帝国：第二时期

531 — 第二十章
阿蒙的胜利和帝国的重组

563 — 第二十一章
拉美西斯二世的战争

586 — 第二十二章
拉美西斯二世的帝国

616 — 第二十三章
帝国最后的衰落：麦伦普塔赫与拉美西斯三世

第七卷
颓 败

667 — 第二十四章
帝国的没落

687 — 第二十五章
祭司与雇佣兵：利比亚人的霸权

706 — 第二十六章
埃塞俄比亚的霸权和亚述的胜利

第八卷
复兴与终结

739 — 第二十七章
　　　复　兴
758 — 第二十八章
　　　最后的斗争：巴比伦和波斯
775 — 国王年表

脚注和缩写的说明

罗马数字I、II、III和IV后接阿拉伯数字,表示作者所著的《古埃及记录》中的卷目和段落。见"前言"的第 xi 页。

BT= 布鲁格施（Brugsch）,《同义词典》（Thesaurus）。

Rec.=Recueil de Travaux, Maspero.

RIH = de Rouge, Inscriptions hieroglyphiques.

所有其他缩写都足够完整，无须进一步解释即可理解。

插　图

007　—　图 1　第一瀑布的水道之一
008　—　图 2　从通往吉萨金字塔的路上看到的洪流
013　—　图 3　越过尼罗河眺望底比斯（Thebes）附近的西部悬崖
013　—　图 4　底比斯卡纳克（Karnak）的土屋和棕榈树丛
019　—　图 5　从现代城镇埃德夫眺望尼罗河谷
024　—　图 6　三层桔槔
025　—　图 7　尼罗河谷的绝壁
035　—　图 8　已知最早的图画
038　—　图 9　前王朝时期的燧石刀
040　—　图 10　带有雕刻装饰的前王朝陶器
040　—　图 11　带有船、动物、男人和女人图案的前王朝陶器
044　—　图 12　一座前王朝时期的坟墓
046　—　图 13　带有美尼斯姓名的金色条状物
046　—　图 14　雪花石膏制器皿

046	图 15	象牙雕制的椅子腿
046	图 16	铜制器皿
048	图 17	手戴四个手镯的女性
048	图 18	国王为一条新运河破土动工
048	图 19	华丽的仪式用石板雕刻调色板
053	图 20	两个不同角度的哈谢海姆威（Khasekhem）国王头像
053	图 21	哈谢海姆威国王雕像，头部见图 20
053	图 22	阿尼德吉布（Enezib）国王的砖墓，墓室地面铺设了木制材料
056	图 23	国王乌萨伐斯的砖砌坟墓
056	图 24	密封的食品和饮料罐
056	图 25	世界上最早的石砌结构建筑
056	图 26	国王乌萨伐斯的象牙牌
057	图 27	第一王朝美尼斯的乌木牌，阿拜多斯，公元前 3400 年
058	图 28	瑟莫赫特国王（第一王朝）击打西奈的贝都因人
062	图 29	巴勒莫石碑
074	图 30	天空之牛
075	图 31	天空女神
077	图 32	太阳神的飞天船
077	图 33	一组古王国"玛斯塔巴式坟墓"（也称砖石墓）

的复原图［由佩罗（Perrot）和特奇皮兹（Chipiez）提供。］

089 — 图34　玛斯塔巴或石砌坟墓的平面图

093 — 图35　阿布西尔金字塔及其附属建筑的复原图［由波尔哈特（Borchardt）提供。］

101 — 图36　国库官员征收税款

113 — 图37　古王国时期一位埃及贵族的宅邸和花园（由佩罗和特奇皮兹提供。）

114 — 图38　古王国的一位贵族，在纸莎草沼泽中，用一根抛棍从芦苇小船上捕捉野禽

116 — 图39　古王国时代的农业

117 — 图40　古王国时期的一个牧群，正涉水过河

118 — 图41　古王国时代的金属工人工作坊

119 — 图42　古王国时代的造船业

120 — 图43　工人们正在钻石器

121 — 图44　古王国时代的纸莎草丰收景象

122 — 图45　古王国法律文件中的两列

124 — 图46　古王国市场的景象［摘自莱普修斯（Lepsius），《埃及和埃塞俄比亚的遗迹》（*Denkmaeler aus Aegypten und Aethiopien*）］

127 — 图47　第三王朝的建筑

127 — 图48　哈夫拉（Khephren）的闪长岩雕像

127	–	图49	拉内菲尔（Ranofer）的石灰岩雕像
129	–	图50	河姆赛特（Hemset）的石灰岩雕像
130	–	图51	族长木雕的头部
130	–	图52	古王国书吏的石灰岩雕像
133	–	图53	佩皮一世及其儿子的真人大小雕像，均以铜锻造
134	–	图54	佩皮一世铜像的头部，眼睛以水晶镶嵌而成
134	–	图55	从麦杜姆（Medum）的一座古王国坟墓中出土的描绘鹅的油画
137	–	图56	一座古王国玛斯塔巴小礼堂的内部浮雕，描绘的是牛群和羊群
138	–	图57	用于装饰的花岗岩狮头
138	–	图58	希拉孔波利斯的神鹰金雕
138	–	图59	赫亚尔木门
138	–	图60	第五王朝的石柱：一簇纸莎草茎（左）和棕榈树干（右）
140	–	图61	尼乌舍勒金字塔神庙的庭院周围部分柱廊的立面图（第五王朝）
142	–	图62	左赛尔统治时期位于贝特-哈拉夫的砖墓
142	–	图63	位于萨卡拉（Sakkara）的左赛尔"阶梯金字塔"
143	–	图64	位于麦杜姆的斯尼夫鲁金字塔
149	–	图65	位于西奈半岛马格哈拉干河谷的阿蒙涅姆赫特三世石刻铭文，将斯尼夫鲁列为当地神祇

插 图

150 — 图66 大金字塔底座的套管石块,无法辨认的接缝以碳线显示

153 — 图67 位于吉萨的胡夫大金字塔(齐阿普斯)

156 — 图68 吉萨金字塔

156 — 图69 哈夫拉遗迹大门的花岗岩大殿

161 — 图70 位于吉萨的大狮身人面像

162 — 图71 位于阿布西尔的尼乌舍勒太阳神庙复原图

164 — 图72 位于阿布西尔的尼乌舍勒太阳神庙的浮雕上的景象

168 — 图73 位于萨卡拉的尤尼斯金字塔(第五王朝)废墟

168 — 图74 伊里芬丁岛,南部边境上的国主之家

182 — 图75 古王国矮人雕像〔摘自马斯佩罗(Maspero)的《埃及考古学》(*Egyptian Archaeology*)〕

185 — 图76 位于阿斯旺的哈胡弗墓

185 — 图77 国王迈瑞恩拉的头像

185 — 图78 休特的西部悬崖

207 — 图79 赫努姆霍特普首领在贝尼哈桑的办公室

208 — 图80 一尊约22英尺高的雪花石膏巨像,由172个人用雪橇拉着,他们沿着绳子排成四队,每队两列〔出自位于埃尔柏尔舍(El Bersheh)的中王国坟墓〕

220 — 图81 中王国棺材和葬祭家具

220 — 图82 塞索斯特里斯三世的祭船

238	–	图 83　库姆赫和塞姆奈堡垒的复原图
240	–	图 84　从伊布里姆（Ibrim）高地上被摧毁的穆斯林堡垒看去的努比亚尼罗河（立体照片版权由 Underwood & Underwood 纽约所有）
240	–	图 85　位于西奈半岛萨布特 - 埃尔卡德姆（Sarbut el-Khadem）的中王国矿场遗址
247	–	图 86　法尤姆西北部的伯基特 - 埃尔库伦对岸的景色
247	–	图 87　位于赫里奥波里斯的塞索斯特里斯一世方尖碑（立体照片版权由 Underwood & Underwood 纽约所有）
247	–	图 88　阿威布拉（Ewibre）王子的木雕（现藏于开罗博物馆）
252	–	图 89　阿蒙涅姆赫特三世的头像，来自塔尼斯发现的狮身人面像
252	–	图 90　阿蒙涅姆赫特三世半身像
253	–	图 91　位于拉宏的塞索斯特利斯二世砖砌金字塔
256	–	图 92　哈瓦拉金字塔墓室的一部分
260	–	图 93　沿着中轴线向塔尼斯的神庙看去（皮特里，塔尼斯，L）
260	–	图 94　位于代赫舒尔的阿蒙涅姆赫特三世金字塔的顶石
261	–	图 95　位于利斯特的阿蒙涅姆赫特一世金字塔里的十尊石灰岩雕像中的三尊（现藏于开罗博物馆）

269	–	图 96　竖琴师为宴会者歌唱
270	–	图 97　第十二王朝的一位公主的王冠,发现于她位于代赫舒尔的坟墓中(现藏于开罗博物馆)
270	–	图 98　第十二王朝的一位公主的王冠,发现于她位于代赫舒尔的坟墓中(现藏于开罗博物馆)
284	–	图 99　第三瀑布上游阿戈岛上的涅菲尔克赫勒斯-索布克霍特普雕像
284	–	图 100　一位塞肯内拉的遗体,显示头骨上有伤口(现藏于开罗博物馆)
284	–	图 101　基安(Khian)花岗岩坐像的不完整部分。发现于布巴斯蒂斯
298	–	图 102　埃尔卡布的城墙,从城镇东边悬崖上的一扇墓门望去
298	–	图 103　雅赫摩斯一世的青铜武器
307	–	图 104　帝国时期的一列长矛兵
308	–	图 105　帝国时期的战车
324	–	图 106　"乌沙比"或应答者雕像
324	–	图 107　"阿蒙的第一位圣妇伊辛赫布(Isimkheb)"的圣甲虫心脏。见第 249 页。(现藏于芝加哥博物馆)
325	–	图 108　底比斯"帝王谷"的一部分
326	–	图 109　塞提一世墓的平面图
341	–	图 110　位于底比斯的拉美西斯五世墓的入口长廊。见

第 250—251 页和第 279—280 页

341	图 111	哈特谢普苏特最喜爱的森穆特（Senmut）的坐雕
358	图 112	底比斯的德艾尔巴赫神庙里的一系列蓬特浮雕上的场景
364	图 113	位于底比斯德艾尔巴赫的哈特谢普苏特阶梯神庙中间平台的北柱廊
365	图 114	位于卡纳克的哈特谢普苏特方尖碑
383	图 115	阿蒙绿洲，也就是西瓦（Siwa）绿洲
384	图 116	图特摩斯三世的方尖碑
384	图 117	图特摩斯三世占领的亚洲城镇名单
391	图 118	埃及帝国的一位法老接受亚洲使节的进贡
401	图 119	帝国统治下，被送去埃及的亚洲囚犯
428	图 120	图特摩斯三世的头颅
428	图 121	图特摩斯三世的儿子阿蒙霍特普二世的头颅
428	图 122	阿蒙霍特普二世的儿子图特摩斯四世的头颅
428	图 123	第 296 号阿玛尔纳书信
443	图 124	帝国时期的服装
444	图 125	围柱式内殿神庙
445	图 126	帝国时期典型塔架神庙的透视图和截面图
446	图 127	克里特岛发现的石雕花瓶碎片
446	图 128	阿蒙霍特普三世的宫殿，簇拥着纸莎草柱

451	— 图 129	卡纳克大神庙前的石雕公羊大道
457	— 图 130	阿蒙霍特普三世未完工的大殿的中殿圆柱
462	— 图 131	阿蒙霍特普三世的巨大石英石雕像（门农巨像）
472	— 图 132	孟斐斯一位大祭司送葬队伍的一部分
477	— 图 133	出自位于索利布的阿蒙霍特普三世神庙的狮子
478	— 图 134	帝国时期的凳子
478	— 图 135	图特摩斯四世国有战车的正面
483	— 图 136	帝国时期的王家肖像（现藏于开罗博物馆）
483	— 图 137	哈皮之子，阿蒙霍特普的肖像。见第 341 页。（现藏于开罗博物馆）
484	— 图 138	在荷花间游来游去的鸭子
486	— 图 139	埃赫那吞和他的王后赏赐祭司艾和他的妻子
489	— 图 140	阿玛尔纳的大界碑
489	— 图 141	埃赫那吞接受王后的献花
499	— 图 142	埃赫那吞的女儿的石灰岩雕像中的躯干。见第 378 页。
499	— 图 143	埃赫那吞的头像
499	— 图 144	沼泽地里的生活
510	— 图 145	手持斧头的赫梯士兵
510	— 图 146	手持长矛和权杖的赫梯王
510	— 图 147	埃及官员接收闪米特移民
515	— 图 148	哈马卜作为官员接受国王赏赐的黄金

520	—	图149	位于卡纳克的哈马卜墓的南塔架
521	—	图150	来世成为农夫的哈马卜
521	—	图151	洪苏神的半身像
526	—	图152	位于卡纳克的塞提一世战斗浮雕
535	—	图153	塞提一世向奥西里斯祭献象征真理的塑像
540	—	图154	年轻的塞提一世祭献象征真理的塑像
547	—	图155	检验牛群
554	—	图156	乘坐芦苇船在沼泽地里狩猎
555	—	图157	塞提一世在卡纳克的一幅浮雕的一部分
566	—	图158	塞提一世的头颅
566	—	图159	位于腓尼基的拉美西斯二世石碑（右）和亚述国王以撒哈顿（Esarhaddon）石碑（左）
576	—	图160	卡叠什战役浮雕上的场景
587	—	图161	拉美西斯二世千吨巨像的碎片
588	—	图162	比东的储藏室
594	—	图163	拉美西斯二世雇用的全副武装的舍尔丹侍卫
595	—	图164	卡纳克大殿复原图
596	—	图165	卡纳克多柱大厅的中间通道
599	—	图166	拉美西斯二世葬祭庙
599	—	图167	阿布辛贝的悬崖神庙
600	—	图168	拉美西斯二世的黑色花岗岩雕像
602	—	图169	拉美西斯在拉美西斯二世葬祭庙墙壁浮雕上描

插 图

绘的卡叠什战役场景

617 — 图 170 拉美西斯二世的头颅

617 — 图 171 麦伦普塔赫的胜利赞美诗

618 — 图 172 拉美西斯三世的派莱赛特俘虏（Peleset），也就是非利士俘虏

636 — 图 173 拉美西斯三世的海军战胜地中海北部人

649 — 图 174 拉美西斯三世的哈布城神庙

649 — 图 175 拉美西斯三世的哈布城神庙

650 — 图 176 拉美西斯三世猎杀野公牛

674 — 图 177 阿蒙大祭司阿蒙霍特普接受拉美西斯九世的授权

674 — 图 178 书吏在塞提一世的石棺中留下的记录

674 — 图 179 德艾尔巴赫的隐藏处

703 — 图 180 "亚伯拉罕之地"

703 — 图 181 以撒哈顿的森吉利石碑

703 — 图 182 普萨姆提克一世的塞拉比尤姆石碑

732 — 图 183 从南面看到的卡纳克全景

752 — 图 184 普萨姆提克的姐妹阿曼底斯的雪花石膏雕像

768 — 图 185 来自赛伊斯时代一艘船的船头青铜山羊

768 — 图 186 赛伊斯时代的绿色玄武石头像

致
我的母亲

序

每年冬季，越来越多的人前往尼罗河谷旅行。单凭这一点，似乎就足以表明，公众希望看到一部关于埃及历史的书籍。除了这些幸运的旅行者，还有另一个不断壮大的人群，他们开始意识到早期东方社会在人类历史上的重要性。随着尼罗河将她那哺育生命的河水倾注到地中海的宽广胸怀之中，那些早期从尼罗河沿岸的野蛮生态中崛起的伟大人民的文明，也从尼罗河谷散发出来，并找到了通往南欧的道路，产生了丰富、多元的文化影响。这让我们西方世界感激至今。如果幼发拉底河也以这样的方式流入地中海，那么我们也会对巴比伦感恩不尽，如同我们对尼罗河那样。无论是在南欧人类最早期发展中，还是在古老文明被高等文化取代之后的很长时间里，无论是依靠武力，还是凭借优越文明的绝对力量，埃及都是地中海盆地的主导力量。对于我们，享用早期欧洲文明果实的人来说，掀开帷幕，去远眺那些为我们祖先留下如此珍贵遗产的年代是至关重要的。最后，还有第三个群体，可能也是人数最为众多的一个群体，渴望了解埃及历史，他们就是学习《旧约》的人。在编写这本书时，我把所有这些读者都记在心上。

编著这部史书时所采取的计划，在某种程度上也将决定这部书的使用条件。我们在了解尼罗河谷人的早期历史时，资料来源极其贫乏，形式也极为不足。本书（从第 23 页开始）以及本书作者的《古埃及记录》（*Ancient Records of Egypt*）第一卷第 3—22 页，对此做进一步讨论。就像现在我们使用的一样，在学者们的历史研究中，它们主要以出版形式呈现。在绝大多数情况下，这些出版物在编辑之时，铭文的准确性和人们对它的审慎态度还没有达到当前水平。现在，在编著此类作品时，这种准确性和审慎态度是不可或缺的。[1]任何类型的铭文，要想准确复制，都绝非易事。诸如约翰·拉斯金（John Ruskin）这样的材料文献观察者，能够以微小误差，非常接近地呈现一段简短的拉丁铭文，已经很不错了。即使如此，这种误差还是会让人感到惊讶。在举世无双的著作《佛罗伦萨的早晨》（*Mornings in Florence*）中，

---

〔1〕 本段的剩余部分摘自作者的《古埃及记录》第一卷第 27~28 节。

他复制了圣十字教堂，镌刻在陵墓大理石板上的简短铭文，也是他十分钦慕的一段文字。我将他复写的这短短八行文字与原文进行对比，发现他拼错了一个词，而且漏掉了两个中世纪拉丁语单词（"et magister"）。这对于这位伟大艺术评论家而言，并不稀奇，即使受过良好教育、谨慎细致的古文字学家也会如此。曾有一段最著名的政治学铭文在八个不同的出版物上出现过。每个出版物都或多或少地在某些重要方面与其他版本存在差异，直到最后才出现一个准确复制本。纽约方尖碑底座上的希腊语和拉丁语铭文曾经很长一段时间被人误读，这个日期上的错误导致蒙森（Mommsen）得出了"埃及早期长官是罗马人"的错误结论。在埃及古物学发展初期，象形文字的阅读知识是一项必要基础，需要具备非凡技能的抄写员制作一份至今仍可信赖的抄本。如果埃及古物学当初能快速突破这种早期不足，现在一切都会很好，然而这种方法一直沿用至今。虽然现在每年都有许多极尽准确的象形文字文献出版，但在出版物中大部分标准埃及文献仍存在一定程度的不完整和不准确。根据作者的判断，这种情况在铭文学其他任何分支中都是不存在的。

在这种情况下，作者的首要义务是，尽可能以原始纪念物为作品的依据。此项任务耗费了作者很多时间，需要我们在欧洲各大收藏机构间游走。在这项工作中，一家相关企业也给予了最大帮助。为了给德国皇帝编纂一部大部头埃及字典，德国派出了一个代表团，前往欧洲各博物馆为德国四个皇家学院（柏林、莱比锡、哥廷根和慕尼黑）所组成的委员会收集埃及遗迹，这让作者得以从原作中复制到几乎所有现存于欧洲的埃及历史遗迹。至于那些仍留存在埃及的遗迹，作者已经手握许多可用复制本，特别是存于底比斯（Thebes）和阿玛尔纳（Amarna）的遗迹，因为在那两个地方，他复制了所有坟墓上的古老铭文。藏于吉萨（Gizeh，今开罗）博物馆的遗迹，也已复制。作者没有复制的埃及遗迹，大多数都挤压在莱普修斯（Lepsius）的无数收藏中，现存于柏林博物馆。至于其他遗迹，作者可以在为上述词典的编纂进行大量校勘工作时查阅。此外，一位同事不时地提供必要的校勘。关于所有其他无法获取的资料，我可以确保在所有重要情况下，获取到原始遗迹的大量照片。最后，仅能依靠出版物来了解的遗迹少之又少，当然多数情况下，这些出版物是采用现代方法编制的，几乎可以与原始遗迹媲美。因此，基本上可以公正地说，这一部关于埃及人历史生涯的叙述是依据现存原始记录书写的。

过去二十年里我们在语言知识上所取得的巨大进步，还不能说是对整个历史文献的全面研究。因此，为了利用历史上收集到的资料，我们必须基于我们已有所改善的语言学知识，从头开始研究历史文献，无论早期的研究及其结果如何。只有在毫无偏见地研究了所有文献记录和译文之后，我们才能对历史文献进行重新审视。综合了由原始遗迹修改的复制版和基于新语法得出的文献研究成果，人类产出了一系列历史文献译本。它们按时间排序，从现存最早的记录开始，直至公元前525年埃及被波斯人征服，最终丧失独立。除了成百上千散落在各处的出版物无法获取外，这些原始遗迹以及它们的历史介绍和注解现在均出现了英文译本。通过这些译本，读者可以了解具体的推断是基于哪些文献证据得出的。本部史书脚注中的数字Ⅰ、Ⅱ、Ⅲ和Ⅳ指的是这些译本的卷目编号；[1]这四个罗马数字后面的阿拉伯数字指的是译本中的段落编号；如果罗马数字和阿拉伯数字之中插入了"p."，则指示译本中的页码。

我们把所有关于史料的技术性讨论放在我们翻译的四卷书里，希望通过这种方式，成功地减轻本书的负荷，同时不掩饰历史事实与史料之间的密切关系。对于普通读者来说，在一连串脚注中引用一些技术性、非通俗、只为埃及学领域的专业人士所知的出版物，着实没有意义。另一方面，作者认为，如果使本书中的陈述与它们的原始资料断开一切关联，结果几乎是同样糟糕的，即使只有非常少，且越来越少的读者会去核实所引用的参考文献。但对于这一小部分人来说，这样的参考资料是无价的，因为作者

[1] 见《古埃及记录：历史文献》，(*Ancient Records of Egypt: The Historical Document*)，詹姆斯·亨利·布雷斯特德，芝加哥大学出版社，芝加哥，1905年。第一卷：《第一至第十七王朝》(*The First to the Seventeenth Dynasties*)。第二卷：《第十八王朝》(*The Eighteenth Dynasty*)。第三卷：《第十九王朝》(*The Nineteenth Dynasty*)。第四卷：《第二十至第二十六王朝》(*The Twentieth to the Twenty-sixth Dynasties*)。第五卷：《索引》(*Indices*)。

依然能回忆起,在学生时代,他经历了怎样的困难,才在原始资料中追溯到当时已确认的科学事实。如果说这些研究对这一领域的现代知识产生了任何贡献,那么就应该重新审查这些原始资料,收集和集中所有文献的相关资料,并将这些资料汇编和翻译成便于参考的形式。本书中的任何新研究结果都是经由这种过程和方法而产生的。

与书面文献相比,对于浩瀚的物质文献,我并没有尝试对现有大量原始资料进行重审。埃及考古学尚处于起步阶段,古典考古学已经完成的基础研究与调查,还没有在埃及考古领域实施过。书面文献不时地为这个方向带来意想不到的新希望,而我也没有错失它们。如果一个人兼具令人钦佩的考古和文献学能力,那么在参与某部《古埃及编选》的编纂时,他会发现一片有待研究的广阔领域。同样,在宗教领域,仅仅材料的数量,就使得人们对文献进行彻底复审成为空想。关于埃及宗教的研究尚未起步,即使完成初步专项研究,也需要耗费数十年时间。这种专项研究能使学生通过一份全面的介绍,对现象进行全面调查和对称重建。在某种程度上,这种重建也是最终结果。作者特别关注的对象只有阿玛尔纳时期和对太阳神的信仰。我们收集并审查了关于法老埃赫那吞(Ikhnaton)发起的前所未有的宗教革命的所有文献,以及整个埃及历史上所有已知的太阳颂诗,而前者出自原始资料。就整个埃及宗教研究而言,作者承认,埃尔曼(Erman)那令人钦佩的《埃及宗教指南》(*Handbuch*)给予了很大帮助,这一点在脚注中多次提及。对于技术读者来说，在其他地方也常常能看到这部文献。虽然已出版二十余年，但埃尔曼的《埃及史》（*Aegypten*）依然堪称标准的埃及生活指南。在编写这部书时，《埃及史》也给予了非常宝贵的帮助。当然，对于爱德华·迈尔（Eduard Meyer）那详尽而决定性的《编年史》（*Chronclogie*），我同样表示感激，尤其是关于古埃及早期历史。我要很感激地承认，他在《古埃及历史》（*Geschichte des alten Aegyptens*）中对赛伊斯时代的精辟处理，对我们产生了清晰的影响。我感谢马斯佩罗（Maspero）和威德曼（Wiedemann）所付出的巨大努力，特别是在参考文献方面。在我的《古埃及记录》的序言中，我提到了这一点，但在这里，我还想再次提及，并表达我的感谢之情。和所有研究埃及历史的人一样，我同样也要感谢温克勒（Winckler），是他复写了宝贵的阿玛尔纳书信。

关于说明性材料（除了大量单独说明的，已出版的插图，以及我自有的图片），我要感谢我的许多朋友和同事，感谢他们为我提供了照片、图画或复原图。在此，特别要感谢我的朋友，柏林的谢弗（Schaefer）、塔姆沃思（Tamworth）的波尔哈特（Borchardt）、施泰因多夫（Steindorff）、皮特里（Petrie）、扎恩（Zahn）、梅塞施密特（Messerschmidt）和可敬的麦克格瑞格（W. MacGregor）以及卡洛琳·兰塞姆（Caroline Ransom）博士，让我无条件地使用照片和复原图。我还想向安德伍德和安德伍德先生们表达特别谢忱，书中一些在埃及遗迹原址上拍摄的高品质

XIV

立体相片便是由他们提供的。与此同时，为了造福那些想体验尼罗河谷之旅的人，这些美丽的立体相片所构成的旅游方式，让每个人畅游尼罗河成为可能，与真实体验相差无几。最后，感激不尽的是来自贝尔法斯特市伦诺克斯维尔（Lenoxvale）的约翰·沃特（John Ward）先生的厚意。在他特意要求拍摄的一组有关卡尔纳克（karnak）发掘现场的精美相片中，我有幸获准从中挑选了几张，如公羊大道（图129）。

此外，感谢莱比锡（Leipzig）的卡尔·贝德克尔（Karl Baedeker）先生，他授权我插入两幅地图（地图6和地图11）。这两幅地图摘自他出版的一部埃及旅行指南。这部无与伦比的旅行指南堪称所有尼罗河游客的旅行拍档。对于柏林、伦敦（大英博物馆、伦敦大学学院和皮特里收藏馆）、巴黎（卢浮宫、法国国家图书馆和吉美博物馆）、维也纳（帝国皇家自然历史博物馆）、莱顿、慕尼黑、罗马（梵蒂冈博物馆和卡比托利欧博物馆）、佛罗伦萨、博洛尼亚、那不勒斯、都灵、比萨、日内瓦、里昂和利物浦等地的博物馆领导们，我要对他们在这部作品编著期间给予我的礼待和特权表示由衷赞赏。我感谢 R.S. 巴丹（R. S.Padan）先生和伊莫金·哈特(Imogen Hart）小姐在校对书稿时给予的协助。我的妻子也不断地为我提供必不可少的文书帮助，在阅读证据方面也不间断地提供支持。

在此，我感到非常高兴，也非常感激各出版商的合作和无止境的准备，尽其所能地使该著作在印刷和解说方面达到应有水平。本书的精美装帧即可充分证明这一点。

詹姆斯·亨利·布雷斯特德

美国威斯康星州威廉斯贝

1905年9月1日

第一卷

引 言

第一章
这片土地

在那些6000多年前崛起的强国里，高度复杂的生活为现代文明培育了生根发芽的土壤。的确，在那时的东地中海盆地，文明似乎已经开始萌芽，我们所提到的两种早期文明，在当时可能都聚集在地中海盆地。事实上，早期的东方历史并不属于那整片盆地，而应该是东地中海地区。这片地区位于广阔的沙漠高原中央，从大西洋启程，向东延伸跨过整个非洲，直到非洲的北端；然后继续延伸到红海的低洼处，再向东北方向深入，突破个别屏障后，最终直达亚洲的心脏地带。两条大河分别从南方和北方汹涌而至，形成两条横贯沙漠的大河谷：位于亚洲的是底格里斯—幼发拉底河谷，位于非洲的是尼罗河谷。在这两个河谷中，我们可以将人类的事业追溯到欧洲文明兴起之时,比地球上任何地方的文明都要久远。从人类的这两个发祥地,我们将越来越清楚地看到,它们高度发达而又相异的文化所产生的影响,正汇聚到小亚细亚和南欧的早期文明之中。

尼罗河发源于赤道以南3度,在北纬31.5度上方汇入地中海,绵延约4000英里,为早期的埃及人创造了他们赖以生存的河谷。如果只讲长度,而不考虑体量的话,她堪称世界上最伟大的河流之一。在她的上游,源起赤道非洲地区湖泊的支流被称为白尼罗河。而在北纬16度以南的喀土穆(Khartum),距离海洋约1350英里的地方,从东面汇入了另一条支流——青尼罗河。这是一条自山而下的激流,发源于阿比西尼亚(Abyssinia)的高地。在这两条"尼罗河"的交汇处往下140英里处,这条河流接纳了她的最后一条主要支流阿特巴拉河(Atbara)。阿特巴拉河也是一条洪水流,与青尼罗河并无二异。就在喀土穆,或者说它的下方,尼罗河进入努比亚(Nubia)的砂岩台地,也就是撒哈拉大沙漠的下面。在这里,她蜿蜒曲折地行驶在沙漠的群山之间(图84),而后又迂回至主干流;她时常向正南方流动,最终却向北推进。整个路线形成一个巨大的"S"。

迄今为止,尼罗河在这一地区的六个地方都未能从顽石之间侵蚀出一条完美的水道。这些散乱且不规则的巨石在河道中制造出绵延的障碍,促成了尼罗河大瀑布的诞生。不过,尼罗河大瀑布并非像尼亚加拉大瀑布那样猛烈、急坠(图1)。这些岩石

第一章 这片土地

在第一、第二、第四瀑布区域对航行的干扰最为严重。如果没有它们，这条河几乎全程都可以通航。在象岛（Elephantine），河流穿过了花岗岩屏障。这屏障从它那粗糙的肩膀上伸出，形成了第一道大瀑布。此后，尼罗河水便畅通无阻地涌向了大海。

埃及正是诞生于这第一道大瀑布下的河谷。这里的变化使河流得以自由流动。究其原因，正是到了埃德夫（Edfu），在这座瀑布下延伸长达68英里的砂岩不见了踪影，而在此地形成北部沙漠高原的货币虫灰岩为河流侵蚀河床提供了便利。因此，它缔造了一个巨大的河谷，或者说壕沟（图3和图7），从撒哈拉沙漠的东端横贯至北部海洋。一座座悬崖之间，山谷的宽度不一，从10英里到12英里，再到30英里左右。谷底覆盖着黑色的冲积物。这是河流蜿蜒向北的必经之路。她穿过冲积层，以每小时3英里的流速凿出一条深深的水道。她的宽度，其间只有两次达到了1100码，这也是她的最高纪录。在西侧，作为尼罗河的一条次要支流，长约200英里的约瑟运河（Bahr Yusuf）从休特（Siut）附近出发，离开主河道，流入法尤姆（Fayum）。古时期，它从那里流入一条被称为"北方"的运河。这条运河向北穿过孟斐斯（Memphis）以西，流经后来的亚历山大港所在地，最后汇入大海。[1]在离海100多英里的地方，主河道绘成了一个广阔的三角形。三角形的顶端位于南方。希腊人把这个三角形形象地称为"三角洲"。在史前时代，这里曾是一个海湾，不过现在已经逐渐被这条河流填满。这条河曾经在这里分岔，由7个口流入大海。但在现代，它只剩下了两条主要支流，蜿蜒地穿过三角洲，贯穿两侧的海岸线。位于西部的分支名为"罗塞塔"（Rosetta），而东部的则是达米埃塔（Damiette）。

形成三角洲的沉积物非常深。它们在许多曾经繁荣一时的古代城市的遗址上慢慢地堆积起来。曾经使三角洲北部地区变成巨大泥沼的古老沼泽，现在已逐渐被填满，沼地的边缘也向外延伸了些。毫无疑问，它们在古代所占据的三角洲面积比现在要大得多。在山谷中，土壤的深度从33英尺到38英尺不等，宽度最长达到10英里。在瀑布和大海之间，以这种形式形成的可耕地面积不到一万平方英里，大致相当于马里兰州的面积，比比利时的国土面积小10%左右。两侧的悬崖通常只有数百英尺高，但也会随处出现高达1000英尺的山峰（图3）。位于它们两侧的，当然是尼罗河所流经的沙漠。在西部，尼罗河上方650至1000英尺的地方，利比亚沙漠，或者说撒哈拉大沙漠，在由沙粒、砾石和岩石组成的无垠、荒凉的山地上翻滚。在这广阔的无水区域，突兀着一排不规则的绿洲，也就是水洼地。它们与河流大致平行。毫无疑问，正是由于尼罗河水的渗入，这些泉源才得以形成。这些洼地中最大的位于山谷附近，曾经分隔它们的岩墙已经倒塌，孕育了土地肥沃的法尤姆，其灌溉水源来自约瑟运河。如果不是这样，西部沙漠就没有了供早期尼罗河居民使用的经济资源。相比西部区域，东部地区，也就是阿拉伯沙漠，或许更适宜居住一些，能够给流浪的阿巴德（Ababdeh）部落提供微薄的生存资源。

第一章 这片土地

与红海海岸平行的花岗岩山脉中含有含金石英脉，尼罗河和红海之间的各处还有其他产金山脉。雪花石膏和储量巨大的各种精细、坚硬的火成岩的沉积也吸引了开采者，不过要从这里到达红海港口只能穿越这片沙漠。还在早期，人们就已确立了去往那里的路线。在更远的北方，早在非常遥远的年代，类似的矿产资源也使被吸引而来的开采者熟识了西奈（Sinai）半岛及其沙漠地区。

狭窄的山谷以一种不同寻常的方式，将这里的人们与外界隔离开来。它的两边都是广袤的沙漠荒地；北面是三角洲的海岸线，有海无港；南面则是与连续不断的瀑布相伴的岩石屏障，阻碍着这里与非洲内陆居民的融合。尽管有外界影响和外来元素不断渗入尼罗河谷，但它们多半只能从三角洲的两个北角进

图 1　第一瀑布的水道之一
从菲莱岛（Philae）向北望去；眼前是菲莱岛遗迹。

图 2　从通往吉萨金字塔的路上看到的洪流
右侧为道路；远处的沙漠高原上矗立着金字塔；面对着金字塔的是卡夫尔村（Kafr）。

入这个国家。穿越东侧一角的是邻近亚洲的史前闪米特人，他们强行闯入危险的沙漠。而可能具有欧洲血统的利比亚人，则在西角发现了入口。尽管受到大瀑布的阻隔，南方的产品还是越来越多地渗透到了下游地区。第一瀑布的下游俨然成了一个贸易站，当地人称之为"Suan"（阿斯旺），即市场。来自南方的黑人交易者，正是在这里与埃及交易者进行买卖。渐渐地，尼罗河上游成为与苏丹进行贸易的正规交易场。不过，埃及的自然边界总能有效地屏蔽企图入侵的外来者，使本土居民得以从容地同化这些新来者，而不致被取代。

显然，这种鬼斧神工的地形必然会有力地影响这个国家的政治发展。除开三角洲以外,它只不过是一片狭长的地带,大约有 750 英里长。它沿着河流蜿蜒而行,一直延伸到三角洲,全然没有一个稳定的政治组织应有的紧凑性。在这个国家,对一个地区来说,只有南北两个方向存在相邻地区,且这两个方向的国境线也最短。人们的乡土情怀很是强烈,地方差异也经久不衰。如果一个来自三角洲的人遇上第一瀑布地区的人,他们可能几乎无法听懂对方的语言。不过,也是由于这条河流给了人们交往的便利,才在某种程度上抵消了这个国家的惊人长度所带来的影响。

如同她承载着贸易财富一样,尼罗河也在生产过程中发挥着重要的作用。虽然这个国家的气候并非少雨,但在南方,阵雨却是罕见的,常常时隔几年才能降临一次。即使三角洲地区能有更频繁的降雨,但也完全不足以满足农耕过程中的需求。事实上,埃及土地的惊人生产力要得益于每年的河水泛滥。这是由冰雪融化和青尼罗河源头的春雨引发的。在春季,湍急的河水满载着阿比西尼亚高地肥沃的土壤,从努比亚的河谷奔流而下。到了 6 月初,第一瀑布处可看到河面轻微上涨。洪水涨得又快又稳。然而,自 9 月底开始,持续的涨水通常会中断近一个月。不过,喘息之后,止水重波,最高水位会一直持续到 10 月底或 11 月。此时,第一瀑布地区的水位比低潮期高出近 50 英尺,而开罗海平面上升的幅度只有这座大瀑布的一半。这是一个庞杂的灌渠和水库系统——首先接纳洪水,然后根据需要让它溢入农田。在这里,河水会停留足够长的时间,长到它所承载的,来自青尼罗河上游的肥沃黑土在此沉积下来。此时此刻，这里成了一个风景如画的国度，犹如仙境般梦幻——摇曳的棕榈树丛片片翠绿，衬托着波光粼粼的水面。现在想要进入村庄，只能沿着灌溉系统的堤坝前行了（图2）。如此这般，这片原本贫瘠、匮乏，无力孕育此等巨大丰收的土地，摇身成为新鲜资源的集散地，源源不竭，年复一年。

随着河水的水位下降至田地以下，人们必须通过人工方法从灌渠中抽水，从而使边远农田上正在生长的农作物得到持续灌溉。这些农作物已生长得太高，无法再通过自行吸收河水来长期给养了（图6）。[2] 因此，这片亲切而慷慨，但又苛求的土地对人们提出了要求——发展更高水平的技术，以操控这生命之水，从而维持耕作。也正是因为如此，在很早的时期，尼罗河谷的人们便已经能够解决合理利用尼罗河水所引发的复杂问题，且熟练程度出奇之高。如果说埃及是机械艺术的摇篮，那么这条河就是孕育这个摇篮的首要自然力量。有了这些自然资产，有了不断充沛的土壤，有了几乎源源不竭的淡水，埃及必须利用她的财富主攻农业。这也是我们经常提到的事实。当然，如此丰饶的孕育能力也支撑了大量人口的繁衍。在罗马时期，这里生活着约700万人，[3] 而今天，这个数字维持在900万以上，人口密度远远超过欧洲任何地方。追溯着他们在历史发展进程中开发资源的步伐，我们也能够更好地追踪河谷中其他自然资源的开发。

谈到气候，埃及算是名副其实的天堂。这里的海滨吸引着越来越多的冬季游客。埃及的空气本质上是沙漠的空气，来自它所坐落的沙漠。这种空气纯净而干燥，即使气温过高，人们也只会感到轻微不适。这是因为，人体内的水分干燥的速度几乎和蒸发的速度一样快。三角洲冬季的平均气温为56华氏度，而在其之上的山谷中，平均气温则要高出10华氏度。到了夏季，三角洲的平均气温为83华氏度；山谷里有时高达122华氏度，但远没有其他地方那样酷热难耐。这里的夜晚总是凉爽的，即使在夏天也不例外，因为大片的植被显著降低了气温。冬季，在黎明即将到来之时，极度的寒冷令人惊异，与正午时分和煦的温暖形成鲜明的对比。我们已经注意到，雨水总是在这里缺席。在上埃及，只有当地中海南部或撒哈拉北部的气旋扰动，迫使云层从西部进入尼罗河谷时，才会出现罕有的阵雨。这些云层无法从东边到达山谷，因为红海沿岸的山脊很高，迫使它们向上移动、消散。不过，三角洲下游则属于北方多雨地带。尽管存在大片沼泽地，它们因洪水的淹没而淤塞，但来自沙漠的干燥空气不断地吹过山谷，迅速地使土壤干燥。上埃及从来没有出现过任何疟疾感染。事实上，即使在三角洲的广阔沼泽中，也没有出现过疟疾的身影。因此，就在热带地区之外，埃及享受着无与伦比的健康、温和气候，躲过了北方的严冬，又坐拥着足够的凉爽，避开了热带环境固有的那些令人萎靡之事。

和现今一样，在尼罗河流域的居民面前，延伸开来的这片狭长的河谷多少有些单调。平坦的谷底，是河流的馈赠，一望无际的翠绿被两边的黄色悬崖笼罩着。没有任何高地，也没有森林，有的只是偶尔窜出的几丛优雅的棕榈树，矗立在河岸边，抑或是为村庄的土屋遮阴（图4）。有时也会出现一棵无花果树、柽柳，或是金合欢树。灌渠网络像一个巨大的动脉系统，从各个方向横贯整个国度。河谷壁的后面是荒无人烟的沙地。它们漂流在悬崖之上，常常侵入绿色的田野。站在这里，你可能会发现，你的一只脚踩在山谷的青翠上，而另一只脚则踩进了沙漠的沙粒里。至此，我们对埃及世界得出了一个清晰的定义：一个深邃狭窄的山谷，蕴藏着无与伦比的沃土，蜿蜒在了无生气的沙漠之间，塑造出一个世间绝无仅有的非凡环境。这种环境对埃及人的思想和思维产生了强烈的影响，制约且决定了他们对世界的看法，以及对统治世界的神秘力量的理解。作为尼罗河谷的主要特征，尼罗河决定了埃及人对方向的概念：他们将北方和南方称为"下游"和"上游"；当他们突破前往亚洲的屏障，到达幼发拉底河时，他们将这条河称作"自下游往上游倒流的水"（向南）。[4] 对他们来说，世界由"黑土地"和"红土地"组成，即尼罗河流域的黑色土壤和沙漠地带的红色区域；或者说是由"平原"和"高地"组成，也就是尼罗河的谷底和沙漠高原。"高地人"是他们对外国人的描述，"上去"就是离开河谷，"下来"则是"从国外返回家乡"的习惯表述。沙漠中无尽的孤独就这样不断地闯入他们的视野和全部生活，雕琢着他们面朝两个太阳神的眼界，使他们在仰望这些统治着这样一个世界的伟大神灵时，眼中

第一章 这片土地

图3 越过尼罗河眺望底比斯（Thebes）附近的西部悬崖
低海岸标志着冲积层的水平面延伸到了悬崖。

图4 底比斯卡纳克（Karnak）的土屋和棕榈树丛
从洪苏（Khonsu）神庙的屋顶上望去，眼前是施主一世（托勒密三世，公元前247—公元前222年在位）建造的大门，或者说入口。之前这里是通过狮身人面像的大道，由阿蒙霍特普三世建造，连接卡纳克神庙和卢克索神庙（Luxor）。

013

却闪烁着一丝忧郁。

　　简言之，这就是尼罗河人发展的场景。在欧洲文明迈进第二阶段，并与早期东方文化开始亲密接触的时代，尼罗河文化正主导着东地中海盆地。世界上没有任何一个地方，能像尼罗河沿岸这样，如此丰富地保存着一个伟大但现已灭绝的文明，让我们得以见证。甚至在三角洲地区，即使这里的战争风暴比上游河谷更加猛烈，洪水年复一年的缓慢沉积已逐渐将遗迹掩埋，我们也能看到法老们的壮丽城市遗留下的大片土地，堆积的巨大花岗岩、石灰石和砂岩块，破碎的方尖碑和巨大的塔架。它们宣扬着那个被遗忘的时代的财富和力量。这些巨大的废墟几乎在河流的每一个拐弯处迎接着好奇的旅行者，而越来越多的现代游客也慕名来到上游河谷。在古代世界，没有哪个地方屹立着如此巨大的石头建筑，也没有哪个地方拥有这种干燥且几乎无雨的气候，使古代生活中最好的、最高的此等财富存续下来，使生命能在物质形式中得到表达。在埃及辉煌的全盛时期，它的大部分建筑因此而幸存到了欧洲文明的经典时代。随着埃及逐渐被西方世界控制和吸收，来自西方和东方的生命之流在这里交汇。这在其他地方是前所未有的。无论是在尼罗河谷还是河谷之外，西方世界以这种形式，受到了埃及文明数百年的全方位影响，也从中获得了其多元文化所必须贡献的一切。那么，埃及形成如此丰富的异族遗产，为整个后世留下此等宝贵遗产的历程究竟是怎样的？我们将在随后的章节中竭力追寻。

1 | IV, 224, 1.8, note.（参见页码为外文原书页码，下同）
2 | 使用的装置名为"桔槔"（shaduf），我们祖先提取井水用的吊杆。图 6 呈现的是，吊杆一端悬挂着皮桶，另一端则以一大块干泥作为平衡物。当水位很低的时候，需要三到四个这样的"桔槔"来把水从一层提升到另一层，直到田地的高度。在 100 天内，一种作物需要的灌溉量为每英亩 1600 至 2000 吨水。
3 | Diodorus I, 31.
4 | II, 72.

第二章
前期研究、年表和文献来源

对于尼罗河流域人民在其历史进程中所经历的伟大时代的纯粹外部特征，我们进行了快速的调查，所以当我们在我们的研究进程中再遇到这些时代时，我们将能够更加睿智地研究它们的细节。在这样一项调查中，我们将目光扫向了一段长达 4000 年的人类历史。这段历史，从地中海盆地唯一的已知文明，在尼罗河沿岸的一个原始民族之中慢慢萌芽的时候开始。我们只能匆匆瞥下每个伟大时期的特殊外部事件，特别关注一下从一个时代到另一个时代，外族人如何逐渐进入埃及交往圈，并随之产生相互影响。直到公元前 13 世纪，在埃及的物质文明中长期出没的南欧人，才首次出现在埃及的书面文献中。也就是在那时，法老的财富开始衰败。随着文明和力量首先在东方，然后在古典欧洲慢慢发展起来，波斯、希腊和罗马相继称霸地中海地区，而埃及最终淹没在了这些地中海强国的光芒里。

居住在尼罗河谷的各个种族，他们的历史被划分成了一系列或多或少地带有鲜明标记的时代。每一个时代都深深根植于它之前的时代，而它本身又蕴含着随后那个时代的萌芽。这种从历史时代开始，带有一些武断、人为，同时又比较实用的王朝划分要归功于曼涅托（Manetho）。曼涅托，这位埃及本土的历史学家是塞本尼托（Sebennytos）的一位祭司。他在托勒密一世统治时期（公元前305—公元前285年）得到重用，用希腊文编写了一部关于他的国家的历史。这部作品已经消亡，我们只能从犹留·非利加纳斯（Julius Africanus）和尤西比乌斯（Eusebius）的一篇概要和约瑟夫斯（Josephus）的摘录中了解到它。这部作品本身的价值不大，因为它是根据早期王朝的民间故事和民间传说而编写的。曼涅托根据自己所掌握的信息，将历代法老世系划分为30个王室或王朝。虽然我们知道，他的许多划分是武断的，而且很多王朝更替并没有在他的文献中体现出来，但他以实用的方式将国王们分成了一个个群组。这种分组在现代的埃及历史研究中一直沿用着，目前也不可能废除。

历经古老的原始文明时代，以及地方小王国的统治时期之后，尼罗河流域的各个文明中心逐渐合并成两个王国：一个囊括了山谷，一直延伸到三角洲；另一个就是整个三角洲地区。在三角洲地区，文明迅速发展，早在公元前4241年就确定了一年365天的历法。这是我们已知的世界历史上最早的固定日期。[1]在埃及统一之前，"两国分立"的局势经历了漫长的发展，在后来几个世纪的文明中留下了永久的印记。到了公元前3400年前后，两个王国合并成为一个国家，接受美尼斯（Menes）的统治——一个统一的埃及出现在我们的历史视野中。美尼斯的即位标志着王朝的开始，而在这之前的最早时期可以称为"前王朝时期"。在过去十年的发掘过程中，前王朝时期的文明逐渐从文献中展现出来，展示了前王朝文化在漫长的演变过程中经历的各个阶段，以及最终形成的王朝文化。

在提尼斯（Thinis），也就是阿拜多斯（Abydos）附近，靠近底比斯下游的尼罗河大拐弯处，也可能是在孟斐斯或其附近，美尼斯后裔创造了长达四个多世纪的繁荣昌盛，而秘诀就是整个国家接受统一政府的统治。这四个世纪在物质文明方面的显著发展将埃及推向了其历史上的第一个伟大时代——辉煌而强大的古王国时期。古王国的首都是孟斐斯。在这里，第三、第四、第五和第六王朝接连统治了500年（公元前2980—公元前2475年）。艺术和机械发展达到了空前的卓越水平，政府和行政组织也展现出前所未有的高度发展。外交事业远远走出了王国的国境；位于西奈的矿山，早在第一王朝时期就已开始开采，而且是大力开采；埃及下游边境的贸易甚至延伸到了腓尼基（Phoenicia）海岸和北方诸岛，而在南部，法老的舰队已穿行至红海的索马里

第二章 前期研究、年表和文献来源

图 5 从现代坡镇埃德夫眺望尼罗河谷
在坡镇的另一边，河流蜿蜒穿过"谷底"，后面矗立着东面的悬崖。

（Somali）海岸；在努比亚，埃及的使节强大到可以对偏下游的国家行使宽松的主权；经过不懈的远征，埃及还打通了前往苏丹的商路。到了第六王朝（公元前2625—公元前2475年），那些第五王朝（公元前2750—公元前2625年）时期就已通过世袭获得职位的中央政府地方官员，开始自称为有封地的贵族和领主，而不再仅仅是国王的官员。这为后来封建时代的到来开辟了道路。

随着拥有封地的新贵族的势力壮大，法老的王朝最终覆灭。公元前2400年前后，第六王朝结束，孟斐斯的统治地位逐渐衰落。由于随后的内乱，我们无法获知曼涅托所记载的第七和第八王朝的任何信息。这两个王朝同样在孟斐斯建都，但仅维持了不到30年的统治。不过，到了第九和第十王朝，赫拉克利奥波利斯（Heracleopolis）的贵族们赢得了王位，连续维持了18任国王的统治。接下来，底比斯作为一个强大王族的都城，首次登场。这个王族一步步征服了赫拉克利奥波利斯人和北部势力，直至取得南部胜利。从古王国覆灭到南部胜利的确切时间间隔尚无法确定，但可以粗略估计为275到300年[2]。无论以何种方式估算，误差都有可能达到一个世纪。

随着第十一王朝的底比斯王族在公元前2160年前后再次统一埃及，古王国结束时已经开始显现的趋势此时已然明晰。纵观这整片国土，本地的领主和贵族们牢牢地占据着他们的领地，法老必须开始认真忖量这种世袭封地制度。这个体制直到第二个底比斯政权，也就是第十二王朝建立时，才完全成形。第十二王朝的创建者阿蒙涅姆赫特（Amenemhet）一世可能是通过篡夺王位而建朝的。这个强大王朝的历任国王，在200多年间（公元前2000—公元前1788年）接续统治着一个封建国家。这个封建时代是埃及历史上的经典时期。文学繁荣，语言文字第一次得到规范，诗歌方面形成了高水平的艺术结构，已知最早的娱乐文学产生。雕塑和建筑成果丰硕、多产，工业艺术方面超越了以往的一切造诣。国家的内部资源得到了精心开发，特别是通过密切关注尼罗河及其洪泛，借助巨大的水利工程，法尤姆地区大片可耕土地得以开垦。第十二王朝的阿蒙涅姆赫特和塞索斯特里斯（Sesostris）国王们就居住在附近。在国外，他们利用永久殖民地上源源不断的劳动力来开采西奈矿山，还在当地兴建了神庙、防御工事和用于供水的水库。他们在叙利亚进行抢掠活动，与其闪米特部落保持持续的贸易和往来，他们与地中海北部早期的迈锡尼文明中心进行商品交换也可见一斑。埃及与蓬特（Punt）和红海南部海岸的交通往来持续不断。与此同时，位于第一瀑布和第二瀑布之间、在第六王朝时期受到埃及宽松控制的国度——努比亚，此时已被法老攻取，成为他的附属国。因此，努比亚以东的金矿成了法老源源不绝的宝库。

公元前1788年，第十二王朝灭亡，随之而来的是第二次混乱而昏暗的时期，同时伴随着封地领主们争夺王位的斗争。不时会出现有冲劲且能干的统治者夺得短暂的优势。在他们之中，有一任统治者甚至将对上努比亚的征服推进到了第三瀑布的上游，不过他的征战还是随着他的灭亡无疾而终。在经历了可能长达一个世纪的内部冲突之后，这个国家被相继侵入的亚洲统治者占领。他们似乎已经在那里取得了广泛的统治。这些外国篡夺者，现在被称为喜克索斯人（Hyksos），曼涅托特地为他们这样命名的。他们的统治维持了大约一个世纪。他们居住在三角洲东部的阿瓦里斯（Avaris）。至少在他们统治的后期，位于南部的埃及贵族成功争取到了或多或少的独立。最后，一个底比斯家族的首领勇敢地自立为王。几年之后，这些底比斯领主成功地将喜克索斯人赶出了这个国家，并把他们从亚洲边境赶回了叙利亚。

正是在喜克索斯人的统治下，尼罗河人在与他们斗争的过程中，打破了在尼罗河谷存续了千年的保守主义。埃及人第一次学会了侵略，并引进了一套组织严密的军事系统，包括战车，当然这还要感谢喜克索斯人为他们引进的战马。埃及俨然成了一个军事帝国。在与喜克索斯人的斗争以及内乱中，这些古老的封建世族走向了衰败，有些被占据统治地位的底比斯家族吸收。帝国的血统就是从这个底比斯家族中诞生的。第十八王朝的伟大法老就这样成了帝王。他们一路征战、夺取，从叙利亚北部和幼发拉底河上游，一直到达尼罗河以南的第四瀑布。仰仗着空前的财富和显赫地位，他们统治着广阔的领土，并将这些领土逐渐焊接，形成了一个紧密的帝国。这便是早期世界的第一个帝国。底比斯逐渐发展成为一个大都市，也是最早的超级城市。随着埃及与东地中海国家建立起广泛的贸易关系，来自迈锡尼的产品越来越多地出现在埃及，而埃及的影响也在迈锡尼的艺术中清晰可见。在长达230年（公元前1580—公元前1350年）的时间里，这个帝国繁荣昌盛，但最终却在内外不利影响的夹击下坍塌。年轻有为的埃赫那吞（Ikhnaton）国王发动了一场宗教革命，在国内掀起了前所未有的动荡；而与此同时，帝国的北部则在来自小亚细亚（Asia Minor）的赫梯（the Hittites）侵略下逐渐瓦解。同一时期，在北部和亚洲南部的法老领土上，大量的贝都因（Beduin）移民拥入，无疑也包括一些后来与以色列人联合的部落。他们的到来加剧了危机，加之赫梯人的不断推进，最后导致埃及的亚洲帝国的土崩瓦解，衰败之势甚至蔓延到了三角洲东北部的边界。此时，内部的混乱也导致了第十八王朝的灭亡，标志着埃及的第一个帝国时代终结（公元前1350年）。

哈马卜（Harmhab），这个没落王朝的一位得力将领，在危机中幸存下来，最终夺取了王位。在他的大力统治下，混乱的国家逐渐恢复了秩序，使他的第十九王朝（公元前1350—公元前1205年）的继承者们得以开始在亚洲夺回失去的帝国。但赫梯人在叙利亚的势力太过强大，埃及的进攻未能降伏他们。即使经过塞提（Seti）一世的进攻，以及拉美西斯（Ramses）二世统治下半代人的不懈努力，也依旧没能将帝国的北部边界远远推出巴勒斯坦的疆域。它始终原地不动，而叙利亚也再未被收复。闪米特人对埃及的巨大影响至今未曾消退。

图6　三层桔槔

一种吊起尼罗河水，以灌溉农田的装置（见第8页）。

（立体照片版权由 Underwood & Underwood 所有，纽约）

图 7　尼罗河谷的绝壁
从底比斯以西一处俯瞰河谷
（立体照片版权由 Underwood & Underwood 所有，纽约）

在这个关头，南欧人首次出现在了东方历史的舞台上，与利比亚部落一同威胁着埃及的边境，企图从西部征服三角洲。但尽管如此，他们还是被麦伦普塔赫（Merneptah）击退了。之后，又是一段内乱且篡乱的时期。在这期间，第十九王朝（公元前1205 年）退出了历史舞台。拉美西斯三世在其父亲塞特纳赫特（Setnakhte）创立了第二十王朝（公元前1200—公元前1090 年）之后，一边抵御北方部落的不断侵袭，维护着帝国先前的边境，一边抵制利比亚人的不断移民。此时侵袭埃及的北方部落就是粉碎赫梯政权的势力。拉美西斯三世死后（公元前1167年），整个帝国迅速分崩离析，只有努比亚幸免于难。大约在公元前12世纪中叶，随着亚洲领地的完全解体，宣告结束。

在一代代拉美西斯法老的脆弱统治下，这个国家迅速衰落，首先落入强大的阿蒙（Amon）大祭司手中。而当这些大祭司在三角洲塔尼斯（Tanis）遇到更强劲的拉美西斯对手时，他们几乎立即屈服，第二十一王朝（公元前1090—公元前945年）自此开始。到公元前10世纪中叶，在第二个帝国时代构成帝国军队的雇佣兵在三角洲的城市上建立了强大的家族，其中以利比亚人为至高权威。利比亚雇佣兵指挥官出身的舍松契（Sheshonk）一世夺得了王位，建立了第二十二王朝。在此期间，舍松契家族还曾试图夺回巴勒斯坦。但这个家族却无法控制暴乱的雇佣军指挥官——他们在三角洲地区的较大城镇中分立了王朝，在连绵的混战中，这个国家逐渐沦为一个个军事公国。从第二十二王朝直到第二十四王朝（公元前945—公元前712年），在整个利比亚统治时期，这个不幸的国家在这样的暴政下呻吟，经济持续恶化。

此时，努比亚独立出来，且在第四瀑布之下的纳帕塔（Napata）建立了一个王朝。他们很可能是底比斯王朝的后裔。这些新努比亚王国的埃及统治者后又入侵了埃及。尽管他们驻扎在纳帕塔，但他们以不同的财富在埃及维持了两代人（公元前722—公元前663年）的统治。不过，他们无法镇压和消灭当地的王朝。

这些王朝统治着自己的领地，同时也承认努比亚领主的宗主权。正是在努比亚王朝和下埃及雇佣军首领之间的冲突中，亚述人（Assyrian）进入了三角洲，征服了这个国家，将其收入囊中（公元前670—公元前662年）。在这个紧要关头，普萨姆提克一世（Psamtik I），三角洲西部赛伊斯（Sais）王国的一位能干的国王，最终推翻他的对手，驱逐了尼尼微（Ninevite）驻军。由于努比亚人也已被亚述人赶出了这个国家，他得以在此新建一个强大的王朝，迎来了埃及帝国的复兴。他于公元前663年即位。从公元前1150年前后的帝国解体到公元前663年的王朝复兴，这之间近500年的时期可称为"颓败期"。公元前1100年以后的"颓败期"可划分为塔尼斯-阿蒙时期（公元前1090—公元前945年）、利比亚时期（公元前945—公元前712年）、埃塞俄比亚时期（公元前722—公元前663年），以及亚述时期（与埃塞俄比亚时期的最后几年同期）。

这个复兴时期，和所有那些权力中心位于三角洲的时代一样，几乎所有的遗迹都消失了。我们能够从当地资源中获取的信息少之又少，同样也很难从希罗多德（Herodotus）和后来造访尼罗河谷的希腊人手中获得此类信息。从表面上看，这是一个强大而辉煌的时代。在这个时代，本地党派力图恢复帝国经典时代的辉煌；而仰赖希腊雇佣兵的国王们则是现代的政治家。他们运用新希腊世界的方法，融入那个时代的世界政治，而对仿古趋势没有多少兴趣。然而，他们的融合并没有将埃及从野心勃勃的波斯手中拯救出来。公元前525年，本土王朝对埃及的统治，在冈比西斯（Cambyses）的征服之下终结，只残存了一些微不足道的势力。

在这种机械式的回顾中，这只不过是一些外部事件，标志着埃及作为一个独立国家在其历史上的时代序列。根据它们的日期，我们可以将这些时代做如下归纳：

历法的采用，公元前4241年；

前王朝时期，公元前3400年之前；

美尼斯即位，公元前3400年；

最初的两个王朝，公元前3400—公元前2980年；

古王国时代：第三王朝至第六王朝，公元前2980—公元前2475年；

18任赫拉克利奥波利斯国王的统治，公元前2445—公元前2160年；

中王国时代：第七王朝至第十二王朝，公元前2160—公元前1788年；

| 封建王朝内乱 | 公元前1788—公元前1580年 |
| 喜克索斯人统治期 | |

帝国时代：第一时期，第十八王朝，公元前1580—公元前1350年；

帝国时代：第二时期，第十九王朝和第二十王朝部分时期，公元前1350—公元前1150年；

颓败期	第二十王朝的最后两代统治，约公元前1150—公元前1090年；
	塔尼斯-阿蒙时期，第二十一王朝，公元前1090—公元前945年；
	利比亚时期，第二十二王朝至第二十四王朝，公元前945—公元前712年；
	埃塞俄比亚时期，公元前722—公元前663年（第二十五王朝，公元前712—公元前663年）；
	亚述霸主时期，公元前670—公元前662年；

复兴，赛伊斯时期，公元前663—公元前525年；波斯征服，公元前525年。

本书末尾提供了一份统治者年代表。先前的年表是通过两个独立的过程而产生的：第一个过程是"国王最短统治年计算法"，第二个过程是基于埃及历法的天文计算。所谓"国王最短统治年计算法"，是指将已知的所有国王的最短统治时间相加，然后通过所得出的总时间长度，简单地计算（从一个固定的起始时间点向后推算）该系列统治期的起始时期。根据所有最新发现的数据，我们可以从数学角度肯定，从第十八王朝的开始到公元前525年的波斯征服，历代法老一共统治了至少1052年。[3]因此，第十八王朝的起始时间不会晚于公元前1577年。天文计算基于天狼星偕日同升的日期以及月朔的日期。根据埃及历法的变迁，这两种算法都将第十八王朝的起始时间精准地定位在了公元前1580年。[4]由于缺乏当时的文献资料，因此第十八王朝之前的时期不能仅凭国王最短统治年计算法方法来计算。幸运的是，根据天狼星的另一个偕日同升日期，我们将第十二王朝的起始时间确定在了公元前2000年，误差不超过一至两年。从这个日期开始计算，仅通过"国王最短统治年计算法"就能得出第十一王朝的开始时间。由于不确定赫拉克利奥波利斯王权的存续时间，我们很难确定古王国和中王国时代之间的间隔时长。如果我们给这18任赫拉克利奥波利斯统治者每人分配16年的统治期（在有序的条件下，这是东方统治者的适当平均统治年限），那么他们的统治时间就是288年。⁵如果将他们的统治时间估算为285年，那么无论采用哪种方法，我们都可能产生一个世纪的误差。古王国的时长计算基于当时的遗迹和早期的列表，无论哪种方法，误差可能不会超过一代人或两代人。不过赫拉克利奥波利斯统治时间的不确定性影响了我们对那个时代的任何追溯，且无论采用哪种方法，在公元前的年代，一个世纪的误差都是不可接受的。巴勒莫石碑（Palermo Stone）上的古代编年史确定，前两个王朝的长度约为420年，⁶而美尼斯的即位和埃及的统一是在公元前3400年。但我们追溯起来，赫拉克利奥波利斯时代与古王国时代有着同样的不确定性。我们注意到，这个年表系统是基于同时代的遗迹，并列出了不晚于公元前1200年的日期。在某些历史上，王朝的起始时间是由前代的埃及古物学家传承下来的；而且是根据曼涅托的年表编纂而成的。而曼涅托的年表是一份粗制且无批判力的晚期汇编。在绝大多数情况下，通过现存的当代遗迹可以证明，他的年表中存在错误。它给出的王朝总数多得离谱，根本不值得相信，往往是当代遗迹所给出的数据的两倍或接近两倍，而且它的信息也经不起哪怕最轻微的批判。现在，只有为数不多的现代学者才能保持计算的准确性，且这个数量还在不断减少。

就像我们的年代学一样，我们要了解埃及的早期历史，也必须从当代的本土古迹中获取信息。[7]即使是丰富而完整的遗迹资料，充其量也只是不够充分的记录，所提供的数据只能在最粗略的程度上为我们概括伟大成就和重要时代。虽然这个国家的物质文明在艺术家、工匠和工程师的伟大作品中得到了充分展现，但对于这个国家的内在生活，甚至是纯粹的外部事件，我们只能偶然发现一些记录。这些文献与欧洲国家历史学家所研究的材料截然不同，当然除了他们对最早时代的研究。政治家之间的通信往来、流水账和日记、国家文件和报告——诸如此类的材料，在遗迹记录中几乎是不存在的。想象一下，如何用仅存的几块希腊碑文编撰一部希腊历史。此外，我们手中也没有一部由土生土长的埃及人编写的足够早期的埃及历史，而曼涅托在公元前3世纪编撰的幼稚的民间故事，几乎不值一提。不过，即使存在生活于那些遥远时代的年代学家，即使他对历史事件进行了全面的编年史记载，他也无法预知哪些事件对后世来说是重要的。虽然确实有来自最早年代的寥寥史册，但除了现在著名的巴勒莫石碑（记载了从最初的王朝创始之时开始，直至第五王朝的编年史）的两块碎片外，[8]所有记录都已湮灭。还有一些信息来自图特摩斯

（Thutmose）三世叙利亚战争记录。在其他具有偶然性质的遗迹中，只有一小部分幸存了下来。在这种情况下，我们也许永远只能提供一幅关于古王国和中王国文明的概貌，只能描绘出事件总体趋势的模糊轮廓。在帝国统治下，现存文件的质量和数量第一次接近了最低限度。在欧洲历史研究上，这一最低限度被认为是，可以适当充分地反映一个国家的沿革。然而，无论我们面向哪个方面，都有许多重要问题仍未得到解答。不过，即使我们只能利用来源分散的信息来填补细节，但主要轮廓的勾勒依然让我们粗略地认识了当时的政府组织、社会构成、国王最重要的成就，并在一定程度上了解了那些时代的精神。较早时期的文献匮乏显然令人痛苦，在颓败和复辟时期，同样的匮乏，再次给历史学家留下了无尽的假设和可能性。由于作者一直对这些时期保持谨慎态度，因此恳请读者认真对待这些贫乏的资料。

1 | I, 44-45.
2 | I, 53.
3 | I, 47-51.
4 | I, 38-46.
5 | I, 53.
6 | I, 84-85.
7 | I, 1-37.
8 | 见图29；I, 76-167。

第三章
最早的埃及

在如今这片荒无人烟、狂风肆虐、尼罗河穿行而过的沙漠高原上,曾经居住着一群人。充沛的雨水,富饶多产的土地,现在已不见了踪影。地质变化几乎剥夺了这个国家的雨水,剥蚀了她的植被和土壤,极大程度上使她不再适宜居住——这发生在我们将要研究的埃及文明发端之前的几千年里。但是,在这些变化到来之前,居住在这片高原上的史前人类留下了大量粗糙的燧石工具。这是他们留下的唯一纪念,现在散落在被剥蚀的沙漠里。这些旧石器时代的人们,是我们所知道的第一批埃及居民。无论以何种方式,我们都无法将他们与埃及历史或史前文明联系起来,因为它们完全属于地质学家和人类学家的研究范畴。

对于我们要研究的民族，他们的祖先一方面与利比亚人，也就是北非人有关，另一方面也与东非人存在联系，也就是现在的盖拉族（Galla）、索马里、贝加（Bega）及其他部落。亚洲闪米特游牧民族在入侵尼罗河谷之时，真真切切地将他们的基本特征印在了那里的非洲人的语言中。在我们所能接触到的最早的埃及语阶层中，可以明显发现这种混合的起源。尽管这种语言保留了非洲色彩，但在结构上其实是闪米特语。此外，它是一个完整的产品，这在我们保存下来的最早例证中可以看出。但是，利比亚人及东非人与尼罗河人的融合一直延续到了历史时代，且利比亚人的历史也可以在距今3000年，甚至更久远的古代历史文献中追溯到。亚洲闪米特人迁徙于此，也是历史上可以查证到的事实，而这发生的时代要远远早于我们所能触及的最遥远的历史时代。我们永远无法确定的是，他们迁徙的确切时间和路径。不过最有可能的路线是，历史上来自阿拉伯沙漠的类似迁徙潮所沿行的路线，这是我们可以观察到的，也就是伊斯兰教徒经由苏伊士地峡入侵该国的路线。虽然他们带来的闪米特语给古尼罗河谷的人们留下了不可磨灭的印记，但这些入侵者留下的沙漠游牧生活并没有维持很久。作为埃及生活的要素，埃及的宗教时时受到它所在的环境的影响，并没有反映出沙漠生活的痕迹。我们从语言中观察到的亲缘关系也在利比亚人身上得到了印证，借由尼罗河流域古文明的一些残存产物，比如一些早期陶器，它们与利比亚卡比尔（Kabyle）人仍在制作的陶器非常相像。同样，埃及遗

第三章 最早的埃及

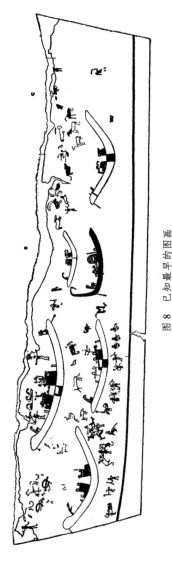

图8 已知最早的图画

以水彩颜料绘于前王朝时期一座古墓的墙壁上。它呈现了船只、野生动物、人类狩猎活动等事物。[摘自奎贝尔（Quibell）《希拉孔波利斯》（*Hieraconpolis*）]

迹上对早期蓬特（Punt）人或索马里人的描绘，也与埃及人自己惊人地相似。然而，在对尼罗河流域的古墓中发掘出来的遗体进行研究以后，体质人类学家之间产生了相当大的意见分歧。这使得历史学家无法从他们的研究中获得决定性的结果。此前，我们曾期望，这一问题的解决能为我们带来进一步的证据。一些历史学家曾坚定地认为，埃及人是非洲黑人的后裔。现在这一结论遭到了反驳。显然，除了前面提到的其他种族因素外，他们顶多沾染了一点黑人血统。

从迄今发现的最早

墓葬来看，前王朝时期的埃及是一个黑发色的民族，已经具备了文明的基础。男人们肩上披着一件皮衣，有时下穿皮裤，或者只穿一条白色亚麻短裙；女人们穿着长衣，从肩膀一直覆盖到脚踝，布料用的是丝织物，也可能是亚麻布。不过，没有衣服的男女雕像也很是常见。凉鞋在这里也并不陌生。他们偶尔在身体上刺上花纹，还用石头、象牙和骨头做成戒指、手镯和吊坠等饰物，配以燧石、石英、红玉髓、玛瑙等珠子。妇女们使用装饰精美的象牙梳子和别针梳头。为了准备梳妆打扮所必需的眼部和脸部涂料，他们还用石板雕刻成了调色板，在上面研磨绿色涂料。他们能用板条建造房屋，有时也会涂上泥巴，后来可能还会用晒干的砖来建造。在这些房屋的装饰上，他们表现出了相当水平的机械技术和开化的艺术品位。他们用象牙勺吃饭，有时甚至以圆雕的手法在勺柄上雕刻出丰富的动物形象。尽管起初他们还没有陶钧，但依然生产出了大量各式精美的陶器。欧洲和美洲的博物馆现在摆满了他们制作的抛光红色和黑色器皿，或者各式的切割几何图案，还有一些篮子造型。还有一种对我们非常重要的艺术形式，即对船、人、鸟、鱼或树的粗犷描绘（图11）。虽然他们没有制作玻璃制品，但他们懂得给珠子、饰板等上釉的艺术。粗糙的木雕、象牙雕或石雕代表了这种造型艺术的开端。这种艺术在王朝时代的早期取得了巨大成功。皮特里（Petrie）在科普托斯（Coptos）发现的三尊巨大的神祇敏（Min）的石像，也展现了我们现在所说的前王朝文明的强大力量。渐渐地，多产的陶艺不得不让位于石艺,最终由石匠制作出优秀的石制器皿。这些石艺在前王朝末期得到逐步改进。这些由闪长岩、斑岩等最坚硬的石头制成的碗、罐子展示了石匠们的宏伟技艺。人们迄今发现的最精巧的燧石制品都属于这个时代。工匠们还能给雕刻好的象牙粘上手柄,也能用同样的技艺将石头与燧石斧、燧石头鱼枪等类似器具组合在一起。在巴比伦(Babylon),我们也发现了战时所用的梨形头的权标,这是这个时代的特征。除了这些武器和器具,他们还生产和使用铜制武器和器具。这无疑是一个从石器到铜器缓慢过渡的时代。金器、银器、铅器虽然稀有,不过也有使用。

在富饶的尼罗河谷,这样一个民族,我们认为一定要以农业为主。事实的确如此,他们以农学家的身份踏上了历史的车轮,同时携带着起源于遥远史前的古老宗教。他们的符号和外在表现也毫不遮掩地流露出一个农牧民族的原始幻想。在尼罗河未被征服的丛林里,动物的数量当然比现在要多得多。例如,他们使用的大量象牙,以及陶器上的图案,都表明大象与他们同在;同样,长颈鹿、河马和被奉为塞特神(Set)的奇怪的霍加皮也在丛林中游荡。不过这些动物后来都灭绝了。因此,这些早期的埃及人是强大的猎人,也是熟练的渔夫。他们用弓箭追赶沙漠中最可怕的猎物,如狮子或野牛;他们也在小船上用鱼叉和长矛攻击河马和鳄鱼。他们在岩石上粗犷地涂鸦,以纪念这些活动,以及类似活动。这些涂鸦也在尼罗河谷中被后人发现。由于风化作用,它

图 9 前王朝时期的燧石刀
刀柄为金制、片状，饰有凸纹设计。
[由德摩根（de Morgan）发现]

第三章　最早的埃及

们被覆盖上了一层厚重的棕绿锈，如同从未示人的历史雕塑，这也显示了它们的古老年份。

他们的工业可能还衍生出了商业基础，因为除了小型狩猎船，他们还在尼罗河上建造了相当大的船只。显然，这些大型船只是由许多船桨推动，由一个大舵来引航的。帆船比较少见，但也并非无从知晓。他们的船只都有标准，很可能表示每艘船的起航地点。其中还出现了交叉的箭，可能就是钉住赛伊斯的奈特（Neit）女神的箭；还有大象，会让人立即联想到伊里芬丁——人们都知道，在埃及大象灭绝之前，来自南方的大量象牙就是在这里出售的。在某些情况下，这些旗号与后来作为当地群落标准的象形文字中使用的旗号惊人地相似。因此，它们出现在早期船只上表明，早在史前时代就存在这样的群落。因此，这些史前小国的痕迹，也许可以在上述历史时期的国家行政或封建区划（希腊人所谓的"诺姆"，也就是"省"）中得到确认，这也是我们时常参考的信息。如果这是真的，那么可能意味着，上埃及的沿岸地区分布着大约20个这样的国家。无论如何，这些人已经处于文明的某个阶段，这些地方已经出现了相当大的城镇，像巴比伦这样的城邦也一定发展了起来。每个城邦都有它的首领或统治者、它的本土神祇——供奉在一个简陋的圣殿里，以及它的市场——吸引着边远的国家。这些群落的漫长发展过程只能从其他地方的类似发展情况来推测。但是，一些小国和城邦并没有像巴比伦那样步入历史时期，它们最终合并成了一个大国。

图 10　带有雕刻装饰的前王朝陶器
（图片由皮特里提供）

图 11　带有船、动物、男人和女人图案的前王朝陶器
［摘自德摩根《起源》（*Origines*），I, pl X］

第三章　最早的埃及

随着这些小国的逐渐融合，它们最终合并成了两个王国：一个在三角洲；另一个则在上游的河谷，由河谷沿岸的国家组成——这同样也是一个我们永远无法得知的过程。关于它的英雄和征服者，它的战乱和征服，我们无法捕捉到任何回响，也没有丝毫的印记可以告诉我们这个过程所耗费的时间。不过，虽然难以得出结论，但我们了解到，这两个王国形成于公元前4000年以前，漫长的史前时代的末期。这个信息也许令我们稍稍满意了一些。在整个历史时期，三角洲一直向居住在其西部的利比亚人敞开大门。从这个源头源源不断地拥入的人口，使三角洲西部地区具有了鲜明的利比亚特色，而且这种特色一直延续到希罗多德时代。从遗迹中我们看到，三角洲的最早情况是，法老正在同利比亚侵略者进行斗争。如果说这种斗争并非缘于利比亚人从源头的拥入，则说明，北方较早的王国其实是强大的利比亚。在三角洲西部，也就是利比亚在埃及的势力中心，赛伊斯神庙曾被命名为"下埃及（三角洲）王宫"，利比亚人也将他们的诸神之首女神奈特的徽章文在他们的手臂上。因此，这里可能是三角洲地区一位利比亚国王的早期住所。最近在位于阿布西尔（Abusir）的萨胡拉（Sahure）金字塔神庙中发现的浮雕展现了这样的情景：四名利比亚首领的额头上画着法老的圣蛇乌拉埃乌斯。因此，萨胡拉法老是三角洲地区某些早期利比亚国王的后裔。北方王国会使用一簇纸莎草植物作为盾形纹章或象征。这种植物的与众不同之处在于，它能够在沼泽中生长得非常繁茂。国王本人则以蜜蜂作为徽章，头戴红色王冠，其颜色和形状都是他的王国所特有的。所有这些符号都经常出现在后来的象形文字中。红色是北方王国特有的颜色，它的国库被称为"红屋"。

不幸的是，尼罗河三角洲被尼罗河的淤泥覆盖得如此之深，以至于其最早的物质文明遗迹被永远地掩埋在了我们无法触及的地方。那里的文明可能比上游山谷的文明起源得更早，也更先进。早在公元前43世纪，三角洲的居民就已经发现一年有365天。公元前4241年，他们订立了一年365天的历法，从他们在三角洲南部的纬度上，也就是在这些最早期的天文学家生活的地方确定的天狼星偕日同升之日算起。因此，正是这三角洲的文明为我们提供了世界历史上最早的固定日期。这种历法的发明和引入是一项令人震惊的证据，证明了那个时代、那个地域的先进文化。从最早的时期到欧洲历史的经典时代，没有哪个古代国家能够设计出这样一套历法，可以规避朔望月和太阳年不可公度这一事实所带来的不便——朔望月份是不稳定的，在太阳年中也不是均匀划分的。这是已知最早的历法。它的设计者们以惊人务实的洞察力发现人类需要这样一套日历，且完全摒弃了朔望月份，取而代之的是以30天为一个周期的传统月份。因此，也正是这些设计者最先认识到，日历必须是一种人工机制，应完全脱离自然，除了它被订立的日期和年份以外。他们将一年分成12个月，每个月30天，并在每年的年末设定神圣的斋日，为期五天，作为闰日。这一年是从天狼星第一次在日出之时出现在东方地平线上的那一天开始。在我们的日历上，这一天是7月19日。[1] 由于这个日历年实际上比太阳年短了大约四分之一天，因此每四年就多出一天。就这样，天狼星以天文年慢慢地公转，每隔1460年转一周，然后继续下一周。像天狼星偕日同升这样的天文事件，如果按照埃及历法来计算日期，那么根据我们的推算，在公元前，可以在四年内计算和确定出它的日期。这一神奇的历法，在那个遥远的年代已开始为人类所用，并由恺撒大帝（Julius Caesar）引入了罗马。在当时，这是最方便易用的历法，也是经由罗马人而遗赠给我们的。因此，人类已经不间断地使用了6000多年。我们应该感谢公元前43世纪生活在三角洲王国的人们。我们也应该注意到，比起罗马人不时地对这套历法进行修改，三角洲人则保持了这种更为方便的形式，即一年12个月，一个月30天。

上埃及王国比三角洲王国更具埃及特色。它的都城是尼可布（Nekheb），也就是现在的埃尔卡布（El Kab），它的标志或徽章是一种百合植物，而国王的徽章则是另一种生长于南方的植物。国王的另一个特征是高大的白色王冠，白色是南方王国的代表色。因此，它的国库被称为"白屋"。与尼可布隔河相望的地方有一处王室居所，名为尼肯（Nekhen），也就是后来的希拉孔波利斯。在北方王国，与之相对应的是布托城（Buto）的属城，皮（Pe）。每座都城都有自己的守护神或护佑女神：北方奉祀的是女蛇神布托；而南方则是女鹫神奈库贝特（Nekhbet）。但在

图12 一座前王朝时期的坟墓

这两个国家的都城,鹰神荷鲁斯(Horus)都被尊为国王的专属守护神。当时的人们相信人是有来世的,与现世的生活一样,他们对来世也抱有同样的诉求。他们的墓地广泛分布在上埃及沙漠的边缘。最近几年,人们发掘了成千上万座墓穴。这些墓穴通常呈平底椭圆形或矩形坑,而里面的尸身则会弓身,以"紧缩"或"胎儿"的姿势侧卧(图12)。在最早的埋葬方式中,这些尸身是用皮包裹的,后来也开始用织物包裹,但没有防腐处理的痕迹。尸身的下面常铺垫一层灯芯草编成的垫子。它的手里或胸前经常放着一个石板制成的、用于研磨脸部涂料的调色板,身边的小袋子里会装上绿色的孔雀石。此外,尸身旁还摆有其他的盥洗用品或装饰品,周围摆放着陶罐或石罐,罐内装有灰烬或有机物、食物残渣、饮料和药膏,供死者来世享用。人们不仅为死者提供了梳妆和肉体所需的其他东西,还为他们准备了燧石武器或带有骨制箭头的鱼叉,供其捕猎以获得食物。此外,也提供了所需物品的黏土模型,尤其是船。这些穴坑有时用树枝粗略地遮盖,再覆盖一堆来自沙漠的沙砾,形成简陋的坟墓。后来,人们会用粗糙的晒干砖修砌出内壁。有时,躺在墓坑里的尸身会被一个巨大的、大致呈半球形的陶碗倒扣起来。这些墓穴是我们研究前王朝时代唯一的当代材料。人们用祷文和咒语召唤来世的神祇。这些祷文和咒语也以传统的方式被书写了下来。到了1000年后的王朝时期，这些墓葬文献的碎片出现在了第五王朝和第六王朝的金字塔中。第六王朝的国王佩皮（Pepi）一世，在重建丹德雷（Dendereh）神庙时，声称要在那个地方复制一座前王朝国王的避难所。显然，这说明他们已经拥有了某种类型的神庙。

这个时代的人不仅很早就具备了物质文化的一切基础，还发展了一套文字系统。发现和使用历法必然要用到运算，这表明，在公元前5000年的最后几个世纪里，人们已经开始使用文字了。这还表明，近1000年后，第五王朝的书吏已经能够抄写一长串北方国王的名单了，或许还包括南方的国王（图29）。而我们所提到的墓葬文献，如果不是采用这种方式书写，就不会留存1000多年。虽然表示北方王国、国王和国库的象形文字不可能在王朝时期第一位国王登基时出现，但肯定在第一王朝兴盛之前就已经使用很长时间了；而草书象形文字出现在王朝时期的早期也确凿地证明，这套系统在当时并不是一项新鲜的发明。

这些遥远的北方和南方国王早在公元前3400年前就已去世，所以我们对他们的事迹一无所知，他们的陵墓也从未被发现过。也是因为这种现实，现存的当代文献中没有任何书面记录。我们所发现的所有文献均出自贫民阶层的坟墓，而这些坟墓中，

图13 带有美尼斯姓名的金色条状物
（公元前3400年）
已知最早的刻有文字的珠宝。现存于哈斯克尔博物馆（Haskell Museum）。

图14 雪花石膏制器皿
第一王朝。[皮特里《王陵》（*Royal Tombs*）]。

图15 象牙雕制的椅子腿
早王国时期。现存于柏林博物馆（Berlin Museum）。

图16 铜制器皿
第一王朝。（皮特里《王陵》）

第三章 最早的埃及

甚至到了王朝时期也没有出现任何文字记录。三角洲诸王的名字中，仅存的只有七个，如谢卡（Seka）、卡胡（Khayu）和哲思（Thesh）。而南方王国中，连一个王室姓名也没有留下，除了蝎王（Scorpion），这个名字出现在这个早期时代尚存不多的遗迹上。人们推测，这应该是南方的一位强大的首领。[2] 列出这一系列国王名单的第五王朝书吏，生活在这些国王逝去约800年后。他们似乎只知道这些王室姓名，而关于这些国王的任何成就，他们却无法记载或者没有记载。[3] 这些北方和南方国王被后世统称为"荷鲁斯的追随者"。随着时间的推移，他们逐渐演化成了半神化的人物，被赋予了半神的属性，最后成了人们眼中的半神，继承了最初统治埃及的伟大神灵的王朝。正如对早期王朝所了解的，他们的原始角色是已故的国王，这使他们成了人们眼中神圣的逝者，在人类国王出现之前统治着这片土地。在曼涅托的历史著作中，他们也只是以"逝者"的形象出现。这样，他们真实的历史角色最终得到了完全升华，融入了虚无缥缈的神话中。这些北方和南方的古代国王成了他们曾经统治过的土地上的神祇。

在漫长而缓慢的民族统一历程中，接下来到来的是北方和南方的统一。这一过程一直持续到希腊人统治埃及之时，也就是名为美尼斯的国王统一南北王国时。这在早期的遗迹中也得到了充分证实。多年前，美尼斯的形象还和在他之前的"荷鲁斯的追随者"一样模糊且难以捉摸；而现在，他已被赋予了确凿无疑的现实意义，并最终步入历史的进程，开启了源远流长的法

图17 手戴四个手镯的女性
第一王朝。由皮特里发现于阿拜多斯。现存于开罗博物馆（Cairo Museum）。（见第50页）

图18 国王为一条新运河破土动工
早王朝时期。（奎贝尔《希拉孔波利斯》，I，260，4）

图19 华丽的仪式用石板雕刻调色板
由那尔迈（Narmer）国王（第一王朝）祭献于希拉孔波利斯神庙。见第40和47页。（奎贝尔《希拉孔波利斯》，I，29）

第三章 最早的埃及

老历史。关于这些法老,我们将在后文中一一探讨。关于美尼斯,想必他一定是一个久经沙场的战士,也是一个充满活力的管理者,因此他能够将南方王国的资源掌握在手中,能够入侵并征服三角洲,也因此得以将这两个王国合并成一个国家,完成了长达数个世纪的中央集权进程。他的故乡提尼斯是阿拜多斯附近一个名不见经传的地方,距离新王国的中心较远,因此没有成为他的官邸所在。对此,希罗多德的叙述非常可信:美尼斯修建了一座大坝,在孟斐斯上游对尼罗河进行了改道,从而为他的都城争取了空间。这个要塞在当时也许还不叫孟斐斯,可能是被称为"白城",显然该命名是参考他当时所掌权的王国——白王国。如果希罗多德时代的传说可以令人信服,那么美尼斯很可能就是在这个地势优越,处于两国边界之间的地方开始统治他所创建的新国家。除此之外,他还向南进攻努比亚北部,[4]从第一瀑布的下游一直向北延伸至埃德夫。根据曼涅托的记载,他幸运地统治了很长一段时间,而正如我们所看到的,他的伟大成就也给人留下了不可磨灭的记忆。亡故以后,他被葬在了上埃及,要么在他的故乡提尼斯附近的阿拜多斯,要么就在距离提尼斯上游不远的现代村庄涅伽达(Negadeh)附近。那里有一座很大的砖砌坟墓,很可能就是他的,这座坟墓至今仍保存着。在这座坟墓中,以及他的继任者在阿拜多斯留下的类似坟墓中,人们已经发现了关于他的统治的书面遗迹,其中还附带了可阅读的插图,甚至还有一块曾属于他的王家装饰品,上面载有他的名字。这是这个古老的埃及国家的创始人曾佩戴过的物件（图13）。

这些生于遥远的早期王朝时代的国王不再只是一连串的名字，他们给我们的感觉是，他们好像是近些年才离我们而去的。至少，我们对他们这个群体的生活和周围环境有了更多的了解，虽然我们永远无法辨别他们是否具有鲜明的个性。他们像同样年龄的孩子一样，不分彼此地混在一起。大同小异的外在标志成了这个联合王国的共同象征。国王们最喜欢的头衔是"荷鲁斯"，因为他们认为自己是这位曾经统治王国的伟大神祇的继承人。在王室文件、印章和类似物品上，到处都会看到作为王室象征的鹰神荷鲁斯。他位于一个代表建筑物立面的长方形之上，这个建筑物可能是国王的宫殿，里面写着国王的官方姓名。这位统治者的另一个名字，或者说个人姓名前面有一只象征北方国王的蜜蜂和一簇象征南方国王的植物。这表明他已经吸纳了这两个头衔。与这两个符号同时出现的还有南方都城埃尔卡布的女鹫神奈库贝特和北方都城的女蛇神布托。在当时的雕像上，扮演守护角色的鹫张开翅膀，在国王的头顶上方盘旋。此时他仍然觉得自己主要是上埃及的国王，直到后来他才在额头上戴上圣蛇乌拉埃乌斯，即北方的蛇神。同样地，塞特有时也和荷鲁斯一同出现在国王的名字之前，分别代表北方和南方。根据神话，他们在各自的土地上分庭而治。我们将在后文中讨论这个神话。这两个王国的王冠都属于这位统治者，他常说自己是"双重领主"。就这样，他不时地宣告自己对整个埃及的统治权。我们发现，在某些隆重的场合，国王前面会有四名旗手，同时由他的大臣、私人侍从或书吏，以及两名执扇者陪同。他戴着上埃及的白色王冠或下埃及的红色王冠，甚至是两国王冠的奇特组合，身穿一件简单的衣服，分别由双肩上的肩带吊着，后面还加了一条狮尾。他以这样的衣着、这样的方式，举行庆祝胜利的活动，主持运河的开放典礼（图18）或公共工程的开工仪式。在他被父亲封为王储的30周年纪念日上，国王庆祝了盛大的加冕节，名为"塞德节"（Feast of Sed）。"Sed"的意思是"尾巴"，也许是为了纪念他在30年前被任命为皇家狮尾。他是一个强大的猎人，自豪地记录着自己的辉煌成就，比如杀死一只河马。我们将会看到，他的武器昂贵且制作精良。他的几座宫殿上都有他的名字，他的王家庄园中有花园、葡萄园。葡萄园上也有他的名字，且由专职官员精心管理并负责葡萄园的收入。即使在那个遥远的时代，这样的宫殿，其内部的摆设也堪称富丽堂皇、艺术精美。其中有一些器皿，是用18种或20种不同的石头精心制作而成的，尤其是雪花石膏（图14）。即使是用闪长岩这样的耐火材料，他们也能用高超的技艺将碗打磨成半透明的薄层；水晶罐上雕琢的自然物也无比地贴合现实。另一方面，可能由于石器的完美呈现，此时的陶器逊于前王朝时期的陶器。那些不太结实的家具大多已经腐朽，但那些带有象牙格子图案的乌木箱子和代表公牛腿的精雕象牙椅腿（图15）却以碎片的形式保存了下来。此时相比以前，人们更透彻地掌握了釉料技术，并采用了釉面斑块和象牙片进行镶嵌。铜匠用精工制作的碗、大口水壶和其他铜质器皿（图16）装饰着宫殿，同时也生产出了精良的铜质工具，为完善石质花瓶的制造工艺提供了实质性的帮助。金匠们结合高超的技艺和精湛的品位，为国王本人和王室的女性们制作了华丽的金饰和宝石（图13和图17）[5]。他们使用了一种最精密的金属焊接工艺，技艺之高超，即使对于当今的匠人来说也是难以企及的。因此，虽然工业工匠的产品已经达到了卓越的水平，以至于他们称之为艺术作品，但我们发现，前王朝时期的粗犷雕刻和绘画此时已经发展成为浮雕和雕像，显然背离了专业美术的初衷。国王们在神庙里祭祀，特别是在位于希拉孔波利斯的荷鲁斯神庙里举行仪式用的石板雕刻调色板、权标和器皿上都有浮雕，显示出他们稳定而娴熟的手艺（图19）。[6]人类和动物的形象展现出令人惊奇的自由和活力，宣告了这是一种早已自知的艺术，远离了原始民族那种本能般的天真。到了第三王朝，文明生活的习俗对这种艺术施加了沉重的压力。尽管在写实方面，其完成度和能力已远远超过希拉孔波利斯的调色板上的水平，但古老的自由已经消失无影。在希拉孔波利斯，哈谢海姆威国王的雕像着实令人惊诧（图20和图21），古王国时期规范艺术的严格戒律也清晰可见。

这些古时候的国王曾住在这片辉煌的土地上。如今，皮特里经过最认真、最艰苦的发掘，将这辉煌时代的残骸从坟墓里解救了出来，让他们重见了天日。这些坟墓是由前王朝时期埋葬死者的墓穴自然演化而来的。此时，墓穴已得到了精心的设计和扩大，发展成了矩形。这些墓坑是砖砌的，通常再内衬一层

图 20　两个不同角度的哈谢海姆威（Khasekhem）国王头像

早王国时期（奎贝尔《希拉孔波利斯》，I，39）。

图 21　哈谢海姆威国王雕像，头部见图 20

早王国时期（出处同上）。参见第 47 页的译文。

图 22　阿尼德吉布（Enezib）国王的砖墓，墓室地面铺设了木质材料
（第一王朝，阿拜多斯。摘自皮特里《王陵》，I，66，I）

木材；而先前围绕遗体的装有食物和饮料的罐子现在发展成了一排排小空间，围绕着中央的墓室或墓穴。毫无疑问，遗体就躺在中央的墓室或墓穴里。尽管这些坟墓经常遭到掠夺和破坏，但从未有人在里面发现过尸体（图22—图25）。整个坟墓的顶部都是厚重的木材和木板，上面可能盖着一堆沙子，其东面竖立着两块又高又窄的石碑，上面刻着国王的名字。通往中央的墓室，要从一侧下行的砖砌楼梯下去（图23）。国王的梳妆用具，种类丰富的碗、罐、器皿、金属花瓶和大口水壶、他的个人装饰品，以及维持来世的王室生活所必需的一切，都存放在他的坟墓里；而周围较小的房间则装满了盛满食物和葡萄酒的大陶罐，并以由尼罗河泥和稻草混合而成的巨大圆锥体密封，上面轻轻地印上国王的名字，或这些食物和葡萄酒出产的庄园或葡萄园的名称。国王的某些产业的粮食和葡萄酒收入会被转为坟墓的永久收入，以永远维持已故国王及其家人和追随者的餐桌供应。这些追随者的坟墓有一二百间，围绕在国王坟墓的周围。这样，他就被生前的同伴们包围在死亡之中。他的女人、保镖，甚至为他作舞，供他消遣的矮人，都睡在这位主人的身边，这样他就可以延续生前的生活。就这样，埃及上层阶级最早开始了对后事的精心安排，以便死者身故后可以得到妥善照料。

这种为王室亡灵创造永久居所的愿望，对建筑艺术的发展产生了强大的影响。我们已经在第一王朝的一座王陵，也就是国王乌萨伐斯（Usephais）之墓中发现了花岗岩地面。到了第二王朝末期，哈谢海姆威国王之墓中已经出现了由凿造的石灰岩建造的中央墓室，周围围绕着砖砌墓室。这也是人类历史上已知的最早的石砌结构（图25）。他的前任，很可能是他的父亲，当时已经建造了一座石造的神庙。他将此事作为一件值得关注的事情记录了下来，[7]而哈谢海姆威本人也在希拉孔波利斯建造了一座神庙，其中有一根花岗岩门柱幸存了下来。

这些技艺精湛的工匠和建造者用他们的作品（许多王家建筑师已开始隶属于王室）展现了一个秩序井然、组织严密的国家。但是，从我们所掌握的贫乏材料中，我们很难看出她的性质。国王的首席助理和行政部长似乎是同一位大臣，我们曾发现他出席国事活动。后来我们发现，这些官员是具有司法职能的贵族，早在最早的王朝就已存在，隶属于北方和南方的王室居所布托城和尼肯。这表明当时已具备了有组织的司法事务管理机构。在王室陵墓中，我们还在拨付给墓穴的自然产物上发现了一个财政官员组织的印章，印在陶土罐的密封处。在位于阿拜多斯的王陵中，还发现了一段明显属于这样一个组织的书吏记述。这些拨付的物品和定期支付的收入清楚地表明，这个时代已经有了有序和有效的财政组织，而且下设了几个办事处，如印章上提到的"供应处"。这个国家部门不过是原有的北方和南方王国国库的联合体，也就是"红屋"和"白屋"。因此，我们在王室陵墓的印章上发现了"国王属地红屋葡萄园"的字样。显然，两个王国的联合体其实只有一个国王。不久，"红屋"就不见了去向，"双重管理"名存实亡。

图 24 密封的食品和饮料罐

梅尔内特（Merneit）之墓，第一王朝，位于阿拜多斯。（摘自皮特里《王陵》，I, 38, 7）

图 26 国王乌萨伐斯的象牙牌

（第一王朝）描绘的是"正在锤击一个'东方人'"。麦克格瑞格（MacGregor）藏品。

图 23 国王乌萨伐斯的砖砌坟墓

第一王朝，位于阿拜多斯。（摘自皮特里《王陵》，II, 56, 5）

图 25 世界上最早的石砌结构建筑

石灰岩墓室，国王哈谢海姆威之墓，第二王朝，位于阿拜多斯。（摘自皮特里《王陵》，II, 57, 5）

第三章 最早的埃及

图27 第一王朝美尼斯的乌木牌,阿拜多斯,公元前3400年

已知最早的象形文字物证之一。第一行:左边是美尼斯王室的鹰;右边是一个小礼堂,院子里有奈特女神的标志,上面有一条船。第二行:在左边,国王拿着一个标有"银金"(银金合金)的容器,并祭酒"4次";在右边,一头公牛被困在供奉着一只凤凰的神龛前的围栏里。第三行:尼罗河上有船只、城镇和岛屿。第四行:无法解读的古老象形文字。

图 28　瑟莫赫特国王（第一王朝）击打西奈的贝都因人
西奈马格哈拉干河的岩石上的浮雕，是那里最早的纪念碑，也是已知最早的大型雕塑。
［由韦尔（Weill）发掘于西奈］

而南方王国的"白屋"作为联合王国的唯一国库，在整个埃及历史上留存了下来。早期国库的这段历史很有启发性，因为它表明，两国行政机构的合并是一个缓慢的过程，不能凭美尼斯一己之力完成。这片国土很可能都是国王的财产，只不过国王把它托付给了贵族阶层。在接下来的时期，这些贵族拥有了大量地产。但是，我们现在还不能确定，他们是以什么条件获得这些地产的。而除了自由工匠和商人之外的人民，则成为这些土地上的奴隶。他们生活在晒干砖修砌的城池中，生活在地方管理者的指挥下。当时的主要城市有：两座都城埃尔卡布和布托，以及它们的王室属城尼肯，也就是希拉孔波利斯，和皮；孟斐斯的前身"白城"；前两个王朝统治者的故乡提尼斯；邻近的阿拜多斯；赫里奥波里斯（Heliopolis）、赫拉克利奥波利斯和赛伊斯；以及第三王朝出现的一些不那么重要的城市。

每隔两年，国库官员就会在全国范围内对王室财产进行"统计"，这些"统计"将作为时序计算的部分依据。一个国王统治的年份被称为"第一次统计的年份""第一次编号之后的年份""第二次统计的年份"，等等。较早的一种方法是以当年发生的重要事件来命名年份，例如"击打穴居人的年份"。这种方法在巴比伦早期也发现过。但随着"统计"最终演变成了年号，它们成了一个更方便的确定年份的体系，因为这种习惯，书吏似乎不再自行给年份编号了。有了官方的年份，必然会有一种民间年份。这是一种跟随季节而定的年份。尽管可能不存在农历年，但神庙的供奉活动和许多商业交易会按照农历月份进行。有了这样一个政府和行政系统，当然不能没有一个书写体系。所以，我们不仅发现了复杂的象形文字（图27），还发现了用于财会记录的快速草书体。此时的埃及，不仅有了表示整个音节或一组辅音的音标，而且还有了代表一个辅音的字母符号。因此，埃及出现真正字母的时间要比其他民族早了2500年。若不是埃及人因循沿袭，他们可能就会抛弃自己在公元前3500年间使用的音节符号，而改用由24个字母组成的字母表。在这些早期王朝的文献中，文字是以这种古老的形式呈现的，所以我们尚无法理解目前发现的许多稀疏片段。这些文字是记录医学和宗教发展的媒介，在后来的时代，它们被赋予了一种特殊的神圣性和效力。每年发生的主要事件，其名称下面也会记录几行文字。就这样，形成了一系列编年史，记载着一个国王统治期内的每一年，让后世人知道他统治了多长时间。这些编年史中，只有一小部分碎片逃脱了被摧毁的命运。幸存下来的就是现在著名的巴勒莫石碑，[8] 现存于巴勒莫博物馆，这个石碑就是因这座博物馆而得名的（图29）。[9]

此时，国教这种形式已经开始发展，而我们所知道的也只是这种形式。至于民间的宗教信仰，几乎没有留下任何痕迹。即使在后来的王朝，我们也很少发现关于民间宗教的资料，因为它鲜少得到永久记录。美尼斯时代的王室神庙仍然是简单的结构，只能算作一个神社或木制的礼堂，墙壁上有板条编造的图案（图27）。在它前面有一个带有围墙的院子，院子里有一根旗杆，上面的旗子上有神的标志或符号。在围墙的前面有一对杆子，或许历史时期竖立在神庙入口处的那对石方尖碑就是由此演变而来的。不过，正如我们所见，到了第二王朝下半叶，我们已经可以看到石庙了[10]。国王们经常在他们的编年史上记录神庙平面图的草图，或者在测量和破土动工时，他们监督隆重的开工仪式的活动。那些伟大的神祇也是后世人所熟知的，后文中我们还将简要地讨论他们。我们特别注意到，奥西里斯（Osiris）和塞特、荷鲁斯和阿努比斯（Anubis）、透特（Thoth）、索卡尔（Sokar）、敏和阿匹斯（Apis）同属普塔（Ptah）的形式；而在女神中，哈索尔（Hathor）和奈特则是非常突出的存在。这之中有些神，比如荷鲁斯，显然是史前王国的守护神。其存在的年代要早于北方和南方的王国，因此可以追溯到一个非常遥远的时代。在前王朝国王的统治下，荷鲁斯是联合王国最伟大的神祇，后来他的地位被拉（Re）接替了。荷鲁斯在希拉孔波利斯的神庙尤其受人青睐。为了纪念他，人们会举行一种古老的盛会，那就是"荷鲁斯祭仪"。这项活动每两年举行一次，定期记录在王室编年史上（图29）。[11]因此，国王们不断地延续着"荷鲁斯祭仪"的传统，因为他们认为自己是荷鲁斯的继承者。随着提尼斯家族王位的传承，王室一直谨遵祭拜荷鲁斯的传统。但随着第三王朝政权的更迭，孟斐斯家族崛起，这一传统逐渐淡出人们的记忆。和古王国时期一样，祭司的职位当然由在俗教徒担任，他们后来被划分为四个门类或宗族。

前两个王朝统治下的400多年，一定是一个持续而蓬勃发展的时期。在这一发展期的前两个世纪里，美尼斯一族的七任国王中，也就是美尼斯后任的七位国王中，我们只能确定两个——密毕斯（Miebis）和乌萨伐斯。但在这一时期，一共出现过18位国王，我们掌握了其中12位国王在当时留下的遗迹。他们面临的第一个难题是与北方王国的和解，以及与较大民族的完全融合。我们已经看到了，这两个王国是如何在行政管理方面保持独立的，也暗示了，所谓的统一其实只是一种个人间的纽带。登上王位的国王会庆祝一个叫作"上下埃及统一"的节日。[12]在这个节日上，每个国王都会确定其统治第一年的特点和名称。这样的结合，在他们看来很是新奇，起初这是不可能成真的。北方王国一次又一

图29 巴勒莫石碑

记录前王朝时期至第五王朝中期的王名表的碎片。该王名表制于第五王朝。见第35、36和109页。

次反叛。那尔迈国王（可能生活在王朝时代的初期）不得不惩戒三角洲西部地区反叛的利比亚游牧民族。他俘虏的人数多达"12万"，整个地区内难免还有些人要被驱逐出境，同时他还掠夺了至少"142万头小牛和40万头大牛"。在希拉孔波利斯的神庙里，他留下了一个华丽的石板调色板（图19），旁边还有一个仪式用的权标头，上面呈现的场景纪念着他的胜利。后来，尼涅提耶尔（Ninetjer，即Neterimu）国王攻下了北方城市舍姆雷（Shemre）和"北方之宫"。[13] 直到第三王朝，哈谢海姆威国王才有机会将他统治的一年命名为"攻打北方之年"。在与北方的这场战争中，他俘虏了"47 209名叛乱分子"。同样，他也在希拉孔波利斯的荷鲁斯神庙中庆祝自己的胜利，在那里供奉了一个巨大的雪花石膏花瓶[14]，瓶上刻有他的名字和凯旋之年的命名，此外还有两尊他本人的非凡雕像[15]（图20和图21），上面刻有他俘虏的人数。在后来的神话中，人们把两个王国的长久和解归功于奥西里斯。[16]

虽然对北方采取的严厉措施必定严重损害了其经济繁荣，但整个国家的经济可能还在继续增长。国王们不断地部署新的领地，建造新的宫殿、神庙和要塞。公共工程体现了他们对王国经济资源的关注，如灌溉渠的开放（图18）或孟斐斯上游的美尼斯城墙。对于那样一个遥远的年代，我们不得不佩服他们的工程技术和高度的政府观念。他们还开办了我们在外国发现的最早的企业。早在王朝时代的初期，可能是第一王朝期间，瑟莫赫特（Semerkhet）

国王就开始在马格哈拉干河（Wadi Maghara）流域西奈半岛的铜矿区进行采矿作业。他的探险队遭受了贝都因野蛮部落的抢掠。在这个遥远的时代，这些部落是这些地区的原住民。他是如何惩罚这些抢掠者的，这位国王将这些记录在了干河岩石上的浮雕上（图28）。[17] 第一王朝的乌萨伐斯国王一定也在那里进行过类似的活动，因为他也在一块象牙牌上留下了他战胜这些部落的纪念。牌上描绘了这样的景象：他迫使一名原住民跪下，并将其击倒（图26）。其上还附有铭文："第一次击打东方人"。将此事件定为"第一次事件"表明，在当时，国王惩罚这些野蛮人是一种惯例，因此他理所当然地认为还会发生"第二次事件"。在巴勒莫石碑[18]上记录的第一王朝中，也记录着"击打穴居人"的事件，这无疑发生在密毕斯国王统治时期。的确，有迹象表明，当时的国王与遥远的民族保持着外交关系。在他们的坟墓里，人们发现了一种特殊的非埃及陶器的碎片，很像前迈锡尼时代，地中海北部的岛上民族生产的装饰精美的爱琴海陶器。如果这些陶器在埋葬之时就被放进了这些坟墓里，那么说明在公元前4000年，埃及人民和地中海北部人民就有了商业联系。除了针对东方的侵略性外交政策，以及与北方的这种外交联系以外，我们发现，为了约束西方的利比亚人，不时地征战也是有必要的。在希拉孔波利斯的神庙里，那尔迈留下了一座象牙牌[19]，用来纪念他的胜利。毫无疑问，这一事件与之前我们提到过的，这位国王惩治三角洲西部的利比亚民族有关。在南方的第一瀑布区域，碍于邻近沙漠东部地

第三章　最早的埃及

区的穴居人部落的存在，在该地区采石是一件十分危险的活动。这种情况一直持续到第六王朝。而在第一王朝，乌萨伐斯国王持续进行这一远征活动的目的是，确保其在阿拜多斯的陵墓中的一个墓室能够采用花岗岩铺设地面。

因此，强大的提尼斯家族逐渐建成了一个充满活力、文化丰富多产的国家，并从内部和外部巩固了他们的权力。虽然现存的遗迹寥寥，但我们还是逐渐剥开了一个伟大的王国。在不久的后来，这个王国成为了古王国。正如我们所见，这些最早的法老被埋葬在阿拜多斯或附近地区，现已知的法老坟墓就有九座。在他们去世1000年后，这些王国缔造者的坟墓逐渐被人忽视和遗忘。早在公元前20世纪，泽尔（Zer）国王的坟墓就被误认为奥西里斯的坟墓。[20] 当它被现代时期的人们发现时，它被埋在堆积如山的陶瓷碎片之下。这些陶瓷是几个世纪以来奥西里斯的崇拜者所留下的祭品。这里的主人早已被贪婪的侵犯者掳走，离开了他们的安身之所，他们满是黄金和宝石的四肢也难逃厄运，成了侵犯者的战利品。

正是在这种情况下，其中一个盗墓者偷偷地从墓墙上的一个洞潜入，偷走了泽尔王后干枯的手臂，因为手臂上紧紧包裹着象征王权的饰物（图17）。幸运的是，那个强盗，也许是在一次斗殴中被打死，总之再也没有回来取走他的战利品。1902年，这只手臂在那里被发现，由经过训练的工人完好无损地带给了皮特里。

1. 儒略历。
2. 另一位可能记载于巴勒莫石碑上,以及梅腾(Methen)之墓中;见"I, 166"。
3. I, 90.
4. Newberry-Garstang, History, 20 (from unpublished evidence?).
5. 图 17 是镶嵌了紫水晶和绿松石的金手镯,最顶部有金制的莲座状装饰物,做工精细。图 13 中金制条状物的用途不明。
6. 图 19 是最大的一个调色板的两面。在最上面一行(左),国王正在检阅被斩首的俘虏尸体,跟在他后面的是他的侍从,左手帮国王提着凉鞋,前面是四名旗手以及他的维齐尔。中间一行是两只含义不明的奇特动物。最下面一行讲述的是:国王犹如公牛一般闯入坚固的城池,将敌人践踏在脚下。另一侧(右)的这幅画中,国王打败了倒下的敌人,同时作为荷鲁斯之鹰,他俘虏了北方的标志,嘴里还叼着一根绳子,绳子上系着一个人头。最底部是倒下的敌人。
7. I, 134.
8. I, 76—167.
9. 碑片的正面如图 29 所示。第一行之后,每个矩形指示一年。在每一行上方的空格中,写着该行年份所属国王的名字。这个正面包括前王朝(第一排)和第一至第三王朝的国王,之后直至第五王朝的国王记载于背面。
10. I, 134.
11. I, 91—167.
12. I, 140.
13. I, 124.
14. Hierac.I, pl.XXXVI—VIII.
15. 出处同上,pl.XXXIX—XLI.

16 | 卢浮宫石碑 C.2。
17 | Weill, Rev. Arch., 1903, II, p.231; and Recueil des Inser.Égypt.Du Sinai, p.96.
18 | I, 104.
19 | Hierac.I, pl.XV：No. 7.
20 | I, 662.

第二卷

古王国

第四章
早期宗教

在古人的生活里，没有哪一种力量能像宗教那样，渗入他们的一切活动中。基于宗教的想象为人们解释着周围的世界，宗教中所敬畏的就是人们无时无刻不顺从的主人，宗教的希望是人们永远的导师，而宗教圣典的时间表则作为人们的日历。在很大程度上，宗教的外在用途是一种教育，是推动艺术、文学和科学逐步发展的动力。和其他早期民族一样，埃及人也是在他们的环境中发现了他们的神祇。树木和山泉、石头和山峰、鸟类和野兽，和人一样，都是生物，或者它们具有人类所不具备的奇异、不可思议的力量。因此，人类并不是这些生物的主人。在这一群为周围的一切赋予生命的神灵中，有一些是人类的朋友，等待着他们的供奉，并帮助和保护他们；而另一些则诡计多端，盘旋在他们的道路之上，伺机用瘟疫和疾病来侵袭他们。对于自然界发生的任何灾祸，他们都在脑海中幻想出了一个解释，那就是，灾祸是由周围的某个邪恶生灵带来的。这些神灵具有地域性，只有当地居民才认识，侍奉和供奉他们是最卑微、最原始的人性。我们对古王国时期的这种敬拜知之甚少，甚至一无所知，但在帝国时代，我们匆匆瞥见了这个天真却早被遗忘的世界。埃及人不仅将他们所处的环境与这些神灵相对应，他们对头顶的天空和脚下的大地也一一给予了解释。长期以来，他们禁锢在那狭长的河谷里，纵然壮丽，却景色单调，同时也限制了他们的想象力。他们没有获得自然世界所能激发出的那种细腻幻想，也不具备希腊自然之美所赋予希腊人的那种想象力。在这文明起源的遥远时代，也就是我们在前一章简要研究过的时代，尼罗河流域的牧人和农夫在天空中看到了一头巨大的母牛，它横卧在穹隆上，头朝西，大地在它的前脚和后脚之间，而它的肚子上布满了星辰，是天穹的拱门。可是，另一个地方的人们却认为，他们能看到一个巨大的女性形象，她的脚站在东方，俯身向着地面；在遥远的西方，她用双臂支撑着自己的身体。还有一些人认为，天空是一片海洋，高过地面，四角各有一根柱子支撑。当地人不仅笃信这些幻想，而且各种幻想也互相联系起来，因此便交织成了一种无法理清的混乱。因为他们将天空解释成一头母牛或一个女人，因此每天升起的太阳便被视为一个新生的小牛或孩子。之后，这个小牛或孩子又驾着一艘飞天船飞越天空,驶入西方,像一个老人一样摇摇晃晃地走进坟墓。此外,鹰总是飞得很高,似乎是太阳的伙伴,所以他们相信太阳就是这样一只鹰,每天都在天空中飞翔。而日轮,就是这只鹰展开的翅膀,也是他们的宗教中最常见的符号。

大地,也就是他们所了解的那条狭长的山谷,在他们的原始想象中,是一个俯卧的男人,植物在他的背上生长,野兽在上面活动,人类在上面生活。如果天空是一片大海,太阳和天上的光芒每天都在上面向西航行,那么一定会有一条供它们返航的水道。因此,在地下,一定有另一条尼罗河,它流经一条长长的黑暗甬道,甬道上有接连不断的洞穴。夜间,天上的帆船穿过这些洞穴,在清晨时分再次出现在东方。

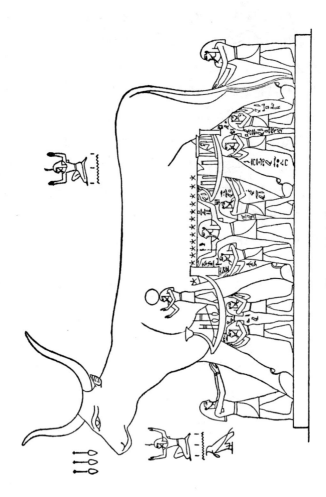

图 30 天空之牛

各种各样的神灵支撑着她的四肢,而在中间则由大气之神舒(Shu)来支撑。她的肚子构成了天空,上面挂着星星,头戴日轮的太阳神驾驶着飞天船在她的肚子上移动。

图 31　天空女神

她的身体上布满了星星。空气之神舒支撑着她,而大地之神盖布(Geb)则俯卧在她的身下。

这条地下河在第一瀑布处与尼罗河相连,作为生命之河的尼罗河水便是从那里流出的。我们可以看到,对于制造这种神话的人来说,世界的尽头就在第一瀑布,他们只知道远处是一片汪洋大海。这海的南面与尼罗河相连,北面也与尼罗河相连,因为这片海环绕着他们的大地,他们称之为"大圆"[1]。这一观点后被希腊人继承了下来,他们把海洋称为"俄刻阿诺斯"(Okeanos,也就是Ocean)。起初,只存在这片海洋,后来它的上面出现了一个蛋,或者像有些人说的一朵花,太阳神便是从这里面诞生的。他独自生了四个孩子,舒、泰芙努特(Tefnut)、盖布和努特(Nut)。

他们和父亲一同躺在混沌的海洋上，代表大气的舒和泰芙努特把自己刺入了盖布和努特之间。他们把脚踩在盖布身上，将努特托举在高处，所以盖布成了地，努特成了天。盖布和努特是奥西里斯、伊希斯（Isis）、塞特和奈芙蒂斯（Nephthys）四神的父亲和母亲。太阳神和他的四个孩子，以及其中的盖布和努特所生的四个孩子，一共九位神灵共同形成了一个体系，也就是"九神团"。后来，他们各自的神庙也都在当地拥有了特定的形式。这种由父亲、母亲和儿子构成的原始神性关系强烈地影响了后来的神学，促使每座神庙都人为创造了三联神。三联神只具备次级起源关联，在此基础上又形成了"九神团"。关于世界起源的故事，其他地方也流传着其他版本。其中一个故事讲述，统治地球的拉曾经一度是统治人类的国王，但人类却密谋反叛，所以他派哈索尔（Hathor）女神去杀死人类。此后，他感到懊悔，因此在哈索尔已经毁灭了部分人类之时，他设计将其引开，避免了人类的彻底灭亡。后来，天空之牛将拉驮在背上，让他离开负心的大地，住上了天堂。

图32 太阳神的飞天船

头似公羊的神头戴日轮,坐在礼堂里接受加冕;他的维齐尔,朱鹭头的透特站在王位上对他讲话,犹如陆地上的国王。

图33 一组古王国"玛斯塔巴式坟墓"(也称砖石墓)的复原图[由佩罗(Perrot)和特奇皮兹(Chipiez)提供]

前方可见礼堂的大门。在其顶部可以看到竖井的顶部。经过竖井,可从上层建筑进入地下墓室。墓室中埋葬着木乃伊。

58　　除了这些大地、空气和天空上的神灵，还有一些神灵执掌着地下的世界。那是一条阴暗的通道，地下的河流将太阳从西方带到东方。非常早期的观念认为，这里是死者居住的地方，他们的国王是奥西里斯。奥西里斯继承了太阳神的王位，成为地球上的国王。他的统治得到了他忠实的姐妹，也是妻子，伊希斯的帮助。他是人类的恩人，公义的统治者，受人爱戴，却被他的哥哥赛特用诡计所惑，然后杀害了。经历巨大的苦难之后，伊希斯获得了国王的尸体。在她准备将其下葬之时，她得到了阴间一位古老神灵胡狼神阿努比斯的帮助。阿努比斯后来成了防腐之神。伊希斯对丈夫的尸体施以强大的魔法，竟然使他复活了，四肢也恢复了功能。虽然这位已故的神灵不可能再回到尘世继续生活了，但他作为一个活着的国王成了阴间的首领。伊希斯后来生了一个儿子，名叫荷鲁斯。她在三角洲的沼泽中悄悄地将荷鲁斯抚养长大，让他为他的父亲复仇。这个孩子长大成人后，便去追杀塞特。随后，在一场席卷整片土地的可怕战斗中，两人都遭到了重创。不过塞特最终战败，荷鲁斯成功夺回父亲的王位。于是，塞特进入众神法庭，指控荷鲁斯的出生存在污点，他对王位的继承权也不成立。在文字之神透特的辩护下，荷鲁斯被证明无罪，并被宣告"言辞确凿"，即"胜诉"。也有另一版本称，是奥西里斯本人被证无罪。

　　并不是所有出现在这些故事和幻想中的神都成了神祇。他们中的许多人只是继续扮演着他们的角色，并没有祭拜的神庙或形式，有的只存在于民间传说中，最终只是神学上的存在。另一些则成了埃及的伟大神祇。在这片天高云淡、鲜少降雨的土地上，太阳的光芒从不缺席，因此他在人们的思想和日常生活中总是占据着最高地位。人们对他的崇拜几乎无处不在。安城（On）是太阳神的朝圣中心，位于三角洲，希腊人称之为赫里奥波里斯。在这里，人们称太阳为"拉"，表示太阳这个球体本身；也称他为"阿图姆"（Atum），意思是衰老的太阳，犹如一个步履蹒跚地朝西方走去的老人；他还有一个名字是赫普尔（Khepri），在象形文字中是一只甲虫，代表青春洋溢、冉冉升起的太阳。他有两艘穿越天空的帆船，一艘在早晨驾驶，另一艘则是下午，他带着这两艘船穿越天穹。当他乘坐他的帆船进入地下世界，返回东方时，他给那里没有躯体的居民带去了光明和欢乐。在赫里奥波里斯的神庙里，他以一座方尖碑为象征；而在上游的埃德夫，他的另一个古老的朝拜中心，他则以鹰的形象示人，人称荷鲁斯。

月亮是计算时间的标尺，为计算之神、文字之神和智慧之神提供了条件，他的朝拜中心位于石门（Shmun）；而希腊人则认为他是赫耳墨斯（Hermes），称他的朝拜中心为赫尔默普利（Hermopolis）。人们将他看作一只朱鹭。在这整片国土上，人们无一例外地对天空表达着崇拜，他们称其为"努特"，不过努特自始至终都只是一个神话角色。天空女神逐渐变成了女人，拥有了女性的爱和喜悦。在古老的丹德雷神庙，她是象征母牛的女神哈索尔；在赛伊斯，她是快乐的奈特；在布巴斯蒂斯（Bubastis），她摇身变为了猫神贝斯特（Bast）；而在孟斐斯，她的和蔼面容消失不见，变成了一头雌狮，扮演着风暴和恐怖女神。在关于奥西里斯的神话中，他的事迹和所有特征是如此人性化，以至于人们对他的崇拜迅速而广泛地蔓延开来。而伊希斯，尽管她仍然是一个重要的神话人物，但她已经成了人们心目中妻子和母亲的典范。荷鲁斯也是如此，虽然最初确实属于太阳神系，与奥西里斯没有任何关系，但对人们来说，他却是一个好儿子的化身，从他身上，他们不断见证正义事业的最终胜利。对奥西里斯的崇拜强烈影响着埃及人的生活。在讨论祭庙信仰时，我们将进一步关注这一方面。奥西里斯的故乡在三角洲的德杜（Dedu），希腊人称之为"布西里斯"（Busiris）；但是，上埃及的阿拜多斯却早早夺得了特殊的圣名，因为这里埋葬着奥西里斯的头颅。他总是呈现出一副包裹严实的形象，或者犹如一名法老那样端坐着，或者只是一根奇怪的柱子，也就是史前人们祭拜他时遗留下的一种神物。位于孟斐斯的普塔是埃及早期的伟大神祇之一，要把他带入自然神的圈子是不可能的。他是工匠、发明家和艺术家的保护神，他的大祭司一直由宫廷的首席艺术家担任。这些就是埃及的主要神祇。尽管还有许多其他重要的神掌管着这座或那座庙宇，但在这里，我们不可能一一关注，甚至无法轻描淡写地一笔带过。

对于这些神的穿着，埃及人赋予了最简单的外在表现和符号特征，体现了这些神所出现的年代的原始和古朴。他们手握一根棍棒，就像今天的贝都因人一样，女神们则挥舞着一根芦苇茎。他们的头冠由芦苇编织而成，或者是一对鸵鸟羽毛或者羊角。在这样一个时代，人们经常在他们周围的许多动物身上看到神的显灵。他们对这些神圣动物的崇敬，我们本以为会逐渐消退，不料却一直延续到高度文明的时代。我们通常把动物崇拜与古埃及联系在一起。但作为一种祭仪，它产生的时代较晚，是在这个国家的历史末期，民族衰落之时提出的。在我们所研究的这个时代，这种崇拜还未出现。例如，鹰是代表太阳神的神圣动物，因此在神庙里，这样一只活着的鹰应该占有一席之地，像任何这样的宠物一样被喂养、被善待。但事实并非如此，它没有受到崇拜，也不像后来那样，在精心安排的仪式上扮演众人膜拜的对象。[2]

在狭长的尼罗河谷里，早期埃及人的信仰在地区之间必然存在很大不同。例如，虽然有许多太阳祭拜中心，每个城市都有一座太阳神庙，但他们把自己的太阳神看作特殊的神祇，不同于所有其他太阳神；就像意大利的许多现代城镇都不会把他们的圣母马利亚和其他城镇的圣母相提并论一样。由于政治联盟使商业和行政交往更加频繁，这些相互矛盾、互不相容的信仰无法继续限制在当地。它们融合成一个错综复杂的神话。先前我们已经举了一些例子，之后我们还会看到更多。神学家们从未把这些庞杂的信仰梳理成连贯的系统。它们仍然作为事件和背景结合在一起，形成一种相互矛盾的混乱。国家生活的另一个结果是，一旦一个城市获得了至高无上的政治地位后,它的神就会随之崛起,在这片土地上的无数神灵中占据统治地位。

我们已经看到了最早期埃及人朝拜的神庙。他们认为这是神的住所,因此这里的布局可能与前王朝时期埃及人的私人住宅一致。我们已经看到,一个国家是如何在逐渐演变的过程中,将史前那种板条建造神庙远远地抛在身后,最终立起一座石头结构的建筑。不过毫无疑问,那种原始结构的主要特征被延续了下来。它依然是神的住所,虽然埃及人可能早已忘记了它的起源。在露天前院的后面,有一个带柱廊的大殿,大殿的后面是一列的小房间,里面摆放着供神庙使用的家具和器具。关于建筑物的结构和装饰,我们会在后文中做进一步的讨论(见第106页及后页)。后排房间的中央有一个小房间,叫作至圣所,里面有一座用一块花岗石凿成的神龛。神龛里有木制的小神像,高一尺半到六尺,用金、银和贵重的石材精心装饰,极其华美。住在这里的神祇所获得的服务就是那个时代有钱有势之人所需要的必需品和奢侈品——丰盛的食物和饮品、精美的服饰,以及音乐和舞蹈。这些祭品从国王所赐土地的收入中支出,有些是从王室收入中捐献的谷物、葡萄酒、石油、蜂蜜等各种供奉品。[3] 这些供奉是为了让神庙的主人获得舒适和幸福,最初可能并没有供奉的仪式,但渐渐地,衍生出了复杂的仪式,且几乎所有神庙都是如此。神庙外的前院里有一个大祭坛,人们会在节日期间聚集在那里,可以分享大量的食物。这些食物通常要先献给神,然后由神庙的祭司和仆人食用。而这些节日,除了那些指示时间和季节的节日外,常常是这些神的故事或神话中一些重要事件的纪念日。在这些节庆时,祭司们会把神像放在一个轻便的,形似小尼罗河船的神龛里。

最早的祭司只是当地贵族的一项小小职责,他是部落祭司中的首领。但是,随着国家的发展,法老崇高地位的确立,法老成为唯一官方认可的神仆。同时,在国家历史开始之初,出现了一种国家形式的宗教,其中法老扮演着至高无上的角色。因此,在理论上,只有他才能崇拜神;而事实上,在埃及的每一座神庙里,都必须由一位大祭司来代表法老,所有的祭品都由这位大祭司奉上,"为了法老的生命、繁荣和健康"。其中一些大祭司的来历颇为古老,特别是在赫里奥波里斯,他的大祭司被称为"伟大的先知";在孟斐斯,普塔的大祭司被称为"大工匠长"。这两种职位都要求同时具备两名任职者,而且通常要由位高权重的人来担任。其他后来出现的大祭司任职者都被授予了一个简单的头衔:监督官或祭司长。该职位的职责不仅是主持神庙的服务和仪式,而且还要管理神庙所拥有的土地。这些土地的收入用于维护神庙的存续,而在战争期间,该职位甚至可以指挥神庙特遣队。大祭司的工作会有一群祭司来协理;除了偶然情况外,他们担任神职的同时,也还有自己的世俗工作。他们都是在俗教徒,有时在神庙里定期侍奉一段时间。因此,尽管法老被虚构为唯一崇拜神的人,但他的服务仍然要求由俗人来执行。同样,当时的妇女通常是奈特或哈索尔的女祭司；她们的服务无非是在节日的时候，在神的面前跳跳舞，发出点叮当声。因此，国家的传统中并没有完全禁止个人参与神庙的服务。祭司最常见的头衔是"神仆"，这与"神庙为神的居所"这一概念相对应。

伴随着国家宗教的发展，以及神庙的精心布置、捐献、祭司和仪式的发展，人们对死者的供给也在同步发展。无论在古代还是现代，没有哪片土地上，有人会对死者的用具表达出如此的关注，供他们死后永世享用。这些信仰让埃及人奉献了大量财富和时间，以及技能和精力，用以建造和布置"永恒的家"。这是我们知道的最古老的关于死后生活的概念。他们相信身体是由一种生命力所激活的，并把这种生命力想象成身体的对应物——身体和它一起来到这个世界，和它一起度过人生，并伴随着它进入另一个世界。他称之为"卡"（ka）。在现代论述中，"卡"常被称为"灵魂"。尽管遗迹上用这个词来描述"卡"的形式，但这却不是它的真实性质。除了"卡"以外，每个人还有一个灵魂。埃及人将灵魂想象成一只在丛林里飞来飞去的小鸟，不过它的外表可能像一朵花或者莲花、一条蛇、一条在河里逗留的鳄鱼，或是许多其他东西。在他们看来，似乎还有更多的人格因素，像每个人的影子一样。但在埃及人的心目中，所有这些因素之间的关系是非常模糊和混乱的，就像一代人以前的普通基督徒一样，接受了肉体、灵魂和精神的教义，却无法对它们之间的相互关系做出任何清晰的解释。就像人们对天堂和世界有各种解释一样，当地人也对死者所去往的地方抱有许多不同的理解。不过，这些观念，虽然彼此不可调和，却仍然得到了普遍接受，没有人为这种不相容而烦恼，即使这种情况曾经确实发生过。在西方，存在一个亡者的世界。每天晚上，太阳神都会降临到他们的坟墓里。因此，"西方人"是埃及人对死者的称呼；同时，只要有可能，他们就会将墓地坐落在沙漠西部的边缘。此外，还有一个阴间。每晚，亡者都会在那里，等待着太阳帆船的归来，好让他们沐浴太阳神的光芒。他们抓着太阳神的弓绳，兴高采烈地拉着太阳神穿过他们黑暗居所中的幽长洞穴。在夜空的光辉中，尼罗河人也看见了走在他前方的人群：他们像鸟儿一样飞到那里，飞得比天空中的所有敌人都高，他们像那艘飞天帆船的伙伴一样受到拉的接待，像永恒的星星一样划过夜空。更常见的一种说法是，埃及人认为东北部的天空中有一片区域是扁豆田，他称之为"食之田"或"雅鲁之田"。那里的谷物长得比尼罗河两岸任何时候的都要高，使故去的人能够安居丰裕。通过在神殿中祭献世俗祭品，不仅他们的土地实现了丰收，他们也获得了面包、啤酒和亚麻细布。不过，并不是每个人都能成功到达那片福地，因为那里四面环水。有时，逝者会引诱老鹰或朱鹭用翅膀将他们驮过去；而荷鲁斯的四个儿子，作为友好的精灵，会给逝者带来一艘船，使他乘船漂浮；有时，太阳神会用他的帆船将逝者带过去；不过，到目前为止，多数人还是愿意选择船夫服务，这位船夫人称"背过脸"或"回头看"，因为他在撑船时总是把脸转向船尾。并不是所有人都能上到他的船上。对于他所接纳的乘客,他总是这样评价:"他从没有做过恶事";或者"他是没有船的义者";或者"无论是在天地之间,还是海岛之前,他都是公义之人"[4](这里的海岛便是他们要去往的乐土)。这些都是人类历史上,关于生命逝去时的道德考验的最早体现,要求人在死后继续保持生前的人格。这个时候,保障灵魂顺利通过那片水域的,主要是礼仪上的纯洁,而不是道德上的纯洁。然而,第五王朝的一位贵族却希望人们知道,他从来没有从古墓中骗取过分文,所以他在自己的坟墓中写道:"我保证这座坟墓是我的正当财产,我从来没有拿过任何人的东西。……我从来没有对任何人做出过任何暴力行为。"[5]还有一个人,也许是一位平民,说:"自我出生以来,我从来没有在任何官员面前被人打过,也从来没有强取过别人的财物。我做的事情都是所有人乐于看到的事。"[6]他们所宣称的也不总是这种消极的美德。在第五王朝末期,上埃及的一位贵族说:"我把面包给了塞拉斯特山(Cerastes Mountain,他掌管的地区)的饥饿者;我为赤身裸体的人穿上了衣服。……我未曾欺压过拥有财产的人,以致他向本城的神抱怨我;我的子民从未对比他们更强大的人感到惧怕,进而向神抱怨。"[7]

奥西里斯原本与这些早期信仰无关,而后来,关于他的死亡和前往阴间的神话却成了埃及殡葬信仰的主导元素。他已成为"西方之先"和"荣耀之王"。每一个与奥西里斯遭受同样命运的灵魂可能也会经历他的重生;也许真的会变成奥西里斯。所以他们说:"奥西里斯活着,他也会活着;奥西里斯没有死,他也必会不死;奥西里斯没有灭亡,他必将不灭。"[8]正如奥西里斯的四肢再次充满了生命,神也会将他高举,把他放在众神之中。"天堂之门为你敞开,大门之闩为你拉开。你发现拉站在那里,他拉着你的手,携你进入天上的圣所,又使你坐在奥西里斯的宝座上,就是你这黄铜宝座,好叫你在荣耀者面前做王……神的仆人站在你的身后,神的贵胄站在你面前,说:'神啊,你来。请你来,神!来吧,你是奥西里斯王座的主人!'伊希斯同你攀谈,奈芙蒂斯向你致敬。荣耀者来到你的面前,俯伏在你脚前,好亲吻你脚下的大地。就这样,你被保护着,被装扮成一个神,被赋予奥西里斯的形态,坐在'西方之先'的王座上。你所行的,和他在荣耀者和不朽者之中所行的一样。……你使你的殿宇兴盛起来,又保护你的儿女不受患难。"[9]因此,他们相信所有人都可以分享奥西里斯的美好命运,甚至成为奥西里斯本人,他们毫不沮丧地面对死亡。他们这样评价亡者:"他们离去的时候,不像死人,更像活人。"[10]此时,作为一个带有正面影响的事例,他们引入了奥西里斯被指控时成功洗冤的事迹。这为所有人提供了类似辩护的线索,也成了埃及宗教中最多产的种子。后文中,我们将会发现这一点。因此,奥西里斯的神话引入了一个伦理元素,这一元素最终也成了一个强大的要义。尽管在此之前,这一元素并非全然不见,但人们需要通过奥西里斯的神话来产生一种人的要素,从而赋予它生命力。因此,第五和第六王朝的几个贵族这样威胁那些将来要侵占他们坟墓的人:"关于此事,至高的神必将对他们施以审判";[11] 还有人说,他们从不毁谤他人,因为"我希望在至高的神面前好过"。[12]

这些观点主要见于我们现有的最久远的埃及殡葬文献。古埃及人认为,这些文献是死者享受幸福生活的有效保障,尤其是奥西里斯所享有的那种幸福未来。它们被镌刻在第五和第六王朝所建造的金字塔的通道上,因而被大量地保存了下来。以上关于早期埃及人对来世概念的概述,很大程度上就是出自这些文献。[13] 鉴于它们被发现的地方,它们通常被称为"金字塔文献"。这些文献中有许多产生于前王朝时代,因此有些原本与奥西里斯没有任何联系的内容,根据奥西里斯信仰进行了修改。当然,这一过程导致了原本不同的殡葬信仰形成了无法理顺的混乱。

对于死后的生活,如此这般地坚持一种或一套信仰,必然会产生大量殡葬习俗。在埃及研究生涯的早期,我们就已经对此有所了解。很明显,不管埃及人如何坚持不懈地把死者的生命转移到某个遥远的地方,远离躯体所葬的坟墓,他们都永远无法将未来的生活与躯体完全分离。他们无法想象,没有了肉体,死者该如何生存。渐渐地,他们为死者设计了一个越来越有模有样、越来越安全的储藏室,直到呈现出我们所看到的、巨大厚重的石头建筑。世界上再也找不到像金字塔这样巨大的坟墓了。在古王国时期,贵族们的坟墓已经变成了巨大的砖石结构;而就在当时的仅仅几个世纪之前,一个国王能够拥有这样的坟墓就已经感到非常自豪了。在第六王朝，佩皮一世统治时期，他的维齐尔所享有的这种坟墓，至少有31个墓室。这样一座坟墓，它的上层建筑是一个巨大的长方形砖石建筑，两边向内倾斜，角度大约

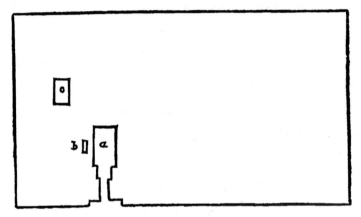

图34　玛斯塔巴或石砌坟墓的平面图

a是礼堂；b是狭室（地下室），是内有雕像的密室；c是通往地下的木乃伊墓室的竖井。正面图见图33。

为75度。除了一间又一间的墓室外，整座建筑都很坚固，让人想起了现代的"玛斯塔巴"，即房子和商店门前的露台、区域或长凳。因此，这样的坟墓通常被称为"玛斯塔巴"。最简单的玛斯塔巴没有墓室，只在东面设有一扇假门。死者住在东面，也就是这扇门的后面，可以从这扇门进入阳世。

这扇假门最终演变成了一种精心设计的礼堂——砖石墓中的一个小墓室，而假门被设置在了该墓室的西墙上。这个礼堂的内墙上刻有浮雕，描绘了死者的仆人和奴隶在他的庄园里做日常

工作的情景（图44和图56）：他们犁地、播种、收割；他们牧牛、宰杀，并将它们呈上餐桌；他们制作石器或建造尼罗河驳船……事实上，这些浮雕上展示了他们在田地里、在作坊里，为他们的主人生产享受安宁的所有必需品，供其在死后享用；而这位主人的高大身影则不时出现，如同"西去"之前一样，监督和检查他们的劳作。我们对当时的生活和习俗的了解，正是源于这些场景。在巨大坟墓下面很深的地方，原生岩石中有一个墓室，可以由此向下穿过砖石结构上层建筑的竖井到达。在下葬当天，人们会为遗体（此时已经经过了适当的防腐处理）举行精心安排的仪式。为了让逝者死后可以说话和听见声音，他们必须要用强大的法力打开他的嘴和耳朵。然后，木乃伊经由竖井，被放入一个精美的长方形香柏木棺材里。像以往一样，它仍是朝左侧卧在棺材里。然后，香柏木棺材又被放在一个巨大的花岗岩或石灰岩石棺里。除了几件盥洗用品，以及一根魔杖和一些护身符（用来抵御死者的敌人，尤其是蛇）外，人们还为逝者准备了一些食物和饮料。在金字塔文献中，针对蛇的符咒非常多，目的是消除它们的危害。那时候，通往墓室的竖井被填满了沙子和碎石；而现在，死者的朋友们把竖井空了出来，以便他能够前往来生——这一点我们之前已经介绍过了。

然而，尽管逝者已去，但他们对逝者的责任并没有减轻。在礼堂旁边的一个小墓室里，他们用石块砌起了一尊已故者的雕像，有时还切割出一条小通道，把礼堂和雕像室（现代当地人称之为"狭室")连接起来。由于雕像精确地复制了死者的身体,因此他的"卡"可能会附着在这个复制品上,并通过连接的通道享用放置在礼堂里的食物和饮料。死者的祭品,起初只是一个碗里放着的一小块面包,由他的儿子、妻子或兄弟放在墓前的芦席上;而现在,已经变得像墓主在离开尘世之前一样,都是精致的日常美食。但是这种带着爱的劳动,或者有时是带着恐惧的劳动,现在已经移交给一群人来负责了。他们隶属于这个坟墓,其中一些人,作为坟墓的祭司,负责延续坟墓的礼制。他们的服务基于非常具体的合约[14],作为报酬,他们会获得固定收入,款项从贵族逝者为此目的而合法设立并记录的捐献中支取。第四王朝哈夫拉(Khafre)国王之子涅库拉(Nekure)王子的坟墓,便得到了来自12个城镇的收入。[15]乌瑟(Userkaf)卡夫统治时期,一名宫廷管家任命了八名祭司来为他的坟墓服务;[16]上埃及的一位总督把来自11个村庄和村落的收入捐赠给了他的坟墓。[17]在这样的一座坟墓中,一个祭司的收入足以供其以同样的方式捐助自己女儿的坟墓。[18]以这种方式维持的这种捐献和服务原本是永久性的,但经过了几代人的繁衍,累积下来的负担已无法承受。因此,一个世纪以前的祖先,除了少数例外,必然会遭到忽视,以维持那些更有权势、年代更近的逝者的享受。或者,由于神庙里供奉给神的祭品是用来帮助隶属于神庙的人们维持生活的,因此现在,作为对其最喜爱的贵族的奖赏,国王可能会将原本应捐献给王室祖先或王室其他亲属的坟墓的收入,转移给这些贵族的坟墓。[19]

现在，国王以这种方式[20]帮助他最喜爱的领主和贵族已经成为一种惯例，因此我们经常会在墓葬祷文中看到这样的开场白："国王所赠祭品……"如果说这种类型的坟墓仅局限在国王周围的贵族和官员的圈子里，那么王室对死者如此慷慨便算是合理的。但在后来，当贵族阶层的殡葬习俗传播到大众群体中时，他们也沿用了这种祈祷文，尽管王室已无法做到那般慷慨。因此，这种祈祷文在今天成了埃及遗迹上最常见的模板，在那些不可能享有如此王室殊荣之人的坟墓里或墓碑上出现了数千次，而且在同一座坟墓里，一遍又一遍地重复。同样，国王也会慷慨地帮助他所喜爱的人建造坟墓。贵族们常常自豪地记录道，国王赐给了他一扇假门，或石棺，或派了一群王室工匠协助建造他的坟墓。[21]

如果说贵族的坟墓现在已经成为一个接受捐献的机构，那么我们看到，国王的坟墓早在第一王朝就开始呈现这种状态了。至少从第三王朝开始，法老已经不满足于一个坟墓了，他们以两个国家的双重国王身份，修建两座坟墓，就像他们因为双重身份而修建两座宫殿一样。我们还发现，国王坟墓的规模和宏伟程度远远超过了贵族坟墓。贵族们的葬祭仪式可以在玛斯塔巴东侧的礼堂举行；但是法老的葬祭仪式必须在一个独立的建筑内举行，也就是位于金字塔东侧的华丽祭庙。此时，会有一位天赋异禀的祭司来主持仪式，并为死去的国王祭献食物、饮料和衣物。这支庞大的团队需要许多外围建筑，而金字塔、祭庙和附属建筑

图35 阿布西尔金字塔及其附属建筑的复原图［由波尔哈特（Borchardt）提供］
靠近每座金字塔的是金字塔庙。带有屋顶的砖石堤道，从这之中的两组建筑向下延伸至沙漠高原的边缘。每条堤道的尽头都是一扇巨大的石砌大门（见图69）。大门前是一个平台，平台上有台阶通向水面，在洪水期间，船只可以在这里靠岸。

也形成了一个建筑群，四周由围墙包围起来。这一切都建在俯瞰山谷的高原边缘，而在金字塔下方的河谷里，现在已经出现了由城墙包围起来的城镇。从城镇向上去往金字塔的围墙，要经过一条巨大的石头堤道。在堤道较低的一端或朝向城镇的一端，是一座由花岗岩或石灰岩建成的宏伟建筑，有时还铺着雪花石膏地板。整个建筑形成了一个华丽的入口，带你进入那令人印象深刻的坟墓，去一探究竟（图35和图69）。在节庆的日子里，身着白长袍的游行队伍穿过这扇门，从城里沿着长长的白堤道向神庙走去。

73 神庙之上耸立的就是巨大的金字塔。居住在下面城市里的居民可能永远也无法进入金字塔的围墙。越过城墙，透过摇曳的绿色棕榈树，他们可以看到闪闪发光的白色金字塔，那里躺着曾经统治过他们的神。在这座金字塔的旁边，一座石山年复一年地缓缓升起，逐渐呈现出金字塔的模样，那里将是神的儿子的安息之所。此时，法老和贵族的特殊安葬模式已经成为一个严重影响国家经济的问题，且这种精心安排的葬祭形式仍然局限于这个小群体，普通人的遗体仍然埋在沙漠西部边缘，史前先祖的墓穴里，没有进行任何防腐处理。

1. II, 661.
2. Erman, Handbuch, p. 25.
3. I, 153—167; 213.
4. Pyramid of Pepi I, 400; Mernere 570, Erman, Zeitschrift für Aegyptische Sprache, XXXI, 76—77.
5. I, 252.
6. I, 279.
7. I, 281.
8. Pyramids, Chap.15.
9. Erman, Handbuch, pp. 96—99.
10. 出处同上。
11. I, 253, 330, 338, 357.
12. I, 331.
13. 参见 Erman, Handbuch.

14	I, 200—209, 231—235.
15	I, 191.
16	I, 226—227.
17	I, 379.
18	Erman, Handbuch, p. 123.
19	I, 173, 1.5, 241.
20	I, 204, 207, 209, 213—227, 242—249, 274—277, 370.
21	I, 210—212, 237—240, 242—249, 274—277, 308.

第五章
古王国：政府和社会，工业和艺术

我们已经注意到，王权的起源和古埃及特有的风俗习惯，都根植于遥远的过去，我们只能从政府组织的演变中依稀找到些许痕迹。随着美尼斯王朝政权的巩固，它已经成为一个历史悠久的机构。经过四个多世纪的发展，在古王国到来前夕，这种政权已经为政府带来了威望和崇高的权力。无论高低，这都需要人们对王权抱有最深的敬意。事实上，国王此时的职务是神，最常见的一个头衔是"善良的神"。他如此受人尊敬，以至于人们不愿直呼其名。朝臣可能会客观地将他定名为"一"，因此"让一知道"成了"向国王报告"的官方用语。他的政府被称为"大房子"，其在埃及语中的表达是"Per-o"，本质上就是指国王本人。这

第五章 古王国：政府和社会，工业和艺术

个词从希伯来人那里流传下来，意指"法老"。此外，还有许多其他委婉的表达，挑剔的朝臣在提到他们的圣主时，可能会使用那些表达。当国王死后，他会被神接纳，进入众神的圈子里。他沉睡在巨大的金字塔里，人们像崇拜众神一样在塔前的祭庙里崇拜他。

早在这个遥远的时代，就已经有一群仪表堂堂的司礼官和宫中侍从时刻恪守着这种礼仪，使宫廷习俗逐渐发展成为一种精致的官方礼仪。就这样，宫廷生活逐渐形成，与东方的现代生活没有什么不同。从当时宫廷贵族的许多头衔中，我们隐约地瞥见了这种生活。他们骄傲地把这些头衔排列在坟墓的墙壁上，夹杂着堂皇的谓语，表明他们在国王的圈子里负有崇高的责任，享有崇高的特权。等级众多，每个等级的特权，以及所有可能出现的优先权，都由宫廷司礼官和王室随从严格遵守和执行。王室成员的每一项需要都由一位宫廷贵族来代表，他的职责就是提供这种服务，他被赋予相应的头衔，比如宫廷医生、宫廷乐官。虽然王室的梳妆流程相对简单，但国王的宫殿里却挤满了包括制帽师、制鞋师、香水师、洗衣工、漂白工和王家衣橱守卫在内的一小群人。他们把他们的头衔记录在自己的墓碑上，那种满足感溢于言表。随便举个例子，这之中有个人在他的墓碑上写着"化妆盒监督人……在化妆艺术方面得到了主的满意；化妆笔监督人；国王凉鞋侍从，在有关国王凉鞋的事宜上得到了主的满意"。[1] 国王最宠爱的妻子会成为正式的王后，她的长子通常被封为王储，继

承他父亲的王位。但和所有的东方宫廷一样，这里也有一个王室后宫，里面住着众多妃嫔。国王膝下通常有许多儿子，宫廷的巨额收入也会慷慨地分配给他们。在第四王朝，哈夫拉国王的儿子留下了14个镇的地产，还有一处市内宅邸、两处王家宅邸和一个金字塔城。此外，他的坟墓还得到了来自12个城镇的捐献。[2]但是，这些王子并没有过着懒散、奢侈的生活，他们在父亲的政府中发挥着辅助作用。我们将会看到，他们在为国家服务时，担负着一些最艰巨的职务。

作为国家至高无上的神，无论法老的官方地位有多高，他仍然与王国中地位显赫的贵族保持着密切的私人关系。在他还是王子的时候，他和一群来自贵族家庭的年轻人一起接受教育，一起学习男人的艺术，比如游泳。[3]青年时期形成的友谊和亲密关系必定对后来的君主生活产生巨大的影响。我们看到，法老会将他的女儿许配给曾与他一起学习的某位年轻人。[4]为了这位宠儿，国王甚至不惜违反严苛的宫廷礼仪——在正式场合，此人本没有权利吻法老脚前的尘土，但法老却赋予了他前所未有的特权，亲吻法老的脚尖。[5]对他的密友来说，这种仪式纯粹是一种官方礼仪。私下里，国王会毫无顾忌，亲切地躺在他的密友身旁，全然放松，而此时，可能侍从们正在为他们涂抹圣油。[6]这样一位贵族的女儿可能成为正式的王后和下一任国王的母亲。[7]我们看到国王和他的首席建筑师维齐尔正在视察一座公共建筑。当他赞赏这项工作并赞扬他忠实的大臣时，他注意到后者并没有在倾听这恩宠的言语。国王的呼喊惊动了等候的朝臣,受伤的大臣很快被抬进了宫殿,法老匆忙地召集了祭司和首席医生。他派人到藏书室取回一箱医书,但这一切都无济于事。医生们宣布无力回天。国王悲痛万分,退隐到自己的房间里,向拉祈祷。然后,他为这位已故贵族做葬礼的一切安排,定制了一副乌木棺材,并亲自为他的遗体涂抹圣油。然后,死者的长子被授权建造坟墓,由国王提供并捐献物资。[8]

很明显,王国中最有权势的贵族就是这样通过血缘和友谊与法老本人形成亲密的个人纽带。这些关系得到了国王的精心培育。在第四和第五王朝早期,这个古老的国家在某些方面,至少是它的核心集团,会看起来像一个大家庭。因此,我们看到,国王帮助这个"集团"的所有成员建造和装备坟墓,并对他们的现世和后世福祉都表现出极大的关心。

在政府顶层,理论上没有人能质疑法老的权力。而事实上,他和专制政府的继任者一样,都要服从于这个或那个阶层、有权势的家庭、小集团或个人,或后宫的政策要求。这些力量或多或少地改变了他的日常行为。在这个遥远的日子里,我们只能看到,在一代代法老所处环境的影响下,这个国家慢慢地形成了更大的轮廓。尽管他的宫廷组织很奢侈,但法老并没有像我们在埃及穆斯林的马穆鲁克王朝中经常看到的那样,过着奢侈的专制生活。至少在第四王朝,当时还是王子的法老已经在管理采石和采矿业务方面付出了艰辛的努力;或者,他曾作为父亲的维齐尔,也就是宰相，侍奉左右，使自己在继承王位之前能够在政府中积累宝贵的经验。因此，他堪称受过良好教育的开明君主，能读会写，而且时常亲自执笔抒发感谢，感谢政府中的那些值得尊敬的官员。[9] 他经常接待政府中的部长和工程师，讨论国家的需要，特别是在保护供水和发展灌溉系统方面的需要。他的首席建筑师呈上布置王家庄园的计划，我们看到，国王正在与他讨论如何在其中一个庄园里开挖一个长达 2000 英尺的湖。[10] 他阅读了许多令人厌倦的公文，或者转而向位于西奈、努比亚和蓬特的指挥官发出指令，这些指令沿着红海南部送达指挥官手中。接着，他收到了继承人的诉讼摘要，这个文件可能不在书吏的例行阅读文件之列。办完王室事务后，国王就驾着他的轿子，在维齐尔和侍从的陪同下视察他的建筑和公共工程。在这个国家的所有重要事务中，他的影响力可谓无处不在。

王室住所的位置很大程度上是由国王建造的金字塔决定的。我们已经说过，宫殿和由宫殿形成的城镇，以及所有附属于它的建筑，可能都坐落在沙漠高原西部边缘之下的山谷里，而金字塔就高耸于沙漠高原的西部。从王朝到王朝，从国王到国王，金字塔、轻型宫殿和宅邸的这种关系一直被延续着，只是整个建筑群的位置会有一定的流动性。第三王朝以后，这种建筑群就一直保持在后来的孟斐斯附近。宫殿本身是成对的，或者至少前面有两扇门，分别对应古代的两个王国，而这座宫殿现在就是这两个王国的政府所在地。每扇门上都有一个名字，表明它属于哪个王国。

第五章 古王国：政府和社会，工业和艺术

因此，在法老斯尼夫鲁（Snefru）宫殿的两扇门上，分别写着"南门之上，斯尼夫鲁的白色王冠尊贵无比"和"北门之上，斯尼夫鲁的红色王冠尊贵无比"。[11] 在整个埃及历史上，宫殿的正面被称为"双正面"，在书写"宫殿"这个词时，书吏经常在它后面加个表示两个房子的标志。王室政府机构也被称为"双内阁"，尽管南方和北方分别设立一个这样的机构，是不太可能的。这种划分很可能就像两扇宫门一样，是一种纯粹的外部象征。中央政府作为一个整体，无疑也是如此。因此，我们看到，财政部有所谓的"双粮仓"和"双白屋"。毫无疑问，双重组织现在已不再适用，它们成了前两个王朝流传下来的传说，只不过后来的政府中仍保留着这样的表述。宫殿旁边是一个巨大的庭院，与之相连的是中央政府的"大殿"，或者说办公室。整个宫殿和毗邻的办公室被称为"大房子"，是行政中心和王室的住所。这里是覆盖全国的整个政府系统的中心。

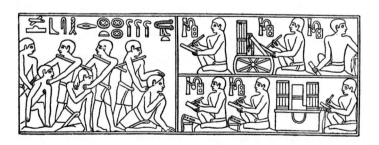

图 36 国库官员征收税款

图右侧是书吏和财政官员正在做记录，与此同时，拿着棍棒的代表将纳税人领进来。上方写着："抓住市镇统治者，以清算账目。"

为了便于地方管理，上埃及被划分为大约20个行政区，而后来我们在三角洲地区还发现了更多的行政区。这些"诺姆"（nome，即"州"）大概就是早期的公国。在史前时期统治它们的当地首领早已在这些公国中消失了。在第四和第五王朝，这样一个地区或州的顶层，会有一名官员被授予王权，谓之"国王之下的最高统治者"。他的行政职能是所在州的"地方长官"，同时还兼具司法职能，因此也被授予"法官"的头衔。在上埃及，这些"地方长官"有时也被称为"南方十大官长"，犹如一群享有较高地位的人，组成了一个十人学会或委员会。虽然我们对北方的政府了解不多，但那里的制度显然非常相似，不过地方长官可能较少。在"地方长官"管理的一个州内，他掌控着一个微型国家，算是一个由各政府机关组成的行政单位，包括财政部、法院、土地管理部门、堤坝和运河保护服务部门、自卫军组织和库房。这些机构里有大量的书吏和记录员，而档案和地方记录也越积越多。协调和集中这些州的主要行政纽带是财政部。在财政部的运作下，粮食、畜禽及工业产品每年会汇集到中央政府的库房里。在那个没有货币的时代里，这些物品由地方长官以税收的形式收取。地方土地登记或土地管理部门、灌溉服务部门、司法管理部门及其他行政职能也集中在"大房子"里。但在王室和州之间，最有形的纽带还是财政部。在整个财政管理体系中，当然还有一位"总司库"常驻在宫廷内。在这样一个如此关注建筑和大规模公共工程的国家，要从矿山和采石场获得如此大量的材料，

第五章 古王国：政府和社会，工业和艺术

需要由两名财政要员监督，我们称他们为助理司库。这些埃及人被称为"神的司库"，也就是国王的司库。除了带领许多探险队进入西奈发掘矿藏，他们还负责为古王国的神庙和大型金字塔开采和运输石材。

读者可能已经猜到，地方长官的司法职能仅仅是他们行政工作的附带职能。因此，没有明确的职业法官等级，但行政官员具备法律知识，也承担着司法职责。和财政部一样，司法管理体系的核心也是一个人，因为地方法官被分成了六个法庭，而这些法庭全部由该区域的首席法官管辖。许多法官头衔上都附加了这样一个谓语——"附属于尼肯"（希拉孔波利斯）。这个头衔源自一个古老的年代，那时尼肯还是南方王国的王室居所。这里曾经出现了一套非常详尽的法律。不幸的是，它已经完全消失了。当地长官为了夸耀自己在裁决案件时的公平和正义，经常会在他们的坟墓里写下这样的话："我在审判两兄弟的纠纷时，从来没有使儿子被剥夺掉父亲的财产。"[12] 似乎早在那个遥远的时代，以书面摘要的形式向法院提起诉讼的制度就已经形成。这种方法颇受历史学家狄奥多罗斯（Diodorus）的赞扬。[13] 柏林博物馆便藏有这样一份法律文件，涉及继承人和遗嘱执行人之间的诉讼。[14] 这是现存最古老的此类文献。私人性质的特殊案件由首席法官和"附属于尼肯"的法官来审问；[15] 而在后宫叛变案件中，被指控的王后将在法庭上，由两名"附属于尼肯"的法官来审问，这两名法官由国王针对案件特别任命，其中首席法官不在之列。[16]

这是一个值得注意的证据，证明了法老的高度正义，以及在当时那个时代，出人意料的公正环境。在这个遥远的时代，这样一个出自王室后宫的叛变嫌疑人竟然没有被立即处决。而就在同一片土地上，在距今不到一个世纪的年代里，未依法对被告进行任何定罪，便草率将其处决的做法却没有引起任何质疑。在某些情况下，还可以直接向国王提出上诉，并向他提交案件摘要，而具体哪些情况可以这样做，我们尚未明确。之前我们已经提到，这样一份摘要出自古王国时期，现藏于柏林（图45）。

整个政府机构的直接领导人是法老的宰相，在东部，人们常称呼他为维齐尔。同时，他还定期担任首席法官。所以说，他是王国里最有权力的人，仅次于国王本人。鉴于此，在第四王朝，这个职位开始由王储担任。他的"办公厅"或办公室充当了政府的档案室，而他便是国家的首席档案保管员。这些国家记录被称为"国王的著作"。[17]在这里，所有土地都登记在册，所有地方档案都集中协调；在这里，遗嘱被记录下来，而随着遗嘱的执行，也会相应地产生新的头衔。[18]第四王朝的一位王子的遗嘱几乎被完整保存了下来，[19]另外还有一份第五王朝初期的遗嘱。[20]这两份遗嘱都以象形文字刻在了坟墓礼堂的石壁上，因此得以抵御近5000年的侵蚀，而维齐尔的纸莎草档案则在数千年前就已消亡。其他几项类似的祭葬法令也幸存了下来。[21]法老赠予的土地都是通过王室法令来转让的，并记录在维齐尔办公室里的"国王的著作"中。[22]

第五章 古王国：政府和社会，工业和艺术

从理论上讲，与王官类似，所有管理机关也至少是成对的——这是一个从两国统一之前的前王朝时期流传下来的传统。因此，我们看到了财政部有"双粮仓"，国王办公厅有"双内阁"。在某些情况下，这些术语可能与当时的实际情况相符，但在这种划分为两个部门的情况消失很久之后，它们仍保留在后来的政府术语中。大房子的各项事务均由一支由书吏和所有等级官员从高到低组成的庞大队伍负责。在这支队伍中，维齐尔的等级最高。我们说，除了要担任一些次要职务，他还经常扮演法老的首席建筑师，或者如埃及人所说，"国王所有事务的负责人"，所以我们会发现，这位伟大的维齐尔是这个国家最忙碌的人。他很有权势。由于他的司法身份，人们会向他申诉，希望他能纠正每一个错误，因此在法老的众多仆人中，这个职位历来是最受欢迎的。在国王左赛尔（Zoser）统治时期，伟大的智者伊姆霍特普（Imhotep）担任的可能就是这个职务。担任同样职务的还有第三王朝的另外两位维齐尔，凯格曼（Kegemne）和普塔霍特普（Ptah-Hotep）。他们生平致力于写作，在古王国已经成为记忆之后，他们的智慧却被沿用了好几个世纪。人们对这一崇高职务的现任者如此崇敬，以至于像"生活、繁荣、健康"这样只能放在国王或王子的名字后面的字眼，有时也会加在维齐尔的名字后面。

这就是这个非凡国家的政府组织，正如我们在古王国最初的两三个世纪中所看到的那样。公元前30世纪，它在地方官员

的领导下实现了国家职能的精细发展；而在欧洲，这种发展直到罗马帝国时期才出现。简单地说，它是一个高度集中的地方官员团队，每个这样的团队都是地方政府所有机关的核心。因此，每个州的权力首先集中在地方长官手中，而后才汇集到王官。一个有权势、有魄力、有能力的法老，加上忠心耿耿的地方长官，就意味着一个强大的国家。但如果法老显露出软弱，使地方长官获得独立的机会，那么整个国家就会面临解体的威胁。正是这种使各州成为独立的政府单元，并让地方长官介于法老和州之间的体系，使整个国家系统变得岌岌可危。国家内部的这些"小国"都有自己的长官，因此它们能够非常轻松地成为一个个独立的政治权力中心。在下一章中，随着我们对古王国历史进程的探索，我们将观察到这个过程是如何发生的。由于政府没有维持任何统一或紧凑的军事组织，使得这一过程变得越发容易。每个州都有自己的自卫军，由文官指挥，而文官不一定是受过训练的军人，因此也不存在纯粹的军官阶层。神庙的领地上也供养着这样的军队。他们大多被用于采矿和采石探险，作为劳力来运输建筑师经常需要的巨大石块。在执行这种任务时，他们听从"神的司库"的指挥。由于国家没有常备军队，发生重大战争时，除了努比亚部落征召的辅助军以外，所有省和神庙领地的自卫军被尽快召集到一起。由于没有任何永久的组织，国王会将这支杂牌军的指挥权托付给一些能干的官员。法老的军事力量极不可靠，因为地方长官在指挥本州的自卫军时，会将力量的源头攥在自己的手中。

这种管理体系下的土地，在很大程度上属于国王。它由地方长官的下属来监管，由奴隶或农奴在上面劳作并创造收益，而这些奴隶或农奴也构成了土地上的大部分人口。他们从属于土地，并与土地一起遗赠下去。[23]我们无法确定这个人口规模有多大，不过，正如我们之前所说，到罗马时代，这个数字已经达到了700万。[24]历代国王的众多后裔，加上可能残存的史前时期有地贵族，创造了一个拥有土地的贵族阶层。他们的广大地产必定在王国现有的土地中占据相当大的比例。这样的领主不一定要进入仕途或参与行政管理。贵族和农奴，作为社会的最高阶级和最低阶级，并不是社会中仅有的阶级。还有一个自由的中产阶级。他们手握艺术和工业，且已经发展到了相当高的水平，但是对于这群人，我们几乎一无所知。他们没有像那些贵族一样，建造不朽的坟墓；他们处理事务时，将文字写在纸莎草纸上。这些文件，尽管数量曾经相当庞大，但已经全部消失。毫无疑问，后来的情况表明，在古王国时代，曾有一个工业商人阶层，从事商品的自产自销。此外，拥有土地但不属于贵族阶层的自由阶层，也是极有可能存在的。

就像人类历史后期的情况一样，社会单位就是家庭。一个男人只有一个合法妻子，也就是他的后嗣的母亲。妻子在各方面都与丈夫平等，总是受到最大的照顾，与丈夫和子女共享欢乐。那个时代的遗迹上，也不断地、清晰地描绘着贵族和妻子之间的深厚情谊。这种情谊往往在夫妻的幼年时期就已产生，因为无论在社会的哪个阶层，年轻人都遵从着这样一种惯例：与自己的姐妹结婚。在富人家庭，作为一家之主的男人，除了拥有一个合法妻子以外，还有一些妾室，不过这些妾室在她们的主人面前不享有任何法定权利。在这人类历史早期，"纳妾"这一概念在东方国家已被人们接纳，不算是不道德的行为。当时的子女对他们的父母表现出极大的尊重，维护父亲的坟墓是每个儿子应尽的责任。尊重和爱戴父母及家庭的理念受到了高度重视。我们经常在坟墓里发现这样一句话："我为父亲所爱，为母亲所称赞，又为弟兄姐妹所喜爱。"[25] 和其他许多民族一样，家业自然要由长女继承，尽管遗嘱中可能并没有强调这一点。最亲密的血缘关系来自母亲。儿子的天然保护者是母亲的父亲，这个关系甚至要优先于他和自己父亲的关系。儿子在接受教育时，母亲要养育他、爱护他、照顾他，因此当时的智者强调，儿子亏欠于母亲。这个时代可能存在一种松散的婚姻形式，很容易解体，这种形式可能是由于奴隶和穷人阶级的财富不稳定而造成的。这种不道德的形式受到了最高尚情操的强烈谴责。智者会警告年轻人："你们要防备外来的女子，她不为本地人所知。她来的时候，不要看她，也不要认识她。她犹如深水中的旋涡，旋转而深不可测。丈夫身在远方的女人，每天写信给你。如果没有被人发现，她便会起身撒网。如果被人发现，啊，便是致命的罪恶！"[26] 对所有年轻人来说，婚姻和组建家庭是唯一明智的选择。不过，毫无疑

第五章 古王国：政府和社会，工业和艺术

问，与智者和贤者的这些健康理念共存的，还有广泛传播的恶劣行径。

下层社会的外在条件并不利于他们坚守道德的生活。在城镇里，他们的房子低矮，上面盖着茅草屋顶，拥挤地罗列成一群一群的，以至于相邻的房屋墙壁常常贴在一起。一个粗陋的凳子、一两个粗糙的箱子、几个粗糙的陶罐，就构成了一间小茅屋的全部陈设。工人们的营房是一个屋顶下的一排排泥砖小房，每排房间之间都有敞开的通道。在金字塔附近的金字塔城镇，王室征召的工人所居住的整个住宿区都是根据这种平面图来建造的。在巨大的地块上，穷人的生活更加自由，也不那么拥挤和混乱，毫无疑问也更稳定、更健康。

87

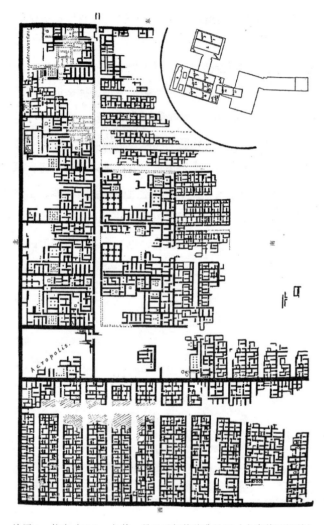

地图1 拉宏（Illahun）镇，展示了拥挤的贫民区（由皮特里提供）

第五章 古王国：政府和社会，工业和艺术

富人、贵族和官员阶层的住宅都很大，很宽敞。第三王朝时期，出身冠族的梅腾（Methen）甚至建造了一座面积超过330平方英尺的宅邸。[27] 该建筑所使用的材料是木头和晒干砖。这样的建筑轻巧通风，与气候相宜。建筑上有许多格子窗户，客厅的四面墙壁基本上只是一副骨架，像许多日本房屋的墙壁一样。遇到大风和沙尘暴天气时，可以放下色彩艳丽的帷幔来关闭窗户。即使是国王的宫殿，也是这样的轻型建筑，当然，是进行了防固处理的。正因如此，古埃及的城市要么已经完全消失，要么只剩下一些小土丘，里面散落着稀疏的残垣断壁。床、椅子、凳子和衣柜都是用乌木做的，以最精巧的工艺镶嵌了象牙。这些就是主要的家具。桌子很少用到，或者根本没用。人们会将由雪花石膏和其他贵重的石头，或铜，有时是金和银，制成的器皿放在底座上，下面由地板上的支架支撑。地板上覆盖了厚重的地毯，客人，尤其是女士，经常会直接坐在上面，而不是坐在椅子和凳子上。他们的食物丰富多样。我们发现，即使是逝者也期望在后世享用到"10种不同的肉类、5种家禽、16种面包和蛋糕、6种葡萄酒、4种啤酒、11种水果，以及各式甜品和许多其他东西"[28]。这些古代贵族的服饰简单到了极致——只有一条白色亚麻短裙，以腰带或系带固定在臀部上方，长度通常不超过膝盖；或者采用另一种风格——垂到小腿上方。他们通常剃光头发，在所有国事活动上佩戴短而卷曲的假发，或中分长直假发。宽大的领子上经常镶嵌着昂贵的石头，领子通常挂在脖子上，但除此之外，腰部以上

89　身体是裸露的。绅士们手持长长的手杖，随时准备迎接来访者，或者参观他的产业。他们的夫人和女儿，衣着就更简单了。一件薄薄的紧身无袖白色亚麻布衣服，从胸部一直垂到脚踝，以两条带子挂在肩上。如果是现代女性，可能会说这条裙子"不够丰满"，几乎没有自由行走的空间。一个长假发、一个领子、一条项链，还有一对手镯，就是一位女士的全部衣饰。她们和她们的男主人都不喜欢凉鞋，尽管偶尔会穿。就这样，成年人们免除了所有不必要的服装。在这样的气候下，这也是在所难免的。不过对于孩子来说，他们可以不穿任何衣服到处乱跑。农夫们只穿一条腰布，在田间劳作时，经常会把它脱掉；而他们的妻子和贵族妻子一样，穿着一件紧身长袍，但也会在进行簸谷这样的繁重工作时脱掉所有衣服。

　　埃及人热爱自然和户外生活。贵族的宅邸总是被花园包围着。他们喜欢种植无花果、棕榈树和梧桐树，布置葡萄园和凉亭，在房前挖一个水池，用砖石盖顶，里面装满鱼。一大群仆人和奴隶在屋里和花园里侍候着；整个房子和庄园由一名总管家负责，还有一名高级园丁负责指导奴隶们在花园照料和栽培植物。这是贵族的天堂。在这里，他们与家人和朋友一起享受闲暇，玩着跳棋，听着竖琴、管乐器和鲁特琴演奏的音乐，看着女人们迈着温婉而庄严的舞步，而与此同时，他们的孩子则在树林中，在游泳池里嬉戏，或玩球，或玩着洋娃娃，又或是玩牵线玩偶。在妻子的陪伴下，或者有时在某个子女的陪伴下，贵族人还会坐着一艘轻飘

飘的纸莎草芦苇船,欣喜地漂浮在高高的灯芯草的阴凉里,或是被洪水淹没的湿地或沼泽上。无数的生命在那孱弱的船身上涌动,

图37　古王国时期一位埃及贵族的宅邸和花园(由佩罗和特奇皮兹提供)

给了他们最深切的快乐。女士摘下睡莲和荷花,少年尝试着用技巧去捕捉戴胜鸟,而男主则向着头顶上一群群黑压压的野鸟发射出回旋镖。他发现这种武器着实难用,因此,他喜欢更有效、难度更低的弓箭。又或者,他抓起他的双头鱼矛,在小溪里试着用他的技巧,一次刺中两条鱼,两端的鱼矛各刺中一条。有时,遇到一只好斗的河马,或一条麻烦的鳄鱼,需要用绳子系上长鱼叉,于是,沼泽地区的渔民和猎人被召集起来,协助消灭这头危险的野兽。对贵族来说,在沙漠中进行更为艰苦的活动并不稀奇。在那里,他们会用长弓打倒巨大的野牛;活捉大量的羚羊、瞪羚、野生山羊、野公牛、野驴、鸵鸟和野兔;或是等待狮鹫兽

图38 古王国的一位贵族,在纸莎草沼泽中,用一根抛棍从芦苇小船上捕捉野禽

或撒嘎（Sag）的出现。狮鹫兽和撒嘎是两种奇异的野兽。在埃及人的幻想中，这些野兽居住在荒野之中。狮鹫兽是长着鸟类的头和翅膀的四足动物，而撒嘎则是一头雌狮子，头像鹰，尾巴末端则是一朵莲花！这样轻松的生活，使他们对自然热爱无比。尽管他们不断地为死亡做着精心的准备，但他们从未放弃过对生活的健康、阳光的追求。这是我们从他们的艺术中发现的一种普遍存在的明显特性，这使他们的艺术中全然不像亚洲当代艺术那样弥漫着浓重的阴郁。

大约五个世纪间，统一的政府通过由堤坝和灌溉渠组成的庞大系统，集中控制洪水泛滥，使国家的生产力达到了最高水平。正如埃及历史上所有其他时期一样，古埃及文明的经济基础是农业。正是由于埃及人在他们那河谷中取之不尽的土地上，收获了大量小麦和大麦，才使我们所描述的社会和政治结构成为可能。除了谷物，每一个庄园中也少不了广阔的葡萄园和大片多汁的蔬菜地，极大地增加了这片土地的农业资源。大量的牛、绵羊、山羊、成群的驴（因为当时人们还不认识马），以及大量的家禽、野生禽类、沙漠中的大型猎物，还有尼罗河里的无数鱼类，都为这里增加了不少的产量，促进了这片土地所享有的财富和繁荣。正因如此，在田野上，在牧场上，千百万国民辛勤劳作，年复一年地创造财富，使他们的经济进程不断延续。其他的财富来源也调动了大量劳力。在第一瀑布处有花岗岩采石场；在塞勒塞拉（Silsileh）有砂岩采石场；在科普托斯（Coptos）和红海之间

图 39　古王国时代的农业

上：犁地、破土和播种；下：牧羊人赶着羊群在播了种的田地上踩踏。当领头的牧羊人走过沼泽般的田地时，他对着羊群唱着："牧人在水中，在鱼间；他与鲇鱼攀谈，他与西边的鱼一同消磨时间……"羊群上面写的就是这首歌。

的哈马马特（Hammamat），主要采集更细、更硬的石头；在位于阿玛尔纳后面的哈努布（Hatnub），有雪花石膏；在许多地方，人们还可以开采到石灰岩，尤其是与孟斐斯遥相对望的阿扬（Ayan），也就是特洛亚（Troia）。

第五章 古王国：政府和社会，工业和艺术

图40 古王国时期的一个牧群，正涉水过河

他们从第一瀑布处运回的花岗岩块，长可达20或30英尺，重可达50或60吨。他们用铜管在最坚硬的石头上钻孔，比如闪长岩。花岗岩石棺的巨大盖子是用钻头般的长铜锯锯成的，再用沙子或金刚砂加固。在前往西奈的勘探队伍中，雇用了大量的矿工和采石工，目的是获取铜，用于精细镶嵌的绿色和蓝色孔雀石、绿松石，以及青金石。至于当时已经在一定程度上用作工具的铁，其来源尚不确定。青铜在那时还没有得到使用。铁匠已经开始用铜和铁制作工具：各种规格的螺栓、钉子、铰链和挂件，供各类工匠使用。他们也为富人制作精美的铜制器皿，供其摆放在桌上，此外还有精良的铜制武器。在造型艺术领域，他们也展现出了奇迹般的成就，这在先前还是一片空白。他们使用的银来自国外，可能来自小亚细亚的西里西亚（Cilicia）。因此，银比黄金更稀有、更珍贵。红海沿岸花岗岩山地的石英脉富含黄金，人们经由科普托斯一路的福克希尔干河（Wadi Foakhir）将其开采出来。同样，它主要由外国人开采，然后在与努比亚的贸易中获得。在努比亚

东部的沙漠中，也发现了它。在古王国法老及其贵族所佩戴的珠宝，几乎没有遗存，但墓室中的浮雕经常描绘正在作业的金匠，他们的中王国后代所留下的作品也表明，第一王朝的品位和精致在古王国中得到了不间断的发展。

图41 古王国时代的金属工人工作坊
上：左边是为贵金属和孔雀石称重；中间是男性在火炉边吹管子；右边是铸造和锤打。
下：把项链和贵重的饰品放在一起。我们看到，这项工作是由矮人来完成的。

尼罗河流域所发展的其他重要工业，几乎无一例外地离不开各种材料。尽管很容易获得好的建筑石材，但砖厂还是生产了大量的晒干砖。泥瓦匠们用这些廉价而方便的材料，为穷人们建造了整个房屋，为富人们修建了别墅，还有库房、商店、堡垒、城墙，正如我们曾经所看到的，也如我们今天仍看到的。在没有森林的山谷里，主要的树木是枣椰树、梧桐、柽柳和金合欢树。它们都不能提供好的木材。因此，木材在这里很是稀缺和昂贵，但木匠和细木工的工业仍然发展蓬勃。王宫或贵族庄园的木匠利用从叙利亚进口的香柏和从南方进口的乌木与象牙创造奇巧美物。无论在哪个城镇或是大型庄园,造船业也是必不可少的。各种船型应有尽有,从装载谷物和牲畜的重型货船,到华丽多桨、撑着巨大风帆、专为贵族所用的"大帆船"(dahabiyeh,尼罗河的三角帆客船)。如果我们出现在那个时代,我们就会在红海沿岸看到这些造船者的身影,他们建造了世界上最早的远洋轮船。

图42 古王国时代的造船业

当深谙艺术的石匠们还在用雪花石膏、闪长岩、斑岩和其他昂贵石头制作华丽的器皿、花瓶、罐子、碗和盘子时,他们的作品却逐渐被陶器取代。陶工们所创造的形式丰富的蓝色和绿色彩釉陶器,大放异彩,让人不得不爱。他们还制作了大量的大型粗罐,用于在贵族和政府的库房中贮存油脂、葡萄酒、肉类和其他食物。与此同时,数以百万计的下层人民也会使用体积更小的器皿。这使得制陶业成了该国的主要工业之一。当时的陶器上没有装饰,也称不上艺术品。玻璃依然主要用作釉料,尚未

图43　工人们正在钻石器

其中一人说："这是一个非常漂亮的器物。"他的同伴答道："没错。"他们的面前记录的是他们的对话。

发展成为一种独立的材料。在一片满是牧场和牧群的土地上，皮革的生产自然也是水到渠成的。制革工人已经完全掌握了皮革的加工工艺，生产出了各种颜色的柔软皮革，作为凳子、椅子、床和垫子等的外皮，或者用于制作华丽的檐篷和华盖。此时，亚麻也得到了大量种植，然而法老的收成却被贵族牢牢掌控在手中。[29] 在大庄园里，农奴的女人们扮演着纺纱工和织布工的角色。即使是用作一般用途的粗糙品种也展示出良好的品质。而现存的皇家亚麻制品样本，其细度极高，以至于肉眼无法将其与丝绸区分，通过织物隐约可见穿戴者的四肢。沼泽地供养的其他植物纤维支撑着粗布纺织业的发展。其中，纸莎草是最实用的。一捆捆长长的纸莎草可以做成又宽又轻的小船；它们也可以拧成绳子，棕榈纤维也可以做此用途；凉鞋和垫子也可以用它们编织而成；但最重要的是，将它们分成细条后，可以连接成一张结实的纸。埃及的文字甚至传播到了腓尼基，为古典世界创造了一个字母表，这在一定程度上得益于这种方便的书写材料，以及用墨水书写的方法。一份用楔形文字书写在黏土上的皇室文件通常重达八磅或十磅，不能由信使携带，而一卷50倍于黏土板表面的纸莎草卷却可以方便地收在胸前，用于商业用途或用于制作书籍。因此，也就不难理解，为何埃及对腓尼基的输入可以追溯到公元前12世纪[30]。在古王国时期，纸莎草造纸业已经发展成为一个巨大而繁荣的产业。

图44　古王国时代的纸莎草丰收景象
左边是两个人在摘纸莎草的茎；接下来是两个人将它们捆扎起来；然后由四个人将它们运走。

尼罗河上游动着各种各样的船只、驳船，承载着各行各业的产品，以及来自田野和牧场的收获，有些要运送到法老的国库，有些则运往市场。在这里，物物交换是一种常见的交换方式：一口粗锅可以换一条鱼，一捆洋葱可以换一把扇子，一个木箱可以换一罐油膏（图46）。不过，据推测，在一些交易中，那些价值较高的物品可以作为货币流通，如重量确定的金环和铜环，在这些环形物品中，石头的重量已经按它们的等价物标明。这种环形货币是已知最古老的货币。此时，银作为稀有物，比黄金更值钱。随着商业发展到了很高的程度，已经出现了账本和账目，也有了订单和收据，甚至出现了意向书、契约，以及长期的书面合同。每一位贵族都有自己的文书和书吏团队，使他们与同事不断保持信件和公文往来。公元前26世纪，伊里芬丁岛上曾居住着南部边境的贵族；而最近，现代农民在晒干砖房的残垣断壁下，发现了曾经在这里工作的某位大人物的办公室里存档的家庭文件和商业文件残片。然而，无知的发现者却毁坏了这些珍贵的记录，只有一些碎片幸存了下来（图45）。这些信件、法律诉讼记录和备忘录中仍然可以辨认的部分，柏林博物馆正在逐步将它们公之于众，同时那里还保存着纸莎草版本的原件。

在这种背景下，要想进入仕途，学习和受教育是必经的环节。有些学校与财政部关联紧密，因为财政部需要许多熟练的书吏来完成各种记录工作。小伙

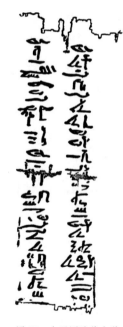

图45 古王国法律文件中的两列以祭司体书写于纸莎草纸上。见第81页。（原件现藏于柏林）

第五章 古王国：政府和社会，工业和艺术

子们在这些学校里接受教育、接受训练，使自己能够胜任书吏的工作。对于埃及人来说，学习只有一个目的，那就是实际的效用；而对于寻求真理、为科学本身而追求科学的理想乐趣，他们一无所知。书吏认为，学到的知识会成为一种优势，它们使一个年轻人比所有其他人都更优秀，因此，男孩必须及早进入学校，并努力完成他们的任务。虽然老师会不断地训诫这些孩子，但他们并没有止步于此，他们的理念是："孩子的耳朵长在背上，挨打时也能听见。"[31] 除了无数健康、理性的道德戒律外，教授的内容主要是关于写作方法。如读者在博物馆的遗迹上或关于埃及的作品中所见到的，那些煞费苦心的象形文字，囊括着众多的动物和人的图形，无疑既费时又费力，无法满足日常事务的需要。随着人们开始尝试在纸莎草纸上用墨水快速书写这些符号，每个符号都逐渐缩写成一个轮廓，外形更加圆润也更加简化。这种草书体我们称之为"祭司体"，早在最早的几个王朝就已出现，到古王国时期开始兴起，并发展成为一种优美而快速的书写体系，它与象形文字没有任何相似之处，就像我们的手写字与印刷文字没有任何相似之处一样。随着这一书写体系被引入政府管理和日常事务，政府和社会发生了深刻的变化，无知者与博学者之间产生了永久的阶级鸿沟。这是现代社会仍然存在的一个问题。正是由于掌握了这种写作方法，少年才得以走上梦寐以求的仕途，成为一名书吏、库房监督者或庄园管家。于是，老师把范文、谚语和文学作品摆放在男孩的面前，男孩们费力地把它们抄进书卷。这些

图 46 古王国市场的景象［摘自莱普修斯（Lepsius）《埃及和埃塞俄比亚的遗迹》（Denkmaeler aus Aegypten und Aethiopien）］

第五章 古王国：政府和社会，工业和艺术

书卷便是这些古代学童的抄本。在古王国灭亡约 1500 年后的帝国时代，人们发现了大量抄本。因此，许多原本已经失传的作品经由这些书吏学校的学童之手，得以幸存下来，尽管笔迹不甚明晰。通过老师在页边空白处留下的批改，我们可以轻松辨认这些字迹。当学童能够书写得较好时，便会被派给一些官员。在这些官员的办公室里，会有人给予他们一些帮助，让他们逐渐学习书吏的日常工作和生活职责，直到他们有能力担任一些最低官阶的职务。

因此，教育的内容仅包括执行公务所需的实用知识。至于整个自然和外部世界的知识，人们只会在必要的情况下去探索。正如我们提到过的，埃及人从未想过为了真理本身而去追寻真理。在这种情况下，我们是否可以这样认为，当时的科学是对自然条件的一种推敲，使这个时代活跃的人们能够完成他们日常面临的实际任务。他们对天文学有了许多实用的认知，这些知识使他们的祖先能够在很早期的时候便得出一个合理的历法，比古王国的兴起还要早将近 13 个世纪。他们已经绘制出了天空的地图，确定了较为醒目的恒星，并开发了一套观测系统，使用足够精确的仪器来确定恒星的位置，以满足实用目的；但他们并没有提出"天体是一个整体"的理论，也从来没有想过这样的尝试是有用的或值得的。在数学方面，所有普通的算术处理都是为了满足商业和政府日常事务的要求，并且早已成为书吏的常用技术。然而，分数的运算却给他们带来了难题。书吏只会进行分子为"1"的分数运算，其他分数都必须先分解成一连串分子为"1"的分数,然后再进行运算。唯一的例外是"2/3"——虽然他们没有解决分数的运算问题,但学会了"2/3"的运算。在初等代数的运算上,毫无障碍。在几何学上,他们能够计算较简单的问题。虽然计算梯形的面积还存在一些困难和误差,但圆形的面积已经可以非常精确地算出了。由于他们经常需要确定一堆谷物的重量,因此要能够大致算出半球体的容积,而为了计算圆形粮仓的容积,他们学会了计算圆柱体的容积。但是,理论问题还没有进入他们的视野,科学只是为了解决日常生活中不断遇到的问题。平面布局达到了惊人的精确程度,譬如大金字塔的方形底座,同时在方向定位上显示出的精确性几乎可以与现代仪器相媲美。因此可以看出,建筑师和工匠已经掌握了高度发展的力学知识。拱门在砖石建筑中的应用可以追溯到公元前30世纪,即已知最古老的拱门(图47)。说到动力,在移动大型遗迹时,他们只使用了最简单的装置,还没有发明出滑轮,滚轴可能也是如此。在医学方面,古埃及人已经拥有了大量的经验智慧,显示出密切和准确的观察;召唤医生的模式已经存在,法老的宫廷医生具有一定的地位和影响力。此时的药方也有许多合理和有用之处,不过还有一些只能算是天真的幻想,比如服用黑牛犊毛熬成的汤,可以防止生白发。这些药方被人们用一卷卷纸莎草纸收集和记录了下来,[32] 凭借着功效又流传到了后世。其中一些方子经由希腊进入欧洲,至今仍有一部分农民在使用。真正阻碍科学发展的是人们对魔法的信仰,这种信仰发展到后来甚至开始主宰医生的所有

第五章 古王国：政府和社会，工业和艺术

图47 第三王朝的建筑出自一座位于贝特—哈拉夫（Bet Khallaf）的坟墓，由加斯唐发现。 图48 哈夫拉（Khephrên）的闪长岩雕像（现藏于开罗博物馆） 图49 拉内菲尔（Ranofer）的石灰岩雕像（现藏于开罗博物馆）

工作。医生和魔法师开始混为一谈。所有药物都或多或少地依赖于魔法。许多时候，人们甚至认为，医生的"魔法咒语"比任何药物都更有效——疾病是由敌对的灵魂造成的，要对抗它们，只能使用魔法。

　　古埃及的艺术，像古代世界的任何其他地方一样，实现了蓬勃的发展。同样，古埃及人的心境并没有完全体现在后来希腊世界的艺术特征上。他们尚未认识到，艺术是追求和生产唯美理想的载体。他们热爱大自然中的美，他们从精神上追求在家中和周围环境中拥有这样的美。荷花在汤匙柄上盛开，美酒在这朵花的深蓝色花萼里闪闪发光；象牙雕刻的牛腿将那些发达的肌肉展现得淋漓尽致，牢牢支撑着巨大的贝壳，让人类在这贝壳中甜睡；人们头顶的天花板是一片繁星点点的天空，伏在棕榈树干上，每一个树冠上都缀满了优雅下垂的枝叶；纸莎草的枝干从地板上冒出来，用它们那摇曳的花朵支撑着蔚蓝的屋顶；鸽子和蝴蝶在门前的天空中飞舞；地板上覆盖着茂盛的沼泽草，鱼儿在草根间滑翔，野牛对着摇曳的草地上叽叽喳喳的小鸟们甩着头，同时又徒劳地驱赶着偷偷爬上来抢夺巢穴的黄鼠狼。在富人家，随处可见的日常生活用品都表现出无意识的线条美和精细的比例平衡。无论是装饰艺术的哪个方面，都能引起观者对大自然和户外生活的美的共鸣，即使是在最普通的物件上，也能发现独特的自然美。就这样，埃及人尝试着美化所有的实用物品，同时又赋予它们一些实际用途。他们不想仅仅为了追求美丽而制作一件漂亮的东西。

第五章 古王国：政府和社会，工业和艺术

图 50　河姆赛特（Hemset）的石灰岩雕像
[现藏于卢浮宫；摘自卡帕特（Capart）的《古遗迹集锦》（*Recueil des Monuments*）]

图 52 古王国书吏的石灰岩雕像
（现藏于卢浮宫）

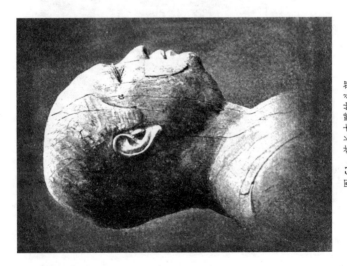

图 51 族长木雕的头部
（现藏于开罗博物馆）

第五章 古王国：政府和社会，工业和艺术

因此在雕塑上，他们也以实用性为主。古王国时期，他们创造壮丽的雕像并不是为了让它屹立在市场上，而是为了在玛斯塔巴墓穴中砌筑一座雕塑，以便在后世为死者带来一些实际的好处，正如我们在前一章谈到的。正是由于这个动机，才引发了雕像艺术在古王国时期的惊人发展。

雕塑家可以用忠于现实的描绘，用他所独有的、个性化的风格来塑造他的主题；也可以用传统的手法，呈现一种正式的、典型的风格。两种风格在描绘同一个人时可能会表现出惊人的不同，还可能出现在同一座坟墓里。每一种手法都是为了更加写实。整座雕像呈现出自然的色调，眼睛以水晶石镶嵌其中。这些孟斐斯雕塑浑身散发着生命力，以至于后世都无法超越。最精美的坐雕要数著名的哈夫拉雕像（图48），哈夫拉是第二座吉萨金字塔的建造者。这座雕塑的雕刻者巧妙地化解了高硬度的难熔材料（闪长岩）所带来的限制。因此，尽管他应该概略地表达主题，却略微地突出了一些特征，使作品不至于缺乏明显的特征。在世界上伟大的雕塑家中，这位不知名的大师必须占有一席之地。他所克服的技术难题是现代雕塑家所没有经历过的，他让一位真正的国王展现出了不朽的形象，并以无与伦比的技巧向我们展示了国王的神圣和无情的冷静，以及那个时代的人民所赋予他的主权。如果使用较软的材料，雕塑家则能够更加自由地发挥，其中一个最好的例子是坐落在卢浮宫的河姆赛特坐雕（图50）。它的栩栩如生令人惊讶，虽然雕塑的身体只得到了粗略的展现——

这种粗略可以说是一种不足，也是古王国时期所有圆雕的特点。在一座雕塑中，头部是艺术家眼中最具个性的元素，也最吸引他们，因此他们在头部用尽了所有技巧。这些国王和贵族的雕像在姿势上几乎没有变化。事实上，要说其他姿势，只有一种可以描画身居高位的人。最好的例子可能就是拉内菲尔祭司的雕像——一个骄傲的贵族正在讲话的形象（图49）。尽管我们对这种表现对象的特点没有什么兴趣，但古王国最引人注目的雕像中有一座木雕，展现了一位圆润、肥胖、自鸣得意的老监督者，看起来和我们迄今为止所注意到的一样。这座木雕现藏于开罗博物馆（图51）。我们都知道，他被称为"族长"或"酋长"，因为挖掘这尊雕像的当地人发现，这张脸与他们村子里的族长惊人地相似，以至于他们异口同声地喊道："族长！"在描绘陪伴已故贵族进入来世的仆人时，雕塑家摆脱了充斥于贵族雕像中的那种专横姿态。他们以极大的逼真，塑造了家仆的微缩形象——在坟墓里，他们照例为他们的主人做工。即使是贵族的秘书，也必须陪着主人进入来世。著名的"卢浮宫抄写员"（图52）就是这样一尊雕塑，活灵活现。当我们凝视着那张精明、端正的面孔时，仿佛看到了他在定格了5000年后，又重新开始记录主人的命令，他那芦苇笔又开始敏捷地在放于膝上的纸莎草卷上移动。还有一些宏伟的动物形象，如尼乌舍勒（Nuserre）太阳神庙的花岗岩狮头（图57），也是用最坚硬的石头雕刻而成的。

第五章 古王国：政府和社会，工业和艺术

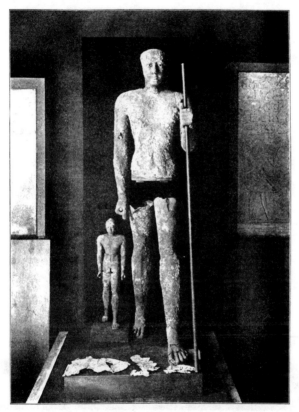

图 53 佩皮一世及其儿子的真人大小雕像，均以铜锻造
（现藏于开罗博物馆）

从来没有人认为这个遥远时代的艺术家会完成这样一项雄伟任务——用金属制作一尊真人大小的雕像。但在佩皮一世统治时期，为了庆祝国王的第一个加冕节，宫廷的雕塑家和铜匠竟然真的完成了这样的任务（图53和图54）。他们以木材做芯，用

图54 佩皮一世铜像的头部,眼睛以水晶镶嵌而成
（现藏于开罗博物馆）

图55 从麦杜姆（Medum）的一座古王国坟墓中出土的描绘鹅的油画
（这块画板已从中断开；两只低头进食的鹅原本是面面相对的；现藏于开罗博物馆）

第五章 古王国：政府和社会，工业和艺术

锻造的铜塑造了国王的面部和形象，并插入了黑曜石和白色石灰石作为眼睛。尽管这座雕像现在已几近毁灭，尽管它已经破裂和氧化，但其头部仍然是从古代幸存下来的最坚实的塑像之一。与此同时，金匠也进入了造型艺术领域。在他们作业的作坊，也就是所谓的"黄金屋"里，他们变成了雕塑家，为神庙制作众神的祭祀雕像。

正如希拉孔波利斯雄伟的神鹰雕像（图58），它的头部就是奎贝尔在那里的神庙里发现的。它那以铜锻造的身体已被侵蚀，但是头顶的圆环，上面竖着两个高高的羽状物，通体以金锻造的头部，几乎完好无损。头部采用一整块金属，两只眼睛分别是一根黑曜石棒经过抛光的两端，石棒穿过头部，从一只眼睛穿到另一只眼睛。

在浮雕方面，此时神庙装饰和玛斯塔巴坟墓的礼堂对浮雕的需求很大，而同时，埃及人又面临着前缩透视和透视投影的难题。他们必须把具有圆度和厚度的物体呈现在一个平面上。该怎么做，其实早在古王国开始之前他们就已经决定好了。在第三王朝之前，他们已经确立了一种传统的风格，这种风格后来也成了神圣不可侵犯的传统。尽管保持了一定的发展自由，但这种基本风格在埃及艺术史上始终存在，即使艺术家们已经认识到了它的缺陷。在它诞生的年代，人们还没有学会在绘画任何给定的场景或物体时保持一个视角，因此两个不同的视角会融汇在一幅图像中。在画一个人时，其眼睛和肩膀前方的视图通常会放置在躯干和腿的侧面上。这种无意识的不协调后来也扩展到了时序关系上，连续的时间瞬间也会合并到同一个场景中。接纳了这些限制后，古王国的浮雕（实际上是一些模型化的绘画）往往堪比绝美雕塑（图56）。正是从孟斐斯雕塑家呈现在玛斯塔巴小礼堂墙壁上的场景中，我们了解到了这个古老王国的生活和习俗。要说这种雕塑家所擅长的精致造型，或许赫亚尔（Hesire）木门展示得最淋漓尽致（图59）。所有这些浮雕都是彩色的，因此当它们呈现出完整的面貌时，我们可以称它们为浮雕画或模型画，至少它们不再属于造型艺术领域，希腊浮雕也是如此。绘画也得到了独立的发展。例如，出自麦杜姆的那座坟墓的那一列熟悉的鹅（图55），很好地展现了当时的孟斐斯艺术家在描绘他们所熟悉的动物形态时所表现出的力量和自由。特有的头部姿态，缓慢的步履，低头捉虫子时脖子陡然耷拉下来——所有这些表现都离不开绘画师的能力和自信，同时也得益于他在艺术上的长期修炼。

　　古王国的雕塑可能算是自然和无意识的现实主义，运用了最高层次的技术能力。在这种艺术的实践中，古王国的雕塑家甚至比现代艺术家更得心应手。他们是早期东方唯一一群能把人体呈现在石头上的艺术家。生活在一个每天都萦绕着裸体形态的社会里，他能够以一种真诚和坦率的心态对待裸体。在这里，我忍不住引用公正的古典考古学家M.查尔斯·佩罗（M.Charles Perrot）的话，他这样评价古王国的孟斐斯雕塑家："必须承认，哪怕是现代欧洲最伟大的肖像画，也无法超越他们的作品。"[33] 然而，

第五章 古王国：政府和社会，工业和艺术

图 56 一座古王国玛斯塔巴小礼堂的内部浮雕，描绘的是牛群和羊群
（现藏于柏林博物馆）

图57 用于装饰的花岗岩狮头
（现藏于开罗博物馆）

图58 希拉孔波利斯的神鹰金雕
（现藏于开罗博物馆）

图59 赫亚尔木门
（现藏于开罗博物馆）

图60 第五王朝的石柱：一簇
纸莎草茎（左）和棕榈树干（右）
（现藏于柏林博物馆）

第五章 古王国：政府和社会，工业和艺术

古王国的雕塑是肤浅的，它们不具备诠释性，没有在石头中赋予思想，几乎没有反映出对生命的情感及力量的沉思。这是时代的特征，我们必须把这种孟斐斯艺术作为一个整体来讨论。我们不知道古王国最伟大的大师是谁。整个埃及历史上，我们只认识那一两个艺术家。

直到最近，我们才能够分辨出古王国建筑的基本原理。当时的房子和宫殿幸存下来的少之又少，因此我们无法对它们所代表的轻盈建筑风格进行可信的概括。有幸保存下来的，只有那个时代的巨石结构。除了我们已经简要探讨过的玛斯塔巴和金字塔外，神庙也是古王国的伟大建筑成就。在前一章中，我们提到了它的布局。在神庙的设计上，建筑师只使用了直线，这些直线或垂直，或水平，非常大胆而巧妙地结合在了一起。拱门，虽然为人所知，但并没有被用作建筑构件。为了把屋顶抬过空隙，他们要么使用最简单的石墩，即使用一整块花岗岩的方形支柱，要么使用一根精美绝伦的花岗岩整体石柱支撑着门框。这是建筑史上已知最早的柱子，必然是早在古王国之前就已开始使用，因为它们在第五王朝时已经得到了充分发展。它们代表的是棕榈树（图60），柱头是树冠；或者被设想成一束纸莎草茎，顶部的花蕾构成柱头，支撑着楣梁（图60和图61）。堪称完美的比例，环绕四周的精致柱廊，色彩明艳、相伴两侧的浮雕，使古王国时期的神庙庭院成为古代人遗赠给我们的最高贵的建筑理念。因此，埃及成了柱状建筑的发源地。虽然巴比伦的建筑工人也表现出了非

凡的技巧，为广大群众展现了各种建筑效果，但他们也仅限于此，对柱廊尚没有概念；埃及人早在公元前4000年就已经解决了大型建筑的根基问题，以最精致的艺术感和最伟大的机械技术来处理空隙问题，所以柱廊应运而生。

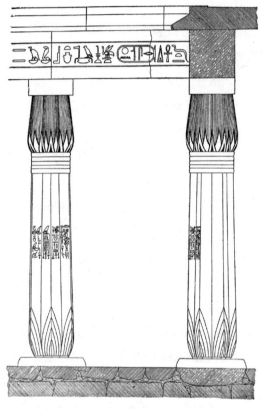

图61 尼乌舍勒金字塔神庙的庭院周围部分柱廊的立面图（第五王朝）
（由波尔哈特提供）

第五章 古王国：政府和社会，工业和艺术

这个时代是处理物质事物、开发物质资源的时代。在这样一个时代，文学发展几乎没有任何机会；实际上，文学根本没有诞生。宫廷里的贤者、充满智慧的老维齐尔凯格曼、伊姆霍特普和普塔霍特普，已经把他们在人生中所总结的智慧编绘成了谚语。在他们漫长的职业生涯里，他们从这些智慧中获益。这些谚语可能已经以书面形式流传了下来，尽管我们所获得的关于这类知识的最古老手稿只能追溯到中王国时期。第五王朝的祭司书吏编纂了最古老的国王编年史。从统治两个史前王国的国王到第五王朝的国王，他们的姓名被一一收入其中，但这只是一个关于事件、成就和神庙捐献的单调目录，不带有任何文学性质。它是现存最古老的王室编年史碎片。随着人们越发地希望杰出的人生故事能够永久流传，贵族们开始在他们的坟墓里增加一些简单的叙述。这些叙述呈现出原始的直率，以连串的简单句子构成，每个句子都呈现出相同的结构，缺乏明显的连接。[34] 贵族们在表述他们生活中常见的事件和荣誉时，都采用相同的词汇，因此常用的套话已经在他们的文学中得到一席之地，犹如他们的绘画艺术中不可侵犯的规范一样，没有个性可言。金字塔中的葬祭记述有时表现出一种粗暴的力量，以及近乎野蛮的激情。它们包含着古老神话的零散片段，但这些片段在当时是否只是停留在语言上，我们不得而知。从残缺不全的宗教诗歌中，我们发现了平行结构的萌芽，他们被夹在这种文学题材中，无疑是古埃及最古老的诗歌。所有这些文学，无论从形式上还是内容上，我们都

可以发现，它们实际上源于早期世界的平民。民歌，是辛勤劳作的农民从转瞬即逝的幻想中萌发出来的，是家仆在他们的奉献中萌生出来的。这在当时是很常见的。在其中两首流传下来的民歌中，我们听到牧羊人对羊的倾诉，[35] 或是抬轿的轿夫用歌声向他们的主人证明，当他们的主人坐在轿子里时，他们感觉轿子比空着的时候还轻。[36] 音乐同样也得到了发展。宫廷里设置了负责宫廷音乐的总管。他们的乐器有小竖琴，表演者需要坐在上面演奏；还有两支长笛，一大一小。不同于现在的风俗，那时的器乐演奏总是伴随着歌唱声。一个完整的管弦乐队由两个竖琴和一大一小两支长笛组成。至于所演奏出来的音乐的特点和性质，或者是他们对音阶的理解程度，我们无法评判。

就我们目前所掌握的知识而言，从提尼斯王朝到孟斐斯王朝，展现在我们面前的是一个积极进取的时代。现在我们要继续追溯历史，追望这个最古老、其体制仍然清晰可辨的国家。

图 62　左赛尔统治时期位于贝特－哈拉夫的砖墓
由加斯唐发掘出土。

图 63　位于萨卡拉（Sakkara）的左赛尔"阶梯金字塔"

第五章 古王国：政府和社会，工业和艺术

图 64　位于麦杜姆的斯尼夫鲁金字塔

1　位于开罗的石碑，发掘于 1787 年。
2　I, 190—199.
3　I, 256.
4　I, 254 ff.
5　I, 260.
6　I, 270.
7　I, 344.
8　I, 242—249.
9　I, 268—270, 271.
10　出处同上。
11　I, 148.
12　I, 331, 357.
13　Book I, 75—76.

14	Pap. des Kgl.Mus., 82—83.
15	I, 307.
16	I, 310.
17	I, 268 ff.; 273.
18	I, 175 11.14—16.
19	I, 190—199.
20	I, 213—217.
21	I, 231 ff，以及贯穿第五和第六王朝的其他记载。
22	I, 173.
23	I, 171.
24	Diodorus I, 31.
25	I, 357.
26	Pap, de Boulaq I, 16, 13 ff.; Erman, Aegypten, 223.
27	I, 173.
28	Dümichen Grabpalast, 18—26; Erman, Aegypten, 265.
29	I, 172, 1.5.
30	IV, 582；见后文第 517 页。
31	Pap.Anast.3.3 = Ibid.5, 8.
32	I, 246.
33	Perrot and Chipiez, *History of Art*, II, p. 194.
34	I, 292—294, 306—315, 319—324.
35	见下文，图 39。
36	Zeitschrift 38, 65; Davies, Der el-Gebrawi, II, pi.VIII.

第六章

金字塔的建造者

根据曼涅托的说法,在所谓的第二王朝末期,也就是公元前30世纪早期,提尼斯家族被迫让位,离开了他们稳坐四个多世纪的王位,最终由来自"白城"的孟斐斯家族夺取了政权。但有证据表明,曼涅托所记录的那场急剧的王朝分裂根本就没有发生过,所谓的孟斐斯一族最终执掌政权或许不过是由提尼斯王朝自己推波助澜,逐渐形成的局面。不管怎样,我们可以确定,伟大的王后奈玛塔普(Nemathap)是哈谢海姆威国王(可能是第二王朝最后一位国王)的妻子,也是左赛尔国王的母亲。随着左赛尔的即位,孟斐斯的统治地位逐渐突显出来。在孟斐斯掌权期间,提尼斯先前所大力推动的发展,得到了成熟而巧妙的培育。

五个世纪来，这个王国持续地蓬勃发展。而在这五个世纪中，只有最后两个世纪为我们留下了文学遗产，而且数量寥寥。关于前三个世纪，我们只得从留给我们的材料文献和遗迹中获得一些浅薄的了解。在某种程度上，这样的一项任务就好比重建伯里克利（Pericles）时代的雅典历史一样，只能完全基于那个时代遗留下来的神庙、雕塑、器皿和其他材料。在那个时代，在雅典的国土上铺开的那种丰富的知识、文学和政治生活，反映的是一种精神上的禀赋和国家及社会状态；而对于埃及，即使是她最好的时代，我们也无法获得这种了解。可是我们又不能忘记，古王国的遗迹留给我们的印象是惊人的，可是又不过是一副骨架。如果当时的主要文学遗迹得以幸存的话，我们便可以赋予它血肉，赋予它生命。透过这些巨大的成就，我们很难看到商业、工业、行政、社会、艺术和文学等领域的繁荣发展。500年间，有政治变革，有王朝倾覆和篡夺，也有制度发展和衰败；地方长官们在法老的强力控制下束手无策，他们或是挣脱了软弱君主的束缚，或是发展成为独立的贵族，最终强大到了引发国家的解体。所有这些，我们只是匆匆一瞥，除了猜测，无法获得更多的了解。

古王国时期出现的第一位显赫的人物是左赛尔。正如我们先前所说，他的登场伴随着第三王朝的到来。显然，正是他麾下那个强有力的政府确立了孟斐斯的霸权。他继续开发西奈的铜矿，不断推进南部的边境。如果说祭司们在后期流传出的说法是真的，那么我们可以相信，努比亚北部的动荡部落，也就是左赛尔政权

第六章 金字塔的建造者

之后的几个世纪里使第一瀑布地区不得安宁的部落，曾被左赛尔牢牢地控制着，以至于他有权授予大瀑布之神克奴姆（Khnum），至少名义上拥有从伊里芬丁（位于瀑布下游）到塔库姆索（上游约75或80英里处）的这段河流的两岸。由于这个说法是由托勒密时期的伊希斯祭司提出的，目的是从法律上支持他们的某些主张，因此我们无法探知这一事实是如何萌生出来的。[1]

左赛尔的努力之所以能够成功，部分原因可能在于他的首席顾问之一，伟大的智者伊姆霍特普的建议。在祭司传统、魔法、至理名言的总结、医学和建筑等方面，这位左赛尔时期的杰出人物都留下了显赫的声誉，使他名垂青史。对于后来的书吏来说，他是守护神，在开始工作之前，他们经常会从书写包中拿出一个斟酒壶，然后为他祭上一杯酒。[2] 他死后的几个世纪，人们仍在传唱他的谚语；2500年后，人们尊他为医学之神，希腊人称他伊摩特斯（Imouthes），将他奉为他们的阿斯克勒庇俄斯（Asklepios）。[3] 在孟斐斯的塞拉比尤姆（Serapeum）附近，人们为他建了一座神庙。时至今日，每座博物馆都能看到这位智者的一座或两座的青铜雕像。他是左赛尔时期的谚语创作家、医生和建筑家。在托勒密时期负责重建埃德夫神庙的祭司们声称，他们复制了一座曾按照伊姆霍特普的计划修建的建筑，这很可能表明左赛尔曾在那里建造了一座神庙。曼涅托曾这样记录，用石头修建建筑的方法最初是由左赛尔引入的，他称左赛尔为"它索特罗"（Tosorthros）。正如我们所见，尽管我们知道很早就出现了石头建筑，但是左赛尔的顾问伊姆霍特普作为建筑家而享有崇高声誉绝非偶然，而且很明显，左赛尔的统治标志着石砌建筑大范围推广的开端。在他统治之前，王陵都是用晒干砖建造的，只有地面使用花岗岩，以及墓室使用石灰岩。在左赛尔统治时期，他对一座位于贝特－哈拉夫，也就是阿拜多斯附近的一座砖砌坟墓进行了大举改进。这是一座巨大的砖砌玛斯塔巴（图62），它的一端是一段向下的楼梯，穿过上层建筑下面的碎石层，汇入一条下行通道，最后通向一排墓室。[4] 通道里有五个地方都被沉重的石门堵住了。这是当今人们经常见到的两座王陵中的第一座（见第71页）。左赛尔本人很可能从未使用过这座陵墓，虽然这座陵墓离他祖先的陵墓如此之近。不过，在伊姆霍特普的协助下，他修建了另外一座陵墓，比他的任何一位祖先的陵墓都要宏伟。这座陵墓（图63）位于孟斐斯后面的沙漠里，和贝特－哈拉夫的那座非常相像，但是用石头建造的。它高近38英尺，宽约227英尺，南北方向的长度尚未可知。随着统治的继续，他扩大了地面上的部分，并在顶部由大到小叠加了五个矩形，增加了高度。这样便形成了阶梯结构，高195英尺，分六个梯级，整个结构大致类似于金字塔。人们通常称其为"阶梯金字塔"。事实上，它的结构介于平顶矩形上层建筑，或者说先前由左赛尔在贝特－哈拉夫修建的玛斯塔巴，和其继任者随后修建的金字塔之间。这是历史上已知的第一个大型石砌建筑。

能够建造如此宏伟且成本高昂的陵墓，足以证明左赛尔的财力和权力之雄厚。这种财力和权力也被这个王朝的其他国王延续了下去。他们所创造的秩序和历史至今无人能够复制。我们现在知道,位于代赫舒尔(Dashur)的两座大型石砌金字塔都应归功于他们。这两座巨大而华丽的遗迹是最早的金字塔,是第三王朝繁荣和强盛的有力见证。这种庞大的结构引人遐想,但是我们无法在脑海里形象地描绘这种庞然大物诞生的过程,只能用一些最模糊的措辞来描述。它们留下了一大堆未解之谜。到了王朝末期,朝气蓬勃、远见卓识的法老斯尼夫鲁,将这个国家推向了大繁荣。他建造了将近170英尺长的船舶,用于水路交通和管理;[5]他继续开发西奈的铜矿,在那里击败了当地部落,留下了胜利的记录。[6]他为埃及在西奈半岛上的利益奠定了永久基础,因而被后人视为埃及霸权的创始人和缔造者。

图65 位于西奈半岛马格哈拉干河谷的阿蒙涅姆赫特三世石刻铭文,将斯尼夫鲁列为当地神祇
(地形测量图)

图 66 大金字塔底座的套管石块,无法辨认的接缝以碳线显示
［图片由 L. D. 卡温顿（L. D. Covington）提供］

那里的其中一座矿山便是以他的名字命名的。[7] 1000 年后,后世的国王在吹嘘他们的空前成就时,还会以他来作为参照:"从斯尼夫鲁时代以来……"[8] 他与当地的神灵哈索尔和索佩德（Soped）一同,被那些在这里为法老献身,不惜深涉险境的官员奉为这个地区的守护神[9]（图 65）。他统治了东部的边境。要说苏伊士地峡的苦湖上的要塞是由他建立的,也不是不可能。早在第五王朝,这些要塞就已经存在了。在他死后 1500 年,三角洲东部的道路和地点仍在以他的名字命名。[10] 在西部,他已经控制了一个北方绿洲,这也不是无稽之谈。[11] 除此之外,他还与北方展开了贸易,并派遣了 40 艘船只前往腓尼基海岸,从黎巴

嫩的斜坡上采购雪松原木。[12] 他追随左赛尔的脚步，同样在南方采取进攻性战略，在那里对努比亚北部发起了一场战役，带回了7000名俘虏和20万头大小牛。[13]

作为"两国之主"，引领国家走向强盛的斯尼夫鲁也建造了两座陵墓。较早建造的一座位于孟斐斯和法尤姆之间的麦杜姆。和左赛尔的陵墓一样，它也是由石灰岩建造的玛斯塔巴，从下面的墓室开始建造。建造者仿造左赛尔的陵墓，将它扩大了七倍，形成了一个阶梯式结构，然后从不同的角度，由上到下将这些台阶填平，形成了第一座金字塔（图64）。斯尼夫鲁的另一座金字塔，更大更雄伟，现在傲然屹立在代赫舒尔的金字塔群中。这是迄今为止法老尝试建造的最大建筑，也是第三王朝在艺术上突飞猛进的深刻见证。根据一处新发现的铭文，直到300年后，对于斯尼夫鲁的葬祭捐献仍旧延续着。

在斯尼夫鲁的统治下，繁荣和权力飞向了高潮，为随后的古王国盛世奠定了基础。与他一起发展的还有强盛的贵族和达官阶层，我们已经勾勒出他们的生活，他们不再满足于他们的前辈在阿拜多斯和附近建造的简朴砖墓。他们用凿好的石灰石建成华丽的玛斯塔巴，仍像以前那样，排列在他们所侍奉的国王的陵墓周围。正是这些壮丽的死亡之城中，以高耸入云的金字塔为主旋律的残存遗迹，为我们展开了这个伟大王国的生活画卷。现在，我们正在步入其中。在我们身后，是漫长而缓慢的发展，其中承载着我们所面对的一切希望；同时，我们也必须从早期埃及人的坟墓中追溯这段发展历程，如同我们从埋葬他们的原始祖先的沙堆一直追溯到法老的巨大金字塔那样。

据我们现在所见，以斯尼夫鲁为最杰出代表的那个伟大家族的退场，并没有对这个国家的历史造成任何重大改变。事实上，胡夫，也就是所谓的第四王朝的伟大创始人，可能是第三王朝的后代。他的后宫里至少有一位女性是斯尼夫鲁的最爱。但很明显，胡夫并不是孟斐斯家族的一员。他来自埃及中部一个城镇，就在现在的贝尼哈桑（Beni Hasan）附近。正因为这个原因，这个城镇后来被人们称为"美乃特－胡夫"（Menat-Khufu，Menat 意指护身符）或"胡夫的护士"。胡夫的全名为"克奴姆－胡夫"（Khnum-khufu），意指"克奴姆神是我的守护者"。这进一步暗示了他的出身，因为他的名字中包含"克奴姆"，也就是美乃特－胡夫城的公羊头神。同样，在他死后，他的其中一名葬仪祭司也是美乃特－胡夫城的克奴姆祭司。[14] 我们无法得知，一名来自省级城镇的贵族是如何成功地取代强大的斯尼夫鲁，成为一个新王朝的创始人的。我们只看到，他从那个时代的众多无名法老中脱颖而出，他在吉萨（也就是现在的开罗）所建造的高贵陵墓更是彰显了他的伟大。此时，国家的首要任务是为国王的遗体提供一个巨大、无法穿透、坚不可摧的安息之所，国王把他所掌握的最大的财富、技能和劳动资源都集中在了这项事业上。当我们了解到胡夫金字塔囊括了大约 230 万块石块，每块平均重达 2.5 吨时，我们多多少少会赞叹胡夫政府的组织是多么强大和有效。[15]

第六章 金字塔的建造者

图 67 位于吉萨的胡夫大金字塔（齐阿普斯），从西北方向看，背景是尼罗河谷。

仅仅是组织劳工采石、运输和妥善装配这些庞然大物就是一项艰巨的任务，必定使公职机关不堪重负。希罗多德记述了他那个时代的一个情况——建造这座金字塔，20年内需要用到10万劳力；皮特里也证明了这些数字是相当可信的。他们要维护一座由10万劳工组成的城市，而且这些劳工无法参与生产，更是国家的一项恒定负担；他们还要协调采石场的劳动力，以确保材料不间断地运至金字塔底部的四周。那么，这个工程本身就相当于发展了一个小国家。这些石块要从位于开罗以南的河流东侧的采石场运出；在洪水泛滥，淹没平原的时候，它们要漂过山谷，漂到金字塔山的底部。这里修建了一个巨大的石坡，或者说堤道。据希罗多德称，这个石坡的修建耗时10年。那些石材就是沿着这个斜坡被拖到金字塔所在的高原上。这项工程不仅在工作量上如此艰巨，而且在质量上，也是我们所知的早期世界中最卓越的物资工程。即使是现代的观赏者，面对金字塔中最笨重的砖石结构，也会对它的精细程度惊叹不已。此时，距离乌萨伐斯以粗糙的花岗岩为他在阿拜多斯修建的坟墓铺设地面，不过五个世纪；也许距离现在已知的最早修建的石头结构，也就是哈谢海姆威国王在同一地点为他的坟墓修建的石灰岩墓室，也不到一个世纪。这座金字塔大约有481英尺高，其方形底座每一条边大约是755英尺长，"平齐、方正和水平方面，误差均小于一条边的千分之一"；[16]这座遗迹所在的地方地势升高，我们无法从一个角落到另一个角落进行直接测量。一些砖石的表面处理得非常精细，以至于重达数吨、

第六章　金字塔的建造者

相当长度的石块拼接在一起时，其接缝只有万分之一英寸，边缘和表面的处理"如同出自当今的眼镜商之手，只不过将计量单位从英尺或码替换为英亩"。[17]整座遗迹都是用石灰岩建造的，主墓室及其上面的施工室除外，而这两部分的工艺出现了明显恶化。后半部分，也就是金字塔的上部，显然比下部建造得更仓促。金字塔内的通道，其衔接的位置都巧妙地用石块和花岗岩闸门堵住；而外部则覆盖着一层精美的石灰岩（图66），因此从其外部的任何地方来看，都看不出金字塔的入口在哪儿。这层石灰岩后来被采走，人们发现其入口位于塔架上方砖石结构的第18层，靠近北面的中心。这一定是一位勇敢的君主，从一开始就计划用人类的双手拼凑一座最大的砖石建筑，且这座金字塔至少经历了两次布局调整。因此，就像之前所有的金字塔一样，它的计划规模可能小一些，但由于其内部通道的复杂性，在工程还没有进展到失控的地步之时，其建造者对计划进行了调整，使塔架的占地面积扩大到了后来的13英亩。还有三座小的金字塔是为胡夫家族的成员所建，它们紧邻着胡夫金字塔，在东面排成一列。金字塔周围环绕着宽阔的石灰岩人行道，东面是为胡夫提供葬祭服务的神庙。这座神庙已经消磨殆尽，只剩下一部分华丽的玄武岩人行道。从平地到神庙的堤道遗迹仍然耸立在阴森的废墟中，只露出粗糙的核心砖石结构，今天的卡夫尔村正是在这片废墟上建造的。再往南是一段城墙，包围着下方平地上的城镇，这里可能曾经是胡夫的住所，或许也是这个王朝的据点。在离开胡夫墓时，

图 68　吉萨金字塔

从西南部沙漠看：胡夫（右）；哈夫拉（中）；孟考拉（Menkure）（左）。

图 69　哈夫拉遗迹大门的花岗岩大殿

通往位于吉萨（见第 120 页）的哈夫拉金字塔（第二座）的堤道（见图 37）入口。

第六章 金字塔的建造者

我们对这座遗迹的钦佩之情，无论是从其巨大规模还是精细的砖石结构来看，怎样都无法掩盖它的真实和终极意义。从古代世界到最终由史前混乱和地方冲突诞生的有组织的社会，这座伟大的金字塔是最早，也是最令人印象深刻的见证，因此也是第一个完全在一个广泛而全面、思想受控的集权下诞生的工程。

从西北部的德斯克（Desuk）和三角洲东部的布巴斯蒂斯，到南部的希拉孔波利斯，我们都能发现胡夫的名字，可是我们对他的其他成就几乎一无所知。在西奈半岛，他继续开展采石行动；[18] 在哈努布，他可能首次开放了雪花石膏采石场，不管怎样，他在这里留下了劳力；据托勒密时期的说法来看，他还是位于丹达腊（Dendera）的哈索尔神庙的建造者。[19] 很明显，这个国家的所有资源都完全由他支配和掌控。正如第四王朝的惯例，他的长子担任维齐尔和首席法官；也正如我们所见，负责采石工作的两个"神的司库"无疑也是国王的儿子。最有权力的官职都在王室内部。因此，哪怕是国王的一个小小愿望，也会使这个大国为之震动，而且多年以来，整个国家的主要任务就是为国王修建陵墓。另有一位默默无闻的国王，名为迪德夫（Dedefre）或雷吉德夫（Radedef），他的家庭关系尚不能完全确定，似乎是胡夫的继任者。他那不起眼的金字塔是在吉萨北部的阿布罗阿什（Aburoâsh）被发现的，但他本人在我们的记忆中只留下了一个名字。我们推测他可能属于这个王朝的末期。

目前还不确定他的继任者哈夫拉是不是他的儿子。但是这位新国王的名字意指"他的光辉是拉"，就像迪德夫的名字一样，显示了赫里奥波里斯的祭司的政治影响力。他在胡夫金字塔旁建造了一座金字塔（图68和图70），但体积稍微小一些，做工也明显次一些。这座金字塔最下面的部分采用了来自第一瀑布地区的花岗岩作为外壳，因此从外观来看，稍显华丽。其东边的那座金字塔神庙，现在只剩下了残垣断壁。那里通常有一条堤道一直延伸到高原边缘，最后抵达一座华丽的花岗岩建筑（图69），也就是通往堤道和金字塔围墙的入口。它的内部墙面都采用的是经过抛光的红色花岗岩和半透明的雪花石膏。在该建筑的一间大殿内的一口井里，玛丽埃特（Mariette）发现了七尊哈夫拉雕像。在前一章中，我们对这之中最精美的一尊进行了研究。[20] 这个华丽的入口位于狮身人面像旁边，经常被人称为"狮身人面像神庙"，虽然它与狮身人面像并无关联。至于狮身人面像本身是否出自哈夫拉之手，尚无法确定。在埃及，狮身人面像是国王经常使用的肖像，狮身象征着法老的力量。因此，大狮身人面像是一位法老的肖像，它的前爪之间的铭文中隐约提到了哈夫拉。这段铭文可以追溯到1400年后的图特摩斯（Thutmose）四世统治时期。[21] 这或许表明在当时，人们认为这座雕像与哈夫拉有关。除了这些建筑之外，我们对哈夫拉的事迹一无所知，但这些建筑清晰地表明，胡夫为建立一个伟大的国家付出了很多努力，但是这个国家仍然是一个被法老牢牢地掌控的国家。

然而，到了哈夫拉的继任者孟考拉统治时期，如果说金字塔的大小足以作为判断依据的话，那么王室的权力就不再是绝对

第六章 金字塔的建造者

的了。此外，他的两位前任建造的巨大金字塔可能已经耗尽了这个国家的资源，因此孟考拉无法从一个精疲力竭的国家榨取更多东西了。我们所判定的属于他的第三个吉萨金字塔，从高度来看，还不到胡夫金字塔和哈夫拉金字塔的一半。而他的那座残破的神庙最近被赖斯纳（Reisner）发掘了出来。这座神庙直到他死后仍没有完成。他的继任者为其提供的表面材料是晒干砖，而不是华丽的花岗岩。在他的直接继位者中，只有谢普塞斯卡弗（Shepseskaf）在他的统治时期为我们留下了当代的遗迹。虽然史料记载，他在即位第一年就为自己选定了金字塔的位置，[22]但他却无力建造一座足够大且耐久的遗迹，而且我们甚至不知道他选定的地点在哪里。至于第四王朝末期的那群国王，包括可能仅仅短暂称王的几位入侵者，他们所做出的成就我们一无所知。

第四王朝所统治的那一个半世纪，是尼罗河谷历史上空前辉煌的一个时期。正如我们所看到的，当时的遗迹规模宏大，即使在后来也从未失色。它的辉煌在胡夫时期达到了鼎盛，可能在哈夫拉时期经历了略微的衰落之后，到了孟考拉时期，国王无法再掌控这个家族先前一直维持的高度集权。最终，王朝逝去，只在吉萨留下了九座金字塔，作为它的伟大和强大的永恒见证。它们在古典时期被列为世界七大奇观之一，如今也是这七大奇观中仅存的一个。第四王朝灭亡的原因，虽然在细节上并不清晰，但它的主线却相当明确。赫里奥波里斯的拉祭司，其影响力在胡夫国王的名字中就可以捕捉到。

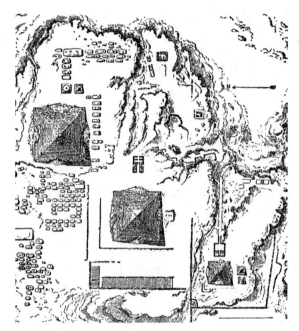

地图 2 位于吉萨的第四王朝墓地

他们成功地组织了自己的政治影响力,成了一个拥有足够权力、能够推翻旧统治阶级的集团。这个国家的神学一直认为国王是太阳神的继承者,他从一开始就被赋予了太阳神的称号——"荷鲁斯"。但赫里奥波里斯的祭司此时要求,国王应是拉神肉身意义上的儿子,自此,拉神在地球上应被视为法老的父亲。我们现有一份关于第四王朝灭亡 900 年后的一则民间故事的复制本[23],其中讲述了胡夫和他的儿子们共度闲暇,谈论古代伟大的智者所创造的奇迹。随即,哈佐泽(Harzozef)王子告诉国王,

第六章 金字塔的建造者

还有一个魔法师能做出同样的奇迹，于是法老就派王子去把这位智者带来。这位智者在列举了他的一些非凡能力之后，在回答问题时不情愿地告诉国王，拉神的某位祭司的妻子即将生下的三个孩子是拉神本人的儿子，因此他们都应该成为埃及的国王。智者见国王因此消息而忧愁，就向他保证不必忧虑，说："你的儿子，他的儿子，然后是他们之中的一个"，也就是说"你的儿子必要做王，然后是你的孙儿，然后才是这三个孩子中的一个"。故事的结局已无处可寻，但毫无疑问，它告诉我们那三个孩子最终成了法老，因为它讲述了许多生动的细节和非凡的奇观，比如这些

图70　位于吉萨的大狮身人面像

背后是哈夫拉金字塔［又名卡夫拉（Chephren）金字塔，右］和孟考拉金字塔［又名麦瑟瑞那斯（Mycerinus）金字塔，左］。

孩子是如何带着王室的所有标志出生的。这些孩子的名字是由假扮成神明，帮助他们出生的人所赐，分别是乌瑟卡夫、萨胡拉和卡卡伊（Kakai），也就是第五王朝前三个国王的名字。尽管从民间传说来看，胡夫之后的第四王朝历任国王之中，人们只知道两个，诸如迪德夫、谢普塞斯卡弗等其他统治者从未出现在这些传说中，他们也没有留下任何大金字塔，但拉神祭司的基本论点仍然盛行，至少在本质上是第五王朝的真正起源。在这个民间故事中，我们也发现了埃及传说的一个通俗版本：每个法老都是太阳神肉身意义上的儿子，这种信念在此后的整个埃及历史上一直延续着。[24]

图71　位于阿布西尔的尼乌舍勒太阳神庙复原图
（由波尔哈特提供）

第六章 金字塔的建造者

约公元前2750年,仍旧居住在孟斐斯附近的第五王朝国王开始了他们的统治。他们毫不掩饰地迎合民间传说对他们身世的描述。在加冕礼上,他们所采用的官方名字必须包含"拉"这个名字。在第四王朝时期,这个习俗并没有得到赫里奥波里斯的祭司的严格执行。此时,这个名字还必须被冠以一个新头衔——"拉神之子"。除了先前设定的头衔"荷鲁斯",以及表示荷鲁斯凌驾于赛特之上的新头衔之外,"拉神之子"这个新头衔是法老专属的第五个头衔,后来便有了完整的法老头衔,并延续了整个古埃及历史。他们坚定地将对拉的崇拜作为国教中最卓越的一种信仰,这种信仰以最辉煌的形式得到了直接且实际的表达。在后来的孟斐斯附近的王室官邸旁,每一位国王都为太阳神建造了一座宏伟的神庙,每座神庙都被赋予诸如"拉神最爱之地"或"拉之乐事"这样的名称。这些圣所都采用同样的基本布局:一个大前院,两侧设有祭祀室,还设有一个巨大的祭坛;在神庙后面,一个底基形似玛斯塔巴的高大方尖碑陡然升起(图71)。这是神的象征,屹立在天空中。所以可以看到,这里没有至圣所。我们有理由认为,方尖碑及其与建筑的相连部分就是赫里奥波里斯神庙中至圣所的扩展部分。其内部墙壁上的雕饰展现着人们的生产生活场景,从河流、沼泽、湿地到田野、沙漠,再到国家祭典仪式(图72);而神庙外面的浮雕则描绘着法老的战功。在圣所的两边,有两艘船立在砖基上,分别代表太阳神早上和晚上在天空中航行所要驾驶的两艘飞天帆船。圣所总能得到慷慨的捐献，[25] 由五名等级不同的祭司组成的祭司团负责维持对它的服务，除此之外，还有一名"监督者"负责监管圣所的财产。随着王位的不断继承，神庙的数量也随之增加，旧庙中的祭司职位在新庙中也同样发挥了作用。每个国王至少一座神庙，跟随这些神庙，我们至少可以追踪到伊塞西的时代，他是这个家族的第八位君主。[26] 拉所享受的财富和荣誉是早先任何官方设定的神祇从未拥有过的，他也因此获得了一定的影响力，且再也没有失去过。他将埃及带入了神权世界。自此，神话开始被他支配，并带着他的鲜明色彩，尽管事实上，这些神话中确实有一些不是因为拉的崇高地位而产生的。在太阳神话中，他像法老一样，成为上下埃及的国王，统治着埃及，透特便是他的维齐尔。

图 72　位于阿布西尔的尼乌舍勒太阳神庙的浮雕上的景象
　　　　右上角展示的，是为法老的脚上涂抹圣油的场景。

第六章 金字塔的建造者

王室承袭的变化在政府组织中也尤为明显。在第四王朝，国王的长子要担任维齐尔和首席法官；而现在，这位长子不再是国家最有权势的官员，维齐尔和首席法官的职位成了另一个家族的特权，这项特权也在这个家族中世袭传承。这个职位经过了五代的传承，每一任在职者都被赋名为"普塔荷太普"。看起来似乎是，普塔的祭司和赫里奥波里斯的祭司达成了一种共同目标——将权力一分为二，因此拉的高等祭司便成了法老，而普塔的追随者则得到了维齐尔的职位。无论如何，法老现在不得不把他手下的一个贵族家族看作维齐尔的继承人。中央政府最高职位上的这种鲜明的世袭制度现在在地方省份也开始司空见惯。随着世代传承，各地方长官在其领地的地位越来越稳固，他们的官职也不断地由他们的儿子继承下去。新王朝建立后，国王必然要顾及曾协助其执掌政权的贵族。第五王朝首任法老乌瑟卡夫任命其王官总管担任埃及中部一个名为"新城"的地方的总督[27]，这隐隐印证了前面的说法。他还给这位总督身边的两个祭司增加了收入。这个职位最初由孟考拉设立，在第四王朝，可能只有宠臣才能获得这个职位。此外，他们也沿袭了第四王朝所确立的捐献标准。

作为新王朝的创始人，乌瑟卡夫可能已经做了足够多的工作来确保家族的王位传承，但他依然在第一瀑布的岩石上留下了自己的名字[28]。这也是之后一系列岩石铭文的鼻祖。自此，我们开始掌握大量的线索，供我们研究法老在南部的历史征程。继乌瑟卡夫之后，萨胡拉继续推进埃及的发展，使之成为历史上已知最早的海上强国。他派遣一支舰队前往腓尼基海岸。近期在他位于阿布西尔的金字塔神庙中发现的一处浮雕展示了这样的景象——在舰队的其中四艘船上，埃及水手之中出现了腓尼基俘虏。这是现存最早的关于远洋船只的证据（约公元前2750年），也是已知最古老的关于闪米特叙利亚人的图像。另一支舰队被萨胡拉派往了更偏远的水域，沿亚丁湾南侧航行到了蓬特，也就是埃及人所谓的位于红海南端的索马里海岸。这个地方犹如整个东方，他们称之为"神之乐土"。在这里，他们得到了香胶和树脂，这是东方人制作香膏这种生活必需品所要用到的材料。也有可能，埃及人早在第一王朝时期就已航行至此，因为那时法老已经开始大量地使用没药。不过，他们也可能是通过与中间部落进行贸易来获得没药的。中间部落经由陆路将这些产品带到青尼罗河、阿特巴拉河及尼罗河上游。在第四王朝，胡夫的一个儿子得到了一个来自蓬特的奴隶，[29] 但萨胡拉是第一个有记录[30]表明与蓬特王国建立了这方面直接联系的法老。他的探险队带回了8万单位的没药，可能还有6000单位的银金矿（金银合金），另外还有2600节昂贵的木头，大概是乌木。我们在第一瀑布也发现了他的官员[31]，其中一人还在岩石上留下了最早的铭文，这无疑印证了他对努比亚的探索。

我们只能足够清晰地辨识接下来的四个国王的统治时期，以此对一个强大而文明的国家形成一个模糊的印象——这个国家

第六章 金字塔的建造者

保存着她所有的内部财富,并向她周围的遥远地区延伸,寻求她自己的自然资源中所缺乏的物质。王朝末期,公元前27世纪下半叶,伊塞西在东部沙漠的哈马马特干河流域开辟了采石场,从尼罗河出发,历时三天可以抵达此地。或许在早期国王的统治时期,这些采石场已经开始为他们提供制作众多角砾岩花瓶所需的原材料,但是伊塞西是第一个在那里留下自己姓名的法老[32]。由于尼罗河整个上游流域中,此地距离红海最近,商队离开科普托斯,经过哈马马特采石场,五天即可到达大海。因此,这是去往蓬特最便捷的路线。前面提到过的萨胡拉远征队大概就是沿着这条路线抵达那里的;而现在,伊塞西也必定要选择这条路线,由"神的司库"布尔德(Burded)率队远征[33]。在南方,他的继任者尤尼斯(Unis)一定很活跃,因为我们在第一瀑布的边界上发现了他的名字,后缀"国家之主"。[34]

现在有进一步的证据表明,法老在官员阶层面前所展现且令他们臣服的那种遮天蔽日的伟岸,在某种程度上是苍白的。在法老们早期在西奈留下的胜利记录中,没有哪个率队远征的官员胆敢在上面附上他的名字,或者以任何方式表明他与此次远征的关系。我们在一个又一个的岩石浮雕上看到法老击打他的敌人,好像他是突然出现在那里的,就像他们所信仰的神一样。没有丝毫的迹象表明,每一次征战实际上都是在政府的某个高级官员的领导下完成的。不过,到了伊塞西统治时期,官员的自我意识不再被完全压制,我们第一次在展现胜利的浮雕上发现了单独

图 73 位于萨卡拉的尤尼斯金字塔(第五王朝)废墟
最早带有宗教铭文的金字塔。

图 74 伊里芬丁岛,南部边境上的国主之家
他们的坟墓建在对岸的悬崖上。

第六章　金字塔的建造者

的一行字[35]，表明此次征战是在某个军官的指挥下进行的。这只是官员们权力增强的一个迹象。自此，他们开始在王室成就的所有记录中，日益凸显自己的地位。随着时间的推移，法老发现越来越难以应对这种权力。这里也许还有另一个证据也表明，第五王朝的国王不再像第四王朝的前辈们那样，享有无限的权力。他们的石灰岩金字塔分布在吉萨以南的沙漠边缘，也就是阿布西尔和萨卡拉。他们的金字塔很小，不到大金字塔的一半高。这些金字塔的核心构造非常糟糕，大部分是松散的石块，甚至是碎石和沙子，以至于它们现在已经完全损毁，成为一个个低矮的土堆，几乎看不到金字塔的形状。所以说，早期法老们建立的集权明显被削弱了。不过从各个方面来说，法老墓如此反常地吸收了巨大比例的国家财富，确实需要有人对此进行反制。第五王朝的过渡时期大概持续了125年，经历了九任国王的统治。这是一个意义重大的政治发展期，在物质文明方面也取得了明显的进步。艺术和工业繁荣依旧，诞生了伟大的埃及雕塑作品；在文学方面，正如我们之前提到的，伊塞西国王的维齐尔兼首席法官将他积累的智慧总结成了谚语。国教发展到了一个与这样一个伟大国家相称的水平，神庙在全国各地都受到了持续关注。随着国王提供的日常祭品日渐精致，较大的圣所也得到了相称的捐献[36]。正是在这段时期，人们留下了最早的宗教文学，以及现存最早的长篇埃及语样本。在该王朝最后一位国王尤尼斯的金字塔中（图73），记录了葬仪话语集，也就是我们之前讨论的"金字塔文献"。由于这之中的大多数话语产生于更早的时代,其中一些甚至起源于前王朝时代,因此它们所代表的语言形式和信仰要早于尤尼斯金字塔所属的时代。

1	Sethe, Untersuchungen, II, 22—26.
2	Schaefer, Zeitschrift, 1898, 147—148; Gardiner, 出处同上, 40, 146.
3	Sethe, Untersuchungen, II.
4	Garstang, Mahasna and Bet Khallâf, London, 1902.
5	I, 146—147.
6	I, 168—169.
7	LD, II, 137 g.
8	I, 731.
9	I, 722.
10	I, 165, 5; 312, 1. 21.
11	I, 174, 1. 9.
12	I, 146.
13	I, 146.
14	Mariette, Les Mastabas B 1 = Rougé, Inscriptions HiérogI., 78.
15	皮特里,吉萨。
16	Petrie, History of Egypt, I, p. 40.
17	出处同上。
18	I, 176.
19	Dümichen Dendera, p. 15.
20	图 48 和第 103 页。
21	II, 815.

22	I, 151.
23	Papyrus Westcar.
24	II, 187—212.
25	I, 159, 8.
26	Borchardt, Festschr. f. Ebers, p. 13.
27	I, 213 ff.
28	Marictte, Mon. div. 54 e.
29	LD, II, 23，Erman, Aegypten, 670.
30	I, 161. 8.
31	De Morgan, Catalogue de Monuments, I, 88.
32	LD, II, 115 1.
33	1, 351, 353.
34	Petrie, Season, XII, No. 312.
35	I, 264, 266.
36	I, 154—167.

第七章

第六王朝：古王国的衰落

从都灵纸莎草（Turin Papyrus）上最完整的王室名单来看，美尼斯一系从未中断过，直至尤尼斯的统治落幕。毫无疑问，就是在此时，一个新王朝登上了历史舞台。读者应该已经察觉到了，这场使新王朝诞生的运动，是地方统治者为了争取更大程度的权力和自由而发起的斗争。第五王朝是在赫里奥波里斯派的影响下建立的，这让地方统治者们看到了机会。他们的官职世袭传承，使得这个家族的国王们一直未能重新获得第四王朝所维持的那种完全控制权。后来，地方统治者逐渐摆脱了法老的束缚。大约在公元前2625年，尤尼斯的统治结束之后，他们成功地推翻了第五王朝，成了拥有土地的贵族，每个家族都牢牢地扎根于自

第七章 第六王朝：古王国的衰落

己的诺姆，也就是州或城市，并以世袭制延续着他们对州或城市的所有权。当然，"地方长官"这个古老的头衔也随之消失，曾经的"地方长官"现在自称为州的"大首领"或"大领主"。他们仍像以前一样继续运行他们的地方政府，但如同高度独立的君主一样，他们已不是中央政府的官员了。这是历史上可以追溯到的第一个中央集权国家的地方官员权力不断膨胀，最终导致国家解体的例子，类似于加洛林帝国被分解为公国、伯爵领地或小公国的情况。但是，新领主们无法使他们的统治权无条件地世袭下去，法老仍然对他们保持着强大的控制，当某个贵族去世时，他的地位、封地和头衔必须由法老恩赐给继承他的权力的儿子。这些贵族或"大领主"是法老的忠实追随者。他们在遥远的地区执行他们的任务，并对他们的事业表现出最大的热情。但他们不再是国王的官员，也不再像以前那样依附于宫廷和国王，将自己的坟墓建在国王的金字塔周围。他们现在有了足够的独立权，可以把他们的坟墓安置在家乡附近。我们在伊里芬丁、卡塞尔－萨耶德（Kasr-Sayyâd）、谢赫－赛义德（Shekh-Sa'îd）和扎维耶·埃尔－梅廷（Zâwiyet el-Mêtîn）的悬崖上发现了他们挖掘的坟墓，也在阿拜多斯发现了他们用砖石建造的坟墓。他们非常关注各自领地的发展和繁荣，其中一个领主甚至讲述了他如何从相邻的州引进移民，定居在经济较弱的城镇，从而为自己的州内生产力较差的地区注入新鲜血液。[1]

推动州与中央政府的法老联系起来的主要行政纽带是国库。

这和以往的情况是一致的。但是法老发现，他有必要对大群的封地实行全面控制，这些封地构成了他的王国。同时，在第五王朝末期，他已经任命了一名"南方总督"，负责管理三角洲上游的整个山谷。然而，我们并没有发现相应的"北方总督"，据此可以推断，北方的领主可能不是那么好斗。此外，国王们仍然认为他们是统治北方的南方国王。

政府所在地，即位于孟斐斯附近的王室官邸，依然被称为"白城"。但在新王朝的第一位国王泰蒂（Teti）二世默默无闻的统治之后，他的继任者、强大的佩皮（Pepi）一世将他的金字塔城建在了"白城"附近，以至于他的金字塔的名字"孟-诺弗"（Men-nofer，后被希腊人更改为"孟斐斯"）迅速取代"白城"成为这座城市的名字，而"白城"只得作为一个古老而富有诗意的名字存在于过去。此时，官邸的管理已经成为一件非常重要的事务，需要维齐尔本人来关注。从此，维齐尔掌握了直接控制权，获得了"金字塔城总督"的头衔，或者简称为"城督"，因为人们现在已经习惯于将官邸称为"城"。尽管发生了彻底改变，但新王朝仍延续着前辈们维持的官方祭祀传统。拉的地位仍然至高无上，旧的机制也依然被沿用着。

尽管新贵族得到独立，但很明显，佩皮一世牢牢掌握着必要的力量。国王们的遗迹大小不一，遍布埃及各地。此时，官员们的传记也开始出现，为我们描绘了那个遥远时代，这些自鸣得意的大人物的忙碌生活。除此之外，我们还幸运地在矿山上和

第七章 第六王朝：古王国的衰落

采石场里发现了他们的记录。要表达忠心，现在只需要制作一幅浮雕即可，展示国王正在崇拜他的神或击溃他的敌人。这也让远征队的指挥官及其随行者的虚荣心在他们的事迹或探险记录中得到了满足，而随着时间的推移，这些记录也会越来越长。佩皮一世曾差派他的首席建筑师和两位"神的司库"，以及他的金字塔的主建造师和一批工匠，前往哈马马特的采石场为建造他的金字塔采购必要的细石，后来他们在采石场留下了两幅王室浮雕，三处铭文，一一列出了他们的名字和头衔。[2] 在位于哈努布的雪花石膏采石场，南方总督，也是"海尔州大领主"，记录了他在此地为佩皮一世执行的一项任务；[3] 同时，一位军事指挥官也记录下了他在西奈的马格哈拉干河流域为同一位国王执行的类似的任务。[4] 官职阶层的自豪感丝毫不减。如此之多的头衔现在已经成为一种纯粹的荣誉。贵族们享受着高调的称谓，却从不像曾经的在任者那样履行应尽的职责，以至于许多官职的实际管理者的头衔后面要加上"真实"一词。关于这个新政权下的官员阶层，我们发现了一个非常有趣，也很有启发性的例子——关于尤尼（Uni），一个王室的忠诚拥护者，他幸运地为我们留下了他的传记。在泰蒂二世统治时期，他开始了自己的职业生涯，那时他还是王家领地里的一个默默无闻的侍卫。[5] 后来佩皮一世任命他为法官，并在宫廷中授予他爵位，同时他也作为金字塔神庙的祭司享有一份收入。[6] 他很快就被提升为王家领地的高级监管人，他的能力受到了王室的青睐。甚至，当后宫里发生针对国王的谋反时，他和另外一名同事受命负责此案的起诉。⁷ 就是这样，佩皮一世努力挑选出有力量、有能力的人，与他们一起组建一个强大的政府。这个政府与他，以及王室的财富息息相关。在南方的中心地带，佩皮一世在贵族中任命了"海尔州大领主"，并任命这位官员为南方总督；他还娶了提尼斯首领的两个姐妹为正宫王后，她们有着相同的名字，埃涅克内斯-梅里尔（Enekhnes-Merire），也是其后两任国王的母亲。⁸

相比以前任何一位法老，佩皮一世的外交政策都更加有力。在努比亚，他控制了黑人部落，因此在爆发战争时，这些部落也有义务按定额出兵。而同样的战争发生在北方时，在安全允许的情况下，针对黑人的征兵则是随意的。北方的贝都因部落曾在突袭三角洲东部时过于激进，也曾在西奈的采矿探险中遭遇麻烦，佩皮委托尤尼在黑人中征募一支军队，同时也在埃及各地额外征兵。国王排除了许多更高级别的官员，任命尤尼指挥这支军队，派他前去对抗贝都因人。⁹ 当然，他毫不费力地驱散了他们，并摧毁了他们的国家，最后凯旋。在另外四次这样的讨伐性远征中，佩皮一世派他去攻击这个国家的部落。最后，敌人表现出来的敌对情绪使他愤而北进，进击到了比三角洲东部更北的地区。他带上他的军队，用战船载着他们沿着巴勒斯坦南部海岸前进，一路北至巴勒斯坦高地，只为惩治那些贝都因人。¹⁰ 这标志着古王国的法老们又向北推进了一步，这与在耶路撒冷以南的基色发现的第六王朝圣甲虫的情况相符。圣甲虫的发掘可以追溯到中王国时期。尤尼是其传记中对这些战争的朴素描述，是早期埃及反战精神的最典型证据之一。

就这样，佩皮一世统治了大约 20 年，使他的家族牢牢占据了王位。在他死后，他的儿子迈瑞恩拉（Mernere）年纪轻轻就登上了王位，执掌了管理国家的大权，不过这似乎丝毫没有动摇这个国家的命运。迈瑞恩拉即位后，立即任命家族的老仆人尤尼为南方总督。[11] 在尤尼的可靠指导下，一切都进展得非常顺利。南部边疆的权贵们也积极地支持这位年轻的国王。他们来自一个大胆且爱冒险的贵族家族，定居于第一瀑布下的伊里芬丁岛（图 74）。这个瀑布下的河谷现在被称为"南方之门"，抵御着来自北方努比亚的骚乱部落，因此家族的首领被冠以"南方之门守护者"的称号。他们保卫着这个地方的安全，以至于当国王派尤尼前往瀑布顶上的花岗岩采石场为他的金字塔采购大理石棺和更好的配件时，这个贵族仅仅使用"一艘战船"便完成了使命。这绝对是一次史无前例的壮举。[12]

这位富有进取心的年轻君主随后委任尤尼，打通瀑布间的花岗岩屏障，接连开凿五条运河，从而与花岗岩采石场之间建立不间断的水路连接。这位忠实的贵族最终完成了这项艰巨的任务，除建造了七艘船外，仅用一年时间就为王室金字塔发运并装载了巨大的花岗岩石块。[13]

北方太难进入，与尼罗河流域的自然界线太过明显。因此，对于这个遥远时代的法老来说，他们在亚洲所做的努力比保卫边境、保护他们在西奈的采矿事业要多得多。但是,他们和南方之间唯一的障碍就是瀑布地区。现在,迈瑞恩拉已经使尼罗河上的船可以在水位较高的时期通过第一瀑布,而且如果不是要花费精力征战北部的努比亚,他还可以实现更严密的控制。对于以农业为主的埃及,努比亚本身并没有多大用途。在努比亚,尼罗河和沙漠之间的可耕种土地非常稀少,甚至正在消失,几乎没有农业价值。但东部沙漠的高大山脊和山谷中含有丰富的含金石英脉,还有大量铁矿石,[14] 不过人们还没找到开采的方法。此外,该国是通往南部地区的唯一通道,与南部地区保持着稳定的贸易关系。除了黄金,苏丹还顺流而下,输送了鸵鸟羽毛、乌木原木、黑豹皮和象牙。与此同时,沿着同样的路线,从蓬特和更远的东方国家,运来了没药、芳香的树胶和树脂,以及芬芳的木材。因此,法老也必然要控制这条路线。对于当时居住在大瀑布地区的黑人和黑人部落,我们知之甚少。就在埃及边境的南边,居住着瓦瓦特部落。他们的领地一直延伸到第二瀑布,这之上的整个上游瀑布地区被称为库什,不过这个名字直到中王国时期才普遍出现在遗迹上。巨大的"S"形河流的上半部分由两条尼罗河的交汇处和第二瀑布之间的河道构成,包括了强大的马佐伊(Mazoi)人的领土。马佐伊人后来成了埃及军队中的辅助部队,数量之多以至于埃及语中的"士兵"一词最后演变成了"Matoi"(马托伊),也就是"Mazoi"的后期形式(科普特语)。马佐伊的西部可能是亚姆(Yam)的领土。在南部的亚姆及马佐伊和北部的瓦瓦特

第七章 第六王朝:古王国的衰落

之间分布着几个部落,其中最重要的是厄特(Irthet)和塞特胡特(Sethut)。最后两个部落有时和瓦瓦特联合起来,接受一个首领的领导。[15] 所有这些部落都还处于野蛮阶段。他们住在河边肮脏的小土屋里,或是尼罗河沿岸山谷里的水井旁;除了他们饲养的牛羊以外,他们还靠着自己的小稻田里少产的粮食生活。

毫无疑问,借助新运河的开辟,迈瑞恩拉得以对这些地区的开发给予特别关注。他的权力颇受瓦瓦特、厄特、马佐伊和亚姆首领的尊重。他们为尤尼提供建造重型货船所需的木材,以便他能够将花岗岩块运出第一瀑布。[16] 据我们所知,在迈瑞恩拉在位的第五年,他做了一件先前的法老们从未做过的事。他首次亲临第一瀑布,接受南方首领们的致敬,并在岩石上留下了关于这一事件的记录,也就是一幅浮雕,[17] 描绘了法老倚靠在他的手杖上,努比亚首领在他面前下拜的场景。在所附的铭文中,也暗示了这是一个史无前例的事件:"国王亲临这里,来到了〔瀑布的〕山野后,在这里他可以看到山野里的景象,而此时马佐伊、厄特和瓦瓦特的首领们纷纷向他敬拜并表达了极高的赞美。"[18]

此时,迈瑞恩拉借助伊里芬丁的贵族来加强对南方首领的控制。哈胡弗(Harkhuf),当时作为伊里芬丁的领主,也被任命为南方总督,[19] 或许还被定为尤尼的继任者,因为此时尤尼已经过于年老,无法再继续效力了,或者很可能已经去世了。不过"南方总督"这个头衔现在已经成为一个尊号或荣誉称号,且不止一个贵族享有这个称号。正是依靠哈胡弗和他的那个敢于冒险的贵族家族，法老得以实现对艰苦而危险的远征的领导。这些远征威吓了边境上的蛮族，维护了法老在南方偏远地区的威望和贸易关系。这些人是已知最早的深入非洲内陆和红海南部的探险家。在这片遥远的土地上，至少有两名家族成员在执行法老指派的危险任务时丧生，这明显暗示了他们所面临的艰难险阻。作为伊里芬丁的首领，他们除了拥有贵族头衔，也都被冠以"将邻邦产品带给国王的商队之指挥官"的头衔。他们骄傲地把这个头衔展示在自己的坟墓上。这些坟墓高高耸立在现在的阿斯旺对面的悬崖前，在那里，他们仍然俯视着伊里芬丁岛——这些古代领主们曾经居住的地方。[20] 哈胡弗在这里记录了迈瑞恩拉曾连续三次派遣他前往遥远的亚姆。[21] 起初，因为他还年轻，所以他在父亲伊里（Iri）的陪伴下出征，这一去就是七个月。第二次，他可以一个人出发了，并在八个月内安全返回。第三次远征更加危险重重，当然，也更加成功。到了亚姆，他发现这里的首领正在和聚居于太迈胡（Temehu）最南端的族人开战。太迈胡是与利比亚人有关的部落，居于亚姆以西。哈胡弗即刻追击，毫不费力地便使太迈胡人屈服了。在哈胡弗逗留期间，他从贸易中获得的南方贡品和产品被装载在了300头驴上，最后在亚姆首领的隆重护送下向北出发。在埃及人的强大力量，以及护送哈胡弗的亚姆队伍的震慑下，厄特、塞图（Sethu）和瓦瓦特的首领丝毫不敢抢掠哈胡弗那收获满满的商队，甚至还给他进贡了一头牛，并给他提供向导。他带着贵重的货物安全地抵达瀑布，在那里遇见了法老的使者，他带着一

第七章 第六王朝：古王国的衰落

艘尼罗河船，船上装满了来自宫廷的美味和供给。那船是国王派来的，为了款待这些疲惫而力竭的贵族。

迈瑞恩拉的早逝中断了这些行动，阻碍了王国在最南部的胜利。他被埋葬于孟斐斯的后面，沉睡在尤尼为他购买的花岗岩石棺中，同样也在尤尼为他辛勤修建的金字塔中。尽管同样难逃破坏者和盗墓者的摧残，但他的遗体还是在这里幸存了下来（图77），直到1881年被转移到位于吉萨的博物馆。由于迈瑞恩拉仅统治了四年，于第五年早逝，没有留下子嗣，因此继承权就落到了他同父异母的弟弟身上。尽管这个弟弟还只是个孩子，但这并不妨碍他作为佩皮二世登上王位。他的即位和成功的统治高度印证了他的家族的稳定，以及有影响力的贵族对这个家族的忠诚。佩皮二世是埃涅克内斯－梅里尔和提尼斯首领二妹的儿子。最初，佩皮二世将这个妹妹奉为王后。她的哥哥扎乌（Zau），也就是佩皮二世的叔叔，现在被任命为提尼斯的首领，同时也被年幼的国王任命为维齐尔、首席法官和其居住城市的总督。[22] 因此，他在他的侄子尚未成年的时候，就掌管着这个国家，所以我们会看到，政府的运作丝毫没有受到干扰。

佩皮二世即位的时候，立即重启了南方王室官邸的设计工作，当然这些工作是由他的大臣们执行的。在这位年轻的国王即位的第二年，哈胡弗第四次被派往亚姆。从那里，他带着他的队伍满载而归，还从非洲内陆的俾格米部落带回了一个矮人（图41和图75）。这些粗野的罗圈腿人种受到了埃及贵族阶

图75 古王国矮人雕像［摘自马斯佩罗（Maspero）的《埃及考古学》（*Egyptian Archaeology*）］

层的高度珍视；他们在外表上与快乐的天才喜神贝斯（Bes）没有什么不同，而他们表演的舞蹈也让埃及人欣喜若狂。尼罗河居民将俾格米人的故土与神秘的西部地区联系起来，也就是死者们要去往的地方，他们称之为"灵魂之地"。来自这片圣地的矮人特别喜欢跳舞，因此也充实了小国王的闲暇时间。小国王听说哈胡弗带着一个矮人抵达边境时非常高兴，他给这位幸运的贵族写了一封长长的指示信，警告他要密切注意，不要让矮人受到任何伤害，否则就要将他扔进尼罗河；同时也承诺，会给予哈胡弗更大的回报，大过"神的司库"布尔德从蓬特带回一个矮人时，国王伊塞西给予他的回报。哈胡弗因这封信备感骄傲，他把它刻在了自己的墓前（图76），以示他在王室享受到了巨大恩宠。[23] 公元前26世纪，勇敢的伊里芬丁领主们冒着生命危险挺进非洲内陆的热带地区，不过他们之中并非所有人都能像哈胡弗那样幸运。其中一个叫塞布尼（Sebni）的南方总督，在远征瓦瓦特以南时，突然接到了他的父亲梅库（Mekhu）首领去世的消息。塞布尼迅速集合了他所在地区的部队，带着由100头

第七章 第六王朝：古王国的衰落

驴组成的队伍快速向南行进，惩治了可能造成他父亲死亡的部落，救出了父亲的遗体，并把它装到一头驴上，然后返回边境。在此之前，他派了一名使者前去将这一事件禀告法老，同时送去了一根长5英尺的象牙，并补充说，他的货物中最好的一根有10英尺长。当到达瀑布地区时，他发现这个使者回来了，并带来了法老的一封亲切来信，法老还派了一大批王室防腐人员、殡仪员、送葬者和葬仪祭司，提供了大量的细麻布、香料、油和丰富的香水，使他们可以立即对死者的遗体进行防腐处理，并且继续安葬。之后，塞布尼前去孟斐斯，向法老致敬，并把他父亲在南方收集的丰富货物交给法老。由于他在抢救父亲遗体时的虔诚行为，他得到了王室的全力支持。华丽的礼物和"赞美之金"沐浴在他的身上，后来维齐尔还发出了一封官方信函，宣布赐给他一块宗地。[24]

现在努比亚部落的主权被放宽了，其中一个名叫佩皮纳克特（Pepinakht）的伊里芬丁领主被授予"外邦总督"的称号。[25]佩皮二世派他以此身份前去对付瓦瓦特和厄特部落。对叛乱者进行了大规模屠杀之后，他带着众多的俘虏和领主的孩子作为人质，回到了法老面前。[26]他的第二次战役更加成功，俘虏了这两个国家的首领，除此之外，还有他们的两名指挥官，并从他们的牛群中获得了大量的战利品。[27]远征队后又深入了瀑布的上游地区。在伊里芬丁的墓地区域中，[28]这一地区曾被称为"库什"。总的来说，初步工作已经完成，为中央王国完全征服努比亚奠定了基础。事实上，如果不是内部原因导致了第六王朝的垮台，这项征服现在就已经开始了。

在埃及与蓬特、红海南部地区之间发展贸易的责任也落在了伊里芬丁的领主身上。显然，他们要负责整个南部地区，从红海到尼罗河。这些被派往蓬特涉险的伊里芬丁指挥官，他们所面临的危险并不比远征努比亚的危险小。尼罗河与红海之间没有水路连接，这些指挥官不得不在科普特斯商队从尼罗河出发的路线东端建造他们的船只，也就是诸如科瑟（Koser），或者说勒乌科斯里门（Leucos Limen）这样的某个港口的海边地带。在第六王朝，帆船得到了很大的改进，舵杆上安装了古老的转向桨和舵柄。在战斗中，佩皮二世的海军指挥官恩赫特（Enenkhet）被贝都因人袭击，贝都因人残害了他和他的整个司令部。佩皮纳克特立即接到法老的指派，前去解救不幸遇难的贵族的遗体。他成功地完成了这项危险的任务，并在惩治了贝都因人之后，安全地返回了本国。[29] 尽管存在这些风险，但埃及与蓬特的交流依然活跃且频繁。伊里芬丁家族的一名下级官员在主人的坟墓里夸耀说，他曾陪主人撑船不下 11 次，且最后都安全地回到本土。[30] 可以看出，古王国时期普遍接受的闭关锁国状态已无法维持。法老既不让自己被东面和西面包裹而来的沙漠所隔离，也不让曾经作为其南部边界的大瀑布挡住他与外界的交往，现在他与南方保持着活跃而繁荣的贸易。与此同时，王家舰队也承担着从北方黎巴嫩的高地运送香柏木的任务。在这种情况下，在迈锡尼文明出现之前就与北方遥远岛屿的文明进行直接商业往来也就不足为奇了。考古证据现

第七章 第六王朝：古王国的衰落

图76 位于阿斯旺的哈胡弗墓

右侧边缘上可见第140页提到的那封信的结尾。（立体照片版权由Underwood & Underwood纽约所有）

图77 国王迈瑞恩拉的头像
（现藏于开罗博物馆）

图78 休特的西部悬崖

此处有第九和第十王朝君主的坟墓。（立体照片版权由Underwood & Underwood纽约所有）

在表明,这种文明确实存在过。

佩皮二世,这个尚在年幼时期就登上王位的国王,无疑就是在他父亲去世前夕出生的,因此他享有历史上最长的统治时间。曼涅托的说法表明,他接手统治权时只有6岁,而且一直统治到100岁。毫无疑问,这就是他生命的意义。埃拉托色尼(Eratosthenes)保存的名单证实,他统治了整整一个世纪。都灵纸莎草的国王名单支持了第一个说法,确证他统治了90多年,而且我们没有理由反驳这份名单的真实性。因此可以说,他是历史上统治时间最长的国王。在此之后,又出现了几段短暂的统治期,其中可能还包括尼托克里斯(Nitocris)女王的统治,她的名字甚至被用在了一些最荒谬的传说之中。曾派遣官员访问哈马马特,以确保其金字塔和雕像的石材供应的两个国王,伊提(Iti)和伊姆霍特普,[31] 可能就属于这一时期,不过他们也有可能在第五王朝末期统治过国家。佩皮二世死后,一切都变得扑朔迷离,第六王朝的末期始终笼罩在难以捉摸的黑色面纱之下。当法老的统治维持到150多年的时候,土地领主的力量演变成了一种离心力,使法老再也无法承受,最终导致了国家的解体。各个州获得了独立,古王国四分五裂。就这样,有一段时间甚至分化成了史前时期的小公国。自联合王国崛起以来,近1000年的空前发展就这样结束在了公元前25世纪,政治环境倒回到了初始的状态。

这1000年展现的是取之不尽、用之不竭的丰饶。在这期间,一个精力充沛、年轻有力的民族第一次找到了最能表达自己的组织形式。从任何一个方面来看，我们看到的都是永不枯竭的民族朝气和活力。整个联合王国在统一的领导下，平息了国内的纷争，把伟大人民的全部精力引向了和谐的努力，从而带来了数不尽的福祉。这个时代无与伦比的伟大成就要归功于法老们，他们不仅在那个时代的众神中争得了一席之地，而且在2000年后的第二十六王朝，当埃及作为一个独立的国家走向终结时，我们仍然可以看到受命维持法老敬拜的祭司。在他的历史末期，当这个国家失去了古王国时期散发的那种青春活力和创造力时，她的祭司和智者们所做的唯一努力就是一边满怀渴望地回顾这1000年来的历史，一边恢复他们想象中那种属于古王国的纯洁宗教、生活和政府。于我们来说，他们沿着西部沙漠边缘留下了绵延数英里的壮观庙宇、坟墓和金字塔，这些遗迹是古王国创造者们卓越智慧和巨大能量的最佳见证，意味深长。他们不仅实现了机械和内部结构上的奇迹，而且建造了已知最早的海船，探索了未知的水域，或者把他们的商业贸易推进到了尼罗河上游的非洲内陆。在造型艺术方面，他们取得了最高的成就；在建筑方面，他们以不屈不挠的天赋创造了圆柱和柱廊；在政府治理上，他们用大量的法律阐释了一个开明、高度发达的国家；在宗教方面，他们已经隐约意识到了来世的判断，因此他们也最先根据道德直觉意识到，来世的幸福取决于品格。在世界各地，他们用未尽的精力展现出一种丰富多样的文化，这种文化给世界留下了一种独一无二的宝贵遗产。在这个了不起的时代即将结束之际，地方与中央集权的冲突是否会耗尽这个古老民族的基本力量，或者这种和解能否再次实现和谐与统一，从而使产生最初的那种不可思议的发展得以延续？我们将拭目以待。

1	I, 281.
2	I, 295—301.
3	I, 304—305.
4	I, 302—303.
5	I, 294.
6	I, 307.
7	I, 310.
8	I, 344—349.
9	I, 311—313.
10	I, 314—315.
11	I, 320.
12	I, 322.
13	I, 324.
14	Rössing. Geschichte der Metalle., pp. 81, 83 sq.
15	I, 336.
16	I, 324.
17	I, 316—318.
18	出处同上。
19	I, 332.
20	图 74。
21	I, 333—336. 也见图 76。

22	I, 344—349.
23	I, 350—354.
24	I, 362—374.
25	I, 356.
26	I, 358.
27	I, 359.
28	I, 361.
29	I, 360.
30	I, 361.
31	I, 386—390.

第三卷

中王国,
封建时代

第八章
北方的衰落和底比斯的崛起

导致古王国垮台的内部斗争终于演变成了一种动乱,在这种动乱中,破坏性的力量一度取得了彻底胜利。具体是什么时候、由谁造成的破坏,现在还无法确定,但古王国最伟大的君主们宏伟的葬祭工程成了这场破坏狂欢中的牺牲品,其中许多都被完全毁灭了。这些庙宇不仅遭到抢掠和侵犯,它们之中最精美的艺术品也遭到有计划且决绝的破坏。破坏者把国王华丽的花岗岩和闪长岩雕像砸成碎片,或者把它们扔进金字塔堤道那巨大大门内的井里。就这样,旧政权的反对者们对曾经代表和支持它的人实施了报复。整个国家一片混乱。从曼涅托稀疏的笔记中我们可以看出,一个寡头政权在孟斐斯取得了短暂的控制权,这可能意味着贵族们试图建立他们的联合政权。曼涅托称此为第七王朝。紧随其后的是孟斐斯国王们的第八王朝，他们只是古王国孟斐斯势力的残存。他们的名字出现在阿拜多斯的国王名单上，表明他们把第六王朝的国王视为他们的先祖，但从未有人发现他们的金字塔，我们也未能追溯到这个黑暗时代的贵族们修建坟墓的年代。在西奈和哈马马特的矿山和采石场里，每一个强盛的国王家族都留下了记录，宣扬着他们的权力，但现在这些曾经短暂统治国家的法老，我们却没有发现他们的踪迹。这是一个羸弱而混乱的时代，国王和贵族都无法建造出可以流传下来的不朽作品，自然也就无法向我们述说他们的时代。这种衰败的状况持续了多久，现在还很难确定。然而，在哈努布的雪花石膏采石场，大量的铭文记录着海尔州大领主的工作，这表明贵族阶层的力量集聚了起来，他们无视国王的存在，按照自己掌权的年份来确定事件的日期。其中一位领主甚至骄傲地记录了他是如何对抗国王的权力的，他说："在暴乱的日子里，我拯救了我的城市，使之免受王室的恐吓。"[1] 在第六王朝灭亡后的一代人中，一个赫拉克利奥波利斯贵族家族从统治第八王朝的软弱的孟斐斯家族手中夺走了王位。而这个孟斐斯家族此后可能在王位上逗留了近一个世纪，继续宣扬自己的王权。

赫拉克利奥波利斯贵族的胜利最终使国家恢复了一定程度的秩序。这座位于法尤姆以南的城市，从最早的王朝时期开始就是荷鲁斯神庙的所在地和祭仪的举办地，现在该城的首领们成

第八章　北方的衰落和底比斯的崛起

功地将他们之中的一人推上了王位。据曼涅托所说，阿赫伊托（Akhthoes）作为新王朝的创始人，一定对他的敌人进行了严厉的报复，因为曼涅托所知道的是，他是当时所有国王中最残暴的一个，而且他因疯病被抓后，死于一条鳄鱼之口。曼涅托把新的王室称为第九和第十王朝，但这两个王朝的国王们依然孱弱，无法留下任何不朽的遗迹，也没有任何与这个家族同时代的记录幸存下来，除了最后三代人的统治时期内，位于休特的强大领主们在悬崖上挖掘了坟墓（图78），并幸运地记录下了他们[2]的家族积极而成功的事业。他们向我们暗示了赫拉克利奥波利斯的首领们恢复秩序时国家的状况，因为休特的贵族是这样评述他们的领地的："众官员都坚守在自己的岗位上，没有人战斗，也没有人射箭。母亲们没有打她们的孩子，妻子们也没有打她们的丈夫。没有人作恶……也没有人反抗王室。"[3] "夜幕降临后，露宿者赞美我，因为他感觉犹如住在家里一样，敬畏我的士兵是他对自己的保护。"[4]

这些休特贵族与赫拉克利奥波利斯的王室关系最为密切：我们首次发现了国王参加贵族首领的葬礼；当已故首领的女儿统治休特时，她的儿子，当时尚且年幼的科提（Kheti），被安排与王室子弟一同接受教育。[5]当他足够成熟后，他解除了母亲的摄政权。如果我们可以通过这位休特贵族的管理来评判整个国家的话，那么这片土地当时一定是繁荣昌盛的。他开凿运河，减少税负，收获丰收，供养大群牲畜，同时他的一支部队和一支舰队也随时待命。这些休特贵族的财富和权力如此巨大,对赫拉克利奥波利斯王室来说,他们很快就成了价值不可估量的南部缓冲国,而科提也被任命为"埃及中部军事指挥官"。[6]

与此同时,在南方的贵族中,一个同样强大的家族正逐渐引起人们的注意。在孟斐斯上游440英里到第一瀑布下游不到140英里之间,大拐弯上游约40英里的尼罗河沿岸,也就是河流即将在距离红海最近的地带突然转向远离红海的地带,河流和悬崖之间的贫瘠土地扩展成了一片广阔而富饶的平原,在这片平原的中央坐落着世界上所能找到的最强大的古代文明遗迹。它们是世界上第一座伟大的不朽古城,底比斯城的废墟。当时,它还是一个不起眼的都城,邻近的赫尔蒙迪斯(Hermonthis)是贵族因提夫(Intef)家族和孟图霍特普(Mentuhotep)家族的所在地。在赫拉克利奥波利斯派的统治接近尾声时,底比斯派在南方占据了主导地位,他们的统治者因提夫被称为"南方之门守护者"。[7]南方势力团结一致,在物资匮乏的时候,我们看到那里的各个州相互援助,提供粮食和给养。[8]因提夫很快就组织了整个南方发起反叛。他向北集结部队,从大瀑布地区开始,至少延伸到了底比斯。他和他的继承者们最终把南方邦联从赫拉克利奥波利斯的控制中解脱了出来,并组建了一个以底比斯为首的独立王国。这位因提夫后来被认为是底比斯王朝的先祖,而中王国的君主们也在底比斯的神庙里立起了他的雕像,与那些受到祭拜的王室前辈站在一起。[9]

此时此刻,休特首领的忠贞不渝,拯救了赫拉克利奥波利斯家族，因为休特的泰菲比（Tefibi）（也许是我们最初在那里发现的领主科提的儿子）现在把他的军队送上了战场，以抵抗底比斯的侵略。他向南方进发，阻止南方人的入侵，并在河流西岸与他们交锋，将他们赶回，并追回了南至"南方港口要塞"的失地，可能就是阿拜多斯。[10] 第二支军队在东岸与他迎面相逢，似乎也被打败。南方舰队的船只被迫靠岸，他们的指挥官被赶到了河里，而这些船只显然被泰菲比俘获。[11] 他的儿子，同样名为科提，现在被任命为"全埃及军事指挥官"和"埃及中部大领主"。[12] 他继续忠诚地支持他的君主——赫拉克利奥波利斯的梅里克尔（Merikere），而他也是这个摇摇欲坠的王室真正的"国王拥立者"。他镇压了南部边境的暴动，并把国王带到南部，显然这是为了让国王见证反叛地区的屈服。当他带着国王回到北方时，他自豪地讲述了当他经过他的家乡时，他（科提）那庞大的舰队如何在河上绵延数英里。当他们凯旋，在赫拉克利奥波利斯登岸时，科提说：[13] "这座城市来了，她为她的主人欣欢……女人、男人、老人、孩子全都聚集在一起。"因此，在六位休特贵族的墓碑铭文（图78）中，我们可以瞥见关于赫拉克利奥波利斯国王的描述，此时他们即将退出他们的历史舞台。

与此同时，底比斯的财富不断增加。作为君主的因提夫被另一个因提夫继承了王位（是否为立即继承，尚不确定）他是第一个享有王室荣誉，获得王室头衔的底比斯人，因此成了因提夫一世，也就是这个王朝的第一位国王。他向赫拉克利奥波利斯人发起猛烈的进攻，将边境向北推进了些，夺取了阿拜多斯和整个提尼斯州。他把北部边界定为"北方之门"，[14]也就是王国的北方边界，就像第一瀑布的伊里芬丁被视为"南方之门"一样。而这个"北方之门"很可能就是休特泰菲比的"南方港口要塞"。[15]在他长达50多年的统治结束后，他的儿子因提夫二世接替了王位。对于因提夫二世，除了他的继承权以外，我们对他知之甚少。[16]随着孟图霍特普一支（可能是底比斯家族的一个分支）的即位，底比斯政权至高无上的地位终于确立了下来。孟图霍特普二世显然在胜利中结束了与北方的战争。他吹嘘自己战胜了同胞，还能保持安然无恙。在他位于吉别林（Gebelen）的神庙的墙上，他描绘了自己同时打倒埃及人和外国人的画面，而随附的铭文是这样描述这个场面的："将两地的首领捆绑起来，夺下南方和北方，外国和两地［埃及］、九弓［外国人］和两地［埃及］。"[17]因此，大约在公元前22世纪中叶，从来没有焕发过生机的赫拉克利奥波利斯政权彻底倾覆，霸权从北方转移到南方。就这样，也许是在第六王朝覆灭和古王国灭亡将近三个世纪之后，埃及在一个强大而富有活力的王权家族的统治下重新统一起来，在一定程度上遏制了那些扎根于全国各州的强大而顽固的贵族。至于这个新上任的底比斯王室的家庭关系，我们一无所知。王位大概是由父亲传给儿子，但也有明确的证据表明，王位的继承存在竞争，国王就任的顺序也没有完全确定。

长期中断的王家远征现在又重新启程了。内布托拉-孟图

第八章 北方的衰落和底比斯的崛起

霍特普（Nibtowere-Mentuhotep）三世的维齐尔阿蒙涅姆赫特在哈马马特采石场留下了一系列非常有趣的铭文，讲述了他带着一万人的远征队，在那里逗留了25天，为国王采购制作石棺和盖子所需的石块，这也是迄今为止埃及历史上最大的远征队。敏是这一带的神，赐予了他们最大的奇迹，来推进他们的工作。有一只母羚羊跑到工人们面前，把它的孩子丢在了可用于制作石棺盖的石块上，后来一场暴雨把邻近的井灌得满溢。这项工作很快就完成了，阿蒙涅姆赫特夸口说："我的士兵毫发无损地回来了，没有一个人牺牲，没有一支部队失踪，没有一头驴死掉，也没有一个工人筋疲力尽。"[18] 这些远征的人都是从王国各地抽调过来的。很明显，最后三个孟图霍特普控制了整个国家，而且恢复了法老的权势和威望。而法老与当地的贵族和君主的关系，我们很快就能更清楚地探知到，因为被称为第十二王朝的底比斯家族现在正在登场。

扩张的力量蛰伏了几个世纪，现在再次在努比亚找到了机会，就像在第六王朝，古王国覆灭之前一样。尼布赫帕特拉–孟图霍特普（Nibhepetre-Mentuhotep）四世就这样完全控制了整个国家，因此他得以恢复第六王朝征服比亚的计划，并在他统治第41年的时候派遣他的司库科提率领舰队进入瓦瓦特[19]。长期中断的建筑事业重新开工，在底比斯的西部平原上，孟图霍特普四世在悬崖下建造了一座小型阶梯式神庙，后来成了哈特谢普苏特（Hatshepsut）女王建于德艾尔巴赫里（Der el-Bahri）的美丽圣所的范本，而后者就建在前者的旁边。它的废墟最近刚刚被发现，可以说是底比斯最古老的建筑。显然，这座建筑具有葬祭特征，墙上的浮雕描绘了外国人向法老进贡的情景。孟图霍特普四世至少统治了46年。长期的统治给了他充分的机会来巩固和组织自己的权力。几个世纪后，他被认为是底比斯霸权的伟大创始人和建立者。他的继任者，孟图霍特普五世也重启了古王国法老曾经在外国开辟的事业。在此之前，这些事业也处于长期中断状态。他将所有与南方国家通商的责任集中在一位有权势的官员手中。这个官职就是曾经的"南方之门守护者"。孟图霍特普五世任命他的总司库赫努（Henu）担任这一要职，并派他率领3000人的队伍，经由前往哈马马特的路线出征红海。他的组织效率如此之高，以至于每个人每天都能收到两罐水和20个小饼干状的面包，在沙漠行军以及在哈马马特采石场逗留期间，物资供应处每天[20]要发放6000罐水和60 000个这样的面包。为了使通往那里的沙漠之路安全、可行，他们采取了一切可能的措施。赫努挖了15口井和蓄水池，[21]后来在灌溉站建立了拓殖者定居点。[22]当抵达路线的终点红海时，赫努造了一艘船，他将这艘船派往了蓬特，而他自己则经由哈马马特返回了本国。在哈马马特，他还发现并带回了一些精美的石块，用于建造王室神庙里的雕像。[23]孟图霍特普五世的在位时间至少有八年。[24]

继这五位孟图霍特普国王的统治之后，我们发现第十一王朝被一个新的、充满活力的底比斯家族取代。这个家族的头领便

第八章 北方的衰落和底比斯的崛起

是阿蒙涅姆赫特。我们曾在底比斯看到过一个有权势的阿蒙涅姆赫特，即孟图霍特普三世的维齐尔。而这位新的阿蒙涅姆赫特则取代了第十一王朝的末子，成为第十二王朝的第一个国王。这位新国王可能拥有王室血统；无论如何，他的家族总是把因提夫君主视为他们的祖先；他们向他致敬，并把他的雕像摆放在底比斯的卡纳克神庙里。[25] 经过160多年的统治后，[26] 第十一王朝在公元前2000年左右落下了帷幕。他们留下了少数的遗迹。1000年后，他们在底比斯西部平原上用晒干砖砌成的朴素金字塔依然保存得非常完好，[27] 不过这些金字塔几乎都没有幸存到现代，那些消亡的遗迹最终被玛丽埃特发掘了出来。不过，他们为底比斯政权奠定了基础，为他们的后继者铺垫了蓬勃发展的道路。

获得崇高地位的阿蒙涅姆赫特，并非全然没有敌人。我们听说在尼罗河上曾有过一场战役，参战的舰队拥有20艘雪松船，[28] 随后一些不知名的敌人被驱逐出了埃及。纵然在这些冲突中获胜，但阿蒙涅姆赫特却面临着最大的困境。在每个地方，当地的贵族，也就是我们看到在古王国中逐渐崛起的贵族，现在都像独立的君主一样统治着他们的大片领地。他们追忆祖辈的悠久历史，正是这些祖辈的权力导致了古王国的衰落。我们发现，他们还为这些家族创始人修复了倒塌的坟墓。[29] 尽管第十一王朝的国王们明显在一定程度上抑制了这些野心勃勃的贵族，但阿蒙涅姆赫特依然不得不四处奔走，一个接一个地对他们施以重拳。不时地，会有一些好斗的君主占领相邻的领地和城镇，从而掌握到危险的权力和财富。在这种情况下，恢复权力平衡是维护王权的必要条件。"他建立了南方的界标，使北方像天空一样永存；他把大河从中分成两段；东面的'荷鲁斯地平线'一直延伸到东边的高地；当陛下到来时，他驱散了像阿图姆一样闪耀的恶魔；同时他还恢复了他所发现的被毁坏的东西、被近邻夺去的城市；他让城市认识了它们的边界，建立天空一般的界标，根据文字记载来界定水域，依据旧制进行调查，只因他崇尚正义。"[30] 这便是奥里克斯州（Oryx-nome）的君主在阿蒙涅姆赫特的祖父统治此地时修建的设施上，对阿蒙涅姆赫特的所作所为的记述。

然而，要完全压制那些有土地的贵族，并与地方长官一起重建古王国的官僚体制，是完全不可能的。第五王朝的发展是如此显著，到了现在已经开始出现逻辑问题了，而阿蒙涅姆赫特也只能接受这种状况，并尽其所能地去应对它。他成功地征服了这个国家，并对其进行了改组，这完全是由于他巧妙地利用了那些他可以用恩惠和公平的承诺来赢取的贵族家族。他现在必须考虑这些问题。我们看到，他奖励了他的一名党羽赫努姆霍特普（Khnumhotep），将一份奥里克斯州的礼物馈赠给他。至于奥里克斯州的一部分边界，我们也从上文中，载于贝尼哈桑的一座著名的家族坟墓[31]的记录中了解一二。因此，阿蒙涅姆赫特所能实现的最大成就就是，在各州中给支持他的贵族们封官。这位伟大政治家凭借着空前的活力和技巧，最终成功建立了他的国家，再次为埃及带来了一个稳定的组织，使她在公元前2000年前后

第八章 北方的衰落和底比斯的崛起

进入了第二个伟大的生产发展期,也就是中王国时期。

1	I, 690.
2	I, 391—414.
3	I, 404.
4	I, 395, 1. 10.
5	I, 413.
6	I, 410.
7	I, 420.
8	I, 457—459.
9	I, 419.
10	I, 396.
11	出处同上。
12	I, 398, 403, 1, 23.
13	I, 401.
14	I, 422, 423 D, 1. 4.
15	见上文,第150页。
16	I, 423 G.
17	I, 423 H.
18	I, 434—453.
19	I, 426.
20	I, 430.
21	I, 431.
22	I, 456.
23	I, 432—433.
24	I, 418.

25	I, 419.
26	I, 418.
27	IV, 514.
28	I, 465.
29	I, 688—689.
30	I, 625.
31	I, 619—639.

第九章
中王国，封建时代：国家、社会和宗教

第十一王朝的国王定居于底比斯，这是很自然的事。这个家族的创立者在长期征战北方期间，就是生活在这里。但阿蒙涅姆赫特显然无法延续这一传统。不难想象为什么他会得出这样的结论：要想维持他在北方贵族中的地位，他必须亲临其中，因为这些北方贵族可能还在怀念已经覆灭的赫拉克利奥波利斯王室。而且，自1000年前提尼斯王朝消逝以来，埃及的诸王就住在那里，除了他所取代的第十一王朝以外。他选择的地点在孟斐斯以南几英里的河西。现在我们无法确定确切的地点，但可能就在现在被称为"利斯特"（Lisht）的地方附近，因为那里发现了阿蒙涅姆赫特金字塔的废墟。定居城市的命名对它的目的来说意义重大。

阿蒙涅姆赫特给它取名为伊索托威（Ithtowe），意思是"两地的主人"。在象形文字中，名字总是写在一个有战壕围墙的方形堡垒里。在这个堡垒里，阿蒙涅姆赫特左右着这个国家的命运，而这个国家又需要一代代具备能力和政治智慧的、异常强大的统治者。

这个国家由一个个小国或小公国组成。他们的首领向法老进贡，但不是法老的臣仆。这些地方贵族中，有些人是"大领主"，或是统治整个州的州长；另一些人则是"伯爵"，属地较小，为防御性强劲的城镇。因此，阿蒙涅姆赫特组建的是一个封建国家，与后来的欧洲并无本质区别。只有当伊索托威的宫殿里有一个像他一样强大的人时，这个国家才能存在。一旦显露出任何软弱的迹象，这个国家就会迅速解体。我们对这些贵族的了解依赖于他们现存的坟墓和葬祭遗迹。在三角洲地区，所有这些遗迹都已消失，所以我们只能确切地说出南方的情况。而即使在南方，我们也只在埃及中部得到了充分的了解。

正如我们所看到的，地方贵族家庭的起源在某些情况下可以追溯到四五个世纪以前的古王国。[1] 因此，他们牢牢地根植于自己的领地。我们还记得，在古王国之后的颓废时代，在软弱的法老们的统治下，他们的领地几乎变成了一个个独立的小王朝。他们确定事件的发生年份使用的是他们自己统治的年代，而不是在法老统治的年代。在某些情况下，他们曾经反抗过法老的统治，甚至还成功过。[2] 就这样，领主在他的小王国里确实成了一

第九章 中王国，封建时代：国家、社会和宗教

图79 赫努姆霍特普首领在贝尼哈桑的办公室
左边是总司库，正在给他面前的金银称重；中间是产业的管家，正在记录右边的粮仓里进进出出的粮食数量。

个小法老，同时他也一直接受着第十二王朝的统治。他的宅邸不那么豪华，但和法老的宫廷和后宫一样由一个人专职管理；而他的政府要求具备一名总司库，一个有办公室、有书吏、有官员的法院（图79），以及我们在王室官邸发现的所有基本的政府机构。通过这个组织，领主自行收取其领地上的收入，他是大祭司或神职组织的首领，并指挥作为永久组织存在于其属地内的民兵团。他的权力也相当大。奥里克斯州的州长就曾带领着400名士兵进入努比亚，并带领600人穿过沙漠，进入科普特斯商路上的金矿。[3]科普特斯的首领能够自行派出一支探险队前去哈马马特采石场，带回两根17英尺长的石块，还派出第二支探险队带回了一根26.5英尺长的石块，由近200人沿着沙漠上的路线前行了50多英里才将它拖到尼罗河。[4]海尔州的州长命手下将一块巨大的雪花石膏从哈努布采石场拖到河边，足足拖了10英里。这块雪花石膏[5]重量超过60吨，大到足以建造一座22英尺高的州长雕像。这些领主可以在他们的主要城镇建造神庙[6]和公共建筑。[7]他们教授手工艺，鼓励工业发展，他们直接的现有利益和直接

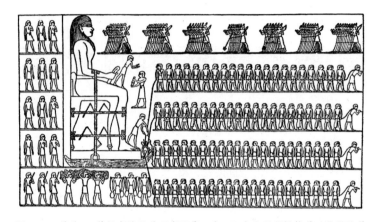

图80 一尊约22英尺高的雪花石膏巨像,由172个人用雪橇拉着,他们沿着绳子排成四队,每队两列[出自位于埃尔柏尔舍(El Bersheh)的中王国坟墓]

的个人监督催生出一段前所未有的经济发展时期。[8] 赫拉克利奥波利斯政权统治时期的一位休特领主暗示了接下来的情况,他说:"我的粮食很丰富。当我的领地处于困境中时,我用卡(kha)和赫凯特(heket)[粮食政策]来维持城市的运转,我允许公民为了他们自己而去获取粮食,包括为他们的妻子,遗孀和她的儿子也是如此。我免除了我的父亲曾计征过的所有课税[未付欠款]。我在牧场养满了牛,每个人都能获得许多品种,母牛会生两胎,羊圈里都挤满了牛犊。"[9] 他修建了一条新的灌溉渠,这无疑大大提高了领地上的生产力。[10] 首领的忠诚臣子同样关心他们所在地区的福祉。因此第十一王朝,居住吉别林的一位底比斯州助理司库告诉我们:"在没有收成的那些年里,我们维持着吉别林的运转,这里有400人陷入了困境。我没有带走别人的女儿,

第九章 中王国,封建时代:国家、社会和宗教

也没有收走他的田地。我养了十群山羊,每群都安排人管理;我养了两群牛和一群驴。我养了各个品种的小牛。我造了三十只船,然后又造了三十只船,在维持了吉别林的运转后,我又为爱斯那(Esneh)和图非(Tuphium)带去了粮食。底比斯州逆流而上[到吉别林寻求补给]。吉别林从没有派人去上游或下游的其他地区[寻求补给]。"[11] 就这样,这位首领献身于子民的利益,同时作为统治者也是为了给后代留下一个仁慈的声名。以上所有记载全部取自坟墓里的铭文,记录的目的就是要在子民心中留下这样的记忆。同样的指向,在奥里克斯州州长阿门尼(Ameni)位于贝尼哈桑的坟墓中,他的传记中的一段表述更为积极:"我没有滥用任何子民的女儿,没有压迫过一位寡妇,没有打击过任何农民,没有驱赶过任何牧民,没有给农奴们安排监督者,我们把他们当作[无偿的]进贡。我的领地里没有一个人是不幸的,我统治的时代里没有一个人挨饿。当饥荒来临时,我犁遍了奥里克斯州的所有田地,直到南部和北部边界,保护人民的生命,提供食物,不让任何人挨饿。我对待寡妇如同对待有夫之妇一样。我对大人物和小人物一视同仁。后来伟大的尼罗河来了,使这里盛产粮食和万物,而我却没有收回这片土地所亏欠我的。"[12] 首领希望记录下他的政府中最有利的方面,这是一种自然而合理的愿望。鉴于此,很明显,在他几乎每天都能接触到的人数有限的社会中,他在地方和个人统治中所具有的父系性质,对整个国家和人民来说都是一种难以言表的福分。

首领所统治的领地并不完全是他的财产。他的财富包括土地和两类收入。第一类是从他的祖先那里继承下来的，在他的家族中代代相传的"父业"；第二类是失去控制的"伯爵产业"，[13]在领主死后，法老会将其作为封地重新赐予。正因如此，某种程度上使法老能够控制这些封臣，并在全国各地任命他的党羽。然而，他也不能忽视经由长女传承的自然继承权。正如我们在休特所观察到的，长女甚至可能在她父亲死后统治领地，直到她的儿子长大，可以接管政府为止。[14] 位于贝尼哈桑的奥里克斯州州长的宏伟陵墓清楚地揭示了这些习俗对这个家族的财富的影响。正如我们所看到的，阿蒙涅姆赫特一世取得胜利时，他任命他的一位拥护者担任美乃特—胡夫伯爵，也就是赫努姆霍特普。美乃特－胡夫是作为奥里克斯州封地之一的"荷鲁斯地平线"的主要城市。不久后，赫努姆霍特普就继承了首领的权位。阿蒙涅姆赫特一世死后，赫努姆霍特普获得塞索斯特里斯（Sesostris）一世的特别恩宠，使他的两个儿子纳赫特（Nakht）和阿门尼继承了他的封地。纳赫特被任命为美乃特—胡夫伯爵，而阿门尼（我们刚刚读到他的仁慈统治）则接管了奥里克斯州。他们的妹妹贝克特（Beket）嫁给了宫廷里一位有权有势的官员，也就是担任维齐尔和都城长官的内里（Nehri）。他是邻近的海尔州的州长。他们结合后生下了他们的儿子，第二个赫努姆霍特普。这位赫努姆霍特普通过他的母亲获得了继承权，受命接替他叔叔纳赫特的职位，担任美乃特－胡夫伯爵。从法老的眼中，他发现了州长长女之子的价

第九章 中王国，封建时代：国家、社会和宗教

值，因此他娶了北方邻州杰凯尔州州长的长女科提为妻。所以，第二个赫努姆霍特普的长子要求通过他的母亲获得杰凯尔州的统治权，而法老也在适当的时候给了他任命。第二个赫努姆霍特普的次子在获得朝廷的授勋后，也继承了父亲的封地美乃特－胡夫。[15]这一世系四代人的历史表明，法老不能忽视一个强大家族的继承人的要求，他对他们表现出的尊重显然限制了他对这个不太强大的贵族王朝的控制。

这些领主在多大程度上感受到了王室对他们的政府和行政管理的束缚，现在还无法确定。有一位专门负责关注法老利益的王室专员，似乎驻扎在各州，且每个州都有"王室财产监督员"（可能是王室专员的手下），负责管理王室的畜群。[16]但是领主本人算是一个媒介，其本州的收入就是通过这个媒介被移交到财政部的。"王官的所有税收都要经我之手。"奥里克斯州的阿门尼如是说。财政部作为中央政府的机关，为原本松散的各州长管区赋予了行政凝聚力。每个州都有可产生收入的产业。正如我们所观察到的，有些产业似乎由政府监督者管理，而在很大程度上，这些产业被委托给了贵族，可能成了"伯爵产业"的一部分。"奥里克斯州的王室财产帮派监督员"给了阿门尼3000头公牛，他每年都要就此向法老做一次交代："我因此在［法老的］官中受到了称赞。我把他们所有的税捐都带到了王官，他的任何一个职位上都没有拖欠我的款项。"[17]海尔州州长图特霍特普（Thuthotep）在他位于埃尔柏尔舍的坟墓里非常自豪地描绘道："海尔州的各

区域里，有他从国王和他父亲的产业中得到的大量牲畜。"[18]我们甚至无法推算出国王在各州和"伯爵产业"中占有的财产数量和比例，但显而易见的是，这些强大的封建势力的主张一定严重削减了法老的传统收入。他不再像在古王国时期那样无条件地拥有国家的资源，尽管只有在国王的恩典下，领主才能正式拥有他们的封地。不过，财政部的其他资源现在是可用的，而且如果不是全新资源，那么此后还将得到更积极的开发。除了国内收入，包括来自各州和都城的贡品，法老还定期从努比亚的金矿和科普特斯至红海的商路上的金矿中获得收入。与蓬特和红海南部海岸的交通似乎一直是国王的专属特权，一定也带来了相当大的回报；而西奈的矿山和采石场，或许还有哈马马特的采石场，也被开发成了定期的利润来源。对努比亚的征服，以及不时对叙利亚和巴勒斯坦进行的掠夺，也为财政部提供了一些不正当的贡献。

财政部的中央办公机构依然是"白屋"，它通过其下属的粮仓、牛群、"双金屋""双银屋"以及国家的其他农产品，把每年应交给法老的收入收进中央库房和货场。为了运送大量的货物，河上的运输队[19]是必不可少的。"白屋"的领导人和以前一样。关于总司库和他的助理，"神的司库"，以及当时生机蓬勃的行政机构等活跃的官职，我们频繁地发现有关他们的记载。这表明，尽管他们的地位很高，但他们经常亲自监督国王在西奈、哈马马特或红海沿岸的科普特斯商路终点的利益。很明显，自古王国以后，财政部已经成为一个更为发达的机构。在各部门负责人的领

第九章　中王国，封建时代：国家、社会和宗教

导下，由下属、管家、监督者和书吏组成的队伍显然比以前更加壮大。他们开始制定出一系列的头衔，其中许多我们尚不可知的逐级阶衔正在逐渐分化。在这之中，曾经在行政官员手下开采矿山和采石场的工程师和熟练技工现在看起来更有地位了。这些都为官员中产阶级的崛起提供了条件。

与古王国一样，司法管制仍然由行政官员执行。因此，神的司库夸耀说自己是一个"了解法律，谨慎地行使法律"的人。[20] 以维齐尔为负责人的六个"大房子"（Great Houses），或者说是法庭，设在伊索托威。[21] 还有一个明显具有司法职能的"三十人之屋"（House of Thirty），同样也由维齐尔领导，但它与六个"大房子"的关系尚不清楚。现在还有不止一个"南方十人"（Southern Ten）组织，而"南方十大长官"（Magnates of the Southern Tens）经常受到国王的各种行政和管理委托。正如我们将看到的，他们负责人口普查和税务记录，但我们无法明确它们与司法行政的关系。我们偶尔会发现一些仅有"法官"头衔的治安官的墓石。他们可能是富裕的中产阶级公民，在有限的地方管辖范围内承担司法职能。他们所管理的法律，虽然没有幸存下来，但确实取得了很高的发展，而且能够辨别出最细微的差别。休特的一位首领作为伯爵与自己担任的大祭司订立了一份契约，显示出他在这两种不同身份中所拥有的权力的最相近的区别。[22]

这段时间的记录很少，对政府的其他机构，如土地管理、

灌溉系统等，没有多少描绘。为了开展公共工程，以及税务和人口普查记录，国家被划分为南方和北方两个行政区，而"南方十大长官"同时要服务这两个行政区，说明他们并不局限于南方。南方总督的职位已经不复存在了，而且早在古王国结束之前，如果真的使用这个头衔，也只不过是一个体面的称谓而已。此时，一套详尽的登记制度已经开始生效。每一个家庭的户主，在建立一个独立的家庭时便要登记，包括农奴和奴隶在内的所有成员都要登记。他要在土地局面对"南方十大长官"对登记名单的正确性进行宣誓。土地局是维齐尔下属的一个局，所有这些登记都在那里存档。这些登记可能是按照固定的时间间隔进行的，有些迹象表明这个间隔可能是15年。[23] 因此，与以前一样，维齐尔的办公室是政府的中央档案室，土地管理部门的所有记录（包括人口普查和税务登记）都在他的办公室里存档。因此，他称自己为"确认边界记录，将地主和他的邻居分开"的人。[24] 和以前一样，他也是司法行政部门的主管，主持六个"大房子"和"三十人之屋"。当他和塞索斯特里斯一世手下强大的维齐尔孟图霍特普一样担任总司库时，他在墓碑上写下的关于自己的描述读起来就像一个国王的权力宣言。[25] 他可能会对国王造成威胁，一个明显的证据就是，阿蒙涅姆赫特一世可能就是从维齐尔这个职位上崛起的。他的高级官职给他带来了贵族和伯爵的头衔，有时他还会统治一个州。

现在比以往任何时候都更有必要把政府的机构交给绝

第九章 中王国,封建时代:国家、社会和宗教

对忠诚的人。在王官的圈子里长大的年轻人,可能会更加依恋王官。所以,塞索斯特里斯三世给他的总司库艾克诺夫利特(Ikhernofret)写了这样一封委托信:"本王差遣你,我深信你必照我的旨意行事,因为你曾在我的教训中长大,你曾受我训练,只在我的官中接受教诲。"[26] 即使这样,为了确保国王的安全,防止国王手下野心勃勃的贵族获得危险的权力,最密切的监视也是必不可少的。我们发现阿蒙涅姆赫特一世的官员滥用职权,企图谋害他;在遥远的努比亚,孟图霍特普作为塞索斯特里斯一世派遣至那里的指挥官,像奥古斯都(Augustus)手下的科涅利乌斯·伽卢斯(Cornelius Gallus)一样,使自己在国王的胜利纪念碑上如此显赫,以至于他的形象不得不被抹去,而他本人也极有可能最终被撤职了。[27] 对法老谨言慎行是官员成事的条件,智者总会赞美在法老面前静默不言的人。[28] 阿蒙涅姆赫特三世的大元帅塞赫特皮布雷(Sehetepibre),在他的墓碑上嘱咐他的众子要忠心侍奉国王,他说:"为他之名争战,以他的誓约来洁净自己,你们就必将脱离患难。王所爱之人必将蒙福;对王怀有敌意之人是没有坟墓的,他的尸首必将被抛之水中。"[29]

在这种情况下,法老不得不用必要的权力把自己包围起来,以便在必要时强制执行他的意志。因此就出现了军事上的"随从"职位,或者从字面上说,就是"王的随从"。他们都是职业军人,这是我们首次在古埃及了解到他们。从努比亚到亚细亚边境,他们每100人一队,把守着宫殿和王官的堡垒。他们到底有多少人,

现在还无法确定。他们至少构成了常备军的核心，但很明显，他们的人数还不够多，不足以使他们受到尊敬。他们的出身也不确定，但他们的指挥官至少比中产阶级出身更高。我们会发现他们是法老所有战争中最突出的力量，特别是在努比亚，他们还负责前往矿山、采石场和红海港口为王家远征。尽管如此，法老在这个时期雇用的大批军队还是由出身自由的中产阶级公民组成，他们组成了自卫军或是首领的常任军。首领在国王的召唤下，会站在他们的前面，带领他们为国王而战。因此，战争时期的军队是由分遣队组成的，他们由各封地提供装备和指挥。在和平时期，他们也经常被用于为大型遗迹的运输或公共工程的执行提供智能劳力。所有自由公民，不论是否担任神职，都是按"世代"来组织和登记的。"世代"一词可指不同的青年阶层，这些人将陆续服兵役或投入公共服务。正如在古王国一样，战争只不过是一系列组织松散的掠夺性远征，这些远征的记录清楚地表明，此时的埃及人依然不好战。

自第六王朝以来，贵族从宫廷中分离出来，导致了地方社会的兴起，其中尤以伊里芬丁、埃尔柏尔舍、贝尼哈桑和休特为甚，这些地方至今仍保留着州长们的坟墓；还有阿拜多斯，现在所有其他阶层的人都想在这里下葬或立一块纪念碑。也就是说，贵族的生活不再以宫廷为中心，贵族阶层分散在全国各地，呈现出地方形态。州长有着庞大的家族圈，爱好社交、狩猎和体育运动，呈现出有趣而生动的乡村贵族形象。如果空间允许的话，我

第九章 中王国，封建时代：国家、社会和宗教

们会很乐意和他在一起。这个时代的特点就是中产阶级的地位突出。在某种程度上，这种突出是由于一座坟墓、一块墓碑和一套葬祭用品已经成为这一阶层的大部分人的必需品，而在古王国时期，他们不觉得有这种必要，也没有留下这样的纪念。在阿比多斯的墓地里，当时埋葬在那里的近800人中，四分之一的人既没有官职也没有军衔。[30] 他们有时自称为"城镇居民"，[31] 但通常墓碑上只写着他们的名字，丝毫没有体现出墓主的身份。这些人中有些是商人，有些是地主，有些是工匠和技工，但也有有钱有势之人。在芝加哥艺术博物馆里，有一副精致的棺材，属于这样一位没有官衔的公民，他用黎巴嫩进口的香柏木制成了这副棺材。毫无疑问，我们应该在他们的名字前面加上一些前缀，以表明他们的职业，比如"制鞋大师""金匠"或"铜匠"，而不需要指明他们在生活中的地位。在阿拜多斯的这些中王国墓碑上，那些刻有官职的人绝大多数都是小官员，没有官衔。毫无疑问他们同属于中产阶级。政府部门现在为这个阶层的年轻人提供了一个终身职业——助理司库。读者应该还记得，在饥荒时期，助理司库非常热切地维护底比斯州的统治，[32] 明确地把自己称为"公民"。儿子继承父亲的遗产这种做法，在古王国时期并不少见，而现在已成为一种普遍做法。那时的墓碑是劝嘱路人为死者祈祷的，因为他们希望他们的孩子能够继承他们的职务。这种习俗必然导致官员中产阶级的形成。因为具备读写能力，所以他们超越了同阶层的文盲。一位父亲带着他的儿子到官廷学校接受教育，成为一

名抄写员,他鼓励儿子勤勉努力,赢得一次次调用;而文士一人带来了荣誉、安逸和财富。这表明,每一位工匠都逃不过艰难和困苦,唯独文士能带来尊荣、安逸和富有。[33]尽管当时的艺术水平清楚地表明,工匠往往是最有能力的人,他们在生活中的地位不可能差到哪里,但中产阶级的抄写员和官员却因此看不起他们,他们把抄写员的使命看得高于一切。从这个时候起,我们发现抄写员总是在为自己的知识和地位而沾沾自喜。不同于古王国的遗迹只向我们展示了宫廷贵族和庄园里农奴的生活,中王国让我们在各省看到了繁荣和富裕的中产阶级。他们中有些人拥有自己的奴隶和土地;和州长一样,他们将初熟之物奉到城镇的神庙里。[34]州长非常关心这个阶层的福祉。读者也还记得,在饥荒时期,他将粮食送给子民作为礼物。其中一位在他的墓碑上留下了一段简短的记录,关于他的成功,他说:"我有美丽的花园和高大的梧桐,我在我的城市里建了一座大房子,我在墓地悬崖上挖了一座坟墓。我为我的城市造了一条运河,用我的船(为人民)摆渡。我随时准备(服务),领导我的农民们,直到我的好日子来临的那一天(逝去之日)。到那时,我会将这些(他的财富)遗赠给我的儿子。"[35]处于社会底层的是无名的农奴。刚刚读到的铭文中提到的"农民",是为这片土地创造了农业财富的千百万劳动者。这是一个被轻视的阶层,尽管他们的劳动是这个国家经济生活的基础。在各州,他们也学习手工艺。我们在贝尼哈桑和其他地方的坟墓中看到,他们也从事各种手工制作。他们的产出是只用于州长的产业,还是也在大规模市场上与全国的中产阶级进行交易,我们尚不完全确定。

在他们的生活中,没有哪个方面能比埃及中王国的宗教更清晰地展现出变化和发展。此时,我们再次进入了一个新时代。自第五王朝兴起以来,拉在官方至高无上的地位就一直延续,直至古王国灭亡后的内部冲突时期,到第十二王朝兴起时,他才取得完全胜利。其他的神职人员,希望为他们自己,也许纯粹是为了他们当地的神,争取太阳神的一部分荣耀,然而他们逐渐发现,这个神只不过是一个形式,只不过是"拉"这个名字。他们中的一些人走得太远,他们的神学思辨在神的名字中找到了实际的表达。因此,举个例子,鳄鱼神索布克(Sobk)一开始与太阳神并没有联系,而现在他的祭司们则称他为索布克-拉(Sobk-Re)。采取同样方式的还有阿蒙,一位至今还鲜为人知的底比斯本土神,由于这个城市在政治上的崛起,他获得了一些显赫的地位,从此跃升为太阳神,他的祭司们通常称他为阿蒙-拉(Amon-Re)。在这场运动中,开始出现了一种泛神论的太阳神一神论倾向。对此,我们还将追溯到它的鼎盛时期。

虽然神庙的规模可能有所扩大,但官方的祭礼并没有实质性的改变,而且祭司阶层的人数仍然不算太多。塞索斯特里斯二世在法尤姆附近的卡洪(Kahun)修建的阿努比斯神庙里,只安排了一位贵族来担任"神庙监督者",有一位"首席助理祭司"协助其工作,还有九名下属。只有"神庙监督者"和"助理祭司"

图81 中王国棺材和葬祭家具
包括船、准备食物和啤酒的仆人,以及一座房子(中间)。(现藏于柏林博物馆)

图82 塞索斯特里斯三世的祭船
出自他建于代赫舒尔的金字塔。这艘船有30英尺长,8英尺宽,4英尺深,采用黎巴嫩雪松制成。(现藏于芝加哥的菲尔德哥伦比亚博物馆)

第九章 中王国,封建时代:国家、社会和宗教

常在圣所供职,其余九人皆非专业神职人员,每年只在庙里侍奉一个月。这九人月月轮换,神庙的产业也要月月交接。除此之外,为了完成圣所的琐碎工作,还需要六个看门人和两个仆人。[36]

奥西里斯的胜利不亚于拉的胜利,尽管胜利的原因完全不同。拉的至高无上主要缘于他的政治地位,加之太阳神在尼罗河流域与生俱来的威望;而奥西里斯的威望与国家毫无关系,纯粹是一场大众的胜利。尽管他的祭司们可能会通过不懈的宣传为他的胜利做出贡献,但他们的行动是在人民中间展开的。在阿比多斯,奥西里斯的神话被塑造成一系列戏剧性的表演,每年都有祭司在民众面前演绎有关这位神的生命、死亡和最终胜利的主要事件。事实上,其中的一部分表演允许民众参与其中。毫无疑问,在大众眼中,这一切就像基督教时代的圣迹剧和耶稣受难复活剧一样令人印象深刻。我们在他们的墓碑上还发现了祈祷词,祈祷他们将来能够从坟墓里出来,观看这些节庆表演。这些事件之中有一个展现的是,一个游行队伍把神的遗体抬到他的坟墓里埋葬。这一习俗自然而然地帮助人们最终确定,原始的奥西里斯墓就在阿拜多斯后面的沙漠里,也就是表演场景中充当坟墓的地方。因此,1000多年前统治过第一王朝的泽尔国王的坟墓,在中王国时期被人们认为是奥西里斯的坟墓。[37] 随着人们对这个地方的崇敬与日俱增,它成了名副其实的圣墓,阿拜多斯也因此获得了埃及其他地方所没有的神圣地位。这一切都大大感动了民众。他们前去朝拜,在泽尔国王的古墓上摆放了堆积如山的罐子,里面盛

有他们所献的祭品。如果可能的话,埃及人会把自己埋葬在位于阿拜多斯的神庙的围墙内。直到这些坟墓开始侵占神庙的区域时,祭司们发现有必要在周围竖起一堵墙,阻止他们进一步侵入神庙的围墙。从维齐尔到最卑微的鞋匠,我们发现,他们挤满了这片埃及最神圣的墓地。当无法像首领那样埋葬在阿拜多斯时,贵族阶层的死者至少会在防腐处理后被带到那里,与至高的神同住一段时间,参加一下他的仪式,然后再被带回家乡安葬。但是对民众来说,即使这样也是不可能的,因此他们在那里为自己和亲人立起了纪念碑,在祷告和赞美中呼求神在来世纪念他们。因公使来到这座城市的王室官员和政府使者也没能抓住机会竖立这样一座纪念碑。他们有时会在他们的任务上补上日期和性质,为我们提供了宝贵的历史资料,否则我们永远都不会了解到这些。[38]

随着死者的命运与奥西里斯的命运越来越紧密地联系在一起,奥西里斯应接受的审判应该也在等待所有前往他的国度的人们。奇怪的是,正是奥西里斯本人主持了这场痛苦的考验,现在每一个来到冥界的人都应该经受这场考验。在古王国,他的法官身份就已为人所知,但直到中王国时期,这一思想才得到明确发展,并牢牢地掌控了当时的殡葬信仰。在奥西里斯面前,坐着42个助理法官,他们都是可怕的恶魔,每一个都代表着埃及分裂后的一个州,死者被领进了审判大厅。在这里,他向法官们陈词,面对42个助手中的每一个,他都坚称自己没有犯下某种罪行。为了检验他的辩解是否属实,他的心被放在天平上,与象征真理

第九章 中王国，封建时代：国家、社会和宗教

的羽毛相对。他坚称自己没有犯下的这42宗罪，也就是受现代世界良知所谴责的罪行，可以概括为谋杀、盗窃（特别是抢劫未成年人）、说谎、欺诈、伪证和诽谤、辱骂、窃听、性污秽、通奸、冒犯神灵或死者，如亵渎神灵或盗窃祭品。可以看出，当时的道德标准很高。而且，在这种审判中，埃及人在人类历史上第一次提出了一种完全成熟的观点，即死者的未来命运必须完全取决于尘世生活的道德品质，也就是未来责任的概念。这种概念的踪迹最早出现在古王国时期。这整个概念都值得我们注意。在这之后的1000年或更长的时间里，在其他民族中都没有出现过这样的概念。在巴比伦王国和以色列，好人和坏人死后都一同下到阴惨的阴间，在那里他们之间没有区别。那些在奥西里斯面前没有经受住考验的人注定要忍受饥饿和干渴，躺在阴暗的坟墓里，不见天日。出现在审判现场的还有可怕的刽子手，其中便有鳄鱼、狮子和河马的恐怖组合。在他们看来，有罪的人要被撕成碎片，这与审判的胜利相一致。显而易见，在中王国，人们渴望自己的一生至少留下一种仁慈和无可指责的声誉，这种愿望比以前更加普遍了。现在的墓碑上，一些我们在古王国曾注意到的话语变得更加常见："我把面包给了饥饿的人，把水给了口渴的人，把衣服给了赤身露体的人，还把渡船给了无船的人"；或者"我是孤儿的父亲，是寡妇的丈夫，也是无处藏身之人的庇护所"。我们已经提到过当时封建领主的仁慈。

被佑护的死者，成功地经受了审判，都收到了"言真意实"

(true of speech)的评述。这个词被解释为"胜利"(triumphant),而此时已经开始如此沿用。每一个死去的人,在被活着的人谈论时,都会收到这个谓词。这个词总是写在死者的名字后面,最后也被用于活人,写在那些活人名字的后面,以期待他们拥有幸福的命运。奥西里斯的普遍影响并没有阐明关于来世生活的主流观点。相反,所有的旧信仰现在都混杂在无法摆脱的混乱之中,更糟糕的是,他们还要努力适应奥西里斯信仰,而在一开始,它们之间根本就没有任何关系。最盛行的想法仍然是,死去的人在亚鲁(Yaru)的田野里逗留,享受着和平与富足,在岛上的肥沃平原上耕种,收获12英尺高的谷物。他们可以住在坟墓里,也可以住在坟墓旁边;他们可以登上天堂成为拉的伙伴;他们可以下到冥界的奥西里斯王国;或者他们可以与曾在阿拜多斯统治埃及的贵族亡灵为伍。

在一个重要方面,埃及人对其来世状态的信念发生了惊人的变化。

他们现在被来世无数的危险所困扰,对此他们必须预先警告并做好准备。除了金字塔文献中常见的蛇之外,还有最诡异的敌人等着他们。有一条鳄鱼,它可以夺去死者所有强大的魔力,是空气的敌人,可以从死者的鼻孔里抽气;它会在死者喝水时将水燃烧起来;它可以剥夺祭献给死者的食物和饮料,使死者被迫吞食自己身体的残渣;它可能会抢夺死者的王位和地位;它可能会让死者的身体腐烂;它可能会夺走死者的嘴、心脏,甚至他的

第九章 中王国，封建时代：国家、社会和宗教

头；如果它夺走了死者的名字，那么死者的整个身份就会丢失或消失。这些担忧在金字塔文献中都不存在了，因为金字塔文献已经废弃了；但是，我们重申，现在必须预先警告死者，使他们预先准备好对付所有这些危险。因此，自古王国以来，便出现了大量魔法咒语，通过正确的表述，死者可以战胜所有这些敌人，在胜利和安全中生活。这些魔法还伴随着其他魔法，使死者能够随心所欲地采取行动，随意地走出坟墓，或者返回并重新进入身体。对审判的详细描述中也包含了死者在当时必须说的话。所有这些描写都是供死者在棺材内使用的。尽管还没有针对这些文本的规范，但它们构成了后来的《亡灵书》（*Book of the Dead*）的核心，也就是埃及人后来所说的《通往来生之旅》（*The Chapters of Going Forth by Day*），以说明它在帮助死者离开坟墓上的巨大作用。我们可以看到，在这类文学作品中，寡廉鲜耻的神职人员们找到了一个获取利益的机会。即使在后来的几个世纪里，他们也没有错过这个机会。他们已经尝试了一种被称为来世"指南"的东西，虽然这种说法或许并不恰当。这是一本关于另一个世界的地理书，上面有一张地图，画着死者可能走过的两条路。这本《两路之书》（*Book of the Two Ways*）可能没有什么目的，只是为了获取利益。在未来的几个世纪里，这种趋势向我们证明了埃及人的生活和宗教遭遇了最恶劣的影响。

至于死者的物质装备，玛斯塔巴，虽然它并没有完全消失，但在很大程度上已被挖掘出的悬崖坟墓所取代。在古王国，上埃

及的贵族们已经发现了这种悬崖坟墓的实用性和便利性。然而，国王们还在继续建造金字塔，正如我们将看到的那样。坟墓里用来陪葬的家具现在经常被画在棺材里。除此之外，在棺材旁边放置了一个精心制作的设备（图81），包括一艘带着全体船员的模型船，以便死者能毫无困难地渡过这片水域，到达幸福的小岛。在沙漠中的塞索斯特里斯三世金字塔旁边，甚至埋了五艘大型尼罗河船（图82），打算把国王和他的官殿运过这些水域。除了墓中的贵族雕像外，国王现在还以另一尊雕像作为礼物，奖励那些为国家服务的人。这座塑像建在一座较大的神庙里，它在那里分享祭品，当祭品供奉给神以后，再做其他用途。更令人向往的是，它使已故的贵族能够参加在神庙里举行的所有庆典活动，就像他生前所习惯的那样。

1	I, 688—689.
2	I, 690.
3	I, 520—521.
4	I, p. 225, note c.
5	I, 694—706.
6	I, 403; 637, and note a.
7	I, 637.
8	I, 638.
9	I, 408.

10	I, 407.
11	I, 459.
12	I, 523.
13	I, 536.
14	I, 414.
15	I, 619 ff.
16	I, 522.
17	I, 522.
18	I, 522, note a.
19	其中一个舰队指挥官的墓碑,开罗,20、143 号。
20	I, 618.
21	Sharpe, Eg.Inser.I. 100.
22	I, 568 ff.
23	Kahun Papyri, pl.IX—X, pp. 19—29.
24	I, 531.
25	I, 530—534.
26	I, 665.
27	I, 514.
28	I, 532.
29	I, 748.
30	Catalogue Cairo, Nos. 20,001—20,780.
31	Ibid. passim.
32	见上文,第 160 页。
33	Pap.Sallier II.
34	I, 536.
35	Florence, Stela 1774, from my own photograph.

36	Borchardt, Zeitschrift für Aegyptische Sprache, 1900, 94.
37	出处同上。
38	E. g. I, 671-672.

第十章
第十二王朝

我们已经看到,在阿蒙涅姆赫特一世的英明领导下,强大的地主贵族所掌握的权利和特权第一次得到了适当调整,并服从于王权的集中权威,从而使国家在很长一段时间之后,再次从国家事务的统一管理中享受到了不可估量的好处。这一艰巨而微妙的任务无疑耗费了阿蒙涅姆赫特一世统治时期的大部分时间,但这项任务的彻底完成为他的家族带来的是长达两个多世纪的统治。很可能,在埃及历史上,这片土地从未像现在这样享有如此广泛和富饶的繁荣。阿蒙涅姆赫特自己也这么说:

我是一个耕种五谷,热爱收割之神的人;

尼罗河在河谷向我问候;

在我的岁月里,没有人挨饿,也没有人忍受干渴;
人们因我所行,安居乐业,他们也谈论我的事迹。[1]

在这一切之中,当阿蒙涅姆赫特以为自己和他的宗族已经在这片亏欠他太多的土地上稳固了王位时,他家族中的官员却想出了一个暗杀他的恶毒阴谋。看起来,他们甚至在夜里对国王本人进行了最后攻击,他在卧房里与攻击者搏斗后才死里逃生。不管怎样,宫殿的大厅里回荡着武器的碰撞声,国王的生命处于危险之中。[2] 在公元前1980年,可能就在这一事件发生后不久,而且无疑就是受到了这一事件的影响,阿蒙涅姆赫特任命他的儿子,第一个塞索斯特里斯,作为摄政王与他共享王位。这位王子给他的要职带来了新的能量,随着国家的内政变得越来越稳定,他能够把注意力集中在赢得南方边境的胜利上,这是一项由于封建贵族的兴起和第六王朝的灭亡而中断的事业。尽管那个朝代在南方已经取得了些成就,但在第一瀑布下,北至埃德夫的国家仍然被认为是属于努比亚人的,并且它仍然被冠名以"塔佩德"(Tapedet),也就是"弓地",[3] 这个名字通常用于努比亚。在老国王29岁的时候,埃及军队从瓦瓦特渗透到科鲁斯科(Korusko),沙漠之路的终止切断了尼罗河的西部大拐弯,埃及军队也在国外俘获了马佐伊的战俘。[4] 几乎不容置疑,年轻的塞索斯特里斯就是这次征战的领导者。哈马马特的采石场也恢复了工作,[5] 而在北方,三角洲东部的"特洛伊人、亚洲人和沙漠居民"则受到了惩罚。为了加强东部边界的防御,法老在图米拉特干河（Wadi Tumilat）的东端修筑了防御工事。也有可能，这个工事古土国法老统治时就已经存在。法老在那里驻扎了一支卫戍部队，瞭望塔上时时安排哨兵驻守。[6]因此，无论在北方还是南方，都保持了一种侵略性的政策，确保边境安全，且法老在对外关系上非常谨慎。

当老国王感到自己的生命即将终结时，他给儿子留下了简短教谕，[7]传授了他在漫长的人生历程中积累的成熟智慧。从他的话中，我们可以清楚地看出，年老的阿蒙涅姆赫特内心充满了一种痛苦，那是由于他自己的亲友想要谋害他。他对儿子说：

你要认真听我对你说的话，
好叫你做世上的王，
好叫你做列国的君，
好叫你加增善行。
对所有的下属都要硬着心。
他们只会听从惊吓他们的人；
不要单独接近他们。
不要心里只装着兄弟，
不要结交朋友，
也不要让自己与他人亲密，
这是没有尽头的。
当你睡觉的时候，要保护好你自己的心；
因为在邪恶的日子，

你是没有子民的。

我施舍乞丐，

我养育孤儿；

我承认这微不足道，

那些重要的人物也是如此。

但吃我食物的人，却造反了；

我伸出援手的人，却在引起恐慌。[8]

为了执行老国王的悲怨嘱托，忘恩负义的故事最终遭到了致命打击。可能在这之后不久，塞索斯特里斯就被派去率领一支军队，惩罚西部边境的利比亚人。公元前1970年，在王子缺席期间，阿蒙涅姆赫特去世，结束了30年的统治。信使们快马加鞭地前去向塞索斯特里斯通知他父亲的死讯。那天晚上，他没有让军队知道发生了什么事，迅速离开了营地，赶到了伊索托威。在后宫子弟中任何觊觎王位之人采取行动之前，他在那里继承了王位。[9]从东方最早的时代开始，这整个过程就是每一个王室家族的历史特征。同样地，老国王去世的消息，在塞索斯特里斯的军营里不胫而走，使那里的贵族之一辛努亥（Sinuhe）陷入了一种绝望的恐惧，以至于他立即隐藏起来，并找准时机逃到了亚洲，在那里他逗留多年。究竟是他做了什么事情，惹恼了作为摄政王的王子，还是他对王位有某种间接要求，而这种要求在阿蒙涅姆赫特死后才可生效，目前还不清楚；但他仓促逃离埃及为我们提供了另一个明显的证据，证明了法老死后所释放的危险力量。[10]

第十章 第十二王朝

阿蒙涅姆赫特家族的成就不局限于埃及境内：在努比亚、哈马马特和西奈，他们在这些地区留下的记录比他们在埃及的仁慈而繁荣的统治还要充分；王朝的进步，至少在有记载的记录中，在国外比在国内更容易追溯到。因此，在我们细想他们在国内所取得的成就之前，我们更容易了解这个王朝在国外的事业。凭借他与父亲共治王朝这十年积累的经验，塞索斯特里斯一世得以毫不掩饰地维护他的王室的声望。他证明了自己完全有能力继续他所继承的伟大事业。对努比亚的征服一如既往地推进着。封臣被要求收集他们的配给，而阿门尼，也就是后来的奥里克斯州州长，在他位于贝尼哈桑的坟墓里提到他的父亲，也就是阿蒙涅姆赫特一世所任命的州长，现在太老了，不能再负责这种行动了，因此他本人将作为父亲的代表，领导奥里克斯州的军队，并在他的君主塞索斯特里斯一世的领导下渗透到库什内部。战争就这样从第二瀑布上游进入了一个名叫"库什"的大片区域。虽然这个名字只在古王国的遗迹上出现过一次，但在现在的纪念碑记录中已经变得很常见。[11]对于这项行动的过程，我们一无所知，但这并不是一场激烈的战斗，因为阿门尼夸口说，他的队伍整整齐齐地回来了，没有损失一个人。[12]与第六王朝一样，伊里芬丁的州长也在战争中发挥了重要作用。也许就是在这次征战中，他们俘虏了一头大象，在他位于阿斯旺的坟墓中，曾提到过这一事件。[13]据我们所知，这场战役是法老亲自领导的首次外国征战。这次远征的日期不得而知，但毫无疑问要早于国王父亲死后八年发生的那次战争,因为发生那次战争时,塞索斯特里斯一世不再认为自己有必要亲临战场了。因此,在对库什进一步征战时,他派遣了他的一名指挥官,孟图霍特普。孟图霍特普在瓦迪哈勒法(Wadi Halfa)留下了一块巨大的石碑[14],就在第二瀑布的下方,记录了他自己的胜利,并为我们提供了第一份包含被征服的外国地区和城镇的名单。不幸的是,我们对那个遥远时代的努比亚地理分布知之甚少,仅能找到名单中十个地区中的一个。这个地区就是谢特(Shet),位于第二瀑布上游,瓦迪哈勒法以南30或40英里处,靠近现在的库姆赫(Kummeh)。因此,孟图霍特普的石碑如果不是在他征服的地区内,那么很可能就建在他征服的地区附近。我们已经提到过,在这座石碑上,孟图霍特普把自己描绘得如此显赫,以至于他的形象后来被国王抹去,取而代之的是一个神的形象。种种迹象表明,这位成功的指挥官最终因遭到罢免而蒙羞。这个国家现在已经被完全征服,因此可以强制要求首领们在东部、阿拉基干河(Wadi Alaki)以及附近地区开采矿山,而奥里克斯州的阿门尼则被派遣到努比亚,带领该州的400名士兵从那里带回黄金。国王还趁机派年轻的王储与阿门尼一同出征。这位王储就是后来的阿蒙涅姆赫特二世,国王这么做就是为了让他熟悉这一地区,因为将来的某天他会继续征战此地并将其并入法老的疆土。[15]

同样地,科普特斯东部的金矿现在也被开采了出来,忠诚的阿门尼受命护送被派往那里的维齐尔,把这种贵重金属安全地运送到尼罗河谷。他从奥里克斯州调集了600人,成功地完成了这一任务。[16] 塞索斯特里斯一世显然密切关注着埃及对外利益的发展,在他领导下,我们第一次见证了他们与北方绿洲的交往。此次,法老还没有占有他们的领地,但显然他与他们的城邑开始有了来往。塞索斯特里斯一世的管家伊库迪迪(Ikudidi)被他派往阿拜多斯以西的大绿洲埃尔哈格(El Khargeh),他的商队就是从那里出发的。他对奥西里斯圣墓城的访问让伊库迪迪和他的许多同僚抓住了机会。他在那里竖立了一块石碑,祈求神的恩泽。他在这座纪念碑上偶然提及了他对阿拜多斯的访问,这也是关于他远征绿洲的唯一信息来源。[17]

毫无疑问,正是由于塞索斯特里斯一世认识到,他作为父亲的摄政王获得了明显的好处,所以他也以同样的方式任命了自己的儿子。当他经过了35年的统治,于公元前1935年去世时,他的儿子阿蒙涅姆赫特二世已经当了三年的摄政王,[18] 并且毫不费力地获得了唯一的权威。阿蒙涅姆赫特二世也沿用了这一政策,他的儿子塞索斯特里斯二世也在父亲去世前与父亲共同统治了三年[19]。在这两个国王的接续统治下,这个国家享受了连续50年的繁荣。西奈的矿山重新开掘,[20] 由阿蒙涅姆赫特二世恢复的与蓬特之间的交通也继续由他的儿子来统治。[21] 从科普特斯到红海耗时五天的沙漠之路上,第十一王朝的底比斯国王们早已修建了水井和站点。[22] 这条路线在哈马马特商路以北,终点在现在的加索斯干河(Wadi Gasûs)河口的一个小港口,就在后来的科瑟港（也就是托勒密人的勒乌科斯里门）以北几英里处。从这个港口（加索斯干河）启航的两名指挥官在那里留下了铭文[23]，以纪念他们安全返回。遥远的蓬特海岸逐渐为埃及人所熟悉，他们广泛流传着一个故事，讲述了一位遇险船员在这片水域的奇妙冒险。努比亚金矿重新成了王室的财富来源，埃及在努比亚的利益受到了瓦瓦特要塞的保护，那里驻守了士兵并接受定期检查。[24] 公元前1887年，塞索斯特里斯二世去世后，一切条件都已成熟，埃及可以彻底征服位于第一和第二瀑布之间，长达200英里的尼罗河流域了。

塞索斯特里斯三世可能是他家族中唯一一个在准备担任高级职务时，没有与父亲共享联合权力的人。不过，他也用自己的行动证明了，他配得上这种一跃而起。他一上任，就为完成努比亚的伟大事业而采取了初步行动。这些行动中最重要的一项就是在第一瀑布上游建立起与该国之间不可阻断的水路连接。自第六王朝的尤尼开凿穿过瀑布的运河到现在，已经过去了600多年，同时运河也可能已经被强大的水流冲毁了。不管怎样，我们再也没有听说关于它的消息了。在花岗岩屏障中最难以穿越的地方，塞索斯特里斯三世的工程师在岩石上凿出了一条通道，长约260英尺，宽34英尺，深26英尺。[25] 这条通道被命名为"美丽的卡考拉（Khekure）之路"（卡考拉是塞索斯特里斯三世的王位名）。在这位国王早期的战役中，一定有许多战船是经由这条通道靠岸的。不幸的是，我们并没有发现相关记录。到了第八年，人们发现它被堵塞了，必须清理干净，以便远征时顺流而下。[26] 当时该国的远征取得了巨大的进展，所以塞索斯特里斯三世有能力在那个时代，选择一个有利的战略位置作为他的前线，也就是今天的库姆赫和塞姆奈（Semneh）。这两个地方恰好在第二瀑布上游的两岸遥相对望。他也正式宣布了此地是他的王国的南部边界。他在河流两岸各立了一块石碑，上面刻着边界线。这两块重要的地标中有一块保留了下来，上面刻着如下重要的铭文："这条线界定于第八年，在塞索斯特里斯三世、上下埃及国王的威严下，它被赐予生命，直到永远：为了防止任何黑人通过水路或陆路，乘船或成群结队地越过它，但为了贸易而穿越的黑人除外……或带着佣金。他们应该受到一切友好的待遇，但永远禁止黑人的船经由赫（Heh）[塞姆奈]顺流而下。"[27] 若非不断地展示武力，以这种方式维持边界是不可能的。因此，塞索斯特里斯三世在此地的河岸两边都建起了坚固的堡垒。在两座堡垒中更坚固、更巨大的一座位于塞姆奈，坐落在西岸，被称为"强大的卡考拉"，[28] 在其坚固的围墙内，他为努比亚当地的神德文（Dedwen）建造了一座神庙。这两座堡垒（图83）至今依然存在，尽管已成为一堆废墟，但它们的建造者在选址上表现出了非凡的技巧，并对建造有效防御的艺术具有出人意料的理解。

4年后，边界以南动荡不安的努比亚部落之间的骚乱再次将国王引入了努比亚。尽管埃及没有在第二瀑布上游的库什宣称主权，但法老仍有必要保护从最南端路线通往他的新边界的贸易路线。苏丹的产品现在正是不断地沿着最南端路线进入埃及的。我们将注意到,"边界宣言"允许任何从事贸易的黑人,或任何与南方首领有业务往来的黑人通过通道。从现在起,法老不得不经常出现在其边界以南的地方,而不是在前两个大瀑布之间的国家。

图83 库姆赫和塞姆奈堡垒的复原图
(依据佩罗和特奇皮兹提供的资料)

此外,边境地区的这些活动中也存在大量的掠夺行为,因此南部贸易路线的维护并不是没有补偿的。塞索斯特里斯三世派他的总司库艾克诺夫利特前往阿拜多斯修复奥西里斯的祭拜雕像,用的是从库什捕获的黄金。[29] 此时黄金的储量仍然比白银丰富,因此没有白银值钱。此刻国王写给司库的信,我们已经在前一章读过了。[30]

包括尼罗河流域东部的野蛮人在内的库什部落，必定在通道建成的第16年前对边境进行了一次非同寻常的突袭，因为在那一年，塞索斯特里斯三世针对他们进行了一次大规模战役，在战役中他摧毁了他们的国家，烧掉了他们的收成，并抢走了他们的牲畜。然后，他重新宣布了他在塞姆奈的南部边界，在那里的神庙里立了一块石碑[31]，上面写着他对边疆的第二次宣示，并嘱咐他的后代，要维持他所确立的边界。他还在边界上立了一尊自己的雕像[32]，似乎是为了让当地人对他肃然起敬。与此同时，他还通过瓦迪哈勒法的一座堡垒加强了边境防御，这座堡垒可能也是由他所建；再往南12英里，在马图加（Matuga）还有一座堡垒，我们在那里发现了他的名字。他还在乌鲁纳提（Uronarti）岛建立了另一座堡垒，就在塞姆奈的下游。他把第二次宣示的副本放在了这里。[33]他称这座新的堡垒为"穴居人的退败"。[34]为此，在塞姆奈的神庙里，每年都要举行同样的庆典，还定期提供祭品。这一庆典仍在沿袭着，而提供供品的日期则在帝国时期经过了更新。[35]三年后，国王亲自率领军队进入库什，这可能只是一次视察之旅。而据我们所知，这是他最后一次前往库什。[36]他似乎在那里亲自领导了所有的战争。他的积极政策彻底地确立了法老在新赢得的领地上至高无上的地位，所以在帝国时代，他被视为该地区的真正征服者，在第十八王朝，他就已被尊为土地之神。[37]就这样，法老们逐渐向南推进，从史前时代的埃尔卡布（尼可布）开始，

图84 从伊布里姆(Ibrim)高地上被摧毁的穆斯林堡垒看去的努比亚尼罗河(立体照片版权由 Underwood & Underwood 纽约所有)

图85 位于西奈半岛萨布特-埃尔卡德姆(Sarbut el-Khadem)的中王国矿场遗址
(地形测量图)

到第六个王朝初期吸收了第一瀑布，再到现在触及第二瀑布，为这个王国增加了200英里的尼罗河谷。虽然这项征服早在第六王朝就已经开始，但是，是第十二王朝的国王，使之成为事实。

在极富侵略性的塞索斯特里斯三世的统治下，我们也听说了法老第一次入侵叙利亚。他的一位军事随从，名叫塞贝克胡（Sebek-khu），当时是都城的指挥官，也曾在努比亚服役。国王在阿拜多斯的纪念石[38]上提到，塞贝克胡陪同国王参加了一场运动，进入了瑞特努（Retenu，叙利亚）的一个名叫塞克姆（Sekmem）的地区。亚洲人在战斗中被打败，塞贝克胡俘虏了他们。他自豪地讲述了国王是如何奖赏他的："他把一根银金杖交在我手里，还有一把弓，一把用银金锻造的匕首，以及他们（俘虏）的武器。"这体现了人们在军事上的热情。两个半世纪后，在同一地区，这种热情又导致法老的帝国被人征服。遗憾的是，我们不知道塞克姆在叙利亚的位置，但很明显，在某种程度上，中王国的法老正在为征服亚洲做准备，就像第六王朝的法老在努比亚所做的那样。早在塞索斯特里斯一世时期，经常出入法老宫廷的信使[39]就已经开始穿越叙利亚和巴勒斯坦了：埃及人和埃及人的语言在那里并不少见，人们对法老的名字已经开始产生恐惧。在耶路撒冷和大海之间的基色，最近发现了一位埃及官员的石碑[40]，就在基色"泰尔"（Tell）谷的"第四城"的"高地"界内。美乃特-胡夫的赫努姆霍特普在他著名的贝尼哈桑墓中描绘了37个闪族部落人的到来。很明显,他们是来和领主进行贸易的,向他提供了埃及人经常使用的芳香化妆品。[41] 他们的首领是一个"山地的首领,名叫亚伯沙(Absha)",希伯来语中被称为"亚伯谢"(Abshai)。[42] 不幸的贵族辛努亥,在阿蒙涅姆赫特一世死后逃到叙利亚,在边境不远处发现了一位友好的酋长。这位酋长曾在埃及北部,他发现埃及人仍在那里。他曾在埃及北部,他在更北的地方发现了埃及人的存在。[43] 虽然三角洲边境上有一座堡垒,用来抵御贝都因人的掠夺,[44] 但毫无疑问,相比塞索斯特里斯在第二瀑布对黑人的封锁,这座堡垒对合法贸易和交往来说并不算个阻碍。苏伊士地区以及苏伊士湾,已经通过运河与尼罗河东岸相连,这是地中海和红海之间已知最早的连接。这个王朝在塔尼斯和尼贝什(Nebesheh)等三角洲东北部城市建立的庙宇建筑虽然残缺无几,但数量庞大,显示出他们在这一地区的活跃。邻近的亚洲部落,闪米特部落此时已经有了高度文明人类的需要,并为贸易提供了充足的机会。贝尼哈桑墓中的部落成员穿着图案精美的编织羊毛衣服和皮革凉鞋,携着金属武器,并使用制作精良的里拉(七弦竖琴)。小亚细亚卡帕多西亚(Cappadocia)赫梯人生产的红陶器可能已经传到了巴勒斯坦南部的闪米特人那里。毫无疑问,商业活动沿着这条路线,穿过巴勒斯坦,越过卡梅尔(Carmel),向北到达幼发拉底河到巴比伦的贸易路线——虽然还不算发达,但商业早已存在。与南欧的贸易也开始了。爱琴海的人民,他们的文明正迅速发展到迈锡尼时代,他们对于埃及人来说并不陌生。他们被称为胡尼布（Haunebu）。第十一王朝有一名司库，他的职责是维护边境口岸的安全，他自诩为"平定胡尼布的人"。[45]这表明他们与埃及的交往并不总是和平的。当时的一位书吏也曾夸口说，他用他的笔将胡尼布写在了记录里。他们在这个时代的陶器是在位于卡洪的墓葬中发现，当时爱琴海的装饰艺术，尤其是螺旋形的运用，受到了埃及装饰艺术的影响。因此，在中王国时期，欧洲更清晰地出现在了尼罗河人民的视野里。

虽然塞索斯特里斯三世进军叙利亚显然只是一次掠夺性远征，远不及第六王朝进军努比亚那样的征服，但它一定也为家族增添了声誉。作为第一位亲自在异国领土上领导战役的法老，塞索斯特里斯一世的努比亚战争给"塞索斯特里斯"这个名字带来了永恒的威望，这种威望又因塞索斯特里斯三世的成就而大大提升。因此，传统上把第一批征服外国的法老称为"塞索斯特里斯"。之后围绕着这个名字的永远是战争和征服的故事。在希腊时代，塞索斯特里斯早已成为一个传奇人物，任何一位国王都无法与其相提并论。拉美西斯二世的一些事迹可能也交织进了希腊的塞索斯特里斯传说中，但这并不是把塞索斯特里斯与这位第十九王朝的国王联系在一起的最根本原因；我们重申一下，传说中塞索斯特里斯的一些荒谬事迹也不允许他与任何一位历史国王相提并论。

38年来，塞索斯特里斯三世继续着他对一个王国的强盛统治，这个王国现在已经囊括了1000英里的尼罗河流域。他甚至成功地镇压了封建贵族；现在在贝尼哈桑和埃尔柏尔舍等地，已经见不到他们的坟墓了。随着他日渐年老，他任命自己的儿子为摄政王，并在法尤姆阿尔西诺（Arsinoe）的神庙的墙上记录了这一任命。公元前1849年，塞索斯特里斯三世去世时，作为摄政王，他的儿子，第三个阿蒙涅姆赫特继承了王位，看起来没有遇到任何阻拦。

为了国家的繁荣，也为了增加王室的收入，阿蒙涅姆赫特三世成功地开展了一些和平事业。西奈的矿山业务早在塞索斯特里斯一世统治时期就已恢复，但王朝的外国工程在其他地方所取得的成就远远超过了他们在这里的成就。阿蒙涅姆赫特三世仍在继续开发半岛内各站点的设施，这样，他们的营地可能会比仅仅深入矿山几个月的探险队的营地更耐久。这些探险经历了巨大的困难，一位当时的官员描述了当某个不幸事件来临，导致他必须在夏天到达那里时，他遭遇到的种种困难。他说，"虽然现在不是前往这个矿区的合适季节"，但他还是毫不退缩地走了；尽管"夏天的高地酷热难耐，山峰在皮肤上留下了烙印"，但他还是鼓励那些抱怨"这个邪恶夏天"的工人，完成这项工作后，他们得到的回报会比接受的要求多。他在那里留下了一块石碑[46]，讲述了自己的经历，并鼓励那些可能身处类似困境的子孙后代。在这样的条件下，永久性的水井和蓄水池、工人的营房、指挥官员的房屋和防御工事都是必不可少的。这些设施中，有些已经由前任国王提供了，不过阿蒙涅姆赫特三世把位于萨布特－埃尔卡德姆的站点建成了一个装备齐全的殖民地,专门用于开采山区的矿产资源。他在岩石里挖了一个大水池,并在他统治的第44年,将其打开,以庆祝节日。[47]他们为当地的哈索尔人建造了一座神庙,我们发现有一头官牛驮着祭品从水路来到这里,这说明苏伊士湾通常被用来躲避令人厌倦的沙漠旅行。[48]这些矿分别由一名工头负责,每个矿也以工头的名字命名。在财政部官员的定期访问中,预计每个矿的矿石数量都是固定的。[49]由于军队仍由"神的司库"控制,他们很容易就能驱散那些可能冒险靠近殖民地的强盗团伙,因此,邻近的贝都因人偶尔来袭,无疑不会产生什么后果。在这里,死了的埃及人会被埋在燃烧的山谷里,带上家里的所有常用设施。仍然存在着的废墟(图85),表明以前断断续续的投入现在变成了一个永久的、不间断的产业,每年为王室财政贡献固定的数额。

毫无疑问,封建时代的这些国王所处的环境迫使他们在国外寻找新的财富来源;但与此同时,正如我们先前所指出的,它们把土地的生产能力提高到了前所未有的水平。不幸的是,这些成就的编年史或记录并没有保存下来。尤其是阿蒙涅姆赫特三世,我们有证据表明他对灌溉系统非常关注。他在第二瀑布的塞姆奈堡垒派驻的官员接到指示,要在那里的岩石上记录尼罗河的水位高度。几年后,这些岩石就变成了一个尼罗河测量仪,记录了每年的最高水位。这些记录[50]仍然保存在岩石上,比现在尼罗河水位高出25到30英尺。这些观察结果毫不延迟地传达给了维齐尔办公室的下埃及官员，使他们能够预估下一季的作物，并相应地确定税率。

在下埃及，他们还制订了一项计划，以延长一项巨大的灌溉系统可以获得的洪水泛滥时间。在地图上，读者可以看到尼罗河河谷西部高地上的一个隘口，位于三角洲南端上方约65英里处。这个位于西山的隘口通向利比亚沙漠的大洼地法尤姆，这是一个与西方绿洲没有什么区别的盆地，实际上是尼罗河流域的一个广阔绿洲，与前面提到的隘口相连。

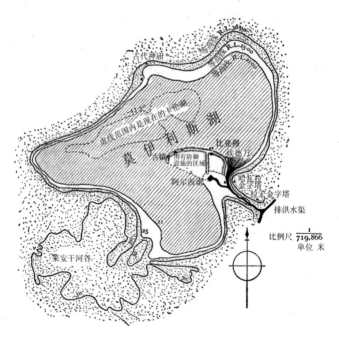

地图3　法尤姆（由 Maj. R. H. Brown, R.E 提供）

第十章 第十二王朝

它的形状像一片巨大的枫叶,枫叶的茎部几乎朝东,形成与尼罗河流域的连接。一般来说,每条路大约 40 英里。位于西北部的低洼地带,现在被一个叫作伯基特－埃尔库伦(Birket el-Kurun)(图 86)的湖所占据。

图 86　法尤姆西北部的伯基特－埃尔库伦对岸的景色

图 87　位于赫里奥波里斯的塞索斯特里斯一世方尖碑
(立体照片版权由 Underwood & Underwood 纽约所有)

图 88　阿威布拉(Ewibre)王子的木雕(现藏于开罗博物馆)

现在，这个湖的表面比海平面低140多英尺。在史前时期，尼罗河的河水已经淹没了整个法尤姆盆地，形成了一个相当大的湖泊。第十二王朝的国王们为了大规模地实现当时的灌溉系统的效益，制订了控制流入和流出的计划。同时，他们在作为入水点的法尤姆内修建了巨大的挡水墙，从而将法尤姆的部分区域开垦为耕地。这一开垦项目始于第十二王朝早期国王的统治时期，但阿蒙涅姆赫特三世最终把这堵巨大的墙延伸到了约27英里长，使这里开垦出了27 000英亩的土地。[51] 在人们最常造访的地方，这些巨大的作品给人的印象是，整个水体都是人工的。正如斯特拉博（Strabo）所说，他是由国王"拉马尔斯"（Lamares）挖掘出来的。据此，我们也确信了阿蒙涅姆赫特三世的王位名。这就是古典地理学家和旅行家们之中闻名遐迩的美利斯（Moeris）湖。斯特拉博是这个湖上最细心的古代观察者，他对希罗多德的模糊描述给予了支持，并指出，在尼罗河洪泛时期，水通过至今仍然流经隘口的运河来补充湖泊的水量；而当河流水位退回时，他们可以通过同一条运河反流，并被用于灌溉。斯特拉博发现监管机构也在控制河水的流入和流出。阿蒙涅姆赫特三世对法尤姆的关注表明，这种控制系统至少与这片著名湖泊入水口附近的工程一样古老，也就是那些早就赋予了他"开湖者"声名的工程。现代计算结果表明，从每年4月1日起，在为期100天的尼罗河低水期内，有足够的蓄水量可以使法尤姆下游的水量翻倍。[52]

因湖得来的富庶省域无疑是王室的领地，而且有证据表明，到了第十二王朝后期,这里成了国王们最喜欢居住的地方。在这个新省份诞生之前,这里已经兴起了一个繁荣的城镇,希腊人称之为克罗科迪洛波利斯(Crocodilopolis)或阿尔西诺。这个城镇里有供奉鳄鱼神索布克的神庙。远在开垦地中心的埃比格(Ebgig),还竖立着一座塞索斯特里斯一世的方尖碑。在巨大的挡水墙外的水中央,还矗立着两尊巨大的阿蒙涅姆赫特三世雕像,或者至少是希罗多德时代被誉为制湖者的那位国王的雕像。在流入湖泊的运河北岸的隘口里,有一座巨大的建筑物,约有800×1000英尺,这是全国的宗教和行政中心。这里为每一个州都设立了一组会堂,供奉和祭拜着他们各自的神,而他们的政府会议也不时地在这里举行。从斯特拉博的评述中我们可以看出,每一组会堂都是中央政府管理各州的办公室,因此整座建筑也是法老在全国的政府所在地。在斯特拉博生活的时代里,它依旧矗立在那里。那时,它早已被人们称为了"迷宫"(Labyrinth),是埃及的奇迹之一,在古罗马世界的旅行家和历史学家中享有盛名。他们将其错综复杂的大厅和通道与希腊传统的克里特迷宫(Cretan Labyrinth)进行了比较。这是这个遥远时代唯一幸存了如此之久的建筑,不单单是一座寺庙。斯特拉博对其结构的描述也证实了它的耐久性,他说:"每个房间的天花板都由一块石头构成。这是一个不可思议的事实。同样不可思议的是,通道以同样的方式覆盖着一块非常巨大的单板,没有使用木材或其他建筑材料。"斯特拉博还目睹了这座非凡建筑周围的城镇。不过这两者现在都已完全消失了。塞索斯特利斯二世还在隘口外建立了一个小镇,名叫霍特普-塞索斯特利斯(Hotep-Sesostris),意思是"塞索斯特里斯很满足"(Sesostris is Contented),后来他的金字塔就建在这个小镇的旁边。在这种情况下,法尤姆成了这个时代王室和政府生活中最重要的中心。这个王朝的神,伟大的索布克成了阿蒙的对手。他的最后一位代表的名字是索布克-内弗鲁-拉(Sobk-nefru-Re),其中就包含了这位神的名字。这个名字同样也出现在下一个王朝的索贝克霍特普(Sobkhotep)王族的名字中。

在将近半个世纪的时间里,阿蒙涅姆赫特三世以仁慈的统治维持了整个王国的和平与繁荣。人们这样歌颂他:

"他使两地青翠,比大尼罗河还甚。

他使两地充满力量。

他是生命,带来了一次清凉;

....

他所赐的宝物,是追随者们的食物;

他养活了那些追随他的人。

国王是食物,而等待他供养的人越来越多。"[53]

商业的基础健全,价值根据铜的重量来确定,而且在提到一个物品时习惯加上"X德本的(铜)"[of x deben (of copper)]。1德本是1404格令(grain)。[54]在这片土地上,阿蒙涅姆赫特三世和他的前辈们所创造的繁荣仍然历历在目,就在他们构建的庞大的建筑事业中，尽管这些建筑在帝国统治下的重建中遭受了巨大损失，现在能看到的只是曾经的一小部分。此外，第十九王朝的肆意破坏，特别是在拉美西斯二世的统治下，以最鲁莽的方式将中王国时期的遗迹用作建筑材料，抹去了中王国的无价记录。也许全国所有更重要的城镇都曾在古王国法老的治下得到了朴素的神庙，但它们几乎都没有留下任何痕迹，而且我们也无法全面了解第十二王朝在他们开始自己的创造时在全国各地发现了什么。他们的家乡底比斯，在古王国时只是一个不起眼的村庄，他们只在那里发现了一个简朴的小礼堂。他们以一座宏伟的阿蒙神庙取代了那个小礼堂。这项工程由阿蒙涅姆赫特一世发起。[55] 塞索斯特里斯一世继续修建或扩建了这座礼堂，他还为圣湖旁的神庙[56]的祭司建造了一座住宅和食堂。这座建筑直到800年后仍然屹立不倒。[57] 阿蒙涅姆赫特三世在古都埃尔卡布（尼可布）[58]周围修建了一堵砖墙，至今依然不倒，是那个时代唯一幸存完好的城墙（图102）。位于埃德夫的古庙也没有被人遗忘。而在阿拜多斯，由于奥西里斯广受欢迎，深受尊崇，人们需要一座新的神庙。这座神庙被一道围墙包围着，曾有一段时期，富人和贵族们甚至被允许在这围墙内建造他们的坟墓。[59] 身处法尤姆附近，以及它自带的传统圣洁性，也使赫拉克利奥波利斯的赫里沙夫（Harsaphes）神庙得到了扩建，同时也获得了丰富的设施。[60] 至于法尤姆本身，我们已经讨论过了。孟斐斯和它的古神普塔无疑是不容忽视的，但那里几乎没有留下任何中王国活动的证据。伊索托威附近区域和当时的其他王室宅邸所在地区，可能在某种程度上削弱了它的突出地位。至高无上的国家之神，法老的始祖，同时也是他们的直系祖先，从一开始就备受尊崇，获得了丰厚的供奉。塞索斯特里斯一世曾召开了一次会议，会上他向朝廷宣布，一旦计划拟订，他打算重建位于赫里奥波里斯的拉神庙。依据古老的习俗，当平面图确定，建筑地基开始动工时，他亲自主持了仪式。那段他在其中记录了这座建筑的历史的铭文很久以前就已经消失了，但是在它建成大约500年后，一名书吏把它的手稿放在了神庙的院子里，

图89 阿蒙涅姆赫特三世的头像，来自塔尼斯发现的狮身人面像

图90 阿蒙涅姆赫特三世半身像（现藏于圣彼得堡博物馆）

图91　位于拉宏的塞索斯特利斯二世砖砌金字塔

这份手稿现在仍然保存在柏林博物馆的皮制卷宗里。[61] 塞索斯特里斯一世将他们的名字尊奉在这座巨大的纪念碑上,用夸张的比喻,夸耀他的名字是不朽的。他如是说:

"我的美丽将铭记于他的神殿中,

我的名字是这小金字塔,我的名字就是那湖。"[62]

赫里奥波里斯的华丽庙宇和环绕它们的大城市都消失了,随之消失的还有塞索斯特里斯口中的圣湖。但离奇的是,这处古代遗址上唯一幸存下来的遗迹就是他的一座方尖碑(图87),依然矗立在那座小金字塔上,正如这位国王所夸耀的那样,他的名字确实永存了下来。在这些开明的统治者的统治下,三角洲一带蓬勃发展,他们的远见卓识让他们将法尤姆的湖水储存了下来,使三角洲焕然一新。正如我们经常提到的，三角洲地区各个时代的所有城市都灭亡了，幸存下来的很少能证明这些国王在那里的活动，但在东部，特别是在塔尼斯和布巴斯蒂斯（图93），大量的遗存至今仍显示出第十二王朝在三角洲城市所表现出的浓厚兴趣。从第一瀑布到三角洲西北部，许多主要城镇都发现了这个王族的君主们建造的神庙残迹。除了国王的伟大作品，不应遗忘的还有更富有和更强大的地方统治者们为了统治目的而建造的神庙[63]和大量建筑物。[64]他们为了葬祭服务而在城镇里建造了小教堂。[65]由于这些伟大的领主，各种各样的建筑得以保存。毫无疑问，这个国家的经济生活从各个方面给我们留下坚实而辉煌的印象，而这些建筑给我们的这种印象增加了实质性的内容。

当时的坟墓也强化了这种印象，这些坟墓实际上是唯一从封建时代幸存下来的建筑；甚至这些建筑处于一种可悲的废墟状态。我们已经提到过玛斯塔巴式坟墓的幸存，但现在它们正在迅速消失，贵族们开始在山谷的悬崖上凿出他们的墓室和竖井。与这些墓葬相连的小礼堂，以及逝去的贵族生活和活动的场景，为我们提供了关于封建时代历史和生活的主要资料。有时建在坟墓前面的柱廊并非没有建筑价值。第十二王朝国王的金字塔有力地证明了，王陵的建造不再是国家的主要事务。关于王权的功能，更为有益的观点现在占了上风，国家的资源不再像在古王国那样被金字塔所吸收。在第十一王朝，底比斯的国王们已经在王陵中恢复使用了原始材料，用砖块建造金字塔，丝毫不显铺张。

阿蒙涅姆赫特一世仿效他们，在利斯特建立了他的金字塔。这座金字塔的核心为砖砌结构，外部由石灰岩作为外壳砌石进行保护[66]（图94）。这个王朝的所有国王都延续着这种习俗，只有一个例外。他们的金字塔从法尤姆的河口向北分散到孟斐斯南部的代赫舒尔。塞索斯特里斯一世更喜欢利斯特，躺在他显赫的父亲旁边；阿蒙涅姆赫特二世是第一个北进，来到代赫舒尔的国王；他的儿子塞索斯特里斯二世则为他的金字塔选择了一个新城镇，霍特普－塞索斯特利斯，也就是现在的拉宏，位于法尤姆的河口（图91）。到了塞索斯特里斯三世，又回到了代赫舒尔，他把他的金字塔建在了阿蒙涅姆赫特二世金字塔的北面，而阿蒙涅姆赫特三世（图94）则将他的金字塔建在了阿蒙涅姆赫特二世金字塔的南面。哈瓦拉（Hawara）金字塔，位于法尤姆的迷宫旁边，曾经被认为是阿蒙涅姆赫特三世的金字塔，现在它的身份还没有确定，可能属于阿蒙涅姆赫特四世。这是该王朝唯一一位金字塔位置不确定的国王。所有这些金字塔显示出最复杂、最巧妙的入口和通道安排，以阻止盗墓者的入侵。在这方面，哈瓦拉金字塔最为著名。它有190多英尺高，底座有近334平方英尺。它的入口位于南侧西半部分的中间。

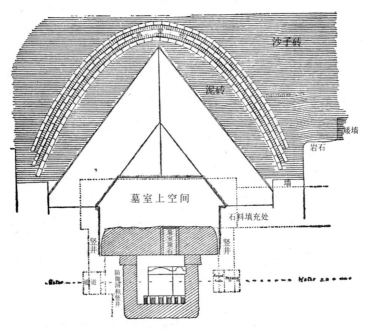

图 92 哈瓦拉金字塔墓室的一部分
（由皮特里提供）

在向下进入金字塔下方的岩石时，要旋转四圈，最后从北侧进入墓室。他的建造者用三个尺寸和重量惊人的活板门来抵御强盗的攻击，为了迷惑劫掠者，他们还使用了许多狡猾而具有误导性的手段。墓室有22英尺长，8英尺宽，6英尺高，但它却是由一块重达110吨，非常坚硬的石英岩切割而成的。它没有门，只能通过一个重约45吨的屋顶砖进入。[67]然而，它还在古代时期被人侵入和掠夺了，这无疑是在后来官员的纵容下，甚至是后来国王的默许下进行的。显然，负责建造这座建筑的官员中存在腐败，因为他们只关闭了三个活板门中的外面一个。他们完全知道，只要关闭了这个活板门，王室成员就不可能发现里面的活板门是敞开的。这些宏伟的建筑未能保护其建造者的身体，这一定与后来逐渐停止建造金字塔有关。此后，除了底比斯的几座小金字塔外，我们再也见不到这些非凡的坟墓了。它们沿着西部沙漠边缘在三角洲南端之上65英里处杂乱无章地延伸着，它们是迄今为止最令人印象深刻的幸存者，见证了帝国到来之前的壮丽文明。

遗憾的是，中王国的建筑非常残缺不全，以至于我们对它们几乎一无所知。然而，从坟墓来看，显然所使用的建筑元素与我们在古王国中已经发现的那些元素没有实质性的区别。第十一王朝的底比斯法老在德艾尔巴赫里引入了一种新型的阶梯式神庙，为帝国时代的伟大建筑师提供了典范。关于迷宫，那些帮助皮特里确定其平面图的范围的残存痕迹和斯特拉博提供的描述，只是足以证明其风格的粗犷。而国内的建筑也已经完全消失。从皮特里在拉宏的塞索斯特里斯二世金字塔发现的城镇平面图（地图1）中，我们只能看到当时工人被迫居住的狭小区域；而富人的房屋，虽然能够展示一些建筑效果，但我们却对此知之甚少。

自古王国以来，艺术取得了一定的进步。雕塑发展上也更有野心，并尝试了最抓人神经的尺寸。俯瞰美利斯湖的阿蒙涅姆赫特三世雕像有四五十英尺高，还有我们已经提到过的海尔州州长图特霍特普的雪花石膏巨像，大约有22英尺之高。此外在产量上，这些巨像也比以往任何时候都要大。在位于利斯特的阿蒙涅姆赫特一世金字塔里，发现了十尊这样的阿蒙涅姆赫特一世肖像（图95）；而西哈索（Sihathor），阿蒙涅姆赫特二世的助理司库，非常自豪地记录了他是如何被委以重任，监督国王的代赫舒尔金字塔的16尊国王雕像的制作工作的。[68] 这些花岗岩巨像的碎片散落在塔尼斯（图93）和布巴斯蒂斯的废墟上，而且我们记得，塞索斯特里斯三世在努比亚南部边境上也竖立了他的雕像。[69] 在这样的情况下，王室雕塑家们在某种程度上显露出了他们机械式的操作和模仿精神。他们的作品很少具有古王国雕塑所呈现出的那种引人注目的生命力和强烈的个性。长期占据主导地位的原则也显示出了对雕塑家作品和风格个性的压制。我们发现一位国王曾在古代卷宗里搜索，以确定一位神的形态，这样他可以"按照他们在会议上确定的肖像来塑造这位神，从而在地球上建立他们的纪念物"。[70] 从这一点可以明显看出，众神应该是在最早的时候举行了一次会议,会议上确定了每个神的形态和外貌。随着国王和贵族的雕塑形态受到不可侵犯的传统的统治,中王国的艺术丧失了这些传统所要求的新鲜活力,同时也不再像古王国的雕刻家那样有能力完全战胜这些传统。不过,尽管如此,偶尔还是会有一座雕像带着令人惊讶的力量和个性跃入眼帘,比如现藏于圣彼得堡的阿蒙涅姆赫特三世(图90)的宏伟雕像、在塔尼斯发现的这位国王的狮身人面像上的头像(图89),或者最近在卡纳克出土的塞索斯特里斯三世的巨大头像。这些头像是埃及艺术的杰作,体现了超人的力量和泰然自若的冷静。塑造它们的埃及雕塑家绝对堪称大师。肉体的形态在这精美坚硬的介质中被这样概括了出来,以至于石头本身的某种永恒的不动性被塑造成了伟大国王的特征。这类作品与阿威布拉王子的木质雕像的柔弱之美形成鲜明对比(图88)。地方首领墓中的小礼堂里精心装饰着描绘死者生活和他的大庄园里的产业的绘画。尽管这些画中有许多无疑是优秀的,但不能说它们比古王国的画作有任何进步。就平面浮雕而言,它们在很大程度上明显不如更早期的作品。

对地方领主的密切关注给工艺美术带来了明显的推动力,[71]各州在全国各地培养了大批熟练的工匠。当然,宫廷里的工匠们是无人能及的。我们从他们的作品中可以看出,自最早的王朝开始,他们的发展就从未停止。王宫的公主们佩戴的华丽珠宝(图97和图98)做工精美、品位高雅,完全超出了我们的预期。

如果不是代赫舒尔墓地的盗墓者忽视了这些墓葬,我们根本不会对中王国的技艺做出如此高的评价。欧洲后来的金匠所生产的金饰,无论在美观还是做工上,几乎都无法超越公元前2000年,阿蒙涅姆赫特家族的这些公主所佩戴的豪华饰物。

图93 沿着中轴线向塔尼斯的神庙看去(皮特里,塔尼斯,L)

图94 位于代赫舒尔的阿蒙涅姆赫特三世金字塔的顶石

第十章 第十二王朝

图95 位于利斯特的阿蒙涅姆赫特一世金字塔里的十尊石灰岩雕像中的三尊（现藏于开罗博物馆）

这个时代的文学也留下了宝贵的纪念,见证了这个伟大时代丰富多彩的生活。我们已经看到,写作艺术是如何在国家的行政需要下培养出来的。在此之前所缺失的统一拼字体系,现在已发展了出来,此后熟练的书吏的书写也具有了一致性。供公元前20世纪的学童学习的一系列范文[72]幸存下来,让我们看到了他们是如何煞费苦心地学习范文的。这个时代的语言及其文学作品在后来被视为经典,尽管它过于人为,但现代研究的判断证实了帝国的判断。娱乐文学,毫无疑问,存在得更早,但正是在埃及,正是在这个时期,我们首次发现了它。有一位倒霉的贵族,名叫辛努亥。他在阿蒙涅姆赫特一世死后逃到了叙利亚,晚年又回到埃及。他的逃亡故事、他在亚洲的生活和冒险故事成为人们喜爱的故事,[73]甚至被写在了碎片和石板上,放在坟墓里,供死者来世娱乐。还有一位故事原型,名叫辛德巴德(Sindebad),是一位水手。他所乘坐的船只在去蓬特的航行中在南部水域遇险。当他回来时,带回了一个关于蛇后岛上奇妙冒险的故事。在那里,他获救了,然后满载着财富和恩惠,被安全地送回了祖国。[74]宫廷和贵族的生活在民间故事中得到了演绎,讲述了王朝过渡时期的重大事件。其中一个关于第五王朝崛起的故事现在已经广为流传,虽然我们现存的抄本[75]是在第十二王朝灭亡后一两个世纪才写成的。当时最有技巧的文人乐于将流行的故事作为一种媒介,以现在被视为一切创作的目的的人工风格来发挥他们的技巧。今天人们所熟知的故事《能言善辩的农民》,其创作的目的就是给

第十章 第十二王朝

一位了不起的农民安插一系列的演说,通过这种方式在一位冤枉了他的官员面前为自己辩护。他的口才如此之好,为他赢得了面见法老的机会,使法老得以欣赏到他口中流出的甜言蜜语之美。不幸的是,这些演说中有许多牵强附会的修辞,以及晦涩难懂的诗句,以至于我们无法运用现代的语言知识很好地理解它们。[76]我们还发现了阿蒙涅姆赫特一世在他年老之时留给他儿子的训示。这是一本非常受欢迎的训示,至少有七份残本留存了下来。[77]埃及人十分重视的关于智慧和健康的生活方式的教导,这在这个时代的许多作品中都有体现,比如《父亲给儿子关于写作能力的价值的忠告》,[78]又比如古王国维齐尔们的智慧,尽管我们不知道,为什么说保存于中王国纸莎草纸中的《普塔荷太普和凯杰明的智慧》不是这两位老智者的真实创作。[79]还有一篇杰出的哲学思维论文,讲述了一个厌倦了生活的人与他顽抗的灵魂进行了长时间的对话,他徒劳地试图说服灵魂,与他一起结束生命,并希望能在这个世界之外找到更好的东西。[80]在那个时代,有一部奇怪而晦涩的作品,描述了一位名叫伊普威尔(Ipuwer)的先知站在国王面前,讲述关于即将到来的毁灭的可怕预言。在这个预言中,社会和政治组织将被推翻,穷人将变得富有,富人将遭受贫困,外敌将要入侵,事物的既定秩序将被彻底推翻。在预言了涉及所有阶层的可怕灾难之后,这位先知宣告,有一位救世主将使这片土地复兴:"他将使火焰冷却。人们要说,'他是众民的牧人;心中没有邪恶。他的羊群若走迷了路,他必终日搜寻。人们的意念将会燃烧；但愿他能拯救他们……'当他举起手来，必会击杀邪恶。……他现在在哪里？他沉睡在你们中间吗？"[81] 在这个奇怪的"弥赛亚式"（Messiah）的预言中，先知宣告了好君王的到来，他将像希伯来先知口中的大卫一样，拯救他的人民。这部作品的创作初衷可能是对统治家族的巧妙赞美，通过先知描绘了黑暗时代之前的无政府状态，并宣告统治家族的到来是为了拯救人民于水火之中。这类文学可以追溯到公元后最早的几个世纪，其中这一部作品属于最早的样本。不可反驳的是，它为希伯来先知提供了一个文学形式，而且也在惊人的程度上提供了弥赛亚预言的内容。它等待着希伯来人来赋予这种古老的文学形式更高的伦理和宗教意义。

　　古埃及书吏的许多作品都是用诗歌语言写成的，因此我们很难区分诗歌和散文。到目前为止，我们所讨论的作品在很大程度上都是诗歌。但是，即使在平民百姓中间，也有一些独特的诗歌作品：打谷者在禾场上赶着牛来来回回时唱的歌，几行简单的诗句，吟唱的是人民朴素而健康的勤劳；或者是竖琴师在富人的大殿里为宴会者唱的那首歌（图96）——这首歌充满了对即将到来的黑暗的预感，告诫人们在邪恶的日子到来之前尽情享受当下：

　　这位善良的王子是多么幸福啊！

　　这美好的命运实现了：

　　肉体会消亡，长逝，

而另一些人则自祖先的时代以来就一直住在这里。
从前,神在金字塔里安息;
同样地,贵人和智者也安葬在金字塔里;
至于建造这宫殿的人——他们的住所已经没有了;
看看他们怎么样了。
我听见伊姆霍特普和哈佐泽的话了,
他们的话语很有威望;
但是他们的住所怎么样了呢?
他们的围墙已经坍塌,
他们的住所已不复存在——
好像他们从来没有去过那里。
没有人从那里来,
好把他们的景况告诉我们;
好叫我们的心平复,
直到我们也前去那里,
那个他们去往的地方。
你要让你的心忘记它,
让心停留在对你有益的事情上。
活着的时候,追随你的欲望,
把没药放在你头上,
给自己穿上细麻衣,
散发出奢华的香味,

这才是神该拥有的东西。

为你增加更多的快乐,

不要让你的心疲倦,

追随你的欲望和快乐,

脚踏实地地完成你的事情,

听从你心中的命令,

直到哀歌的日子降临于你,

当寂静的心听不见他们的哀鸣时;

因为哀歌不能将人从坟墓中唤起。

庆祝这快乐的一天!

不要在里面休憩!

看哪,没有人把他的财物带去,

去了的人,没有再回来的。

这首已知最早的诗歌表现出僵硬的结构和文学艺术的所有有意识的人为因素。这是一首献给塞索斯特里斯三世的赞美诗,写于国王在世时。在他的六个诗节中,下面一首可以说明它的特点和结构:

在国王的城池里,他的伟大是双倍的,凌驾于数十万人之上:至于世人的官长,不过也是凡人。

在国王的城池里,他的伟大是双倍的:他就像一道堤坝,阻止洪水泛滥。

在国王的城池里,他的伟大是双倍的:他好像凉棚,让众人在日光下歇息。

在国王的城池里,他的伟大是双倍的:他就像坚垒,用歌珊(Kesem)的尖石砌成的墙。

在国王的城池里,他的伟大是双倍的:他就像一座避难所,隔绝了掠夺者。

在国王的城池里,他的伟大是双倍的:他就像一个庇护所,庇护那些受惊吓的人,使他们免受敌人的伤害。

在国王的城池里,他的伟大是双倍的:他就像一片树荫,凉爽的草木在丰收的季节蔓延。

在国王的城池里,他的伟大是双倍的:他就像冬天里的一个温暖干燥的角落。

在国王的城池里,他的伟大是双倍的:他就像一块磐石,在狂风暴雨时,把风暴拒之门外。

在国王的城池里,他的伟大是双倍的:他就像塞赫美特(Sekhmet)一样,直面践踏他疆界的敌人。

关于奥西里斯在阿拜多斯的生与死的戏剧性呈现,无疑需要大量的对话和朗诵,这至少必须具有永久的形式,并着重于写作。遗憾的是,这一已知最早的戏剧已经消亡。这是这个早期世界的特点,无论是在艺术上还是文学上。从中王国时期流传下来的作品数量相当巨大,我们无法辨别这些伟大的作品应该归功于谁。在我们列举的所有文学作品中,我们对作者的了解只有他的智慧,即"教导"。我们可以说,那个时代的文学中所表现出的丰富的意象和对形式的娴熟掌握，在500年前，也就是古王国的末期，才刚刚萌芽。现存作品的内容并没有表现出更大意义上的建构能力，无论是形式上还是内容上，它缺乏基本的连贯性。不过，还有一种可能，或许奥西里斯戏剧已经带来了更高的建构性。如果它幸存下来的话，或许会改变这个结论。

这样看来，阿蒙涅姆赫特三世统治的是一个国力强盛、各方面生活富足而多产的国家。他的统治使随着他的家族出现而开始的古典时代达到顶峰。他似乎对事物的掌控始终保持着旺盛的精力，因为在他在位的44年里，他在西奈的萨布特－埃尔卡德姆修完了水库，又在埃尔卡布修了一堵巨大的城墙。但当他在公元前1801年去世时，这个王族的力量正在衰退。这可能是因为，被他立为继位者和摄政王的王子并没有活过这位老国王。不管怎样，他似乎在他的金字塔旁边埋葬了一位年轻英俊的王子，这位王子已经拥有了王的纹章，王位名是阿威布拉（图88）。但值得注意的是，这个名字的形式与第十二王朝的名字很不一样，而且在都灵王名册上，有一个第十三或第十四王朝的国王名叫"阿威布拉"。在老国王治下经历短暂的摄政之后，第四个国王阿蒙涅姆赫特在阿蒙涅姆赫特三世死后继任。但在他短暂的九年多一点的统治期内，几乎没有留下什么纪念物。而此时，这个为国家带来两个世纪的不朽辉煌的王室也明显开始衰败。阿蒙涅姆赫特四世没有留下儿子，因为他的继承人是舍别克－诺弗鲁－拉（Sebek-nefru-Re）公主，曼涅托称其为"斯基米诺菲里斯"

（Skemiophris）。在苦苦挣扎了将近四年之后，她作为这个王族的最后一任君主，也退出了历史舞台。这个家族一共统治了埃及213年1个月零几天。

图 96　竖琴师为宴会者歌唱
见第 205—206 页。（现藏于莱顿博物馆）

图97 第十二王朝的一位公主的王冠,发现于她位于代赫舒尔的坟墓中(现藏于开罗博物馆)

图98 第十二王朝的一位公主的王冠,发现于她位于代赫舒尔的坟墓中(现藏于开罗博物馆)

第十章 第十二王朝

1. I, 483.
2. I, 479—480.
3. I, 500, 1. 4.
4. I, 472—473, 483.
5. I, 466—468.
6. I, 493, 11.17—19.
7. I, 474—483.
8. I, 478—479.
9. I, 491.
10. I, 486 ff.
11. I, 361.
12. I, 519.
13. I, p. 247, note b.
14. I, 510—514.
15. I, 520.
16. I, 521.
17. I, 524—528.
18. I, 460.
19. 出处同上。
20. I, 602.
21. I, 604—606, 618.
22. 见上文，第153页。
23. I, 604—606, 617—618.
24. I, 616.
25. I, 642—644.
26. I, 645—647.

27	I, 652.
28	I, 752.
29	I, 665.
30	见上文，第166页。
31	I, 653—660.
32	I, 660.
33	I, 654.
34	出处同上。
35	II, 167 ff.
36	I, 692.
37	II, 167 ff.
38	I, 676—687.
39	I, 496, 1.94.
40	PEFQS 1903, 37, 125.
41	I, p. 281, note d.
42	II Sam., 10:10.
43	I, 493, 1.26, 494。
44	I, 493, 11.16—19.
45	I, 428.
46	I, 733—740.
47	I, 725—727.
48	I, 717—718; similar offerings I, 738.
49	I, 731.
50	LD II, 139; Lepsius, Sitzungsber. der Berliner Akad.1844, 374 ff.
51	Maj. R. H. Brown, R.E.The Fayûm and Lake Moeris, London, 1892.
52	出处同上。

53	I, 747.
54	I, 785.
55	I, 484.
56	IV, 488—489.
57	出处同上。
58	I, 741-742.
59	I, 534, note b.
60	I, 674—675.
61	I, 498—506.
62	I, 503.
63	I, 637, note a.
64	I, 637.
65	I, 706.
66	Mém. sur les Fouilles de Licht, par J. E. Gautier et G. Jéquier.Cairo 1902.
67	Petrie, Kahun, Gurob and Hawara, pp. 13—17.
68	I, 601.
69	I, 660.
70	I, 756.
71	I, 638.
72	Kahun Papyri, pp. 67—70.
73	I, 486—497.
74	Unpublished pa pyrus in St. Petersburg; see Golénischeff, Abh. der Berliner Orientalistenkongresses.
75	Papyrus Westcar, Berlin, P. 3033.
76	Berlin Papyrus 3023 and 3025.
77	I, 474 ff.

78	Pap.Sallier II.
79	Pap.Prisse.
80	Berlin Papyrus 3024.
81	Leyden Papyrus I, 344; see Lange, Sitzungsber. der Berliner Akad.XXVII, 601—610.

第四卷

喜克索斯时代:帝国的崛起

第十一章
中王国的衰落；喜克索斯时代

权力向另一个王朝（第十三王朝）的过渡似乎已经发生，但没有扰乱这片土地的宁静与繁荣。无论如何，新的王室立刻取得了完全控制。第一位国王塞赫姆雷－胡托维（Sekhemre-Khutowe）从三角洲[1]一直统治到了位于第二瀑布的南部边境。在他统治的头四年里，尼罗河水位的年度记录定期出现。[2]那里的要塞像以前一样，由一名指挥官驻守，[3]税收和人口普查名单也照常在北方编制。[4]但他的统治却很短暂。随后登场的法老们将自己视为第十二王朝的继任者，并继承了其最伟大的统治者的名字，不过这并没有给他们带来力量和威望。他们的继承可能持续了四个统治期，而后突然中断。都灵王名册上记录的第五位国王是在第十二王朝的一个名叫"尤夫尼"（Yufni）的人之后。这并不是一个王室的名字。这表明，此时，那个对东方王座不断构成威胁的篡位者，又一次取得了胜利。

紧跟其后的便是各州领主们相互对抗，争夺王位，带来的是统一王国的迅速瓦解。一个又一个妄求者为霸权而战，不时地会有一个人从他的对手中脱颖而出，获得短暂的优势，登上暂时的荣耀，但很快又会被另一个对手取代。个人之间的争斗，偶尔能赢得梦寐以求的目标，但最终却会被一个更有实力的对手推翻。有两位塞拜克艾姆萨夫（Sebekemsaf）大概就属于这个时代，他们在底比斯留下了简陋的金字塔。得出这一结论是因为，其中一座金字塔被拉美西斯的专员检查过，发现被盗了。[5]国王及其王后努布哈丝（Nubkhas）的遗体被人从棺材里拖了出来，在这之前他们已经在那里安息了至少500年。在一份引人注目的供词中，盗贼们迫于专员的压力，讲述了他们是如何掠夺了王室成员的首饰、护身符和贵重宝石的。[6]因此，可以肯定的是，这些默默无闻的国王中至少有一群居住在底比斯，他们一定是底比斯人。一个名叫奈夫尔霍特普（Neferhotep）的篡位者曾一度推翻了当时众多索布克霍特普（Sebekhotep）国王中的一个，并建立了稳定的政府。他毫不掩饰自己的出身，在纪念碑上毫无顾忌地写上了他那毫无权势的父母的名字。[7]在阿拜多斯的一块石碑上，他着重记录了他对那里的奥西里斯神庙的狂热，[8]以及他是如何确定墓地的范围的。他在位11年，之后他的儿子西哈索继承了王位，

第十一章 中王国的衰落；喜克索斯时代

不过西哈索很快[9]就让位给了他父亲的弟弟，涅菲尔克赫勒斯－索布克霍特普（Neferkhere-Sebekhotep）。这位索布克霍特普是这个黑暗时代最伟大的国王。然而，他并没有像迄今为止所发展的那样，把中王国的边界向南推进到第三瀑布上游的阿戈（Argo）岛。他在阿戈岛上树立的雕像不过是真人大小，还不算是巨像，而且肯定是由后来的某个努比亚国王从埃及的某个地方运到那里的。这只是一段短暂的修复期，幸存下来的遗迹上没有任何记录可以告诉我们这个时期的特征。

相比之下，接下来的黑暗只是更加朦胧。来自外国的投机者看准了这个机会，其中一个取得了短暂成功的妄求者可能就是努比亚人。不管怎样，他在他的王室纹章中加上了"内西"（Nehsi）一词，意思是"黑人"。还有一个人，他的第二个王室名是梅尔米苏（Mermeshu），意指"军队的指挥官"。显然，这是一个渴望王位的军人。此时，这个国家被分裂成一个个小王国，其中底比斯显然是南方最大的王国。内布克普鲁拉－因提夫（Nubkheprure-Intef）是三位统治过那里的因提夫中的一位。他坦率地披露了一项法令[10]中的情况，该法令罢免了科普特斯的一名被证明是叛徒的官员。在这份文件中，因提夫诅咒任何可能对罪犯表现出仁慈的埃及国王或统治者，并天真地宣称这样的国王或统治者不会成为全国的法老。这几位因提夫被埋葬在底比斯，其中两位的金字塔一直矗立到第二十王朝末期。经拉美西斯的专员检查，发现其中一座已经被盗墓者挖了条隧道。[11]但在都灵王名册上所记录的这个王族的国王中,很少有人出现在当代的纪念碑上。到处都能看到一块砖石、一座雕像,或者有时只是一个圣甲虫,上面刻着一个王室的名字,这些都提供了这个或那个国王统治时期的当代证据。他们没有权力,没有财富,也没有时间去建立永久的纪念碑。这些国王继续以前所未有的速度更迭着。对于他们之中的大多数人,我们唯一的信息来源就是都灵王名册上简单的名字。这些杂乱无章的碎片,甚至没有为我们保留这些短暂停留的统治者的即位顺序,除非我们在一个碎片上发现了一个家族。碎片本身的顺序也不确定,因此那些最重要的家族的继承也存在疑问。这些政权的存续时间通常只有一年,偶尔也有两三年,而我们还两次发现一个国王的名字后写的只有三天。在这里,没有任何可以辨别的王朝划分,我们发现了至少118位国王存在的印记。他们不断地争夺或保住法老的宝座,演绎了第十二王朝覆灭后的这延续了一个半世纪的模糊、黑暗的历史。显然,这些国王中有一些是同时期的统治者,但即便如此,这种持续不断的斗争和掠夺几乎与埃及穆斯林总督统治时期相当。在长达118年的阿拉伯阿巴斯王朝统治时期(公元750—868年),77位穆斯林总督相继登上了埃及的王位。这段时期也与欧洲历史上,康茂德(Commodus)之后的一连串军事皇帝的统治期相似,在大约90年间,大概有80位皇帝相继登基。[12] 曼涅托对这个混乱的时代也一无所知,他把这一大批国王分成了底比斯的第十三王朝和三角洲城市索伊斯(Xois)的第十四王朝。

第十一章 中王国的衰落；喜克索斯时代

这个国家的经济状况一定经历了迅速恶化。作为一种制度，统一的灌溉管理系统要归功于王权。然而此时，由于国家缺乏这种统一的系统，同时也由于普遍不稳定的条件，不可避免地抑制了这片土地的农业和工业生产力。同时，压迫性的税收和消耗资金的交战派系暴政耗费了国家的精力，侵蚀着两个世纪以来，阿蒙涅姆赫特家族一直维护的繁荣局面。虽然没有任何遗迹向我们述说这场毁灭，但遗迹的缺失就是它的证据。而且，对照类似的埃及穆斯林时期，特别是马穆鲁克统治时期，就能确定这个时期的惨状。

失去了集中的资源和组织，这个不幸的国家根本抵御不了外来的侵略。大约在公元前1675年，第十三王朝末期之前，从亚洲侵入三角洲地区的可能就是闪米特人。在史前时期，他们就将他们的语言明确无疑地印在了这里。而在现在这个时代，在伊斯兰教的影响下，他们又一次征服了这片土地。这些入侵者现在通常被称为喜克索斯，沿用的是约瑟夫斯对他们的称呼（引自曼涅托）。他们在埃及留下的遗迹少之又少，以至于后世对他们的国籍仍然存在很大分歧；同样，也是出于这个原因，他们的霸权存续的时间和特征也是模糊不清。与之相关的文献资料也是相当贫乏和有限，因此读者很可能要自行开展调查并自行判断问题，即使这样可能导致这一章降级成"实验室笔记"。关于喜克索斯的晚期传统，由曼涅托记录下来的，以及约瑟夫斯在文章《反驳阿皮安》（*Against Apion*）留给我们的，不过是一个民间故事中的实质部分,就像讲述第四王朝灭亡的民间故事一样;[13]或者,他们对埃及历史的了解来自许多其他类似的故事,而这些故事主要是由希腊人绘制的。因此,那些更古老、更现实的当代证据应首先遭到质疑。在喜克索斯人被驱逐出境,又过了两代人之后,伟大的哈特谢普苏特女王这样讲述她对他们所造成的破坏的恢复:

我将毁灭之物修复,

我将未成之事兴起。

因为那些亚洲人来到了北方(三角洲)的阿瓦里斯中部,

那些野蛮人就在他们(北方人民)中间,

推翻了曾经创造的一切,

他们统治这里,却对拉一无所知。[14]

驱逐喜克索斯的埃及军队中的一名士兵给出的更早证据表明,围攻阿瓦里斯是将喜克索斯驱逐出这个国家的必要举措;[15]而且,埃及人对他们的追捕继续深入了巴勒斯坦南部[16],最终进入腓尼基或柯里叙利亚(Coelesyria)。[17]大约在他们被驱逐的400年后,民间开始流传一个故事,[18]讲述他们最后一次战争的起因。这个故事的描述非常有趣:

"现在的情况是,埃及大地成了被污之人的产业。在这一切发生之时,没有领主做王;唯有塞肯内拉(Sekenenre)成为南部城市(底比斯)的王……阿波菲斯(Apophis)王到了阿瓦里斯,那片土地都成了他的属地;(南部)享受着他们的贡物,北部同样地享受着三角洲的一切福祉。现在阿波菲斯王立了苏特克胡（Sutekh）做他的主，除苏特克胡以外，不侍奉整片土地上的任何其他神。他为这神建造了美丽而永恒的庙宇……"[19]

从这些早期的文献中可以明显看出，喜克索斯人是亚洲人，他们以三角洲的阿瓦里斯为据点统治整个埃及。约瑟夫斯后来引用的曼涅托的一个说法，基本上印证了上述更可信的证据，也就是下面的一段话：[20]

"从前有一个王，名叫提迈欧（Timaios）。我不知道为什么，他在位的时候，神不喜欢我们。而且，从东方意外地出现了一些出身卑贱的人，他们胆大妄为，胆敢远征我国，不战而胜。他们把我们的官长制伏了，就用火焚烧我们的城邑，拆毁众神的庙，以非常恶劣的方式利用一切居民，杀害了一些人，又使其他人的妻子和孩子成为奴隶。后来，他们立了一个自己人做王，名叫撒拉提斯。他住在孟斐斯，上下埃及都要向他进贡，还在对他们最有利的地方安排了驻军。他使东方人的势力更加强大，正如他所预见的那样，当时势力最大的亚述人会觊觎他们的王国，并侵略他们。当他在赛伊斯发现一个非常符合心意的城市（位于尼罗河东岸靠近布巴斯蒂斯的地方，在神学上被称为"阿瓦里斯"）时，他重建了它，并在它四周筑起了城墙，使其非常坚固，又派了24万武装人员组成一个庞大的卫成部队，看守城池。每年夏天，撒拉提斯都会去那里，一方面是为了聚敛粮食并给他的士兵们发饷，另一方面是为了训练他的士兵，使外国人敬畏。"

图101 奎安（Khian）花岗岩坐像的不完整部分。发现于布巴斯蒂斯

图99 第三瀑布上游阿戈岛上的涅菲尔克赫勒斯-秦布克霍特普雕像

图100 一位塞肯内拉的遗体，显示头骨上有伤口（现藏于开罗博物馆）

第十一章 中王国的衰落；喜克索斯时代

如果不考虑这个故事中对亚述人的荒谬描述和阿瓦里斯驻军的夸张数量，这个故事大体上可以被认为是有可能的。而同一篇文章中，从对喜克索斯的进一步描述中可以看出，后来的传说中对喜克索斯人的国籍和起源上是含糊不清的。还是引用曼涅托的说法，约瑟夫斯说："整个国家都被称为喜克索斯，也就是牧人王，因为在他们神圣的语言中，'Hyksos'的第一个音节'hyk'表示国王，而'sos'表示牧羊人，但这只是根据通俗的发音而定。这两个词便组成了'Hyksos'一词。有人说他们是阿拉伯人。"根据他们的代表人物，曼涅托也称他们为腓尼基人。再来看看中王国和喜克索斯遗迹上对这些亚洲统治者的称谓，并没有发现"牧羊人的统治者"一词，因此曼涅托明智地补充说，"sos"只是在后来的通俗方言中表示"牧羊人"。在古迹上的古老语言中，没有这样的词。然而，正如曼涅托所说，"喜克"（Hyk，埃及语中的"Hk"）是统治者的一个常用词。作为喜克索斯国王之一的基安经常在他的纪念碑上为自己加上这个头衔，后面跟着一个意指"国家"的词。这个词经过轻微且非常常见的语音变化后，可能就会变成"sos"。所以，要说"Hyksos"是埃及头衔"国家统治者"的希腊语缩写，也不是没有可能的。

进一步观察喜克索斯人留下的稀稀落落的遗迹，我们发现了一些模糊但意义重大的线索，关于这些奇怪的入侵者的特征，也就是传说中所谓的阿拉伯人和腓尼基人，以及当代遗迹上所指的"亚洲人""野蛮人"和"国家统治者"。他们的一位国王，阿波菲斯曾筑了一座祭坛（现藏于开罗），并在上面献词："他（阿波菲斯）把它作为他的父亲，阿瓦里斯之主，苏特克胡的纪念碑，就在他（苏特克胡）君临这所有土地之上的时刻。"[21] 一般的说法是，这位阿波菲斯所统治的土地还不止埃及。更有意义的是基安的纪念碑，他是这一群国王中最引人注目的一位。他的纪念碑，从埃及南部的吉别林到三角洲北部都有发现，但它们还不止于此。在克里特岛（Crete）的克诺索斯（Cnossos）官殿的迈锡尼文明城墙下，埃文斯（Evans）先生发现了一个刻有基安名字的雪花石膏瓶盖；[22] 而多年前在巴格达发现了一只花岗岩狮子，其胸部上有他的纹章，这尊石狮现藏于大英博物馆。他的一个皇室名字是"土地的包围者"（字面意思是"接受者"），而且我们记得他在圣甲虫和圆柱上的常用头衔是"国家统治者"。喜克索斯统治者的圣甲虫是在巴勒斯坦南部挖掘出来的。尽管这些资料很贫乏，但如果没有看到这些资料，人们就无法想象出一个消失的帝国景象，这个帝国曾经从幼发拉底河一直延伸到尼罗河的第一瀑布。这个帝国的所有印记都已消逝，因为它的都城设在三角洲的阿瓦里斯，和许多其他三角洲城市一样，它遭到了彻底的破坏，我们甚至无法确定它曾经的位置。此外，胜利的埃及人完全有理由销毁他们所憎恨的霸权侵略者的一切印记。从这些发展情况可以明显看出，为什么侵略者没有在被征服的领土中间建立他们的首都，而是留在了三角洲最东端靠近亚洲边界的阿瓦里斯。因为这样，他们不仅可以统治埃及，还可以统治他们的亚

第十一章 中王国的衰落；喜克索斯时代

洲领土。鉴于上述可能性，我们也就不难理解喜克索斯人是如何撤退到亚洲的，并在巴勒斯坦南部负隅顽抗长达六年之久，正如我们从当代证据[23]中所了解的那样。之后，在巴勒斯坦南部被击败时，他们是如何撤退到叙利亚的，也变得很清晰起来。这些行动之所以有可能，是因为他们控制了巴勒斯坦和叙利亚。

如果要我们说说这个神秘的喜克索斯帝国的国籍、起源和特点，我们不敢贸然回答。曼涅托的说法，认为他们是阿拉伯人和腓尼基人，很可能是正确的。[24]我们知道，南部闪米特移民一次又一次地拥入叙利亚，很可能把这两个民族融合在了一起；而且一代或两代成功的将领可能把他们凝聚成了一个野蛮的国家。我们已经看到，[25]闪米特部落在第十二王朝与埃及进行贸易时，他们所拥有的远远超出了基础文明；而喜克索斯被驱逐后，法老们立即在叙利亚发动战争，这表明那里存在着文明和高度发达的国家。现在，我们认为，当喜克索斯人开始接手埃及在亚洲的霸权以后，如果他们不是连续几代人在叙利亚－巴勒斯坦留下踪迹的话，那么喜克索斯统治下的这样一个帝国几乎是不可能出现的。因此，如果我们不能从后来埃及在亚洲的战争记录中找到一些证据，证明曾经伟大的喜克索斯帝国已被法老摧毁，但仍然幸存了一些残骸，那么将是很奇怪的。

在喜克索斯被驱逐后的两代人的时期里，我们对叙利亚的情况了解甚少。此时，图特摩斯三世在他的编年史里记载的无休止的战役，使我们能够分辨出当时是哪个国家起着主导作用。巴勒斯坦和叙利亚的国王大联盟，也就是图特摩斯三世在战争开始时与之斗争的敌人，一直由强大的奥龙特斯（Orontes）河畔上的卡叠什（Kadesh）城的国王领导和统治。图特摩斯三世花了十年的时间不断发动战争，才攻克了这座顽固不化的城市，并征服了以这座城市为中心的王国。但是，由于权力没有完全丧失，这座城市开始反抗，而在叙利亚持续开战 20 年的图特摩斯三世，在经过一场危险而持久的斗争之后，他终于再次击败了卡叠什，取得了最终的胜利。从图特摩斯三世征战开始到结束，卡叠什的领导层传达了这样一种印象，即许多叙利亚和巴勒斯坦的国王都是其附庸。作者认为，鉴于卡叠什国王对叙利亚的支配，我们应该意识到，喜克索斯帝国的最后一个核心，最终被图特摩斯三世天才般的才智消灭了。因此，喜克索斯帝国最终的毁灭者图特摩斯三世，也成了将侵略者驱逐出埃及的传统英雄；而且，和米斯弗拉摩斯（Misphragmouthosis）一样，他在曼涅托的故事中，成了自己国家的解放者。考虑到关于叙利亚-巴勒斯坦的曼涅托传说和随后的条件，我们无法怀疑一个事实——它是一个闪米特帝国。此外，有一位法老的圣甲虫显然属于喜克索斯时代，他为自己赋名雅各布-赫，也可能是雅各布-埃尔。而且，在这个模糊的时代，以色列雅各布部落的一些首领暂时获得了领导权，这并非不可能。这样的事件很好地解释了这些部落进入埃及的原因，无论根据何种假设，这一定是在这个年代发生的。在这种情况下，埃及的希伯来人只不过是卡叠什或喜克索斯帝国的贝都因同盟

第十一章 中王国的衰落；喜克索斯时代

的一部分。他们的存在为传说加入了部分真实的观点，即喜克索斯人是牧羊人，也使曼涅托找到了他无法解释的第二部分词源。同样，约瑟夫斯把喜克索斯和希伯来人等同起来，这种天真的假设也许包含着真理的内核，尽管这只是偶然。但是，在没有充分认识到它们的危险性质之前，不应做出这种不稳定的组合。

关于这些杰出的征服者在埃及的统治，我们只了解他们这个时代的人，也就是那些已经讨论过的埃及王朝统治者，他们继续统治着底比斯，甚至整个上埃及。曼涅托的叙述和上面引用的民间故事都表示，全国都要向喜克索斯国王进贡，而且我们已经观察到，喜克索斯的遗迹在南至吉别林的地方都有发现。正如曼涅托所述，他们的统治可能始于一段没有敌意的渐进移民过程。一个名叫肯泽尔（Khenzer）的国王可能就属于这个时代。他似乎把大部分国家事务都交给了他的维齐尔恩库（Enkhu），所以恩库就管理和修复了神庙。[26] 由于这位维齐尔生活在奈夫尔霍特普统治期和与之相连的索布克霍特普时代，我们可能应该把喜克索斯政权在埃及的逐渐崛起，算在那群法老之后。

从当代的遗迹中，我们了解到了三个阿波菲斯王的名字和基安的名字（图101），还有我们已经提到的，可能属于这个年代的肯泽尔和雅各布-赫。在约瑟夫斯从曼涅托保存的记录中引用的六个名字中，我们可以辨认的只有两个，阿波菲斯和希安（Iannas），后者肯定和当代遗迹上的基安同指一个人。我们发现的唯一一个当代日期是某个阿波菲斯33年，发现于一份关于数学的纸莎草纸上，现藏于大英博物馆。我们在曼涅托传说中发现了三个牧羊人或喜克索斯王朝（第十五至第十七王朝），但在喜克索斯统治埃及的持续时间上，这份传说完全不受当代遗迹的支持。这整个时期，说100年就已经足够了。即使它实际上要长得多，但也不一定从第十二王朝的没落一直持续到喜克索斯霸权的终结，因为很明显，这一时期的许多国王，如都灵纸莎草纸上所列举的，可能是作为喜克索斯的附庸统治南方的，就像塞肯内拉王一样，民间传说中表示他是阿波菲斯的一个底比斯附庸。

是什么导致了征服者无可争辩的野蛮行为，现在已无从获知。但很明显，敌对行动最终肯定爆发了，导致了神庙的破坏，后来又被哈特谢普苏特恢复了。他们的守护神苏特克胡当然呈现出了一种叙利亚巴尔（Baal）神的埃及化形式。苏特克胡是著名的埃及赛特神的更古老形式。喜克索斯的国王们，一定也很快就被埃及化了：他们完全接过了法老的头衔，并在三角洲城市霸占了前任们的雕像，当然，这些雕像是按照法老特有的传统风格制作的（图101）。文明并没有受到实质性的影响；在大英博物馆里保存了一本阿波菲斯时期的数学论文。我们已经发现，有一位阿波菲斯王在阿瓦里斯建造了一座神庙；还有一位阿波菲斯王在布巴斯蒂斯修了一座建筑，他的一片碑文[27]碎片上说，他制作了"很多镶着铜的旗杆，献给这位神"，这些旗杆上飘扬着一簇鲜艳的彩色三角旗，用来装饰神庙的正面。这种覆盖叙利亚 – 巴勒

第十一章 中王国的衰落；喜克索斯时代

斯坦和下尼罗河谷的外国统治对埃及的影响，是有划时代意义的，很大程度上也与从驱逐这些外国人开始的根本性转变有关。它把马带到了尼罗河流域，也在很大程度上让埃及人学会了战争。不管征服者让埃及人遭受了什么苦难，他们都对征服者欠下了无法计算的债。

1	I, 751.
2	I, 751—752.
3	I, 752.
4	Kahun Papyri, pl.IX, 1.1; p. 86.
5	IV, 517.
6	IV, 538.
7	I, 573.
8	I, 753—772.
9	Turin Pap.Frag.No. 80; Petrie, Scarabs, No. 309.
10	I, 773—780.
11	IV, 514 f.
12	Meyer.Aeg.Chron, p. 62.
13	见下文，第 122—123 页。
14	II, 303.
15	II, 8—10, 12.
16	II, 13.
17	II, 20.
18	Pap.Sallier I.
19	Pap.Sallier I, I, Ⅱ.1—3.

20	Contra Apion I, 14.
21	Mar. Mon. div., 38.
22	Annual of British School at Athens.VII, 65, Fig. 21.
23	II, 13.
24	But see Meyer, Aeg.Chron., pp. 95 ff.
25	见下文，第188页。
26	I, 781—787.
27	Nav.Bubastis, I, pl.35c.

第十二章
喜克索斯的败退和底比斯的胜利

大约在公元前 1600 年,第十二王朝灭亡近 200 年后,民间传说[1]中的塞肯内拉在喜克索斯的阿波菲斯王以阿瓦里斯为宗主国的统治下,统治着底比斯。这个传说,就像距此 400 年后的拉美西斯时代一样,是我们了解后续事件的唯一信息来源。在描述了喜克索斯以后,也就是上文所引用的内容,接下来是对一场盛宴的简短描绘,后来是阿波菲斯与他的智者们的会议,但这场会议上发生了什么,我们很不确定。不过,它涉及一个针对塞肯内拉国王的阴谋或计划,因为故事的后续进展是:"许多天后,阿波菲斯国王把他的书吏和智者传达给他的报告寄给了南城(底比斯)的君主(塞肯内拉国王)。阿波菲斯差遣的信使到达南城君主那里时，就被带到了南城君主的面前。然后一个人对阿波菲斯的信使说：'你来南城所为何事？你为何与他们同行呢？'信使对他说：'是阿波菲斯王派我来见你，他说："有一个人（就是信使）（到你这里）来，是为了城（底比斯）内的河马池之事。因为它们让我无法入眠，他们的噪声日夜在我耳边。"'然后，南城君主哀伤了许久，无法回答阿波菲斯的信使。"

此时幸存下来的碑文碎片表明，塞肯内拉给阿波菲斯送了份礼物，并承诺满足他的所有要求，之后，"阿波菲斯（国王的信使）自己离开，前往他的主所在的地方。然后南城的王召集了他的亲王，以及官员和官长……将阿波菲斯所差来的一切事，都述说给了他们听。于是他们不约而同地沉默了许久，无法作答，左右为难。然后阿波菲斯国王派——"² 故事到这里，那张撩人的纸莎草纸被撕掉了，我们永远都不会知道故事的结局了。然而，我们所看到的是一个事件的流行和经典版本。毫无疑问，这被认为是底比斯的亲王们和阿瓦里斯的喜克索斯人之间长期战争的原因。身处三角洲的阿波菲斯在三角洲地区抱怨说，他被底比斯河马的噪声打扰，这是一个荒谬的开战原因，也是民间流传的说法。喜克索斯战争发动在即，他所引发的潮水在国民之中掀起了波澜。曼涅托证实了故事中的描述，因为他说底比斯和埃及其他地方的国王在阿瓦里斯对喜克索斯发动了一场伟大而持久的战争。他对"国王"一词使用了复数，这直接表明当时参战的有众多我们先前提到过的地方君主。他们又各自与领国为战，这让

第十二章 喜克索斯的败退和底比斯的胜利

北方的敌人看来,他们并不是一个统一战线。在此期间有三个塞肯内拉。其中最后一位塞肯内拉的木乃伊中的最后一具是在德艾尔巴赫发现的,现藏于开罗博物馆。它的头部可以看到可怕的伤口(图 100),所以他无疑是在战斗中倒下的,但未必是喜克索斯战争。紧随其后的一位国王是凯末斯(Kemose),他可能还在继续参战。他们在底比斯建造的砖砌小金字塔早已不复存在,但大约 450 年后,拉美西斯专员们对他们的遗体进行了检查(我们先前提到过他们对墓地的调查[3]),发现它们依然完好无损。

很明显,这个底比斯家族正以越来越成功的侵略性逐渐向前线挺进,因此曼涅托笔下的第十七王朝的后半程就是三位塞肯内拉和一位凯末斯。他们不仅要与喜克索斯人对抗,同时也对抗着众多的敌对王朝,尤其是埃尔卡布上游的最南端。那里摆脱了北方战争的动荡,能够进行繁荣的国内贸易,当地的亲王们享有巨大的繁荣,而北方的亲王们无疑已经在各种情况下消亡了。之后我们会发现,当底比斯正在逐渐驱逐喜克索斯的时候,南方那些兴旺的王朝还在抵抗底比斯的崛起。

在凯末斯的短暂统治之后,雅赫摩斯(Ahmose)一世,可能是前者的儿子,作为曼涅托第十八王朝的第一个国王,在公元前 1580 年前后,成了底比斯家族的首领,将埃及从外国人的统治中解救了出来。塞肯内拉三世已经与埃尔卡布强大的亲王们建立了友谊(图 102)。通过丰厚的礼物和荣誉,雅赫摩斯一世得到了这些亲王宝贵的支持,共同对抗喜克索斯和身处上游地区,不断威胁着他的后方的顽固王朝。因此，雅赫摩斯一世将埃尔卡布作为一个缓冲区，以避免他的城市受到南方的埃及对手的袭击。关于喜克索斯战争的早期进程，没有任何相关文献留给我们，雅赫摩斯的王室编年史也没有保存下来。不过他在埃尔卡布有一个盟友名叫雅赫摩斯，他的母亲是埃班娜（Ebana），他的父亲巴巴曾在塞肯内拉三世手下服役。幸运的是，这位雅赫摩斯曾在埃尔卡布的坟墓墙上记录下了自己的军事生涯。他这样讲述他在底比斯的雅赫摩斯手下服役的故事："我年轻时在尼可布（埃尔卡布）城度过，我父亲是上下埃及国王塞肯内拉的一名成功的军官。他叫巴巴，是罗伊内特（Royenet）的儿子。当成功的雅赫摩斯王一世在位的时候，我接替了父亲的职位，做了一艘名叫'供物'的船上的军官，那时我还年轻，还未娶妻……在我建立了家庭之后，因为我的勇敢，我被调往了北方舰队。"他因此离开了埃尔卡布，前往北方对抗喜克索斯。起初，尽管他是一名海军军官，但他还是被派到步兵部队去侍奉国王，他在传记中继续写道："当国王乘着战车出国时，我步行跟随他。一（意指国王）围攻了阿瓦里斯城；我在陛下面前展示了我的勇敢；然后我被派上了一艘名叫"照耀孟斐斯"（Shining-in-Memphis）的船；一在阿瓦里斯的帕泽德库（Pazedku）运河的水面上作战。然后我与敌人近身肉搏，带走了一只手（砍下来作为战利品）。这个消息被报告给了王室传令官。一赐给了我勇气之金（一个装饰品）。然后此地又开战了；我又在那里与敌人近身肉搏；我带走了一只手。一

第十二章 喜克索斯的败退和底比斯的胜利

赐给了我第二个勇气之金。"[4]此时，围攻阿瓦里斯城的行动被埃尔卡布上游的一个当地王朝的起义打断，国王认为事态非常严重，于是亲自南下，前去平息这场起义，并带上了埃班娜的儿子雅赫摩斯。所以后者简单地叙述了这一事件："一在埃及南部的这座城市（埃尔卡布）作战；我带走了一个活着的俘虏，一个男人，我下到水里；我看见他就像在这座城的道路上被扣押的物品，（尽管）我带着他穿过河水。这个消息被通报给了王室传令官。后来一赐给了我双倍的黄金。"[5]在充分压制了南方的敌人之后，雅赫摩斯重新开始围攻阿瓦里斯，因为就在这时，这位海军军官突然播报了他们的战利品："一夺取了阿瓦里斯；我在那里俘虏了一个男人和三个女人，一共四个人。陛下把他们送给我做奴隶。"[6]因此，这座城市在埃班娜的儿子雅赫摩斯抵达后遭受了第四次袭击。但是，在他调任到此地之前已经发生了多少次这样的袭击？这相当不确定，因为围攻显然持续了多年，并且中途还被上埃及的一次叛乱打断。我们的海军军官没有告诉我们谁在保卫阿瓦里斯，不过由于我们已经从曼涅托那里和民间故事中了解到情况，所以他也没必要告诉我们这些。同样地，当我们进一步浏览他的叙述时，发现他也没有告诉我们，接下来的战斗中，他的敌人是谁。但是很明显，他们只能是喜克索斯人。在阿瓦里斯沦陷，喜克索斯人被赶出阿瓦里斯后，他们逃到了亚洲。我们的传记作者说："一围攻了沙鲁亨三年，然后陛下攻取了它。然后我在那里俘虏了两个女人和一只手。一赐给了我勇敢之金，

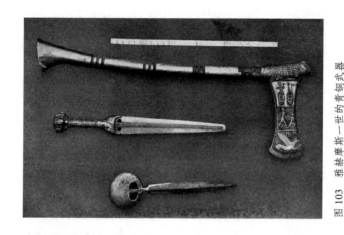

图103 雅赫摩斯一世的青铜武器，并镶嵌了明黄色的石头。现藏于开罗博物馆。

图102 埃尔卡布的城墙，从城镇东边悬崖上的一周墓门望去

还把那些俘虏赐给我做奴隶。"[7]这是历史上已知最早的持续时间如此之长的围攻。令人惊讶的是，它证明了，在雅赫摩斯将喜克索斯人从威胁埃及边境的据点驱逐出去时，喜克索斯人所展现出的顽强防守和雅赫摩斯国王的坚韧不拔。由于沙鲁亨可能在犹大（Judah）的南部，[8]因此喜克索斯人可能再次轻易入侵三角洲。但是，雅赫摩斯并不满足于把他们赶出沙鲁亨。我们还发现，埃尔卡布家族的另一个名叫雅赫摩斯-彭-奈库贝特（Ahmose-Pen-Nekhbet）的成员，在雅赫摩斯一世的指挥下在札希（Zahi）作战，[9]也就是腓尼基和叙利亚，因此明显可以看出，雅赫摩斯从沙鲁亨向北追击喜克索斯人，迫使他们退回到了至少与三角洲边境保持一个安全距离的地方。在他统治的第22年，他仍在使用他从亚洲人手中夺来的牛进行建筑活动，[10]因此，在那之后的几年里，他在亚洲的这一场或另一场战役肯定还在继续。回到埃及后，他已完全摆脱了对昔日领主的恐惧，一心一意想要夺回埃及在努比亚的领地。

在中王国之后的长期混乱时期，努比亚人也随波逐流地堕落了下来。雅赫摩斯对努比亚渗透到什么程度，我们无法确定，但在收回第一和第二瀑布之间的原有领土时，他显然没有遇到严重的阻力。[11]不过，他在埃及本土的统治还没有稳固下来，因为为了发动努比亚战役，他很快就离开了自己的国家，然而此时，他在埃尔卡布南部的宿敌们又杀来了回马枪。在尼罗河上的一场战斗中，他们被彻底击败，而我们的老朋友，埃班娜的儿子雅赫摩斯，因其骁勇善战而受到了奖赏，得到了五个奴隶以及位于埃尔卡布的五块土地（近3.5英亩）。[12] 所有参加战斗的士兵都受到了同样慷慨的对待。即使这样，在雅赫摩斯无可争议地登上王位之前，还有一场叛乱等着他去平息，因为埃班娜的儿子雅赫摩斯在讲述他在这位国王手下服役的故事时，他是这样结尾的："后来，那个倒台的人来了，他的名字叫泰蒂-恩；他把反叛者聚集起来。陛下杀了他和他的臣仆，把他们消灭了。我得到了三个人（奴隶）和我所在的城里的五块土地。"[13] 所以我们看到了，雅赫摩斯国王是如何把他的支持者们捆绑在他的事业上的。不过，他并没有停止使用黄金、奴隶和土地作为奖赏，在某些情况下，他甚至还授予了当地的亲王，也就是中王国的大封建领主的后代，诸如"第一位国王的儿子"这样高贵的王室头衔。这些头衔很少或者根本没有附带什么特权，只是满足了那些古老而显赫的家族的虚荣心，比如居于埃尔卡布的那些理应得到垂爱的家族。同样地，我们也发现了一些男爵，他们虽然保留了原有的头衔，但很明显，这些贵族的产业被夺走了，收归中央政府管理。得出这样的结论是因为，他们居住在底比斯，而且也埋葬在那里。所以，我们在那里发现了提尼斯领主和亚弗罗底波立（Aphroditopolis）领主的坟墓。后者是前者这座城市的一位领主，帮助哈特谢普苏特女王运送她的方尖碑。[14]

当地的贵族中只有少数人支持雅赫摩斯并得到了他的垂青，更多的人是反对他和喜克索斯的，并在斗争中丧生。他们之中较

第十二章 喜克索斯的败退和底比斯的胜利

为幸运的人，现在也不过是朝廷的官员或行政官员，封建领主几乎已经不存在了。作为他们的世袭财产的土地被没收并移交给了国王，而他们则永久地留在了那里。不过一般的没收有一个值得注意的例外情形：底比斯王朝亏欠埃尔卡布王族很多，因此他们被允许保留自己的土地；在喜克索斯人被驱逐又过了两代人以后，这个家族的首领以领主的身份出现，不仅是埃尔卡布的领主，还是爱斯那和所有介入领土的领主。除此之外，他还被授予了从底比斯附近直到埃尔卡布的南方土地的行政管理权，尽管这项权力不能世袭享有。然而，这一例外却更是突显了，那些在中王国时期构成政府组织的实质的地主贵族，现在已经彻底灭绝。整个埃及现在都是法老的私人领地。在希伯来人的传说中，这种状态被认为是约瑟夫斯智慧的直接结果。[15]

1 | 见下文，第 215—216 页。
2 | Pap.Sallier I, II, 1.I—III, 1.3.
3 | IV, 518—519.
4 | II, 7—10.
5 | II, 11.
6 | II, 12.
7 | II, 13.
8 | Josh.19:6.
9 | II, 20.
10 | II, 26—27.

11	II, 14.
12	II, 15.
13	II, 16.
14	II, p. 138, note e.
15	Gen.47:19—20.

第五卷

帝国时代:第一时期

第十三章
新国家：社会和宗教

建立国家的任务，现在摆在了雅赫摩斯一世的面前，这与阿蒙涅姆赫特一世在第十二王朝开始之初所完成的改组有着实质性不同。阿蒙涅姆赫特一世所处理的社会和政治因素在他那个时代已不是新问题了，他在不破坏原有政治单位的特性的基础上操纵这些单位达到他自己的目的；而雅赫摩斯现在必须建立一个完全脱离旧形式，进而失去原有特征的政府结构，同时还会处于一种完全不稳定的状态。事态的发展最终导致了喜克索斯被驱逐，也决定了新政府将采取何种形式。他现在是一支强大军队的首脑。经过多年的战役和围攻，他的军队凝聚力更强。在此期间，他既是战场上的将军，又是国家的元首。政府的性质不由自主地摆脱了先前的条件,埃及成了一个军事国家。尽管埃及人生性不喜欢战争,但这种状态还是自然而然地保留了下来。与喜克索斯的长期争战使他接受了军人应有的教育,雅赫摩斯大军在亚洲驻扎多年,甚至在众多叙利亚城市中度过了更长或更短的时期。在彻底地学会了战争,并认识到他们在亚洲所获得的巨大财富之后,整个国度被一种征服的欲望所唤醒,这种欲望在此后的几个世纪内都没有熄灭。对职业军人开放的财富、奖励和晋升制度是对军人生涯的持续激励,因而那些中产阶级,纵使不喜争战,却也满怀热情地步入了军营。对贵族阶层的幸存者(主要是那些依附于底比斯家族的人)来说,军人成了最吸引人的职业。在他们留在底比斯坟墓里的传记[1]中,他们心满意足地叙述了他们在法老身边所经历的战役,以及法老给予他们的荣誉。所有这些战役的记录都无可挽回地消失了,而我们通过其中一本军事传记中了解了许多战役,就像先前所引用的,埃班娜的儿子雅赫摩斯[2]的那本传记。在古王国,法老的儿子要担任行政职务,而现在,他们是军队中的将领。[3]在接下来的一个半世纪里,军队的成就成了埃及的主旋律,因为军队现在是新国家的主导力量和主要动力。在组织上,他们完全超越了过去的民兵,因为他们现在是国家的常备军。他们被分成了两大部队,一个在三角洲,另一个在上埃及。[4]在叙利亚,他们学会了战术和正确的部队战略部署,这是历史上已知最早的战术和战略部署概念。现在我们看到,他们把军队分成了师,我们还听说了两翼和中央,我们

第十三章 新国家：社会和宗教

甚至还能跟踪侧翼运动，并确定战线。所有这些都与古老时代的遗迹中对战争的描述有着根本不同，后者天真地将那种毫无组织的掠夺远征称为战争（图104）。除了旧式的弓和长矛，军队也开始携带战斧。他们通过凌空射击学会了射箭，埃及令人畏惧的弓箭手也因此声名远扬，甚至到了古典时期依然令人闻风丧胆。除此之外，由于喜克索斯人把马带到了埃及，埃及军队现在首次拥有了很大比例的战车。不过现代意义上的骑兵还没有出现。埃及技艺高超的工匠很快就掌握了战车的制造技术

图104 帝国时期的一列长矛兵
护送哈特谢普苏特的远征队前往蓬特的部分军队。出自她位于底比斯德艾尔巴赫的神庙上的浮雕。

图 105　帝国时期的战车
采用实体大小，由木材、青铜和羽毛制成。现藏于佛罗伦萨考古博物馆。

（图 105），而法老的马厩里也有了数千匹亚洲最上等的马匹。按照当时的精神，法老在所有公开场合都有精锐部队的护卫和他最喜爱的军官的陪同。

背靠这样的力量，国王掌握了绝对的权力，没有人能发出反对的声音，国王监察员、公众舆论都默不作声。即使在今天，这也是东方统治者很少有必要去考虑的一种不便。当一位大权在握的人坐上王位上，所有人都拜倒在他的脚下，但只要他暴露出一丁点软弱的迹象，他就会很快成为宫廷乱党的傀儡，并像从前一样成为后宫阴谋的牺牲品。在这样一个时期，很可能会有一个能干的大臣推翻王朝，建立自己的王朝，正如埃及自古以来经常

第十三章　新国家：社会和宗教

发生的那样。但是，驱逐喜克索斯的人已经完全掌控了局面。显然，在很大程度上，我们应该感谢他重建了国家，让这个国家走出长达两个世纪的内部混乱和外来入侵，走向崛起。

这个新的国家比埃及历史上任何一个本土王朝都更清晰地展现在我们面前。虽然我们还会辨认出许多从早期时代遗留下来的元素，但我们也将看到在雅赫摩斯一世和他的继任者的领导下，正在兴起的伟大的政府结构中有许多新的东西。法老担任着最高职位，这意味着他要非常积极地参与政府事务。他习惯于每天早晨会见依然作为政府主轴的维齐尔，同他商讨国家的所有利益和他当前必须注意的事务。[5] 随后，他立即与总司库会面。[6] 这两个人领导着政府的主要部门：财政部和司法部。法老的办公室，也就是他们每日向他做汇报的地方，是整个政府的中心机关，所有的职能线都在那里会合。所有其他要向政府提交的报告同样也是在这里提交的，理论上它们都要经法老之手。即使留存给我们的此类文件数量有限，我们也能发现，这位忙碌的君主在实际管理中决定了大量细节问题。对死刑犯的惩处由他决定，[7] 案件卷宗要送交给他，以便做出裁决，而此时受审者则在地牢里等待着命运的裁决。除了在努比亚和亚洲的频繁活动外，他还要参观[8] 沙漠中的采石场和矿山，或视察[9] 沙漠上的路线，寻找适合水井和驿站的位置。同样地，内部管理部门也需要经常出差检查新建筑，检查各种职权滥用行为。[10] 随着复杂的国教的发展，庞大的国家神庙里的仪式变得越来越复杂，大神庙里的官方祭礼也需要君主投入越来越多的时间和精力。在这种情况下，这一负担不可避免地超出了一个人的能力范围，即使他还有维齐尔的协助。我们还记得，在古王国早期，一个法老只有一位维齐尔。然而，在第十八王朝早期，法老的政府事务和职责增加了，他任命了两个大臣，一个住在底比斯，负责南方的管理，覆盖从大瀑布一直到休特州的区域；另一个负责休特州以北的所有地区，驻在赫里奥波里斯。[11]这一革新可能发生在埃尔卡布和大瀑布之间的南部国家的管辖权从努比亚省移交给维齐尔之后。

出于行政目的，这个国家被划分成了一些不规则的地区，其中一些地区由封建时代古老、强大的城镇组成，还包括每个城镇周围的村庄；而其他地区则没有这样的城镇中心，显然是纯粹出于政府原因而任意划分的。在休特和大瀑布之间至少有27个这样的行政区，[12]而整个国家的行政区数量必定比这两倍还多。旧镇的政府首脑仍然享受着封建头衔"伯爵"，但这个头衔现在只代表行政职责，最好翻译成"市长"或"地方长官"。每个小镇都有一个"镇长"，但其他区域只有记录员和书吏，每个人头上有一个编号。[13]正如我们将看到的，这些人既是行政人员，主要负责财政事务，也是辖区内的司法官员。

政府的伟大目标是使这个国家在经济上变得强大且富有生产力。为了达到这一目标，国家的土地现在主要归国王所有，由国王的农奴经营，由国王的官员管制，或作为永久不可分割的封地，由他赐给他最喜爱的贵族、他的党羽和亲属。可分割的地块

第十三章 新国家：社会和宗教

也可能由无官衔的租户持有。这两种类型的土地都可以通过遗嘱或出售的方式进行转让，就像土地持有人实际拥有土地一样。[14] 其他王家财产，如牛和驴，这两类人都可以持有，与土地一样，政府每年要对其使用情况进行评估。为了征税，除神庙所拥有的土地和财产外，王室的所有土地和其他财产都要记录在白屋的税务登记簿上。所有"房屋"或"产业"及"其编号"[15] 均登记在这些登记簿上。赋税就是在这个基础上评估的。他们也在一些自然产物上征税，包括牛、谷物、酒、油、蜂蜜、纺织品等。除了牛场，"粮仓"也是白屋的主要部门，此外还有无数库房用来存放它的收入。这些仓库里的所有产品都被称为"劳动力"，在古埃及这个词与我们现在的"税收"同义。如果我们相信约瑟夫斯在他的故事中引述的希伯来传说的话，那么可以说这些税收就占了这片土地上的产物的五分之一。[16] 这些税收由地方官员收集，也就是我们之前提到过的那些人。各种库房的收入和开支也需要一大群书吏及下属来记录。现在这个群体的数量比埃及历史上任何时候都要多。他们的总司库接受维齐尔的领导，每天早上都要向维齐尔汇报情况，之后他得到许可，可以开放办公室和库房，开始一天的工作。[17] 第二类赋税，是地方官员自己为他们的办公室所缴纳的税收，其征收完全掌握在维齐尔手中。南方的维齐尔负责其管辖范围内的所有上埃及官员，也就是从伊里芬丁一直到休特；[18] 那么，另一位维齐尔无疑也在北方承担着类似的责任。这种税赋主要涵盖金、银、谷物、牛和亚麻制品。例如，老城埃尔卡布的市长每年向维齐尔的办公室缴纳大约 5600 格令黄金、4200 格令银、一头公牛和一头"两岁"的牛，而他的部下每年要向维齐尔的办公室缴纳 4200 格令银、一条金珠项链、两头牛，以及两箱亚麻布。不幸的是，在底比斯的维齐尔雷克密尔（Rekhmire）墓中，记录这些数字的清单太过残缺不全，[19] 因此我们无法确切计算南方维齐尔管辖的所有官员的税收总额。但他们每年至少要向他支付 22 万格令的黄金、9 条金项链、超过 1.6 万格令的银、40 箱左右以及其他计量单位的细麻布、160 头各种年龄的牛，以及一些谷物。这些数字大概还不到实际总数的 20%。据推测，国王从北方维齐尔的税收中也得到了类似的数额，因此对官员的这种征税在每年的财政收入中占据了可观的部分。不幸的是，我们无法估计所有收入的总额。第十八王朝各种来源的王室收入主要由南方维齐尔负责。所有要征收的税款金额和收入的分配都在其办公室确定，那里有一份固定的资产负债表。为了控制收入和支出，所有地方官员每月都要提交一份财政报告，这样南方维齐尔便能够每月向国王提供一份关于王家财政部未来资源的完整报表。[20] 和以前一样，税收仍然高度依赖于洪水的水位以及由此带来的丰收或减产，因此上升的河流水位也要向他报告。[21] 他还保存了神庙产业的所有记录。以阿蒙为例，他的主圣所在维齐尔担任地方长官的城市里，那么维齐尔自然掌管着富足的神庙财产，甚至作为阿蒙的大祭司，管理着这位神的产业上的事务。[22] 由于从现在起，国王的收入增长很大程度上来源于外国的进贡，这些

第十三章 新国家：社会和宗教

进贡也由南方维齐尔接受，然后由他转达给国王。雷克密尔，这位伟大的维齐尔，在他墓中的华丽浮雕上描绘了自己既接收官员们每年在他面前缴纳的应缴税款，[23] 又接收亚洲诸侯和努比亚首领带来的贡品。[24]

在司法管理方面，南方维齐尔的作用甚至比财政部还大。在这一方面，他是绝对权威的。而曾经承担重要的司法职能的"南方十大官长"，现在已经沦为维齐尔公众听证会上的随员委员会，[25] 似乎连顾问的职能都没有了。尽管一些诗歌中还会有他们的身影，他们的古老名声甚至延续到了希腊时代，但这个时代的法庭记录中的确已经找不到他们的存在了。维齐尔继续享有他的传统头衔，"六大房长官"或法院长官，但这些头衔从来没有在任何现存的法律文件中提到过，而且显然已经消失了，留下的只有"维齐尔"这个头衔。和以前一样，行政官员依然附带着担任司法执行人的角色。他们经常以司法人员的身份行事。虽然没有哪个等级的法官专司法律责任，但每一个身居要职的官员都非常精通法律，随时准备担任法官。维齐尔也不例外。所有要求法定赔偿的请愿者首先在他的会堂里提交申请。无论如何，申请都要以书面形式提出；如果可能，申请应亲自提出。这样一来，他每天都要举行一次信访会，或者像埃及人所谓的那样"开庭"。[26] 每天早晨，人们挤进"维齐尔会堂"，由引座员和法警将他们排成一排，以便维齐尔能依次"听取"他们的诉求。[27] 对于涉及底比斯境内的案件，维齐尔必须在三天内做出裁决，但如果是"南方或北方"的案件，则需要两个月。[28] 这是全国只有一位维齐尔的情况。当北方有了自己的维齐尔时，这类案件就转移给他了，由北方维齐尔在赫里奥波里斯办理。[29] 都城内所犯的所有罪行都要在他面前审判，他还保留了一份等待审判或惩处的囚犯的刑事摘要，这明显为现代的同类文件提供了启发。[30] 所有这些案件，尤其是涉及土地的案件，都要求可以快速方便地查阅土地档案。因此，这些文件都在他的办公室里归档。任何人要立遗嘱，都必须在"维齐尔会堂"存档。[31] 所有州的档案、边界记录和所有合同的副本也都要向他[32]或北方维齐尔备案。[33] 所有向国王请愿的人也都要在这个办公室提交书面请愿书。[34]

除了维齐尔的"会堂"，也被称为"大议事会"，全国各地还有地方法院。他们并非主理法律事务，正如我们已经解释过的，他们只是每个地区的行政官员团体，被授权全权审理案件。他们是"镇上的要人"，或是当地的"议会"，在"大议事会"中担任地方代表。在涉及不动产产权的诉讼中，"大议会"的一位委员被派去与最近的地方"议会"协作，执行"大议会"的裁决。有时，"大议会"在做出裁决之前，必须在地方"议会"举行一次听证会。[35] 这些地方法院的数量无法确定，但已知最重要的两个是位于底比斯和孟斐斯的。底比斯法院的构成，每天都不一样。在牵连王室成员的微妙情况下，参与审判的人员由维齐尔任命；[36] 在有人阴谋推翻统治者的案件中，国王自己任命审判人员，尽管不存在偏私，而且只是为了确定谁是罪犯，但这些审判人员

第十三章 新国家：社会和宗教

也得到了执行判决的权力。[37] 所有的法庭基本上都由祭司组成。我们很难辨别这些法院与"维齐尔会堂"之间的关系，但至少在一个案件中，当请愿者没有在维齐尔会堂得到满意的答复时，他可以在其中一个法院提起诉讼，追回一名被偷的奴隶。[38] 然而，法院在人民心中并非总是享有最好的名声。人民为这样的窘境哀叹："当一个穷人独自站在法庭前，而他的对手是一个富人时，法庭却会压迫他（说）：'给书吏金和银！给仆人衣物！'"[39] 当然，富人的贿赂往往强于穷人伸张的正义，就像今天一样。穷人所诉诸的法律无疑是公正的。法律被装订在 40 卷纸里，维齐尔必然要时时将它摆在面前，在他所有的公开会议上都要摆在他的讲台前。毫无疑问，这些书卷是所有人都能接触到的。[40] 不幸的是，它们所包含的法典已经消亡，但是它们的公正性是毋庸置疑的，因为据说维齐尔是这样的法官："公正地审判，不表现出偏袒，让两人（原被告双方）满意，评判弱者和强者"；[41] 或者再一次，"不在小人物面前偏袒大人物，回报被压迫者。……把邪恶带给作恶的人。"[42] 即使是国王，也要按法律行事。阿蒙霍特普三世称自己为"法律的确立者"，而且在我们先前描述的法庭面前，这位国王夸口说："法律是坚定的；我没有推翻判决，但鉴于事实，我保持沉默，因为我要使人欢喜快乐。"[43] 甚至连谋反国王的人也没有被立即处死，而是像我们已经看到的那样，被移交给一个合法设立的法庭进行适当的审判，只有在被判有罪后才予以定罪。霍连姆赫布（Haremhab）就是根据"法律"的规定来对掠夺穷人的贪官施加惩罚的。[44]这部法律的主体无疑是非常古老的，[45]其中一些法律，如《亡灵书》的旧文本，被认为是神的杰作；但霍连姆赫布的新规定是他颁布的新法律。[46]狄奥多罗斯讲述了波斯时代之前颁布新法律的五位国王，而在中王国，甚至一个贵族也提到了制定法律，当然，这说明他是应国王的要求制定的。[47]因此，帝国统治下的尼罗河居民的社会、农业和工业世界，不受国王或法院的任意摆布，而是由一大批被人们长期奉行的法律管辖，体现了正义和人道的原则。

南方维齐尔是这个古老的国家组织和运作的驱动力。我们知道，他每天早上都会去和法老讨论国家事务，而对于他对国家无限制的控制权，唯一一项检查就是一部法律，专门约束他向总司库报告工作情况的行为。每天早上，当他结束与国王的讨论后，他会发现总司库正站在宫殿前面的一根旗杆旁边，他们便在那里交换报告。[48]然后，维齐尔打开法院和王室官邸的办公室的大门，开始这一天的工作。在这一天之中，所有进出这些门的情况都向他报告，无论是人还是任何财产。[49]他的办公室是与地方当局沟通的媒介。地方当局在每个季节的第一天，以书面形式向他汇报，即一年三次。[50]正是在他的办公室里，我们清楚无误地看到了所有地方政府职能的完全集中。维齐尔要监督地方政府，就需要经常出差，因此在他从一个地方前往另一个地方的河流上，有一艘维齐尔的公用驳船。国王保镖和都城卫戍部队的详细部署也由他负责；[51]军队总司令的命令从他的办公室里发出；[52]南方的要塞

第十三章 新国家:社会和宗教

在他的控制之下;[53] 海军的官员也都要向他报告。[54] 因此,他是陆军和海军的军事部长,至少在第十八王朝时,"当国王与军队一同出征时",他在国内实施管理。[55] 他对全国各地的神庙都有合法的控制权,或者,正如埃及人所说,"他在南北诸神的神庙里立了法律",[56] 所以他是神职事务的部长。他对国家的许多重要资源实施经济管制,未经他的许可,不得砍伐木材,灌溉和供水管理也由他负责。[57] 为了建立国家事务的行事历,天狼星偕日升也要向他报告。[58] 他对国家所有的办公室行使咨询职能。[59] 只要他的办公室不与北方维齐尔分离,他就是整个埃及的大管家。在这个国家,没有一个主要职能不是直接或间接通过他的办公室来运作的,而所有其他部门都有义务向他汇报,或多或少地向他汇报。他是一个真正的"约瑟"(Joseph),这一定是希伯来传说叙述者所设想的约瑟被任命的职位。他被人民视为他们的伟大保护者,一个崇拜者在阿蒙面前对他做出的最高评价莫过于"穷人的维齐尔,不收受罪人的贿赂"。[60] 对于他的任命是一件非常重要的事情,因此国王要亲自执行。而且在那个场合,国王给他的指示与我们在 2500 年前从一个东方征服者口中所听到的不一样。他们展现出一种善良而人性的精神,在一个如此遥远的时代,展现出对国家工艺的惊人崇尚。国王对维齐尔说,他的举止要像一个"不面向亲王和大臣,也不与众民为兄为弟"的人;[61] 他还说:"偏袒是神所憎恶的行为。你应该这样做,面对你所认识的人,你必需视他如未认识的人一样;面对与你亲近的人……你要视他如疏远的人。……这样的官员在这个位置上会大有作为。……不可向不法之人发怒……而要让他对你敬畏；让人们畏惧你，因为亲王就是让人畏惧的人。看啊，亲王真正让人恐惧的地方就是公平正义。……不为人民所知，他们也不可说，'他只是一个人。'"[62] 即使是维齐尔的部下，也一定是公平正义之人，因为国王告诫新任维齐尔："看啊，当说到维齐尔的首席书吏时，人们必然会说他是'一个公平正义的书吏'。"[63] 在这个国家，司法贿赂行为从下级法官中级别最低的人开始，然后才能触及地方法官，因此这种"公正"确实是必要的。第十八王朝的维齐尔们渴望得到勤恳、尽责的美誉，最让他们感到自豪的是他们对自己的机关的妥善管理。他们中的一些人留下了自己的任职记录，列出了长长的部门职责清单，并把它们雕刻或印在了自己在底比斯的坟墓的墙壁上，我们正是从这些记录中得出了我们对维齐尔的描述。[64]

这就是埃及帝国时代的政府。在社会上，地主贵族的消失，以及由一大批王权下的小官员组成的庞大的地方管理体系，为中产阶级开辟了无数职业道路。这种开放程度相比中王国时期要更加充分。这些机会一定使他们的境况发生了逐步的变化。一位官员这样讲述了他不为人知的出身："你们要彼此探讨，老年人要教导青年人。我来自一个狭小城邑里的贫寒家庭，然而'两国之主'（国王）却发现了我；在他的心中，认为我很优秀。在他富丽堂皇的宫殿中，王以太阳神的身份看见了我。他在（王室

第十三章 新国家：社会和宗教

的）伙伴中赞扬我，把我介绍给王宫里的亲王。……当我年轻的时候，他派我去工作，他发现了我，并开始在心中重视我，我被介绍到金屋来塑造所有神的塑像和图像。"[65] 在这里，他管理自己的办公室，非常好地监督着昂贵金像的制作，因此国王当众用金饰奖赏他，他甚至在财政部的议会中也占有了一席之地。获得了这种晋升和王室奖赏后，等待官员的可能是地方管理上的成功，因为在某个地方机关里，这个小镇上的无名官员一定已经开始了他的职业生涯。这样，就产生了一个新的官员阶层。这个阶层的下层阶级来自旧的中产阶级，而上层阶级则是旧的地主贵族的亲属和家属，他们管理着更高更重要的地方机关。在这里，官员阶层逐渐融入了王室的大圈子，这些人填补了中央政府的高级职位，或者指挥法老的军队参加战役。由于不再有封建贵族，优秀的政府官员成了帝国的贵族。旧的中产阶级商人、[66] 熟练的工匠和艺术家也仍然存在，并继续填补着官员阶层的下层阶级。在他们之下，是在田里劳作和庄园里工作的人，也就是法老的农奴。他们在居民中占了很大一部分，所以明显作为局外人的希伯来书吏，除了祭司以外，就只知道社会上的这一阶层。[67] 这些较低的阶层逝去以后几乎没有留下任何痕迹，但官员阶层现在能够建造数量惊人的坟墓和葬祭石碑，为我们重建当时的生活和习俗提供了大量的资料。一位在第十八王朝做过人口普查的官员把人民分为"士兵、祭司、王室农奴和各种工匠"，[68] 我们对那个时代的所有了解也证实了这种分类，不过我们也要知道，自由中产阶级的所有职业都包含在"士兵"中。因此，常备军中的士兵现在也成了一个社会阶层。有服兵役义务的自由中产阶级被称为"军队公民"，这一称谓在中王国时期早已为人所知，[69]但现在变得非常普遍。因此，有服兵役义务成为这一社会阶层的重要标志。在政治上，士兵的影响力随着每一个统治时期的接续而增长。经过了不长的时间，法老在执行各种民事任务时，不知不觉地开始依赖这些士兵，这在以前是前所未有的。与此同时，还出现了另一个新的和强大的影响力——古代祭司制度。作为帝国统治下神庙巨大财富的自然产物，祭司变成了一种职业，不再像古王国和中王国那样，由门外汉兼职。随着祭司人数的增加，他们获得了越来越多的政治权力。而随着神庙财富的增加，神庙需要适当的管理，需要一支由各类神庙官员组成的真正军队，这在古老的年代也是不为人知的。在这一时期，所有埋葬在阿拜多斯伟大而神圣的公墓中的人中，大概有四分之一是祭司。祭司群体就这样日渐丰厚了起来。在这之前，没有任何官方纽带将各圣所的祭司联合起来，他们只存在于单独的、完全分离的、没有相互关系的社区中。而现在，所有这些祭司机构都联合在一个庞大的神职组织中，覆盖整片国土。位于底比斯的国家神庙的领袖，阿蒙的大祭司，也是这个庞大组织的最高领袖，因此他的力量大大超过了他在赫里奥波里斯和孟斐斯的老对手。这个神职工会的成员因此组成了一个新的阶级，至此祭司、士兵和官员现在作为三大社会阶级站在了一起，拥有着共同的利益；他们的领袖成了法老贵族，取代了旧贵族；而底层的农奴还是一切经济活动的主要基础。

我们现在发现，人数众多的祭司已经成了一个社会阶层，他们代表的是一个比埃及历史上任何时候都更加丰富和复杂的国家宗教。简朴的日子一去不复返了。通过征服外国所获得的财富，使法老们能够给神庙分配丰厚的物质，这是过去的任何圣所都不曾拥有过的。随着神庙逐渐发展成为巨大而华丽的宫殿，每座宫殿都有自己的祭司团体。在更大的中心，这样一个团体中的大祭司可以说是名副其实的神职亲王了，也拥有着相当大的政治权力。底比斯的大祭司的妻子被称为神的大妾，其地位不亚于王后本人，因此也被称为"神的伴侣"。在现在盛行的华丽仪式中，她的角色是引导被允许参与服务的众多妇女唱歌。她还拥有一笔财产，属于神庙的捐赠，因此，最好由王后来担任这个职务，以便把这笔财产留在王室。

底比斯家族的胜利带来的是阿蒙的无上地位。他不再是中王国时期的一个地方主神，虽然当时底比斯家族的崛起带给了他一些荣誉，但直到现在他才成为国家的主神。他的本质特征和个性已经被中王国的太阳神学所抹杀。当他成为阿蒙-拉时，他从同时期的邻居，科普特斯的敏那里借鉴了一些特质，现在他被推上了一个独特的、至高无上的地位，坐拥着前所未有的辉煌。他在人民之中也很受欢迎。埃及人在鞠躬时会说："如果阿蒙饶我一命。"他们称他为"穷人的维齐尔"，人民向他表达他们的希望和愿望,他们对来世繁荣的希望毫无疑问地也寄托在他身上。但是与旧神的融合并没有完全剥夺阿蒙的个性,因为总的来说,几乎任何一位神都可能具有其他神的特质和功能,尽管太阳神仍然占据着统治地位。

当时的殡葬信仰是在中王国时期已经突显的趋势的产物。死者在后世获胜的魔法也越来越多,因此不可能再把它们记录在棺材里了,但它们必须写在坟墓里的纸莎草纸和纸卷上。随着这些文本中最重要的部分变得越来越统一,《亡灵书》开始成形。所有的一切都被魔法支配着。用这种万能的方法,死者可以达到他想要的一切效果。帝国里那些奢侈的贵族不再愉快地期待着在幸福的纱线地里耕作、播种和收割。他们想逃避这种田间劳动,于是在墓中安放了一座雕塑(图106),上面刻有田间劳作的工具,并刻有强力的符咒,从而确保死者免于这种劳动。每当听到下地劳作的召唤时,这些工具就会代表他们前去劳动。这些人被称为"乌沙比"(Ushebtis)或"应答者",他们成千上万地埋葬在墓地里。但不幸的是,这种获得物质财富的方式现在也被转移到道德世界,以确保免受邪恶生活的影响。有一只从石头上切下来的圣甲虫(图107),上面刻着一句有意思的文字:"哦,我的心,不要起来作为证人来控告我。"当罪恶的灵魂站在审判大厅里,面对可怕的奥西里斯时,这个巧妙的发明可以发挥出如此强大的作用——心中的指控之声被压制了,至高的神没有察觉到它将要指控的罪恶。同样地,祭司书吏现在也把《亡灵书》的书卷卖给

第十三章 新国家：社会和宗教

任何有能力购买的人，这些书卷除了具有所有其他魔力外，还刻画了审判的场面，特别是受欢迎的无罪判决。幸运的购买者的名字会被插入整部书中专门留下的空白处，这样早在尚不知道插入谁的名字之时，就可以提前确保他能经历这样的审判。祭司的这些发明无疑是对道德进步的颠覆，把大众宗教进化成了路德时代那种销售赎罪券的行为。人们对道德的渴望曾经渗透到了埃及的宗教里，在奥西里斯神话中产生了强大的道德影响。这种渴望现在却被这样一种保证所遏制和毒害——无论一个人的一生有多么邪恶，他都可以随时从祭司那里买到来世的豁免。关于来世的祭司文学可能只是为了获得利益而创作出来的，现在它还在继续发展。我们有一本书名叫《阴间书》（*Book of What is in the Nether World*），描述了太阳在地下穿过12个洞穴，或度过夜晚的几小时；还有一本《大门书》（*Book of the Portals*），描述了这些洞穴之间的门和堡垒。尽管这些具有启发性的作品从未像《亡灵书》那样广为流传，但这两部作品中的前一部却被刻在第十九和第二十王朝的国王们建于底比斯的墓穴中，表明这些扭曲的祭司想象力所产生的怪诞创造最终获得了最高阶层的信任。

贵族的坟墓和以前一样，都是在悬崖上凿成的墓室。按照当时的趋势，它们现在充满了来自下一个世界的想象场景，有葬祭和宗教文本，其中许多都具有魔法性质。与此同时，坟墓更多地成了死者的个人纪念，小礼堂的墙壁上刻画了许多他的生平场景，尤其是他的仕途生涯，还有他从国王那里获得的荣誉的记录。因此，在底比斯对面的悬崖（图131、166）上，这些精心梳理过的墓葬，包含了这一时期的生活和历史的全部章节，我们现在将要进入这些章节。在这些悬崖后面的一个孤零零的山谷里（图108），我们将会看到，国王们现在也开始在石灰岩壁上挖掘他们的坟墓，而不再使用金字塔了。幽深的通道（图109和图110）穿入山体中，从入口进入，穿过一个又一个厅堂，延伸数百英尺，一直到达最大的墓室，看到国王的遗体被安放在一个巨大的石棺里。也有可能，整个挖掘工程就是为了模拟太阳在夜

图106 "乌沙比"或应答者雕像
当来世被召唤做低贱的劳动时，作为死者的替代者。见第249页。（现藏于芝加哥艺术博物馆）

图107 "阿蒙的第一位圣妇伊辛赫布（Isimkheb）"的圣甲虫心脏。见第249页。（现藏于芝加哥博物馆）

第十三章 新国家：社会和宗教

图108 底比斯"帝王谷"的一部分
中间靠右侧可以看到两座坟墓的入口。见第250—251页和第279—280页。

间旅程中所经过的幽冥通道。在这个山谷以东的平原上，也就是底比斯的西部平原上，和金字塔的东面一样，也出现了帝王的华丽祭庙。稍后我们会对此展开更多的讨论。但是，这些精致的葬祭习俗现在不再局限于法老和他的贵族了，所有阶层都发觉有必要为来世准备这些设施了。由于这些习俗的逐渐传播，这些材料的制造已经成了一个行业。防腐人员、殡仪业者、棺材和墓葬家具制造商占据了底比斯的四分之一人口。这些人几乎形成了一个行会，就像希腊后期那样。中产阶级现在也常常可以挖掘和装饰坟墓了。但是对于穷得买不起这种奢侈品的人们，他们会租一个地方，把死者安置在由祭司管理的普通大坟墓里。经过防腐处

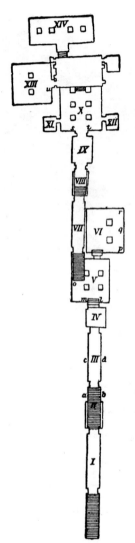

图 109 塞提一世墓的平面图,出土于底比斯帝王谷。阴影部分是下行阶梯。I—IV 和 VII—IX 部分是长廊,逐级下行。其他房间是带柱子的厅堂。X 厅里摆放的是国王宏伟的石棺,采用雪花石膏制成,现藏于伦敦的约翰·索恩爵士博物馆。

第十三章 新国家：社会和宗教

理的尸体都被放置在这一个墓室里。在这里，木乃伊像薪材一样被堆积起来，不过所有人都享受共同维护的仪式。非常贫穷的人们仍然像从前一样被埋在沙漠边缘的沙砾中，但即使是他们，也对富人来世所享受的奢华充满渴望。在豪华的坟墓门口，他们埋下一座粗糙的遗体雕像，上面刻着自己的名字，心中怀着可怜的希望，希望他能从这个富人墓里的餐桌上得到一点面包屑。

走出外国王公统治所造成的混乱后，新国家和新环境逐渐成形，雅赫摩斯一世也在艰苦的战争中逐渐获得了闲暇。对于国家宗教，外国王朝没有表现出丝毫的同情，许多地方的神庙都沦落到荒废的境地。因此，我们发现，为了给孟斐斯、底比斯（卢克索）和其他地方的神庙提供石材，雅赫摩斯在他统治的第22年，在著名的阿扬或特洛伊采石场（吉萨对面）开辟了新业务，吉萨金字塔的石块就是从那里运来的，以便为孟斐斯、底比斯（卢克索）和其他地方的寺庙提供石头。[70] 在这些工作上，他仍然使用他在亚洲战争中从叙利亚人手中夺走的牛。不过，他的这些建筑无一幸存下来。为了在卡纳克的国家神庙举行仪式，他为圣所提供了大量以贵重金属制成的祭祀用具，并从黎巴嫩贵族手中强取了雪松，用于在河上建造了一艘新的神庙驳船。[71] 他最伟大的作品仍然是第十八王朝的建立，他所取得的成就为这一辉煌事业奠定了坚实的基础。尽管雅赫摩斯统治了至少22年，但他一定是英年早逝（公元前1557年），因为在他的儿子，也就是继任者阿蒙霍特普一世在位的第 10 年,他的母亲依然在世。[72] 在他自己的安排下,[73] 他被葬在了位于底比斯西部平原北端的第十一王朝墓园的一座砖石墓中,如今这座墓早已消亡。他母亲的珠宝是在一个遥远的年代从邻近的坟墓里被偷走的,后来是玛丽埃特在附近发现的。雅赫摩斯一世的遗体以及这件珠宝现在保存在开罗博物馆里。

1 II, 1—16, 17—25, et passim.
2 出处同上。
3 III, 350, 362.
4 III, 56.
5 I, 678.
6 出处同上。
7 IV, 541.
8 III, 170.
9 IV, 464.
10 III, 58.
11 Inscription of Mes.
12 II, 716—745.
13 II, 717.
14 Inscription of Mes.
15 II, 916.1, 31.
16 Gen.47:23—27.
17 II, 679.
18 II, 716—745.

19	出处同上。
20	II, 708.
21	II, 709.
22	II, 746—751.
23	II, 716—745.
24	II, 760—761.
25	II, 712.
26	II, 675, 714—715.
27	II, 715.
28	II, 686.
29	Inscription of Mes.
30	II, 683.
31	II, 688.
32	II, 703.
33	Inscription of Mes.
34	II, 691.
35	Gardiner.Inscription of Mes.
36	II, 705.
37	IV, 423—424.
38	Spiegelberg, Studien.
39	Pap.Anast II, 8, 6.
40	II, 675, 712.
41	II, 713.
42	II, 715.
43	Spiegelberg, Studien.
44	III, 51 ff.

45	见上文，第 80-82 页。
46	III, 65.
47	I, 531.
48	II, 678—679.
49	II, 676, 680.
50	II, 687, 692, 708, 711.
51	II, 693—694.
52	II, 695.
53	II, 702.
54	II, 710.
55	II, 710.
56	II, 757.
57	II, 697—698.
58	II, 709.
59	II, 696.
60	Pap.Anast.II, 6, 5—6.
61	II, 666.
62	II, 668—669.
63	II, 670.
64	II, 665—761.
65	Unpublished stela in Leyden (V, I), by courtesy of the curator.
66	III, 274.
67	Gen.47; 21.
68	II, p.165, note a.
69	I, 681.
70	II, 26—28, 33 ff.

71 | II, 32.
72 | II, 49—51.
73 | Masp.Mom. roy., 534.

第十四章
王国的兼并；帝国的崛起

对于新王朝的国君们来说，取得巨大成就的时机还不成熟。从第二瀑布直到沿海区域，中王国的旧统治还远没有巩固到足以维持其行政和工业稳定的地步。努比亚长期以来一直缺乏来自北方的强大武装，埃及南部的叛乱分子也阻碍了雅赫摩斯一世在大瀑布上游继续施用武力。后来在同一边境上骚扰罗马人，且从来没有完全被罗马人征服的穴居人，现在拥有了一个领袖，而且雅赫摩斯对他们的打击并没有产生持久的效果。当埃及人逼近时，这些野蛮人总撤退到东部沙漠，然后在危险过去后再返回。因此，雅赫摩斯的继任者，阿蒙霍特普一世，被迫强行入侵努比亚，并渗透到位于第二瀑布的中王国边界。[1] 在那个地方,塞索斯特里斯和阿蒙涅姆赫特国王们修建的神庙长期控制在野蛮人手中,毫无疑问,也已经被他们摧毁。埃尔卡布的两位雅赫摩斯随国王一同作战,埃班娜的儿子雅赫摩斯报告说:"陛下在士兵中俘获了努比亚的穴居人。"[2] 随着他们的首领的离去,这一行动只会有一个结果。两位雅赫摩斯都俘获了犯人,表现出了极大的勇气,并得到了国王的奖赏。[3] 努比亚北部现在由尼肯古城的市长或总督管理。这座古城现在成了南部行政区的北部边界,覆盖其南方的所有领土,至少远至努比亚北部或瓦瓦特。从那时起,休伊(Hew)总督每年都能带着国家的贡品前去北方。[4]

阿蒙霍特普一世刚在第二瀑布的战役中取得胜利,与此相对的北方边界就发生了另一个危险,把他召唤到了那里。埃班娜的儿子雅赫摩斯夸口说,他用自己的船把国王带回埃及,可能从第二瀑布出发,两天之内便行驶了大约200英里。[5] 喜克索斯统治期间的长期软弱和混乱给了利比亚人一个机会,他们一直在试图抓住这个机会,以便向前推进并占领三角洲的肥沃土地。虽然我们所掌握的唯一消息来源并没有提到任何这样的入侵,但很明显,阿蒙霍特普一世在这个特殊时期与利比亚人的战争无法用其他方式来解释。法老发现他们的侵略所带来的威胁太大,不能再熟视无睹了,于是把他们赶回了本土并侵略了他们的国家。我们对可能发生的战斗一无所知,但埃尔卡布的雅赫摩斯-彭-奈库贝特说,他杀死了三个敌人,并带走了他们被砍下的手,当然国王也为此奖励了他。⁶解放了边境，保卫了努比亚之后，阿蒙霍特普可以自由地把武力转向亚洲了。遗憾的是，我们没有发现他的叙利亚战争记录，不过他很可能渗透到了更远的北方，甚至是幼发拉底河。无论如何，他所取得的成就足以使他的继任者夸口说，在他征服任何亚洲国家之前，他便统治了幼发拉底河。⁷无论是通过这场战争还是其他来源，他为修建富丽堂皇的底比斯建筑争取到了财富，其中包括在西部平原上为他的坟墓⁸修建的一座小礼堂，以及在卡纳克修建的一座精美的神庙大门，这座大门后来被图特摩斯三世拆毁。⁹这些建筑已然消逝，建造这些建筑的建筑师讲述了底比斯国王在位至少十年后的死亡故事。¹⁰

阿蒙霍特普是否留下了一个有权继承王位的儿子，我们不得而知。他的继任者图特摩斯一世，是由一位出身和家庭关系可疑的妇女所生。几乎可以肯定，她没有王室血统。她的大儿子显然是因为与一位名叫雅赫摩斯的旧王族公主结了婚——通过这位公主，他可以对王位提出正当要求。为了落实这一主张，他不失时机地发布了一条公告，在全国宣布他已经加冕。这一事件大约发生在公元前1540年或1535年1月。努比亚的官员认为这一宣言十分重要，应该把它刻在瓦迪哈勒法、库班（Kubban）和其他地方的石碑上。¹¹我们有理由相信这一行动的负责人对新国王是忠诚的，因为他在国王即位后立即受命担任一个新的重要职务。尼肯市长再也不可能管理努比亚并收取贡品了。国家要求一位长

第十四章 王国的兼并；帝国的崛起

官来全权负责此事，这位长官实际上就是一位总督。他被授予"南国总督，库什国王之子"的称号，尽管他不一定是王室成员或出身于王室。在隆重的仪式中，某个财政部官员在法老面前，庄重地将新官职的印章交给了这位就任者，说："这是法老授予你的印章，法老把从尼肯到纳帕塔的领土分配与你。"[12] 因此，这位总督的管辖范围扩展到了第四瀑布，也就是在南部边界与第二瀑布（所谓的库什）之间的地区。在库什和下努比亚，仍然没有一个强大的或占统治地位的王国，不过这个国家在强大的首领的统治下，每个人都控制着有限的领土。要立即镇压这些土著统治者是不可能的。在这之后的近200年里，我们仍然可以发现库什部落的首领和远在北方伊布里姆的瓦瓦特部落的首领。[13] 虽然他们只是名义上的统治者，但埃及的政府官员在取代他们的过程中，还是花了不少的时间。此外，在图特摩斯一世统治时期，新领地的南半部分还远没有得到充分的安抚。因此，第一任总督瑟尔（Thure）接受这一任命实际上也给自己迎来了一项艰巨的任务。来自尼罗河谷上方的山地的骚乱部落不断袭击沿河城镇[14]，阻碍了稳定的政府发展和国家自然资源的有序开发。由于瑟尔的镇压失败，国王在第二年早些时候亲自南上，监督更彻底的征服行动。他在2月或3月到达第一瀑布时，发现急流的运河被石头堵住了，[15] 就像喜克索斯时代以来的情况一样。他不想浪费时间，也急于利用湍急的水流，因此他没有停下来清理河道，而是在埃班娜之子、海军上将雅赫摩斯的帮助下冲过急流。这位军官又一次在国王面前证明了自己的能力——"在湍急的水流中,船通过了弯道",大概就是大瀑布区域。他又一次得到了国王的慷慨奖赏。[16] 4月初,图特摩斯抵达了坦古尔(Tangur),即第二瀑布上游约75英里处。[17] 埃班娜之子雅赫摩斯记述了这场战斗,可能就发生在第二瀑布和第三瀑布之间。国王与一位努比亚首领进行了肉搏战,"国王投出了第一支长矛,长矛留在了倒下的人的身体里"。敌人被彻底击败,所有俘虏全被俘获。[18] 其中,埃尔卡布的另一位英雄雅赫摩斯－彭－奈库贝特抓获了至少五人。[19] 此时水位太低,部队大部分情况都是陆路前进,但国王继续推进到了第三瀑布。他成了第一个站在栋古拉(Dongola)省北门的法老。这里是上尼罗河的大花园,在他面前蜿蜒着200多英里长的河流。在长途跋涉之后,他在这里竖起了五块表达胜利的石碑,纪念这次新的征服。在托姆博斯(Tombos)岛上,他建立了一座堡垒,由来自征服军的部队驻守。这座堡垒现在还留有一些残骸。[20] 同年8月,也就是他经过坦古尔继续行进的五个月后,他在托姆博斯竖立了一块胜利碑[21],并在上面夸口说,从托姆博斯的南方边界到北边的幼发拉底河,都是他统治的疆域。随后他慢慢地向北返回,带着被他杀死的努比亚首领,将他头部朝下地垂在王家驳船的船头。在他于托姆博斯立碑约七个月后,他又来到了第一瀑布。[22] 要解释他的返程为何耗时如此之久,我们只能假设他在途中花了很多时间对国家进行重组和彻底的安抚。此时已是4月,鉴于这个季节的低水位提供了有利条件,国王下令在第

第十四章 王国的兼并；帝国的崛起

一瀑布清理运河。这项工作由总督瑟尔负责，他在河岸的岩石上留下了三份记录[23]，以示他成功完成了这项工作。其中两份记录留在了瑟赫尔（Sehel）岛，另一份留在了邻近的海岸上。随后，国王得意地驾船驶过运河，努比亚首领的尸体仍然垂在他的船头，直到他在底比斯登岸。

现在，图特摩斯已彻底征服了努比亚，他能够把注意力集中在国土另一端了，也就是亚洲。同样，也是类似的征服任务。显然，阿蒙霍特普一世的征服，使图特摩斯有权宣称幼发拉底河是他的北部边界，但还不足以确保法老的财政部能够定期享受努比亚的进贡，不过叙利亚－巴勒斯坦的形势却非常有利于法老长期掌权。

这个国家在地中海东端的地理构造，也就是我们称之为叙利亚－巴勒斯坦的地区，不允许这些小国逐渐合并成一个大国，就像尼罗河和幼发拉底河的河谷区域一样。从北到南，这片区域大致与海岸平行，被崎岖的山脉横贯。这条山脉上有两大山脊，在北方被称为黎巴嫩和前黎巴嫩。在南方，西面的山脊经过一些中断，最终跌落到了裸露、荒凉的犹大丘陵上，然后并入了巴勒斯坦南部的西奈沙漠。在以斯德伦（Esdraelon）平原的南面，也就是耶斯列（Jezreel）平原，它从卡梅尔山脊上落下，像一座哥特式的扶壁一样，急坠至大海。东岭在它的南侧稍稍向东移动，不时地中断，并且在死海东面的摩押（Moab）山脉蔓延，它的南翼同样在阿拉伯北部的沙地高原上消失。在两个黎巴嫩之间，即东侧和西侧山脊之间的洼地的北半部，是一个肥沃的谷地，被奥龙特斯河横穿。这个奥龙特斯山谷是叙利亚-巴勒斯坦唯一一个不被山丘分割的广阔区域，可以发展出一个强大的王国。黎巴嫩的山脊将海岸与内陆完全隔绝，在黎巴嫩的西部，一个族群只有通过开发海洋资源才能获得财富和权力；而在南部，没有海港的巴勒斯坦及其大片的贫瘠土地几乎无法为发展一个强大的国家提供经济基础。此外，它又被卡梅尔山脊和约旦及死海所在的深沟壑严重割裂。叙利亚-巴勒斯坦几乎沿着整个东部边境并入了阿拉伯沙漠的北部延伸地带，不过没有到达最北部。奥龙特斯山谷和幼发拉底河山谷几乎完全融合在了一起，就在它们分开的时候，一个走向了地中海，另一个则转向了巴比伦和波斯湾（地图7）。

这个国家的主要居民是闪米特人，他们很可能是早期从阿拉伯沙漠拥入的移民的后裔，就像历史上一再发生的那样。在北方，这些人后来成了阿拉姆（Aram）人；而在南方，他们可能被称为迦南人。总的来说，这些人在政府统治上几乎没有天赋，完全没有巩固政权的动机。按照国家的自然构造，他们被划分成许多城邦，即小公国。每个公国由一座城市和城市周围的田野及边远村庄组成，由居住在该城市的当地统治者统治。每座城市不仅有自己的王权，还有自己的神，也就是当地的巴尔（Ba'al）或"主"。人们经常将其与巴拉特（ba'lat）或"女主"联系起来，比如比布鲁斯（Byblos）的女神。这些小王国之间不断地乱战，

第十四章 王国的兼并；帝国的崛起

每一个王朝都试图推翻自己的邻国，并吸纳后者的领土和收入。在规模上最大的王国是卡叠什王国，他们是喜克索斯力量的残余核心。他们发展的据点是唯一一个条件允许这种扩张的地区，在奥龙特斯上占据着非常有利的位置。他们向北通到了叙利亚境内，形成埃及和南方的通商路线。这条路线沿着奥龙特斯河，然后开赴幼发拉底河，再穿越到亚述，或沿幼发拉底河下行至巴比伦。同样地，在两个黎巴嫩的北端，卡叠什也引导着从内海穿过伊鲁瑟罗（Eleutheros）山谷的道路。[24] 这些优势为它征服较小王国提供了便利，帮助它把这些小王国组织成了一个松散的封建国家。在作者看来，如前所述，我们应该能够从中发现喜克索斯帝国的影子。[25] 我们可以看到，他们以两代人的努力，为维护其独立而拼命斗争，不过最后被图特摩斯三世统治下长达20年的战争所摧毁。

除了这个例外，这些内陆王国也在治理国家方面表现出了较小的能力，其中一些国家还在其他方面拥有高度的文明。在战争艺术上，尤其是在喜克索斯统治时期，他们教会了埃及人很多东西。他们是金属加工的大师，能够制造高质量的武器，也将战车的制造发展成为一个相当大的行业。他们还生产了各种造型的金属容器。为了应对更为艰苦的气候，他们需要穿羊毛衣物，因此他们掌握了羊毛的染色和纺织工艺，并利用这一工艺中生产出了质量上乘、设计丰富而华丽的纺织面料。这些闪米特人已经成了十足的商人，充满活力的商业从一个城镇传到下一个城镇，那里的市场和今天的一样繁忙。一些闪米特人从黎巴嫩西部的斜坡上获得了为数不多的据点,他们从内陆穿越,很早就在海岸上站稳了脚跟,成为历史上的腓尼基人。他们迅速征服了大海,从单纯的渔民很快成长为吃苦耐劳的水手。他们的船满载着他们的工业产品,穿过塞浦路斯(Cyprus)的港口。他们在那里开采丰富的铜矿,沿着小亚细亚的海岸缓缓移动,他们最终得到了罗兹岛(Rhodes)和爱琴海的岛屿。他们在小亚细亚南部沿海、整个爱琴海以及希腊大陆各处的每一个有利港口都建立了殖民地。他们的工厂在这些殖民地成倍增加,他们的产品在所到之处的各个市场,都成了消费者的宠儿。随着财富的增加,腓尼基海岸的每一个港口都成了一个富裕繁荣城市的中心,其中,提尔(Tyre)、西顿(Sidon)、比布鲁斯、阿瓦德(Arvad)和西米拉(Simyra)是最大的几个港口,每一个港口都是一个强大王朝的所在地。因此,在《荷马史诗》中,腓尼基商人和他们的货物声名响亮,因为在埃及帝国崛起时,腓尼基人享有的商业和海上权力一直延续到了荷马时代。

现在很难确定这些腓尼基水手向西渗透了多远,但要说他们的西班牙和迦太基殖民地已经存在,也不是不可能的。他们在地中海北部发现的文明是迈锡尼时代的文明,这些腓尼基人的商业通道是连接埃及和迈锡尼文明北部的纽带。在这个时代,将迈锡尼船只作为礼物和贡品呈上法老面前的人们,在埃及的纪念碑上被称为"克弗悌乌"(Keftyew),而载着这些人的腓尼基船

第十四章 王国的兼并；帝国的崛起

图111 哈特谢普苏特最喜爱的森穆特(Senmut)的坐雕。他抱着王后的小女儿纳芙璃(Nefrure)，将她放在两膝之间，见他右脚上擦去的名字(Cf. 第283页)。(现藏于柏林博物馆)

图110 位于底比斯的拉美西斯五世塞的入口长廊。见第250—251页和第279—280页

队也往来频繁,因此开展这些航行的腓尼基船只被称为"克弗悌乌船"。[26] 要找到克弗悌乌的确切位置是不可能的,但他们似乎从小亚细亚的南部海岸向西一直延伸到了克里特岛。所有这些北部地区被埃及人称为"海中岛屿",因为他们不了解小亚细亚的内部构造,他们认为它只是岛屿的海岸,就像爱琴海中的岛屿一样。在埃及人的设想里,世界的尽头就是幼发拉底河所发源的沼泽地,就在叙利亚北部,幼发拉底河上游;所有这些又都被海洋这个"大圆"[27]包围起来,这就是一切的尽头。

在叙利亚-巴勒斯坦的这个闪米特世界里,埃及人此时占据了主导地位,他们要学的东西很多,不过在这个地区,埃及艺术和工业却影响最大。与亚洲邻国相比,尼罗河上这个强大的王国组织更为严密,自古以来就受到敬畏和尊重;而其更加成熟的文明,由于在亚洲边境上也颇具存在感,因此对政治上软弱无力的亚洲边境国家也产生了强大的影响。在西闪米特世界的这些民族中,几乎没有或根本没有本土艺术,但他们是熟练的模仿者,随时准备吸收和适应所有能够促进他们的工业和商业的技术。因此,他们的船队在东地中海各地销售的产品都带有埃及元素,而他们带到欧洲和爱琴海的埃及本土商品也把尼罗河流域纯粹的艺术引入了那里。跟随着这些腓尼基船只,东方文明也在逐渐流入南欧和西方。巴比伦人的影响,虽然在叙利亚-巴勒斯坦的艺术中不那么明显,但在那里的国土上却强有力地存在着。大约在公元前3000年中期,从阿加德(Agade)的萨尔贡(Sargon)帝国

第十四章　王国的兼并；帝国的崛起

时期开始，巴比伦在西方获得了商业霸权，并逐渐在那里引入了楔形文字书写系统。它很容易适应在叙利亚 - 巴勒斯坦流行的闪米特方言，并通过类似于腓尼基字母传入希腊（腓尼基的商业统治时期）的过程，在那里争得了一席之地。它甚至被赫梯人（非闪米特人）所采纳，同样采纳的还有该地区另一个非闪米特民族——米坦尼（Mitanni）王国。因此，叙利亚 - 巴勒斯坦成了一个共同的据点——尼罗河和幼发拉底河的文明力量最初在和平的对抗中交融。不过，它们最终还是在战场上相遇了。这一地区的历史意义在于，对于它的所有权，不可避免地在尼罗河王国和底格里斯河 - 幼发拉底河流域以及亚洲这一地区的王国之间引起了争斗。正是在这场斗争中，希伯来民族的历史衰落了，在这个无情的过程中，希伯来的君主政体灭亡了。

其他的非闪米特民族也随即出现在埃及的北部边境上。到了公元前1500年，历史上首次登场的伊朗战士，向西推进到了幼发拉底河上游。也就是说，在埃及帝国崛起之时，这些伊朗人已经定居在了幼发拉底河以东的国家，在河流从地中海转向的巨大弯道里建立了米坦尼王国。根据我们目前掌握的信息，这里是雅利安族最早也是最西边的前哨。他们的发源地一定是雅利安人的原始家园，就在位于奥克苏斯（Oxus）河和贾沙特斯（Jaxartes）河源头的东北部山脉。米坦尼的影响和语言向西延伸到了奥龙特斯山谷的图尼普（Tunip），向东延伸到了尼尼微（Nineveh）。他们建立了一个强大且文明的国家。他们在从巴比伦沿幼发拉底河向西的道路上种植，有效地切断了对巴比伦有利的西部贸易。毫无疑问，这与巴比伦在外族王朝加喜特王朝统治下的衰落有很大关系。此时，亚述还只是一个微不足道的新城邦，它即将与巴比伦展开的斗争，只会让法老在实现征服亚洲的计划时，更少地受到来自东方的干涉。因此，所有这一切都合力推动了埃及政权在那里的长久存续。

在这种情况下，图特摩斯一世准备镇压叙利亚的长期叛乱，使其完全屈服，就像他在努比亚所做的那样。这场战役的记录无一幸存，但埃尔卡布的两位雅赫摩斯仍然在征服军中服役，他们在自己的传记中简要地提到了这场战争。卡叠什一定是被阿蒙霍特普一世吓倒了，因为据我们所知，图特摩斯没有遇到任何抵抗，两位雅赫摩斯认为这是值得一提的。因此，法老没有受到激烈的反抗，就到达了纳哈林（Naharin），也就是"河流之地"。顾名思义，这是一个国家的名称，这个国家从奥龙特斯到幼发拉底河及更远的地方，汇入小亚细亚。在这里，叛乱自然是最严重的事件，因为它与法老的复仇背道而驰。这场战斗导致了对亚洲人的大规模屠杀，随后俘虏了大批囚犯。"与此同时，"埃班娜之子雅赫摩斯说，"我是我军的统帅，陛下看到了我的勇敢。我将一辆战车、车上的马匹和车上的人，作为俘虏，都带到了陛下面前。一赐予了我双倍的黄金。"[28] 埃尔卡布的那位与他同名的英雄，更加年轻，精力更加充沛，甚至也更加成功——除了一匹马和一辆战车外，他还砍下了不下21只手。[29] 这两个人是法老追

第十四章　王国的兼并；帝国的崛起

随者的典型代表。很明显，国王明白如何依靠武装力量的成功来成就本国的繁荣。遗憾的是，就我们对图特摩斯一世后来的战役（如果有的话）的了解，第一位雅赫摩斯的传记就是以这次战役作为结尾的，当然他的战争生涯也就此结束，尽管那位年轻的雅赫摩斯人后来还与图特摩斯二世一起征战，并且直到图特摩斯三世统治期间，都一直生活在恩宠和繁荣之中。

此时，图特摩斯在离地中海最近的幼发拉底河沿岸，立了一块石碑作为界碑，标志着他的叙利亚领土的北部和东部边界。[30]也许就在一年前，他还自豪地在帝国的另一个边界，位于尼罗河第三瀑布的界碑上自夸。从这以后，他的言辞就更不严谨了——他后来向阿拜多斯的祭司夸口说："我把埃及的边界划到了太阳的轨道上。"[31]鉴于当时埃及人对世界的了解有限而模糊，这几乎成了真理。

现在幼发拉底河已经经历了两任法老的统治，埃及的力量也让叙利亚统治者们印象深刻，他们连同贝都因人和巴勒斯坦的其他居民开始定期向埃及财政部进贡。[32]因此，图特摩斯一世得以开始修复自喜克索斯时代以来被忽视的神庙。中王国时期的君主们当年在底比斯修建的简朴古老的神庙，现在与法老日益发展的财富和荣耀已不相协调。因此，他的首席建筑师艾纳尼（Ineni）受命在古老的阿蒙神庙前建造两座巨大的桥塔或高耸的门道。在这中间，有一个有顶的大殿，屋顶由大雪松柱子支撑着，当然，这是从黎巴嫩的新领地上运来的，就像神庙前竖立的用雪松做的金银头旗杆一样。大门是用亚洲铜制成的,门上镶嵌着神的金像。[33] 同样,他也修复了位于阿拜多斯的、备受尊崇的奥西里斯神庙,为其配备了丰富的仪式用具和金银家具,以及宏伟的神像。原有的神像无疑已在喜克索斯时期丢失。[34] 由于年事已高,他也给这座神庙捐献了一笔收入,作为自己的丧葬祭品,并指示祭司保存他的名字和记录。[35]

1	II, 38—39.
2	II, 39.
3	II, 39, 41.
4	II, 47—48.
5	II, 39, 11.27—28.
6	II, 42, 22.
7	II, 73.
8	IV, 513 and notes.
9	Bull.De I'Inst., 4me ser., No.3, 164—165.
10	II, 45—46.
11	II, 54—60.
12	II, 1020—1025.
13	II, 1037.
14	II, 80.
15	II, 75.
16	II, 80.
17	II, p. 28, note b.
18	II, 80.

第十四章 王国的兼并；帝国的崛起

19	II, 84.
20	II, 72.
21	II, 67-73.
22	II, 74-77.
23	出处同上。
24	见地图 7；作者的卡叠什战役。
25	Pp.219 ff.
26	II, 492.
27	II, 661.
28	II, 81.
29	II, 85.
30	II, 478.
31	II, 98.
32	II, 101.
33	II, 103—104.
34	II, 92—96.
35	II, 97.

第十五章
图特摩斯王朝的争斗和哈特谢普苏特女王的统治

在图特摩斯一世即位30周年之际,也就是他加冕30周年之际,他派遣他的忠诚建筑师艾纳尼前往第一瀑布的花岗岩采石场,采购两座方尖碑,用以庆祝即将到来的塞德节(Hb-sd-festival)或即位30周年的庆典。在一艘长200多英尺、宽度为长度的三分之一的驳船上,艾纳尼把这些巨大的长石顺流而下,运到底比斯,把它们竖立在卡纳克神庙的塔架前。卡纳克神庙也是他为国王建造的。[1]其中一座石碑,直到今日还屹立在神庙门前,上面刻着国王的名字和名号。[2]但是,在他还没开始在另一座石碑上刻上铭文时,意外的变故就已来临,使他再也没有机会在上面刻上图特摩斯一世的名字了。图特摩斯一世现在已经垂垂老矣[3],

第十五章 图特摩斯王朝的争斗和哈特谢普苏特女王的统治

在他的女王雅赫摩斯死后,他一直以来成功维持的王位主张很可能因此而遭到了削弱,因为只有通过女王,他才拥有任何有效的王权。她是曾经与喜克索斯作战并驱逐他们的底比斯贵族的后裔和代表,有一个强大的党派认为,只有这个贵族的血统才有资格享有王室荣誉。她与图特摩斯一世生了四个孩子,两个儿子和两个女儿。但两个儿子和其中一个女儿都在青年时期或幼年时期去世了,因此幸存的那个女儿马克尔-哈特谢普苏特(Makere-Hatshepsut)成了旧家族的唯一后代。由于正统派的势力很强,多年前,在图特摩斯一世统治的中期,他们强迫国王宣布立这个女儿为继任者,尽管纵观埃及历史,人们普遍不愿服从女王的统治。图特摩斯一世与其他女王也生了孩子,其中也有两个儿子:一个就是后来的图特摩斯二世,是姆特诺费列特(Mutnofret)公主的儿子;另一个是后来的图特摩斯三世,由一个叫伊希斯的不知名妾室所生。图特摩斯一世统治的末期笼罩在一片混沌之中,接下来的重建也并非一帆风顺。[4] 神庙墙壁上留下的有关家族纷争的痕迹,可能不足以帮助我们在3500年后确切地了解这场复杂的争斗。图特摩斯一世统治末期的混乱时期,可能是图特摩斯三世统治的开始以及整个图特摩斯二世统治期的开始。当光明最终降临后,图特摩斯三世维持了很长一段时间的统治,他的统治初期曾被图特摩斯二世的短暂统治中断过一段时间。因此,尽管图特摩斯三世的统治实际上开始于图特摩斯二世之前,但其中八分之七的部分是在图特摩斯二世死后,而且对这两位国王采用这样的编号也是最方便的。在这场不为人所熟知的斗争中，也穿插着浪漫且戏剧性的事件，其中涉及古老贵族的美丽而有天赋的公主哈特谢普苏特的命运，也就是图特摩斯一世的女儿。可能是在她的兄弟死后，她嫁给了自己同父异母的哥哥，也就是那个妾室的儿子，我们必须称他为图特摩斯三世。他是一位前途黯淡的年轻王子，无论是他的父亲还是母亲，都没能给他任何继承权，因此他被安置在卡纳克神庙，成为一名享有先知头衔的祭司。不久，他便以祭司的身份获得了支持，因为在老女王雅赫摩斯死后，图特摩斯三世也享有了他父亲曾经宣称的王位继承权，也就是通过妻子来继承王位。为了帮助他争取这一合法权利，支持他的阿蒙祭司同意为他增加神的支持。无论是先前与图特摩斯一世的和平谅解，还是他本人完全意想不到的敌对革命，图特摩斯三世的继位都突然受到阿蒙神庙发生的一场戏剧性政变的影响。有一次节庆上，在群众的欢呼中，神像被抬起来，从圣所抬进神庙的庭院，祭司图特摩斯三世和他的同僚们站在图特摩斯一世神庙大殿的北柱廊上。祭司们在柱廊的两边抬着神，好像他在寻找什么人。最后，他们在年轻的王子面前停了下来，王子跪在步道上。但是神把他扶了起来，为了表明他的意愿，让他立刻安置去到"国王的位置"上，这是在神庙的庆典仪式上，只有国王才能站的位置。刚才还在向神敬香、敬献丰厚祭品的图特摩斯一世，就这样被这位神的意志所废弃，而这意志还清楚地表现在了公众面前。[5] 图特摩斯三世的五个名字和称号立即被公之于众，在公元前 1501 年 5 月

第十五章 图特摩斯王朝的争斗和哈特谢普苏特女王的统治

3日,他突然从阿蒙神庙的一个默默无闻的先知的职位上走了出来,进入了法老的宫殿。几年后,当阿蒙的卡纳克神庙举行新会堂的落成典礼时,他向聚集于此的朝廷众臣重述了这一事件,并补充说,他没有去赫里奥波里斯接受太阳神对其作为埃及国王的认可,而是被带到了天堂,看到了太阳神最灿烂的光辉,由太阳神亲自加冕,并亲赐王室姓名。他把神赐给他的无上荣耀写在了神庙的墙上,好让所有的人都永远知道。[6]

新法老显然没有将图特摩斯一世视为一个严重的危险因素,因为他没有索取这位老法老的性命。图特摩斯三世很早就摆脱了正统派的控制。在他统治了13个月后,他经由第二瀑布,修复了他的祖先塞索斯特里斯三世位于塞姆奈的砖砌古庙,将其升级为一座由努比亚砂岩建造的神庙。在那里,他仔细地重制了中王国的旧界碑,[7]并重新制定了塞索斯特里斯的法令,为这座神庙的祭品赋予永久收入。在这里,他没有提到他的女王哈特谢普苏特在献祭之前的王室头衔中的任何摄政作用。事实上,他只给她授予"伟大的或首席王室妻子"这样的荣誉称号。但正统派却不是那么容易被推倒的。大约15年前,哈特谢普苏特被提名为继任者,更重要的是,她是底比斯的塞肯内拉家族和雅赫摩斯家族的后裔,这些是正统派所重视的。在他们的努力下,图特摩斯三世不得不承认女王的摄政权,并在政府中切实地给予她一部分统治权。不久之后,她的追随者已经强大到了严重遏制国王权力的地步,甚至最终将国王推到了幕后。哈特谢普苏特因此成了国王,这在描写法老起源的民间传说中，是一种无法调和的暴行。她被称为"女性荷鲁斯！""陛下"这个词被赋予了女性的形式（在埃及语，它与统治者的性别相一致），宫廷惯例也经过了扭转，以适应女性的统治。

哈特谢普苏特立即着手进行独立的工程和王室纪念建筑的建设，特别是为了保障她自己的葬祭服务，她在底比斯河西岸悬崖的一个海湾里建立了一座宏伟的神庙。这座神庙便是德艾尔巴赫的神庙。随着内容的深入，我们将会更充分地讨论它。究竟是图特摩斯三世的祭司党和正统派在相互斗争中都削弱了自己，使他们轻易成了第三方的牺牲品，还是图特摩斯二世的党羽得到了命运之风的垂青，我们现在无法辨别。无论如何，当图特摩斯三世和他那咄咄逼人的女王统治了五年左右的时候，图特摩斯二世与被废黜的老国王图特摩斯一世结成联盟，成功推翻了图特摩斯三世和哈特谢普苏特的统治，夺取了王位。接着，图特摩斯一世和二世父子二人开始对关于哈特谢普苏特的记忆进行残酷的迫害。他们从纪念碑上切下了她的名字，并把他们自己的名字刻在他们能找到的任何地方。

王室内部敌对的消息可能已经传到了努比亚，而且就在图特摩斯二世即位的当天，他就收到了发生严重暴乱的报告。当然，在他刚刚掌握权杖之时，他不可能把朝廷和都城置于敌人的阴谋之下。因此，他不得不派遣一名属下带领一支军队，即刻前往第三瀑布，那里的埃及牲畜正处于严重的危险之中。按照指示，埃

第十五章 图特摩斯王朝的争斗和哈特谢普苏特女王的统治

及指挥官不仅打败了敌人,还杀死了他发现的所有男丁。他们俘虏了反叛的努比亚首领的一个孩子和其他一些当地人,这些人作为人质被带到底比斯,并在新任法老面前游行。[8] 这之后,受到惩罚的努比亚又归于平静;但在北方,这位新法老不得不向远在幼发拉底河上的尼伊(Niy)挺进,对抗亚洲的叛乱分子。[9] 在出征的路上,或者可能在返回的路上,他被迫在巴勒斯坦南部对劫掠成性的贝都因人进行了惩罚性的征讨。随同他的来自埃尔卡布的雅赫摩斯-彭-奈库贝特,俘获了数不清的囚犯。[10] 这是这位老战士的最后一场战役,后来他和他的亲戚和同乡,埃班娜之子雅赫摩斯一样,在埃尔卡布光荣退伍。图特摩斯二世从北方回来时,就用那座雄伟的哈特谢普苏特神庙记录了他在亚洲的战役,现在那座神庙依然憔悴地矗立着,尚未完工,却已被工人们遗弃。在其中一堵空墙上,他描绘了他接受被征服者献上贡品的画面,其中表示"马"和"大象"的两个词依然清晰可见。[11] 在这个关头,很可能由于年老的图特摩斯一世的去世削弱了虚弱患病[12]的图特摩斯二世的地位,使得他与图特摩斯三世达成了共同目标,此后他显然过上了退休生活,不过当然还在暗中寻求复辟。无论如何,我们发现他们一起经历了短暂的共治,[13]不过这种日子最多只维持了三年,就因图特摩斯二世的去世而一去不复返了。

图特摩斯三世就这样重新夺回了王位,但他无法独自对抗哈特谢普苏特的党羽,因而不得不做出妥协,承认女王为摄政王。

然而事情并没有就此止步。女王一党过于强大,尽管他们无法完全除掉图特摩斯三世,但他又一次被排挤到幕后,使女王掌握了国家的主导权。她和图特摩斯三世都从后者第一次登基开始计算他们共同统治的年份,就好像图特摩斯三世的短暂统治从未中断过一样。现在,女王开始扩张她的事业了,成为我们所了解的历史上第一位伟大的女性。她父亲的建筑师艾纳尼这样定义了这两位王在这个国家的地位:在简单地将图特摩斯三世描述为"坐在其父亲的王座上的统治者"之后,他说:"他的妹妹,神的伴侣,哈特谢普苏特,根据她的计划调整了两国的事务;埃及人被迫低下头来为她做工,她是神播撒的优良种子,是神所创造的。她是南方的船首缆,南方人的系船桩,是北方优良的船尾缆;她是女指挥官,她的计划极好,她说的话能让两个地区都感到满意。"因此,也许是在国家之船首次出现的时候,艾纳尼用生动的东方意象把她比作尼罗河船的系船缆。[14]

女王的事迹证实了这些描写。她的党羽们现在也把他们自己安插在最有权的机构里。女王身边最亲近的人是一个名叫森穆特(图111)的官员,他也总是极力地讨好女王。在图特摩斯三世幼年时,他是图特摩斯三世的导师,[15]现在他受命负责女王的小女儿纳芙瑞的教育(图111)。在幼年时期,纳芙瑞由年老的雅赫摩斯-彭-奈库贝特看管,而雅赫摩斯-彭-奈库贝特现在已经没有能力再从事任何较为重要的工作了。[16]森穆特随后被派去作为管家,掌管这个小女孩的财产。[17]他有一个兄弟叫作森

第十五章 图特摩斯王朝的争斗和哈特谢普苏特女王的统治

曼（Senmen），[18] 同样也支持着哈特谢普苏特的事业。她的党派里最有权势的是哈芬塞布（Hapuseneb），[19] 既是维齐尔，也是阿蒙大祭司。他还是整个国家新组织的神职体系的头目。[20] 因此，他亲自把掌管行政的政府的所有权力与强大的祭司党的权力结合起来，后者现在已经加入了哈特谢普苏特的阵营。哈特谢普苏特的党派现在开始以这种新力量运作。年迈的艾纳尼，被一位名叫图蒂（Thutiy）的贵族接任，担任"金银库监督者"，[21] 而一位名叫内西（Nehsi）[22] 的人成了总司库，也是哈芬塞布的同僚。整个国家机器就这样掌握在了女王的党羽手中。毋庸置疑，这些人的命运，以及他们的性命，都与哈特谢普苏特的成功和统治地位息息相关，因此他们非常小心地维护着她的地位。从各个方面，他们煞费苦心地证明，王后从一开始就注定是神指定的王位继承者。在她位于德艾尔巴赫的神庙里，他们在墙上雕刻了一系列浮雕[23]，描绘显示女王的诞生。关于君主应该是太阳神肉身意义上的儿子的古老民间传说，所有细节都在浮雕上精心描绘了出来：图特摩斯一世的王后雅赫摩斯，与阿蒙（太阳神拉在底比斯神学中的继承人）交谈，阿蒙在离开时告诉她："哈特谢普苏特将是我（即将出生的）女儿的名字。……她将在这片土地上行使至高的王权。"[24] 浮雕就这样展现了，她是如何从一开始受神的旨意来统治埃及的。据此，他们又描绘她的诞生，与之一同降临的还有各种奇观，包括与太阳神继承人降临有关的宫廷惯例和民间传说。[25] 完成这个作品的艺术家非常严格地遵循了当时的传统，使这个新生的孩子看起来犹如一个男孩，展示了继承体制是如何经过扭转，最终推出了一位女性继承人。在这些场景中，他们还添加了其他的元素，展示了她由众神加冕，然后在新年当天，图特摩斯一世在朝廷众臣面前承认她是女王。[26]在古老的第十二王朝记录中，也记录了塞索斯特里斯三世在类似的仪式上传位于他的儿子阿蒙涅姆赫特三世。而上述随附的事件描述，正是从第十二王朝的这些记录中抄来的。为了谨慎地提醒任何可能反对女王统治的人，女王党精心设计了这些铭文，代表了图特摩斯一世面对朝廷所说的话："你们要传扬她的话，听从她的命令。敬畏她的人，必将存活；毁谤她的人，必会死亡。"[27]在塔架上，也就是图特摩斯一世通向卡纳克神庙的南部通道上，甚至描绘了图特摩斯一世在底比斯诸神面前祈祷他的女儿能实现繁荣统治的画面。[28]通过这些手段，他们试图克服世俗对法老王位上的王后的偏见。

我们说过，哈特谢普苏特即位后的第一项任务是继续在底比斯西部的悬崖上修建她那座宏伟的神庙，也就是她的父亲和兄弟写上了自己名字的那座神庙。这座建筑的设计与那个时代的大神庙大不相同。它是仿照孟图霍特普二世在悬崖附近的一个海湾修建的小阶梯式神庙而建造的。经过三层阶梯，从平原走上高高的庭院，两侧是魁伟的黄色悬崖，圣所就屹立在它们之间。阶梯前面排列着精美的柱廊。即使在今天，从远处看，这些柱廊依然展现出了一种精致的比例感和恰当的组合，这完全驳斥了人们的

第十五章 图特摩斯王朝的争斗和哈特谢普苏特女王的统治

一种观点——最先理解外部柱廊调整艺术的是希腊人,埃及人只知道室内柱子的应用(图113)。这座神庙的建筑师是女王最青睐的森穆特,[29] 而艾纳尼的继任者图蒂[30] 则为它制作了青铜门,同时以银金和其他金属雕饰。女王对这座神庙的设计特别感兴趣。她把它看作阿蒙的天堂,把它的阶梯想象成蓬特的"没药梯田",而蓬特正是众神最初的家园。她在一篇铭文中提到阿蒙曾希望她"在他的宫殿里为他修建一座蓬特"。[31] 为了充分实现这一设计,还需要在阶梯里种植来自蓬特的没药树。她的祖先经常派远征队前去那里,但从来没有一支队伍有能力把树带回来。事实上,在所有人的记忆里,很长时间以来,连神庙里的熏香所需的没药都是通过陆路交通一程一程地运到埃及的。[32] 在喜克索斯长期统治期间,外国交通严重受损。但是有一天,王后站在神的圣殿前,"伟大的王座上传下一个命令,这是神亲自下达的神谕。神命令,必须开辟通往蓬特的道路,也就是贯穿没药梯田的通路",[33] 因为神说,"这是神之乐土的荣耀之地,也是我的乐土;我为自己做了这件事,好让我的心放松一下。"[34] 王后又说:"这都是照神的旨意去做的。"[35]

远征队的组织和派遣自然由女王委任给总司库内西,而远征队带回的财富也被存放在内西的库房里。[36] 在女王统治的第九年年初,船队的五艘船起航,并向天上的诸神献上了安抚祭,祈求风调雨顺。[37] 他们沿尼罗河下行,穿过一条从三角洲东部启程,流经图米拉特干河,接连尼罗河和红海的运河。读者应该记得,

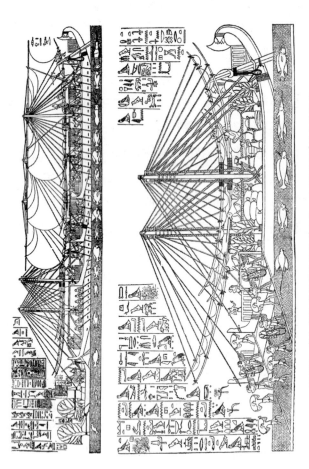

图 112 底比斯的德艾尔巴赫利神庙里的一系列蓬特浮雕上的场景

此处,哈特谢普苏特女王描绘了她远征蓬特的情景(第 276 页及其后各页)。上面一行描绘的是船队出发;下面一行是船只正在装货,没药树也装在了船上。

第十五章　图特摩斯王朝的争斗和哈特谢普苏特女王的统治

这条运河（见第 188 页）早在中王国时期就已经常通航。除了大批用以交易的货物外，船队还载有一尊巨大的女王石像，将要立于蓬特。如果这尊石像依然存在的话，这会是埃及统治者有史以来最遥远的雕像。他们安全地抵达蓬特。埃及指挥官把他的帐篷搭在岸边，在那里，他受到了蓬特首领佩雷胡（Perehu）的友好接待，后面跟着他那胖得出奇的妻子和三个孩子。[38] 很久没有埃及人出现在蓬特了，以至于这些埃及人用"大声疾呼"来描述蓬特人的反应："你们为什么来到了这里，埃及人根本都不知道这里？你们是沿着天上的路下到这里的，还是从水上航行到这里，还是通过神之乐土的大海？"[39] 蓬特首领得到了埃及人的赠礼，接着，繁忙的交通很快开启了。[40] 船只被拖到了海滩上，舷梯上的木板都不够用了，人们热火朝天地装载货物，最后船只上"装满了蓬特国的奇迹：神之乐土的所有芳香四溢的木材、成堆的没药树脂、成堆的新鲜没药树、乌木和纯象牙、绿金的鸸鹋、肉桂木、香料、眼部化妆品、狒狒、猴子、狗、南方豹皮、本地人和他们的孩子。自创世以来，从没有任何一位国王得到过这些东西"[41]。这是一次顺利的航行，没有发生意外，而且据我们所知，也没有发生货物转移，船队最终回到了底比斯的码头上。[42] 在此之前，底比斯人可能从来没有见过这样的阵势，各种各样的蓬特人以及来自他们遥远国度的奇特产品穿过街道来到了女王的宫殿，然后由埃及指挥官呈到女王面前。在检阅了这次伟大远征的硕果后，女王立即将其中的一部分呈给了阿蒙，连同从努比亚进口的货物一起（他们通常将蓬特与努比亚归为一系）。她向神献上了31棵还存活的没药树、银金、眼部化妆品、蓬特人的抛棍、乌木、象牙螺、一只为女王特别捕获的南方豹、许多豹皮和3300头小牛。[43]在女王最宠爱的图蒂的监督下，他们以格令为单位计量了一大堆没药，相当于一个男子身材的两倍，又计算了10英尺高的以商用黄金制成的大金环的重量。[44]随后，哈特谢普苏特向阿蒙正式宣布，奉他的神谕所发起的远征成功返航。[45]接着，她召集了朝廷众臣，向她最宠爱的森穆特和派遣远征的总司库内西赐予了她脚下的荣耀之地，同时向贵族们宣告了她的伟大探险的结果。[46]她提醒他们，遵照阿蒙的神谕："照他的吩咐，在他的宫殿里建一座蓬特，在他的花园中，将神之乐土的树木种在他的殿旁，在他的园子里栽种神地的树木。"她骄傲地说，"这就成了……我在他的花园里为他做了一座蓬特，正如他所吩咐的那样……大到他可以在里面随意漫步。"[47]这样，华丽的神庙建成了神的梯田式没药园。为了做成这件事，精力充沛的王后甚至派人前往他们已知的世界尽头。她把这次非凡探险的所有事件都记录在了墙上的浮雕[48]里，这面墙曾经被图特摩斯用作亚洲战役的记录。[49]这些浮雕也成了她的神庙里最美丽的地方。她最喜欢的东西都能在这幅浮雕里找到。森穆特甚至被允许在一面墙上描绘自己为女王向哈索尔祈祷的场景，这是前所未有的荣誉。[50]

这座独特的神庙在布局和架构上，堪称王家陵墓及其礼堂或神庙新发展的巅峰之作。然而，正如我们所看到的，渐渐地，

第十五章 图特摩斯王朝的争斗和哈特谢普苏特女王的统治

法老不再修建金字塔，也许是因为他们的资源还有其他用途，也许是因为他们意识到，建造这么大的一座坟墓无异于徒劳，无法保护建造者的身体不受侵害。用于葬祭的小礼堂位于金字塔的东面，这种布局可能一直沿用到雅赫摩斯一世统治时期。但金字塔的规模和重要性却逐渐下降，不过它下面的竖井和墓室，以及前面的小礼堂依然较大。阿蒙霍特普一世是最后一位遵循这些古老传统的法老。他在底比斯西部的悬崖上凿了一条200英尺长的通道，一直通到一间墓室，用于迎接国王的遗体。[51]在悬崖前，通道的入口处，他建造了一座简陋的葬祭小礼堂。我们注意到，这个小礼堂的屋顶采用的是金字塔形。[52]也许是为了安全起见，图特摩斯一世采取了激进的措施，把坟墓和它前面的葬祭小礼堂隔开。后者留在悬崖下的平原上，而墓室和通向墓室的通道（图109和图110）则被凿进了荒凉山谷的石墙里（图108），坐落在西边的悬崖后面，距离河流的直线距离有二英里，要想到达只能向北绕行很长一段路，几乎是直线距离的两倍。很明显，埋葬国王尸体的确切地点应该是保密的，以杜绝所有盗窃王室墓葬的可能性。图特摩斯一世的建筑师艾纳尼说，他是"国王悬崖墓穴挖掘工程的唯一监督人，没有其他人看到和听到"。[53]新的布局仍然将墓葬安排在小礼堂或神庙的后面，因此它们仍像以前一样，在坟墓的东面，虽然这两个地方现在被中间的悬崖隔开了。这个现在被称为"帝王谷"的山谷，后来迅速被图特摩斯一世继任者的大量墓葬所占据。从第十八、十九王朝到第二十王朝，这里一直是国王的墓地，挖掘了40多座底比斯国王墓。其中41座现在可进入的墓葬构成了这里的一个奇观，吸引着现代的尼罗河游客前往底比斯探寻，斯特拉博也谈到过他那个时代的40座值得探访的坟墓。因此，哈特谢普苏特的阶梯式圣所是她自己的葬祭神庙，也是她献给她的父亲的。随着后面山谷里坟墓不断增多，平原上出现了一座又一座神庙，都是为了那些逝去的神灵，那些曾经统治埃及的先王，为了给他们提供葬祭服务而修建的。此外，这些神庙也是献给国家之神阿蒙的；不过他们有着雅致的名字，重点强调他们的葬祭功能。例如，图特摩斯三世的神庙名为"生命的礼物"。[54] 哈特谢普苏特的建筑师哈芬塞布，也是她的维齐尔，同样也在荒芜的山谷中为她挖掘了一座她的坟墓[55]。在紧靠阶梯式神庙后面的东墙上，通道急剧下降数百英尺，尽头是几个墓室，其中一个墓室内有一具石棺，正是为她和她父亲图特摩斯一世准备的。不过，正如我们所看到的，由于家族内斗，他也为自己建造了一座坟墓，规模不大，而且毫无疑问，他从未使用过他女儿为他制作的石棺。然而，这两个石棺在古代都被抢劫过，最近被发现时里面没有任何遗骸。

这位积极进取的女王对和平艺术的关注，以及她对开发帝国资源的积极投入，很快开始产生回报。除了王室从内部获得的巨额收入外，哈特谢普苏特还从她辽阔的帝国之内获取贡品，范围从尼罗河第三瀑布一直覆盖到幼发拉底河。正如她自己所说："我的南界远至蓬特……我的东界远至亚洲的沼泽地，那些亚

第十五章 图特摩斯王朝的争斗和哈特谢普苏特女王的统治

洲人亦在我的掌握之中;我的西界远至曼恩(Mann)山(日落的地方)……我在沙漠居民(贝都因人)中也很有名望。蓬特的没药已经带到我这里了……那个国家所有的奢华奇迹都被成批地带到了我的宫殿里……他们给我带来了雪松、杜松和梅鲁木……上等产品……神之乐土上的所有芳香树木。我得到了太赫农(Tehenu)(利比亚)的贡品,其中有象牙和700只长牙,又有许多豹皮,沿背部有五腕尺长,宽四腕尺。"[56]显然,到目前为止,虽然坐在法老宝座上的人非战士出身,但亚洲还没有制造什么麻烦。于是,这位精力充沛的女性开始用她新获取的财富来修复古庙。尽管喜克索斯的阴影散去以后,已经过了两代人,但这些古庙依然没有从喜克索斯的忽视中走过来。[57]她在贝尼哈桑的帕克特(Pakht)岩石神庙上,记录下了自己的出色工作,她说:"我修复了那片废墟,我兴起了自那些亚洲人占据北方的阿瓦里斯以来未完成的遗迹,推翻了他们在统治时,因对拉神的无知而做下的一切。"[58]

从她和图特摩斯三世夺回王位到现在已有七八年了,从他们第一次夺取王位到现在也有15年了。图特摩斯三世从未被任命为继位者,但他的王后享有过这一荣誉,现在就快到了她被任命为继位者30周年之际,她可能会庆祝自己的这个有纪念意义的时刻。因此,她必定会为建造方尖碑做准备,这是这类纪念活动的惯例。关于这一点,女王亲自告诉我们:"我坐在宫殿里,想起了塑造我的人,我的心告诉我,要为他造两座银金方尖碑,方尖碑的尖端与天堂交相辉映。"[59]因此，她召唤了最宠爱的森穆特，命他前往第一瀑布的花岗岩采石场，为这两座方尖碑采购两块长石。他征召了必要的劳工，并于女王在位的第15年2月初开工。到了8月初，也就是七个月后，他把大块的石块从采石场中运出来，[60]利用迅速逼近的高水位将它们浮起，并在洪水回落之前将它们拖到了底比斯。随后，王后为她的方尖碑选择了一个特别的位置，即她父亲建造的卡纳克神庙的柱廊大殿，也是在那里，她的丈夫图特摩斯三世受阿蒙的神谕被封为国

图113　位于底比斯德艾尔巴赫的哈特谢普苏特阶梯神庙中间平台的北柱廊

第十五章　图特摩斯王朝的争斗和哈特谢普苏特女王的统治

图114　位于卡纳克的哈特谢普苏特方尖碑
竖立着的长石有97.5英尺高。

王。不过，这就必须把她父亲在大殿南部和北部修建的四根雪松柱子移走，当然，还得拆掉大殿的屋顶，拆除南墙，方可将方尖碑运进来。这些方尖碑外面覆盖了一层银金，是图蒂专为女王所做的。[61]她声称，她是按配克来计量这些贵金属的，就像计量一袋袋粮食一样，[62]而图蒂也在这篇特别声明中给予了她支持，他说，根据王室的命令，他在宫殿的庆典大殿里堆积了不少于12蒲式耳的金银。[63]女王还夸耀它们的美丽："它们的顶点上的金银是每个国家中最好的地方，在河的两岸都可以看到。当太阳在它们之间升起，天空的地平线上出现曙光时，它们光芒四射，淹没了两国之地。"[64]它们高高耸立在图特摩斯一世被拆除的大殿之上（图114），女王还记录了一段很长的誓言，向所有神发誓，它们分别采用的是一整块岩石。[65]它们确实是埃及迄今为止建造的最高的立碑，高97.5英尺，每座将近350吨。其中一座至今仍然屹立在那里，不断接受着前来底比斯游览的现代游客的钦佩（图114）。同时，哈特谢普苏特还在卡纳克建造了另外两座大型方尖碑，不过它们现在已经消亡了。[66]她可能还在她的阶梯式神庙里建了两座，一共六座，因为她在那里记录了两根长石在河上运输的情况，也在一幅浮雕上描绘了这一成就[67]——一艘巨大的驳船载着两座方尖碑，两端分别位于船的首尾，驳船由30艘大桡船拖着，共使用了约960名船夫。但是，这一场景也可能描绘的是前两座方尖碑，因为是由森穆特带着它们顺流而下的。

除了她即位第16年所建的方尖碑外，我们还从在西奈的马

第十五章 图特摩斯王朝的争斗和哈特谢普苏特女王的统治

格哈拉干河[68]的浮雕上得知了哈特谢普苏特于同一年开展的另一项事业,这位不知疲倦的女王向那里派出了一支开采队,恢复了因喜克索斯入侵而中断的采矿工作。在西奈,这项工程以她的名义继续开展了下去,直到她在位的第20年。[69]从这个时间到第21年年底的一段时期内,我们发现只有图特摩斯三世单独执政,那么伟大的女王一定已经去世了。为什么我们要在她的建筑和远征活动上花费这些笔墨?因为她是一个女人,在那个时代,战争对女人来说是不可能完成的事情,那么她只能在艺术和和平的事业上取得伟大成就。尽管她很伟大,但她的统治显然是一种灾祸。当埃及在亚洲的势力还没有经受到严峻的考验,叙利亚已经做好了反抗的准备之时,她的统治就这样垮台了。

图特摩斯三世在女王去世后对她的态度并不敬重。他受了太多的苦。他渴望率领军队征战亚洲,却被安排执行一些幼稚的任务,比如女王的远征队从蓬特归来时,由他来给阿蒙上香;又或者,他的精力无处释放,只能在底比斯的西部平原上建造自己的葬祭神庙。考虑到他生活的年代,我们不能过分苛责他给已故女王的待遇。在女王在她父亲的卡纳克大殿修建的方尖碑周围,他建造了一个砖石盖板,遮住了女王的名字以及她在底座上留下的立碑记录。无论任何地方,只要有女王的名字,他都把它抹掉;在那座阶梯式神庙的所有墙壁上,她的雕像和名字全部被砍掉。毫无疑问,她的党羽现在都潜逃了。如果没有逃掉,他们也一定受到了冷遇。那座神庙里的浮雕上,森穆特、内西和图蒂曾经骄傲地出现在上面,而现在,他们的名字、肖像都被无情地凿掉了。女王在底比斯的神庙里曾给森穆特立了三尊雕像,现在这些雕像上的名字都被抹去了;在他的坟墓和墓碑上,他的名字也消失了。维齐尔哈芬塞布的雕像也受到了如此对待。[70] 图蒂的坟墓也被人造访过,他的名字也不见了;森穆特的兄弟森曼的坟墓也没有逃过惩罚;在旁边的一座坟墓里,埋葬的是他们的一个同僚,他的名字也全然不见,因此我们并不知道他是谁。即使在遥远的塞勒塞拉,女王的"总管"也没有幸免——按照国王的命令,他的坟墓也被按照同样的方式处理。[71] 这些遭到破坏的纪念碑屹立至今,见证着伟大国王的复仇。但是,在哈特谢普苏特的那座富丽堂皇的神庙里,她的名声依然长存。包裹着她的卡纳克方尖碑的砖石已经倒塌,暴露出巨大的长石,向现代世界宣告着哈特谢普苏特的伟大。

1. II, 105.
2. II, 86—88.
3. II, 64, 1.11.
4. II, 128—130.
5. II, 131—136, 138—148.
6. 出处同上。
7. II, 167—176.
8. II, 119—122.
9. II, 125.

第十五章 图特摩斯王朝的争斗和哈特谢普苏特女王的统治

10 | II, 123—124.
11 | II, 125.
12 | Masp.Mom.Roy., 547.
13 | II, 593—595.
14 | II, 341.
15 | Karnak statue.
16 | II, 344.
17 | II, 363 ff.
18 | II, 348.
19 | II, 388 ff.
20 | II, 388.
21 | II, 369 ff.
22 | II, 290.
23 | II, 187 ff.
24 | II, 198.
25 | II, 187 ff.
26 | II, 215.
27 | II, 237, 11.15—16.
28 | II, 243 ff.
29 | II, 351, 11.6—7.
30 | II, 375.
31 | II, 295.
32 | II, 287.
33 | II, 285, 1.5.
34 | II, 288.
35 | II, 285, 1.6.

36	II, 290.
37	II, 252-253, 292.
38	II, 254.
39	II, 257.
40	II, 259.
41	II, 265.
42	II, 266.
43	II, 270—272.
44	II, 273—282.
45	II.283—288.
46	II, 289—295.
47	II, 295.
48	见第 275 页；II, 246—295。
49	见下文，第 270—271 页。
50	II, 345.
51	IV, 513 and notes.
52	第 254 页。
53	II, 106.
54	II, 552.
55	II, 389.
56	II, 321.
57	II, 296 ff.
58	II, 303.
59	II, 317, 11.6—7.
60	II, 318.
61	II, 376, 1.28.

62	II, 319, 1.3.
63	II, 377, 1.36—38.
64	II, 315.
65	II, 318.
66	II, 304—336.
67	II, 322 ff.
68	II, 337.
69	Petrie, Cat. of Egyptian Antiquities found in the Peninsula of Sinai, ete., p. 19.
70	II, p. 100, note f.
71	II, 348.

第十六章
帝国的兼并：图特摩斯三世

在哈特谢普苏特和图特摩斯三世统治的第 15 年，他们仍然控制着北至黎巴嫩的亚洲属地。[1] 直到第 22 年末，我们发现图特摩斯三世进军亚洲。而在此之前，我们不知道那里发生了什么。不过他当时所面临的环境和随后的战争过程，使我们清楚地看到埃及的霸权地位在那段过渡时期是如何发展的。多年没有见到埃及军队的叙利亚王朝变得越来越焦躁。卡叠什王，可能曾是整个叙利亚－巴勒斯坦的领主，发现他们的大胆并没有引起法老的任何回应，因此他鼓动巴勒斯坦北部和叙利亚的所有城邦接受他的领导，组成一个大联盟。最后，他们发现自己已经足够强大，可能发起反抗了。显然，卡叠什在旧时代的威望仍然存在，而且发

第十六章 帝国的兼并：图特摩斯三世

展成了一种更广泛、更不容置疑的宗主国地位，因此它成了联盟之首。"看哪，从［朱迪亚（Judea）北部］的耶拉撒，直到（幼发拉底河上游）的沼泽地，他们都起来反抗他的威严。"[2]但巴勒斯坦南部却不愿拿起武器攻击法老。沙鲁亨曾在喜克索斯时期被雅赫摩斯围困了六年，他非常清楚，如果不加考虑地攻打埃及的话，会遭受怎样的结果。因此，曾经见证那场围困的整个巴勒斯坦南部地区无意参战，只不过有一小撮人可能希望加入起义。所以，沙鲁亨和整个南方都爆发了内战，因为联盟企图迫使南方王朝加入起义，并向他们正在组建的军队出兵。[3]公开反抗法老的不仅是"扎希的所有盟国"[4]，也就是叙利亚西部，幼发拉底河以东的米坦尼王国也明显在尽其所能地鼓动叛乱，并在整个过程中予以支持，因为我们看到，图特摩斯三世为了维持埃及在纳哈林的霸权，最终被迫入侵米坦尼，惩治米坦尼国王。米坦尼是一个积极进取的大国，与新生的亚述在平等的条件下展开竞争，它理所当然地怀疑这个在其西部边界上新诞生的伟大帝国。米坦尼国王终于认识到了埃及的力量，那么他自然会尽最大努力恢复一度伟大的卡叠什王国，作为他和埃及之间的缓冲地带。面对这些强大的力量，图特摩斯三世奋起迎战，担起了历任法老从未承担过的重任。

长期未使用的埃及军队可能处于何种状态，图特摩斯花了多长时间重新组织和准备应战，我们无从得知。早期东方的军队，至少是埃及的军队，规模不大，也不可能有哪个法老曾经率领 25 000 或 30 000 人以上的军队入侵亚洲，通常的规模可能就是不到 20 000 人。[5] 到了图特摩斯统治第 22 年的年末，我们发现他和他的军队已经准备就绪。大约在公元前 1479 年 4 月 19 日，他从最靠近埃及东北部边境的城市塔鲁（Tharu）出发。[6] 九天后，也就是 4 月 28 日，他到达了加沙（Gaza），此处距离塔鲁 160 英里。[7] 在埃及历法中，这一天是巴洪（Pakhons）月的第四天，也是他的加冕日，就在 22 年前，阿蒙神谕宣布他为国王，他在父亲位于卡纳克的神庙大殿里接受了加冕。这确实是很久以前的事了，但他不断策划、计划和争取的那个机会最终还是被他抓住了。他不是那种会把一天浪费在没有意义的庆祝活动上的人。

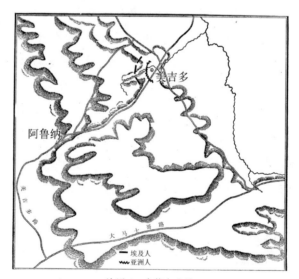

地图 4　卡梅尔山脉

展示了米吉多（Megiddo）、他纳（Taanach）、穿过山脊通往米吉多的道路，以及战斗开始时两军所处的位置。

第十六章 帝国的兼并：图特摩斯三世

他是在加冕周年纪念日当天晚上到达的，第二天早晨就动身去往了北方。[8] 他沿着士非拉（Shephelah），穿过海平面，穿过沙伦（Sharon）平原，向内陆走去，5月10日晚上在耶姆（Yehem）扎营。耶姆是一个地理位置不确定的城镇，距离加沙八九十英里，位于卡梅尔山脉的南坡上。[9] 与此同时，在卡叠什王的指挥下，亚洲同盟军向南推进，直到他们的追随者扩张的领土，他们占领了卡梅尔山脉北坡耶斯列平原上的米吉多要塞。这是这个地方在历史上的首次出现。它不仅是一个强大的据点，而且占据着重要的战略地位，控制着两个黎巴嫩之间从埃及到幼发拉底河的道路，从此它也在东方历史上占据了突出的地位。当然，图特摩斯把这整个国家都视为自己的疆土，因此他后来说："芬克胡（Fenkhu）（亚洲人）的土地……已经开始侵入我的疆界了。"[10]

到目前为止，他一直在对他表示友好的城镇里前进，至少这些地区没有公开对他表示不满，而当他接近卡梅尔时，他必须开始小心行事。在耶姆，他得知敌人占领了米吉多，于是召集军官开会，确定越过山脊到达以斯德伦平原的最佳路线。[11] 要从耶姆出发翻越这座山，军队有三条路可以选择：一条是从阿鲁纳（Aruna）直通米吉多的城门；另外两条则是两侧的绕行线路，第一条是从距离米吉多东南部约五英里的他纳往南走，另一条是从泽夫提（Zefti）往北走，到达米吉多的西北部。[12] 图特摩斯的特点是喜欢直行道路，但他的军官们则强烈劝说其选择其他两条更加开阔的道路，因为中间的那条道路非常狭窄。"难道要马跟在马的后面，"他们问，"人同样地跟在人的后面吗？当我们的后卫军还站在阿鲁纳时，我们的前卫军就要开始作战了吗？"[13]这些反对意见表明，军方对关隘的危险有很好的理解。但是图特摩斯发誓，他要采取最直接的路线来对付敌人，而将士们可以根据自己的意愿选择追随他或者不追随他。[14]因此，他做了非常精心的准备，于5月13日到达阿鲁纳。[15]为了防止意外，也为了激发将士的勇气，他亲自带队，发誓不让任何人走在他前面，而是"亲自率领军队，用自己的脚步指引道路"。[16]阿鲁纳远在山脊上，只有一条狭窄的路可以到达，但他还是安全到达了那里，并在那里度过了13日的夜晚。此时，从阿鲁纳到耶姆的很长一段道路上，一定都分散着他的军队。到了14日早晨，他们又迅速地向前挺进。行军不久他们就碰到了敌人。[17]由于他的行军队伍在狭窄的山路上蜿蜒而行，如果他们规模较大的话，他们一定行进得很艰难。幸运的是，山口现在变宽了，他可以在不断扩大的山谷里继续前进。在此地，在军官们的强烈建议下，他牵制住了敌人，直到此时仍在阿鲁纳行进的后卫军出现。[18]虽然他的地势不利，但敌人也没有足够的兵力来利用这一优势，因此他得以继续向前进军。正午刚过，他的前卫军从以斯德伦平原的隘口出来；一点钟时，图特摩斯在米吉多以南"基那（Kina）河岸边"停了下来，没有遇到任何敌人。[19]亚洲人因此失去了一个千载难逢的摧毁他的机会。他们似乎还在遥远的东南方，无法迅速地聚拢过来，也无法集中力量对抗他那从山上纵队

第十六章 帝国的兼并：图特摩斯三世

前行的纤细部队。要确定他们的确切位置是不可能的，但当山中发生小规模冲突时，他们的南翼位于他纳，[20]那么毫无疑问，他们以为图特摩斯会沿着他纳的道路穿过这座山。从塔纳克出发，他们的军队不可能延伸到米吉多以北，否则埃及人就不可能安然地从米吉多南部斜坡上的隘路和山口出来。图特摩斯进入米吉多，在平原上扎营，并向全军发出命令，准备明天的战斗。紧接着，战事的准备工作悄无声息地进行着，军营里充满了秩序和斗志。[21]当天（14日）下午晚些时候，或者是在随后的夜晚，图特摩斯利用敌人在自己部队东面和东南面的条件，将自己的部队绕到了米吉多的西面，并大胆地在该城的西北部发动了左翼突袭。[22]这样，在必要的时候，他就可以沿着泽夫提的道路安全轻松地向西撤退，同时他的极左地势可能会切断敌人向北逃跑的路线。

翌日清晨，也就是5月15日，图特摩斯命令大家集合起来，按照作战顺序出发。他坐在一辆闪闪发光的金银战车正中央；他的右翼或南翼停在基那河以南的一座小山上；而正如我们所看到的，他的左翼在米吉多的西北方。[23]为了保护他们的据点，亚洲人此时在图特摩斯的防线和城市之间进发。当然，增援部队就是从那里出现的。图特摩斯立即"率领部队"，率先向他们发起攻击。[24]"国王亲自率领他的军队，如同头上燃烧着熊熊的火焰，如同他是由他的剑锻造的一般。没有人像他那样，他闯向前去杀了野蛮人，击杀了瑞特努，把他们的首领活捉了来，把他们的黄金战车拴在了马上。"[25]敌人在第一次冲锋中就投降了，"战战兢兢地逃到米吉多,丢下他们的马匹和金银战车。众人就拉上它们,用衣服把它们拉进了城;这城的人又把城封闭起来,解开衣服,把它们拉进城。现在,如果陛下的军队不把心思放在掠夺敌人的东西上,他们就可以在此刻俘获米吉多,此时被打败的可怜的卡叠什王和被打败的可怜的本城(米吉多)国王被匆忙拖走,带到了这城里。"[26]但是,一支东方军队的纪律,到今天依然抵挡不住大量战利品的诱惑,更不用说公元前15世纪的埃及军队了。何以能够抵制来自叙利亚联军的战利品?"然后,又掳去了他们的马匹,他们的金银战车也成了战利品……他们的冠军像鱼一样舒展地躺在地上。得胜的军兵四处清点他们所夺取的财物。看哪,那可怜的被打败的仇敌(卡叠什王),他的军营被攻取了,里面住着他的儿子……全军欢庆,赞美阿蒙所赐予的胜利……他们把自己所夺的战利品都带来了,有手(从死者身上砍下的)、活人、马匹、战车、金银。"[27]很明显,在混乱的溃败中,卡叠什王的军营落入了埃及人的手中,他们把里面富丽堂皇的家具带给了法老。

但是,这些胜利的象征并不能使严厉的图特摩斯人平静下来,他只看到了他丢失的东西。"你们若是后来攻取了这城,"他对众军说,"我今日就会给你们丰厚的奖赏;因为每一个起义过的国家的首领都在其中;也因为这是对一千座城市的占领,是对米吉多的占领。"[28]于是他下令即刻封锁该城,"他们量了量这座城市,周围围了一圈围墙,四周用他们所有美丽的树木围成

第十六章 帝国的兼并:图特摩斯三世

绿色的木墙。国王陛下亲自视察了城东的防御工事。"[29] 图特摩斯回到埃及后吹嘘说:"阿蒙把扎希的所有盟国都关在一座城里,送给了我……我把他们诱捕到一座城里,在他们周围筑了一道厚墙。"[30] 按照帝国的习俗,每一座王家建筑都要用国王的名字命名,因此他们称这堵封锁墙为"图特摩斯是亚洲人的包围者"[31]。地方部队受到了最严密的警戒,谁也逃脱不了,城市里的任何人都不能接近围城线,除非是为了投降。但是,正如我们将看到的,在图特摩斯完全封锁这片土地之前,卡叠什王已经向北逃走,这正是图特摩斯在战前一晚想要阻止他的左翼在城市的西北角大摇大摆的原因。随着围攻的进行,那些幸运地逃脱封锁的王朝统治者都连忙赶来与愤怒的法老谈和,"各国的亚洲人都俯首帖耳地前来向国王陛下的威严致敬。"[32] 至于埃及人围城和袭击的过程是怎样的,我们不得而知。我们唯一的消息来源是,祭司书吏说:"现在国王陛下对这座城市,对那可恶的敌人和他可恶的军队所做的一切,每天都按日期记录了下来……记在阿蒙神庙的皮卷上,直到今日。"[33] 但这珍贵的皮卷,和犹大列王志一样,[34] 已经湮灭,而我们的叙述也因此大打折扣。当时时节已晚,因此埃及人在以斯德伦平原的麦田里觅食,而这里的牛群却让他们尝到了这片土地的肥美。据我们所知,他们是第一批摧毁这片美丽平原的军队,这片平原也注定要成为东西方的战场,从图特摩斯三世时期直到拿破仑时期。而在城墙内,一切都不一样了。没有为围困做好适当的准备,饥荒终于在这座围城里发展成为一场浩劫,在被围困了几个星期后,这座城市终于投降了。但卡叠什王并不在囚徒之列。"这些身处悲惨的米吉多的亚洲人……拜图特摩斯三世的威名而来。他们被赋予了生的希望,说:'给我们一个机会,让我们可以把我们的贡品献给陛下。'"[35]"然后他们来了,带着属于他们的东西,向陛下的威名致敬,渴望呼吸他的鼻息,只因他的强大的力量。"[36]"那么,"图特摩斯说,"我下令赐给他们生命的气息。"[37]显然,他对他们表现出了极大的仁慈。亚述王们在叙述他们对待叛军的方式时,曾吹嘘他们对整个城市实施了可怕破坏,然而在法老的记录中,我们却找不到这样的记载。由于未能抓获危险的卡叠什王,作为补偿,他们抓了他的家人作为人质,图特摩斯说:"看哪,我把那个被征服之人的妻子,连同他的孩子,以及在场首领的妻子和他们的孩子都带走了。"[38]

从前在战场上所夺的财物虽多,却远不能与被掳之城中恭候着法老的财富相比。包括卡叠什王和米吉多王的战车在内的924架战车、2238匹马、200套盔甲,同样也包括那两位国王的、卡叠什王的华丽帐篷、约2000头大牛、22 500头小牛,卡叠什王的华丽家具,其中包括他的权杖、一座银雕,可能是他的神的,以及一尊他本人的乌木雕像,以金和青金石锻造而成。[39]他们还从这座城里夺走了大量金银。但在图特摩斯的记载中,这些金银和其他城市的财物合在了一起,因此我们无法确定他们从米吉多夺去了多少。牛当然是从四边的乡村夺来的,不然城市就不会遭受饥荒了。在他们离开之前,军队还在米吉多周围的以斯德伦平原收割了田地。继军队在围城期间在田野上觅食之后,他们又收割了超过11.3万蒲式耳的庄稼。[40]

图特摩斯不失时机地继续向北方挺进,只要敌人的要塞和季节允许。他到达了黎巴嫩的南坡。在那里,耶诺姆(Yenoam)、努日(Nuges)和赫伦基鲁(Herenkeru)这三座城市在"那个敌人"(可能是卡叠什王)的统治下形成了一个类似特里波利斯(Tripolis)的区域。如果说图特摩斯还在围攻米吉多的时候,他们的王没有赶来投降的话,那么他们现在很快就屈服了。此时,为了阻止仍未被征服的卡叠什王再次向南推进,并控制两个黎巴嫩之间向北的重要通道,图特摩斯在此地建造了一座堡垒,并称之为"图特摩斯是野蛮人的束缚者"。[41]同样,他也像哈特谢普苏特称呼喜克索斯人一样,使用了那个生僻的词汇,"野蛮人"(barbarian)。他现在开始对被征服的领土进行重组,当然,也以可能忠于埃及的人取代了旧的反叛的统治者。[42]这些新统治者可以随心所欲地治理国家,只要他们定期、及时地向埃及进贡。为了确保他们履行义务,图特摩斯把他们的长子带到了埃及,把他们安置在一个特殊的地方,或称为"底比斯城堡"。[43]他们在这里接受教育,对埃及产生了友好的感情;每当叙利亚某城的国王去世时,"陛下都会让他的儿子取代他的位置"。[44]图特摩斯现在控制了整个巴勒斯坦,北至黎巴嫩南端,远至大马士革内陆。[45]只要他们反叛,他便剥夺他们所有城邑的财物，带走约 426 磅的金银制成的商用金银环，或是制成的华丽器皿和其他艺术品，连同数不清的价值连城的财物，以及米吉多战役中提到过的战利品。[46]

10 月初，图特摩斯到达底比斯，我们可以肯定，在这之前，没有哪个法老享受过这样的荣归。在不到六个月的时间里，也就是说，在巴勒斯坦的旱季里，他从塔鲁出发，在米吉多取得了压倒性的胜利，经过长期艰苦的围堵最终夺取了这座城市；后向黎巴嫩进发，在那里占领了三座城市，并在附近修建并驻扎了一座永久性的要塞；他又开始在巴勒斯坦北部重新组织政府，并完成了返回底比斯的旅程。[47]取得这样的成就要克服多大的困难？仔细阅读一下拿破仑从埃及出发，经过同样的国家，对阿卡（Akko）发动的战役，我们就可以了解一二。阿卡距离埃及几乎和米吉多距离埃及一样远。我们也许就能够理解，为何图特摩斯立即在他的首都庆祝了三次"胜利节"。每次持续五天，与阿蒙的第一次、第二次和第五次节庆一致。最后一次节庆是在底比斯西部平原上的图特摩斯葬祭神庙内举行的。这座神庙现在已经竣工，这可能是首次在那里举行的庆典。这些节庆都是永久性的，每年都会获得丰厚的祭品收入。[48]奥佩特（Opet）节，是阿蒙最盛大的年度节庆，每年持续 11 天。在这个节庆上，他把自己在黎巴嫩南部占领的三座城邑献给了神，[49]同时敬献的还有他们从瑞特努俘获的大量以金、银和贵重的石头制成的华丽器皿。[50]为了给阿蒙足够的收入来维持这座神庙的宏伟计划，他不仅给了阿蒙上述三个城镇,还献上了上下埃及的广阔土地,为这些土地配备了充足的牛群和从他亚洲囚犯中带来的大量农奴。[51] 这就为阿蒙奠定了巨大的财富基础,现在阿蒙的财富增长与其他神庙完全不成比例了。因此,他父亲在卡纳克的古老圣地——国家神庙,已不再适合奢侈而精致的国家祭祀;因为哈特谢普苏特为了插入她的方尖碑,甚至拆除了他父亲的大殿。

图115 阿蒙绿洲,也就是西瓦(Siwa)绿洲
(取自施泰因多夫拍摄的照片)

图116 图特摩斯三世的方尖碑
在搬到纽约之前,它立于亚历山大港。

图117 图特摩斯三世占领的亚洲城镇名单
在卡纳克神庙的墙上(第306页)。

由于那座方尖碑挡住了超过三分之一的屋顶,因此大殿的南半部分没有屋顶或柱子;而图特摩斯一世的四根雪松柱子,还有他自己插入的两块砂岩柱子,占据了北半部分。[52] 而图特摩斯三世在哈特谢普苏特方尖碑周围建造的砖石又进一步损坏了它的形象。[53] 可是那个大殿是他被阿蒙的神谕召作埃及王的地方。哈特谢普苏特的党羽图蒂,现在已经被另一位建筑师和工匠长曼赫珀拉塞内布(Menkheperre-seneb)所取代,[54] 他的名字"图特摩斯三世是健康的"正是他忠诚的象征。他被召了进来,试图修复旧大殿的北半部分,用砂岩替代雪松柱。[55] 但是南半部分保留不变。为了庆祝他在第一次战役后凯旋，一部分盛大庆典是在这个临时修复的大殿里举行的，而另一些庆典自然要到他自己的阿蒙葬祭神庙里举行。我们已经看到，这座神庙现在已经在西部平原上竣工了。当图特摩斯战后归来时，他也重建了卡纳克大神庙旁边的小普塔神庙。[56] 从这一点可以看出，他可能对赫里奥波里斯和孟斐斯的两座古老圣所表现出了同样的慷慨，前者在传统意义上仍然算是国家之神的神庙，因为现在拉被认为是阿蒙。

巩固帝国统治的伟大任务现在已经正式开始了。但是，在哈特谢普苏特长期不采取军事行动期间，埃及在亚洲的势力受到了彻底的动摇，而图特摩斯三世还远远没有准备好立即向他最危险的敌人卡叠什发动战争。此外，他希望进行适当的组织，并确保已经服从埃及统治的国家的安全。因此，到了统治第24年，他在已征服的巴勒斯坦北部和叙利亚南部的领土上蜿蜒行进，列国统治者纷纷向他进贡，来到"他安营扎寨的每个地方"向他致敬。[57] 他在前一年大获全胜的消息已经传到亚述，此时亚述正在东方的地平线上冉冉升起，前景一片光明。她的国王自然希望与西方帝国保持良好的关系。她将昂贵的石头作为礼物送给图特摩斯，主要是来自巴比伦的天青石，还送了马匹。这些礼物在图特摩斯出征期间送到了他的面前，当然，在埃及人看来，这些就是贡品。[58] 这次远征很可能没有打仗。

10月，国王如往常一样回到底比斯，立即开始计划扩建卡纳克神庙，以满足他梦想中的帝国的需要。此外，缓慢抬升的河床已经抬高了洪水的水位，使洪水侵入了神庙的区域，所以有必要抬高神庙的步道。为了这一需要，他们牺牲了阿蒙霍特普一世的华丽城门。到2月下旬，在新月节上，恰逢阿蒙的第十次节庆，他出席了盛况空前的奠基仪式。[59]为了寓意吉祥，神亲自现身了，甚至还在确定奠基计划时，参与了测量线的拉神。[60]由于神庙的西端，也就是真正的正面，被哈特谢普苏特的方尖碑所破坏，她拆除了父亲的大殿，立起了自己的方尖碑，同时她不能或不愿意绕着父亲的方尖碑修建，这座方尖碑位于神庙的西面入口，因此图特摩斯三世在神庙的另一端，也就是东端，布置了他那带有主廊的雄伟大殿。如今，这些大殿成了底比斯最美丽的景点之一。其中最大的大殿长近140英尺，横贯神庙的中轴线。这个大殿被称为"曼赫珀拉（Menkheperre）（图特摩斯三世）在古迹中享有盛名"。650年后，这个名字仍然存在着。[61]大殿的后面是圣所或至圣所，它的周围聚集着大约50个房间。其中，在南边，有一个为祖先提供葬祭服务的大殿。在这个大殿所通向的房间里，他"命令记录下列祖的名字，增添他们的供物，并为他们制作雕像"。[62]这些名字被一一列于墙上。这面伟大的墙至今仍然存于巴黎的法国国家图书馆。至于先祖的雕像，最近在神庙南部的一个庭院中被发现，不过许多都已损坏。这些雕像是在战争期间为了安全起见，被藏在那里的。

翌年（统治第25年），他第三次出征。这次出征显然和第一次一样耗费了大量时间，对未来亚洲帝国的南半部进行了组织，而北半部仍未征服。当他归来时,卡纳克的建筑已经足够先进,可以在其中一个房间的墙壁上记录他出征时发现的亚洲植物和动物,以及他带回埃及,用于美化阿蒙神庙花园的动植物。[63] 他甚至在这个花园的圣湖上修建了一个砖石盖顶。

第四次出征的记录没有留存下来,但随后的行动过程一定像其他行动一样,局限于已经收复的领土内。图特摩斯现在很清楚,他不能在黎巴嫩和卡叠什之间向北进军,同时让他的侧翼暴露在未被征服的腓尼基沿海城市中。同样,如果不首先摧毁控制奥龙特斯河谷的卡叠什,就不可能袭击纳哈林和米坦尼。因此,他计划了一系列的战役:首先是针对北部海岸,然后他可以利用这些海岸作为攻击卡叠什的基地。一旦解决了这一问题,他可以再次从海岸向米坦尼和整个纳哈林地区推进。针对这种情况,没有任何一位现代战略家能设想出比图特摩斯更适合的行动计划,也没有人像他现在所表现的那样,以不屈不挠的精神将计划付诸实施。为此,他组织了一支舰队,并任命一位名叫尼巴蒙(Nibamon)的可靠军官担任指挥,这名军官曾与他的父亲一起服役。[64] 在他统治第29年的第五次出征中,他第一次向北部沿海城市进军,也就是腓尼基地区富有的商业王国。他一定使用了新舰队,并通过海路运送他的军队,因为他要在腓尼基北部发动战争,而南部的腓尼基和卡叠什仍然没有被征服,那么他就不能通过陆路前往。很有可能,他向提尔提供了特殊的诱惑,从而获得了第一个据点,因为很明显,一些法老授予了这座城市一些额外的特权,使它实际上成了一个自由的城市。[65] 很容易想象，这个富裕的港口城市会欣然接受这个机会，把它的商业从毁灭中拯救出来，避开进贡的义务，或者至少避免未来一部分的日常义务。图特摩斯夺取的第一座城市叫什么？很遗憾，这个记录丢失了。不过，它位于图尼普对面的海岸上，而且一定是一个相当重要的地方，因为图特摩斯在这里获得了丰富的战利品。城镇里有一座阿蒙神庙，[66] 由图特摩斯三世的一位前任（图特摩斯一世，也可能是阿蒙霍特普一世）建造。内陆的城市认为，如果这场从海岸发起的袭击成功的话，对他们来说一定是致命的，因此他们纷纷派出部队协助防御。因此，图尼普[67] 派遣部队加强了这座未知城市的驻军，而代价是，如果这座城市陷落，那么最终将导致图尼普也被夺取。图特摩斯现在捕获了这座城市的舰队，[68] 并迅速将他的军队向南推进，以对抗强大的阿瓦德市。一次短暂的围困，使这个地方归于平静，也迫使图特摩斯像在米吉多那样砍伐了城镇周围的小树林。随着敌方的投降，大量的腓尼基财富落入了埃及人的手中。另外，此时正值秋季，花园和小树林里"结满了果实，他们的葡萄酒被发现留在压榨机中，像流水一样，他们的谷物还留在（山坡上的）梯田上……那里的沙比海岸的沙还多。军队淹没在了这些战利品中"。[69] 在这种情况下，对于图特摩斯来说，在投降后的最初几天里，维持纪律完全就是徒劳，"看哪，国王的军队每天都喝得烂醉，他们涂上了圣油，就像在埃及的宴会上一样。"[70] 沿海的统治者们带着他们的贡品前来投降。[71] 图特摩斯因此在

第十六章 帝国的兼并：图特摩斯三世

北部海岸站稳了脚跟。从埃及出发，经过水路，也很容易到达这里，并如他所预见的那样，为内陆的行动建立了一个极好的作战基地，然后他通过水路回到了埃及。这可能不是他第一次乘水路返回埃及。[72]

现在一切都准备就绪，只待向卡叠什进军。图特摩斯出征五次才夺取了南部和海岸；而这第六次，他直指那个长期以来坚不可摧的敌人。到了统治第 30 年，春雨结束时，图特摩斯的舰队在西米拉登陆，[73] 也就是伊鲁瑟罗山谷的隘口。沿着山谷上去，他立即向卡叠什进军。[74] 这是一条方便易行的路，也是从大海到卡叠什海岸的最短路线；在沿海的任何地方都能找到。事实上，不管是那时还是现在，这都是唯一可行的路，可以让军队越过大山，向内陆的卡叠什地区挺进。这座城市位于奥龙特斯河的西侧，两个黎巴嫩之间的高谷地的北端，前黎巴嫩的山脊正是由这里一直延伸到城镇南部和东部的平原（地图 5 和地图 7）。奥龙特斯河的一条小支流从西边汇入城市下方的一条大河，因此城市位于这两者之间的一块陆地上。在图特摩斯时代，一条运河横贯城镇上方的陆地，连接着两条小溪，使那个地方完全被水环绕着。护城河环绕着河岸内的高墙，加强了天然的水防御，因此，尽管它位于完全平坦的平原上，但它是一个非常强大的地方，可能是叙利亚最强大的堡垒。在与周边国家的关系上，这座城市也巧妙地成了具有重大战略意义的地方，因为正如读者所读到的那样，它俯瞰着奥朗特斯山谷，而且正如图特摩斯所发现的，不

地图 5　古代的卡叠什，现在的特尔内比明多（Tell-Nebi-Mindoh）
展示了奥朗特斯河（右）和支流（左）之间的废墟堆［由科尔德维（Koldewey）发现］

考虑它的存在是不可能向北推进的。此外，人们也会记住，它还控制着从海岸到内陆的唯一通路，这条通路南北相隔很长一段距离。这是通往伊鲁瑟罗山谷的路，也就是图特摩斯曾走过的那条路。[75] 通过围攻这样一个地方并非易事。特别遗憾的是，我们从祭司抄写员的叙述中读到了图特摩斯编年史的一段摘抄，其中

第十六章 帝国的兼并：图特摩斯三世

图 118 埃及帝国的一位法老接受亚洲使节的进贡 他们由官员引到法老面前。亚洲人的特色是身着艳丽的长袍和大胡须。见第 307—308 页。

只有这一句话是关于那场围攻的:"陛下到达了卡叠什城,推翻了它,砍伐了它的树林,收获了它的粮食。"[76] 我们只能从这些简短的文字看出,就像那时在米吉多一样,图特摩斯不得不砍掉小树林,以修建围城墙;在封锁期间,军队依靠周围农田的草料生存,这个时期必定从早春一直持续到了收获季节。这期间至少发动了一次袭击,图特摩斯的一名指挥官阿蒙涅姆哈布(Amenemhab),抓获了城里的两名贵族。在随后的战役中,我们还将遇到这名指挥官。法老在军队面前为他授予了两枚勋章,以表彰他杰出的表现,一枚是"最上等黄金打造的金狮",另一枚是"两只苍蝇",此外还有丰富的装饰品。[77] 围攻持续了很长一段时间,长到让沿海的城市期盼图特摩斯的情况能够发生逆转。尽管有阿瓦德的前车之鉴——在前一年受到了图特摩斯的惩罚,但卡叠什,这座富饶的港口城市仍然无法抗拒自己的那种企图,企图摆脱每年对图特摩斯的进贡义务,因为这将使它每年损失很大一部分收益。攻下卡叠什后,图特摩斯可以离开了,他迅速返回西米拉,率领他的军队登上舰船,驶向阿瓦德,迅速实施报复。[78] 随着雨季的临近,他带着北叙利亚国王和统治者的儿子们前往埃及,让他们和南方的王子们一样,在底比斯接受教育。[79]

当图特摩斯还在围攻卡叠什时,阿瓦德发起叛乱。这意味着,他必须再次发动一场战役,彻底征服海岸,然后才能安全地越过奥朗特斯河谷,实现向内陆推进到纳哈林的长期计划。因此,他在统治第31年的夏天发起了第七次出征,彻底扑灭了沿海城市

第十六章 帝国的兼并：图特摩斯三世

里沉睡的叛乱余烬。尽管他在西米拉展示了武力，但由于图尼普王的挑唆，靠近西米拉的港口城市乌拉扎（Ullaza）表现出了严重的不满，图尼普王还派了他的两个儿子前去领导起义。4月27日，图特摩斯出现在这座不忠之城的港口。[80] 他在很短的时间内就把那个地方收拾掉了，并俘获了图尼普王的儿子。[81] 当地的统治者们仍像往常一样送来了他们的贡品，图特摩斯从他们和被占领的城市那里收集了大约185磅的白银，除此之外还有大量的天然农产品。[82] 然后，他沿着海岸从一个港口航行到另一个港口，以展示他的力量，并全面组织城市的管理。[83] 他还特别注意到，为了即将到来的纳哈林战役，要向每个港口城镇提供充足的给养。图特摩斯返回埃及后，来自最南部的使节，可能是努比亚东部的使节，前来向法老进贡。[84] 这表明，他在北方如此活跃的同时，也对遥远的南方保持侵略性的政策。

显然，自从这次远征凯旋以后，整整一年的时间里，图特摩斯都将精力放在组织和收集伟大的纳哈林战役所必需的资源，因为他的军队直到第三年春才在西米拉港登陆。[85] 这是他的第八次出征，也是第二次沿着卡叠什的道路向内陆进军。他转向北方，占领了基特（Ketne）镇。[86] 沿着奥龙特斯河继续前进，他在塞纳扎尔（Senzar）城打了一场仗，并攻下了这座城。在这场行动中，他的将军阿蒙涅姆哈布再次赢得了荣誉。[87] 图特摩斯可能就是在此时越过并离开了奥龙特斯河。无论如何，现在他进入了纳哈林，并继续快速前进。他很快就遇到了抵抗，并进行了一场小规模的战斗,阿蒙涅姆哈布抓获了三名俘虏。[88]一路上始终没有爆发激烈的冲突,直到他到达"阿勒波(Aleppo)西边的瓦恩的高地"。他们在那里进行了一场激烈的战斗,在战斗过程中,阿蒙涅姆哈布俘虏了13名囚犯,每个人都带着一把镶金的青铜矛。这无疑表明,他们已经开始和阿勒颇王的王家军队交战。显然,阿勒颇最终也沦陷了,否则法老不可能毫不迟疑地继续推进。"看哪,陛下向北去了,攻取那些城邑,摧毁了可怜的纳哈林敌人的据点。"[89]这个敌人当然就是米坦尼国王。随后,埃及军队又开始掠夺幼发拉底河流域——这是自他们的先祖,图特摩斯一世统治以来,大约50年间,他们从未享受过的机会。

随着北进的推进,图特摩斯稍稍转向了幼发拉底河,以便到卡尔凯美什(Carchemish)。在那座城市的战斗中,他一定遇到了那个长期以来毫发无伤的敌人——米坦尼国王。他的军队在图特摩斯的打击下四分五裂,"没有人回头看,他们像一群山羊一样逃走了。"[90]阿蒙涅姆哈布可能穿过了幼发拉底河,一直追到了河东,同时他还要越过这条河,把他俘虏的人带到国王面前。[91]这次战斗终于使图特摩斯实现了他为之奋斗了十年的目标。他亲自越过了幼发拉底河,进入米坦尼,在河流东边立起了他的界碑——这是他的先祖们从不敢夸耀的成就。[92]现在图特摩斯面临了一个难题:如果不在纳哈林过冬,他就不可能再继续挺进。不过,他是一个足够睿智的战士,不可能让他那些经验丰富、久经沙场的老兵暴露在北方的严冬下,因为要培养出这样老到的将士，他需要花上数年的时间。因此，他毫不犹豫地回到了西海岸，并在那里发现了父亲图特摩斯一世的石碑。他怀着无尽的满足感在石碑旁边为自己又立了一块石碑。[93]现在已是季末了，他的部队在幼发拉底河流域的田野上收获了庄稼，[94]必须开始返程了。但在他返回海岸之前，还有一个重要的任务等着他。尼伊城，位于幼发拉底河下游，至今仍未攻破。如果放任其逍遥在外的话，那么他在纳哈林所做的一切努力都将前功尽弃。因此，在立好界碑后，他沿着河流向下进军，而且据我们所知，他没有遭遇任何麻烦就到达了尼伊。[95]这场战役的目标已经实现，艰巨的任务已经完成，因此图特摩斯在尼伊地区组织了一场大型的大象狩猎活动。现在，这些动物早已灭绝。他和他的党羽在叙利亚北部袭击了120头大象。在狩猎过程中，国王与一头巨象近身搏斗，危急关头，他的将军阿蒙涅姆哈布冲入其中，砍断了巨兽的鼻子。于是，这头暴怒的野兽向那名凶猛的攻击者冲去，后者从悬在附近池塘上的两块岩石之间逃走了。就这样，在危急时刻，忠心的阿蒙涅姆哈布引开了野兽，当然，也得到了国王的慷慨奖赏。[96]

与此同时，纳哈林所有的地方首领和统治者纷纷来到他的营地，为他献上贡品，以示臣服。[97]甚至在遥远的巴比伦，国王也急于获得法老的好感，为法老送上天青石制成的礼物。[98]但更重要的是，连疆域一直延伸到小亚细亚未知地区的强大民族凯塔（Kheta），也送来了一份厚礼。当图特摩斯从纳哈林出发再次抵达海岸时，他们的特使来到了他面前，带来了八个巨大的商用银环，重约98磅，还有一些不知名的珍贵石头和昂贵的木头。[99] 凯塔人可能就是《圣经》中的赫梯人。据我们所知，这是他们第一次与埃及法老建立联系。图特摩斯抵达海岸后，要求黎巴嫩的首领每年都必须保证腓尼基港口的供给，从而为他的战役提供必要的物资。[100] 从埃及出发，他可以在几天内乘船抵达这条港口线上的任何一个地方。这样，他就可以毫无延误地突袭内陆，即刻惩办不法者。他手握如此强大的海上力量，导致塞浦路斯国王实际上成了埃及的一个附庸，就像后来的赛伊斯时代一样。此外，他的舰队对北方诸岛十分忌惮，因而他能够对东地中海（向西延伸不明距离，直到爱琴海）实施宽松的控制。因此，他的将军图蒂，作为北方国家的总督，管辖这片区域，包括"海上的诸岛"。尽管他的控制实际上只是受贡，但这些岛屿的统治者认为，为其进贡是一个明智的做法。

10月，图特摩斯到达底比斯时，发现有一支刚刚返回的远征队在等着他，这支远征队是他在亚洲执行任务期间抽出时间派去蓬特的。他的使者带回了各种常见的货物，有象牙、乌木、黑豹皮、黄金、223蒲式耳的没药，还有男奴隶、女奴隶和许多牲畜。[101] 战争期间，图特摩斯还在埃及西部发现了一整片绿洲区（图115）。因此，这片绿洲成了法老的领土，由图特摩斯三世的传令官因提夫所辖的政府管辖。[102] 这位因提夫是提尼斯-阿拜多斯的老派领主的后裔，从他的辖区最容易到达大绿洲。这片绿洲

第十六章 帝国的兼并：图特摩斯三世

区依然作为提尼斯领主的封地，以优质的葡萄酒闻名。

图特摩斯长期奋斗的伟大目标终于实现了，他跟随列祖的脚步到达了幼发拉底河。对于当初一个一个被他击败的国王，他现在必须将他们联合起来，共同对抗卡叠什（过去的喜克索斯宗主国）手下的叙利亚和巴勒斯坦北部联合军事力量，因此他挺进了北方。在长达十年的时间里，他四处游击作战，把他们打得节节败退，最终在边境上，在他父亲的界碑旁，立起了他自己的界碑。而这两块界碑竖立的时间，竟隔了整整两代人。他甚至超越了他父亲的足迹，跨越了幼发拉底河，这是埃及征服史上前所未有的壮举。他想到自己所取得的成就，也许会感到心满意足，这是理所当然的。从阿蒙召他登基那日起，已经过去了快33年。在他登基30周年纪念日上，他的建筑师普艾姆拉（Puemre）已经在底比斯为他建造了大庆方尖塔。[103]而当他从伟大的战役中归来时，按照惯例，他的第二次大庆也即将来临。为了庆祝此次活动，他们又在卡纳克神庙竖立起了一对巨大的方尖碑，其中一座还写着这样的豪言壮语："图特摩斯——率领军队强势穿越'纳哈林大拐弯'（幼发拉底河）的人。"另一座方尖碑已经消逝，但这一座现在依然矗立在君士坦丁堡。[104]事实上，所有伟大的埃及法老的方尖碑要么已经消亡，要么已被移除，因此在这片他曾经统治的土地上，已经找不到任何一座属于他的方尖碑了，而现今尚存的方尖碑则被保存在君士坦丁堡、罗马、伦敦、纽约等其他城市（图116）。他的最后两座方尖碑是为了庆祝他的第四次大庆而修建的,曾经它们屹立在通往赫里奥波里斯太阳神庙的道路两旁,而现在它们站在了大西洋的彼岸。[105]

面对这两座方尖碑,底比斯人很快就忘记了,竖立方尖碑的人曾经是一个卑微的祭司,就在这巨碑所矗立的神庙里。此外,在神庙的墙壁上,他们还看到了这个人在亚洲取得的连年胜利、掠夺的数不尽的战利品,以及华丽的浮雕上,投入阿蒙的荣耀之下的富饶土地。在最初的几次出征中,他一共夺取了119个城镇。在方尖碑的塔架上,他将这些城镇罗列了三次(图117),而从他最后在北方所取得的成功来看,这些墙壁上记录了不下248个被他收服的城镇。[106]无论这些记录给底比斯人留下了多大的印象,这些记录对我们来说都是无价的。遗憾的是,这些只是国家记录中的摘录,是由祭司们制作的,目的是以此来说明神庙所收赠礼的来源,并展示图特摩斯是如何报答阿蒙的,以感谢这位仁慈的神所赐予他的诸多胜利。因此,要重现这历史上首位伟大战略家所经历的战役,这些资料还远远不够。但是,底比斯人没有义务去研究卡纳克的纪念碑,以见证这位国王的伟大。我们已经看到,在阿蒙神庙的花园里,生长着叙利亚-巴勒斯坦的奇怪植物,陌生的林木间游荡着尼罗河流域的猎人从未见过的动物。宫廷里,来自北方和南方的使节络绎不绝。腓尼基人的大帆船,此前从未在尼罗河上游出现过,它们的到来使底比斯码头上好奇的人群喜形于色。这些船上,满载着腓尼基最上乘的货物:有做工华丽的金银器皿,均出自提尔工匠师或远在小亚细亚、塞浦路斯、克里特岛和爱琴海岛屿的作坊的精巧技艺；有由象牙、乌木雕刻而成的精美家具，黄金或银金镶嵌的战车，以及青铜兵器；还有献给法老的骏马，以及亚洲的田野、花园、果园和牧场产出的数不尽的上等好物。在这些船只的严密保护下，每年都会有大批的商用金环、银环作为贡品运到这里，其中一些甚至重达 12 磅，而其他用于日常贸易的，重量则只有几格令。在挤满了好奇的底比斯人的街道上，口音奇怪的亚洲人排着长长的队伍蜿蜒而行，把贡品送到法老的宝库。他们受到了维齐尔雷克密尔的亲自接待。当他们献上异常丰厚的贡品时，维齐尔会把他们带到法老面前。王位上威严的法老会检阅他们，并赞赏维齐尔和他的官员们代表法老本人对他们的热情接待。亚洲人随后将贡品送到维齐尔的办公室里，所有贡品在那里记录入册，甚至连最后几格令的物品也不会落下。在维齐尔和财政部官员的坟墓里，他们最爱在华丽的壁画上呈现这样的场景，作为永久的记录。而这些场景，也确实仍然留存在底比斯[107]（图 118）。当时流入埃及的财富一定是相当巨大的，有一次财政部甚至称出了大约 8943 磅的金银合金。[108]在埃及总督的领导下，努比亚也每年定期送上大量的黄金、黑奴、牛、乌木、象牙和谷物。上述入库的黄金中，一定有大部分来自努比亚的矿山。对底比斯人来说，每当努比亚的驳船载着各式各样的货物上岸时，也是他们的大日子。每年，类似的景象都会吸引大批的底比斯居民。9 月底或 10 月初，图特摩斯的战船停泊在镇上的港口。但此时，从船上卸下的不仅仅有来自亚洲的财富，还有亚洲人,他们排着长队,一个接一个地走下跳板,开始了为法老做奴隶的生涯(图119)。他们留着埃及人厌恶的又长又乱的胡须,头发又黑又重,披散在肩上,身上穿的是色彩鲜艳的羊毛衣服。对于喜爱穿着洁白不染的亚麻长袍的埃及人来说,这种衣服是绝不会穿在身上的。他们的胳膊肘被绑在身后,或者胳膊被交叉绑在头上;或者手被插进古怪的椭圆形木头中,就像手铐一样。妇女们把孩子兜在披肩的褶皱里,挂在肩上。这些可怜的人说话怪模怪样,姿势粗野,成了群众嘲弄和讥讽的对象,甚至连当时的艺术家也无法克制地用嘲讽的手法描绘他们。法老将许多奴隶赐给了他最宠爱的人,当然也将他们作为慷慨的赏赐赐予了他的将军们,但更多的奴隶被立即分配到了神庙的庄园或法老的领地里,或者送去建造他那些伟大纪念碑和建筑。[109]尤其是最后一类工程,这种传统一直延续到萨拉丁(Saladin)时代——他在开罗建造城堡时,使用的劳力便是从十字军中俘获的骑士。在之后的内容中,我们将看到这些被俘虏的劳工是如何改变底比斯的。

每年秋天,国王回到埃及,开始过冬。此时距离下一次征战也不过六个月。在这期间,即使没有战时那样监控,至少也和亚洲的征战季一样忙碌。回国后不久,就是10月的奥佩特节了。借此机会,图特摩斯要巡视埃及各地。无论去到哪里,他都会严密地询问当地政府,目的是防止地方政府官员与中央政府官员勾结,在收税时对人民进行敲诈、压迫,从而遏制地方政府的腐败。[110]

第十六章 帝国的兼并：图特摩斯三世

图119 帝国统治下，被送去埃及的亚洲囚犯。他们的特征是长胡须和厚重的长袍。他们成对地行进着，双手戴着长长的椭圆形木制手铐，每对囚犯之间是一对埃及守卫。队列后面是一名妇女背着她的孩子。后接图148的右侧。[现藏于莱顿博物馆（Leyden Museum）]

401

行程中，他也将在我们所知的30多个属地视察神庙建造、修复或装饰的进展情况，还有更多属地现在已经消逝不见了。他复兴了长期被忽视的三角洲，从那里到第三瀑布，他的建筑像宝石一样沿着尼罗河拔地而起。在法尤姆的河口，他建造了一座新的城镇，并配备了神庙；而在丹德雷、科普特斯、埃尔卡布、埃德夫、考姆翁布（Kom Ombo）、伊里芬丁和许多其他地方，他投入了战俘和帝国的收入，用于建造他和他的建筑师们规划的宏伟工程。回到底比斯后，他涉猎众多领域，每一个行政部门都能感受到他的权力。除了要不断关注努比亚事务外（稍后我们将更详细地探讨这一方面），他还在科普特斯的商路上组建了另一个黄金国，由"科普特斯黄金国总督"管辖。[111] 很明显，帝国的每一种资源都得到了开发。随着阿蒙神庙的财富不断增加，其管理层需要进行重组。这一任务由国王亲自完成——对祭司们进行充分指示，并以详细的规章制度来管理国家神庙和它不断增长的财富。[112] 他甚至将自己御手所绘的器皿图样交给国家和神庙工场的工匠长，供他们使用。这些图样是他在日理万机的喘息之余创作的。图特摩斯本人对这一成就评价颇高，当这些器皿被供奉给神之后，他在卡纳克神庙墙壁上的一幅描绘这些器皿的浮雕上，记下了这一成就；同时，在接受委任的官员看来，这是一件非常了不起的事，于是他将他的工匠们制作这些器皿的场景展现在了他坟墓小礼堂的壁画上。这些展现图特摩斯多才多艺的印记，现在依然可以在底比斯找到。[113] 在国家大神庙的南部，图特摩斯又建了一座塔架

第十六章 帝国的兼并：图特摩斯三世

和建筑。图特摩斯用一堵围墙将这整座建筑，连同毗邻的小树林和花园围成了一个整体。

图特摩斯的远征活动现在组织得和底比斯的政府组织一样完善。叙利亚和巴勒斯坦的春雨一停，他就定期在腓尼基或叙利亚北部的某个港口登陆。他的常任官员从邻国的统治者那里获取必要的物资，而这些邻国也有义务提供这些物资。图特摩斯的宫廷传令官兼司礼官因提夫，是提尼斯老派领主的后裔，国王因此保留了他的头衔"提尼斯子孙，整片绿洲区领主"。[114] 每次国王行军，他都会随同，当国王向内陆挺进时，他会一直走在国王前面，阻挡敌人的靠近。每当国王打算在某个城镇过夜时，他就会寻找当地统治者的宫殿，并为国王的下榻做准备，"每当我主平安到达我所在的地方，我就预备妥当，我会在外邦准备好一切所需，让它比埃及的宫殿更美，打扫洁净，将物品分门别类，将宫殿装饰华美，按用途布置每个房间。我所在的一切令国王感到满意。"[115] 这使人想起拿破仑的帐篷。他的手下总是定期、事无巨细地为他整理帐篷。每天晚上他骑马回到营房时，总能看到他的帐篷正恭候着他归来。国王与外部世界的一切交往，以及出征期间简单宫廷制度的维持，都由因提夫操持。当叙利亚的首领们前来表忠心、敬贡品时，也都由因提夫负责安排面见。他会告诉这些附庸者应该献上什么，当金、银和自然产物被送到营房时，也由他来清点。当法老的任何一位将领在战场上立下战功时，同样也由因提夫来上报法老，好让那位幸运的英雄得到应有的奖赏。[116]

如果得以保存下来，图特摩斯的这些将士的生活将是早期东方历史上一个震撼人心的篇章。那位砍断大象的鼻子，救下国王的将军——阿蒙涅姆哈布，他的军旅生涯只是法老的追随者在营地和战场上生活的一个缩影——充满了危险和来之不易的荣誉。我们还将读到阿蒙涅姆哈布另一项伟绩，而关于他的纪实记录，也是这段军旅生涯的唯一现存记录。当然，图特摩斯麾下的这些久经沙场的老兵的事迹也在平民中流传开来。毫无疑问，叙利亚战役中许多激动人心的冒险故事也被汇编成了民间传说，传遍了底比斯的大街小巷。幸运的是，一些书吏将这些故事写在了纸莎草纸上。其中一个故事讲的是图特摩斯的大将军图蒂。他挑选了一些士兵，让他们藏在驮篮里，由一列驴驮进了约帕（Joppa）城，由此夺下了该城。[117] 这个故事很可能就是《阿里巴巴和四十大盗》的原型。但图蒂并不是一个虚构的人物。他的坟墓，虽然现在还未发现，但一定存在于底比斯的某个地方，因为这座坟墓在许多年前曾被当地人掠夺过，他们盗走了图特摩斯因其英勇而被赐予的一些丰厚奖赏。其中有一个金灿灿的盘子被收进了卢浮宫，上面写着："国王图特摩斯三世赐予这位领主兼祭司，凡在所到之国，所到之岛，他都令国王满意，他使国库充满了天青石、银、金，他是列国总督、军队指挥官、国王最爱之臣、国王的书吏，他是图蒂。"[118] 他的另一件珍品现藏于莱顿博物馆，上面称他为"北方国家的总督"，[119] 所以他一定管理了图特摩斯的北方附庸国。[120]

第十六章 帝国的兼并：图特摩斯三世

每一次战役中每天所发生的事，都由图特摩斯指定的书吏坦涅尼（Thaneni）详细记录了下来。如果这些记录得以保存，我们不仅可以知道图特摩斯本人和他的指挥官们在战场上的整个传奇故事，而且还能一步一步地追踪整个战役过程。坦涅尼无比自豪地介绍了他的职责，他说："我跟随国王图特摩斯三世；我看到了国王在每个国家所取得的胜利。他将扎希（叙利亚）的首领们活捉到了埃及，攻取了他们的所有城邑，砍倒了他们的林木。……我记录了他在每块土地上取得的胜利，并根据事实记录了下来。"[121] 在讲述围攻米吉多的第一次战役时，[122] 引用的就是坦涅尼写在皮卷上的记录。但是这份无价之宝已经消失了，我们只在卡纳克的墙壁上找到了一位神庙书吏杂乱无章的摘录。然而，他更想展示的是战利品和其中献给阿蒙的祭品，对于让国王的伟大事迹永垂不朽，他并没有兴趣。那么他到底忽略了多少内容呢？阿蒙涅姆哈布的传记说明了一切。因此，关于这位埃及最伟大的指挥官所领导的战争，我们能够拥有的一切信息都在这位古代官僚干瘪的灵魂中了。这位官僚几乎不会想到，未来的时代会对他那肤浅的摘录产生多么饥渴的思考。

根据过去的经验，把埃及的亚洲边界推进到幼发拉底河并不能给图特摩斯带来持久的成果。而图特摩斯三世也不是一个轻言放弃的人，就好像他花了33年完成了一场战役一样。第34年春，他第九次出征，再次来到了扎希。[123] 可能是对黎巴嫩地区的不满情绪迫使他占领了三个城镇，其中至少有一个在努日区——第一次战役结束时他曾在这里建立了一座堡垒。[124] 俘获了大量战利品后,叙利亚的统治者们像往常一样,匆忙地前来向他进贡并表达忠心。[125] 与此同时,港口城镇的库房也像以前一样得到了补充,特别是舰队的船只,以及海军修理船只用的桅杆。[126] 这一年的贡品中,最引人注目的是 108 块铜,每块重约 4 磅,此外还有塞浦路斯国王送来的铅和昂贵的石头,此前他从未意识到图特摩斯的势力。[127]

这一年,图特摩斯在南方的权力也明显扩大了,因为他把蓬特的邻邦埃雷姆(Irem)首领的儿子作为人质控制了起来;[128] 此外,努比亚的联合进贡,单是黄金就超过了 134 磅,另外还有常见的贡品乌木、象牙、谷物、牛和奴隶。[129] 在第三瀑布到幼发拉底河之间的区域,图特摩斯的力量是压倒性的。当他得知纳哈林发生了一场大规模叛乱时,他的力量已经蓄积到了顶峰。他有近两年时间没有踏足那片区域了,而仅仅过了这么短的时间,那里的首领们就不再忌惮他的权力了。他们组成了一个联盟,由一位首领领导,可能是阿勒颇王,《图特摩斯编年史》上称之为"悲惨的纳哈林敌人"。[130] 这个联盟的成员众多,因为它还吸纳了遥远的北方,也就是"地球的尽头",[131] 埃及人称之为亚洲的偏远地区,他们对那里一无所知。经过马不停蹄的备战,图特摩斯于第 35 年春出现在了纳哈林的平原上。他在一个叫阿拉纳(Araina)的地方与盟军交战,[132] 我们无法确定这个地方的位置,但它可能是奥龙特斯河谷下游的某个地方。"然后陛

第十六章　帝国的兼并：图特摩斯三世

下战胜了这些野蛮人……他们仓皇逃走，一个接一个地在国王面前溃败。"[133]这可能就是阿蒙涅姆哈布提到的那场发生在提赫西（Tikhsi）的战斗。[134]如果是这样的话，那么他就是在图特摩斯向敌人进发之时领导的这场战斗，且他们都在战场上夺取了战利品：国王夺取了几件盔甲；他的将军捕获了三名俘虏，为此他又被图特摩斯授予了勋章。当然，士兵们也在战场上发现了大量战利品，包括马、青铜盔甲和武器，还有用金银锻造的战车。[135]纳哈林统治者的联盟被彻底粉碎，而他们为日后反抗所准备的资源，要么被埃及人摧毁，要么被带走。这些来自埃及的叙利亚首领深知法老膀臂的长度和力量，因此直到七年后，他们才再次发起反叛。

接下来两年，图特摩斯的编年史全然不见了，我们对第11和第12次战役的目标一无所知。但在第38年，在第13次战役中，他出现在了黎巴嫩南部地区，再次惩治了努日地区。[136]在15年前的第一次战役中，努日地区也第一次感受到了法老的力量。在这次远征中，他不仅收到了塞浦路斯国王送上的礼物，还收到了一份来自遥远的阿拉帕基斯（Arrapakhitis）的礼物，这个地方后来成了亚述的一个省。[137]次年，巴勒斯坦南部动荡不安的贝都因人迫使他踏足这个国家。在内盖夫（Negeb）的一次行动中，阿蒙涅姆哈布又毫无悬念地俘获了三名囚犯。[138]这是第14次出征，剩余的时间是在叙利亚度过的，不过那仅仅是一次视察。在这两年的时间里，他像以前一样保持港口的供给，随时准备应对每一个突发情况。在接下来的两年里（第40和41年），贡品似乎都会定期送达。[139]"伟大的凯塔"国王也再次送来礼品，图特摩斯也像以前一样将其记录在了"贡品"中。[140]

叙利亚的首领们虽然受到了严厉的惩罚，但他们仍然不愿放弃他们的独立权，也不愿以承认埃及的宗主国地位来换取自己统治的必然和永久条件。在图特摩斯的宿敌卡叠什的煽动下，他们再次团结起来，试图摆脱法老的强权。所有纳哈林统治者，尤其是图尼普国王，以及一些北部沿海城邦，都受到引诱，加入了联盟。伟大的法老现在已经进入暮年，大概有70岁了，但在第42年的春天，他带着他的舰队，以惯有的敏捷出现在了叙利亚北部海岸。这是他第17次也是最后一次出征。和第一次一样，他针对的还是他的死敌——卡叠什。图特摩斯没有像以前那样从南方接近这个地方，而是决定把它与北方的支持者隔离开来，先抓住图特摩斯。因此，他在奥龙特斯河口和凯比尔河（Nahr el-Kebir）之间的某个地方登陆，并占领了海岸城市埃尔卡图（Erkatu）。[141] 埃尔卡图的具体位置尚不确定，但它肯定几乎与图尼普相对。然后法老便朝着图尼普前进。在收获的季节之前，他都一直被困在图尼普。不过在短暂的对抗后，他最终占领了这个地方。[142] 此后他顺利地从奥龙特斯河挺进到了卡叠什，摧毁了该地区的城邑。[143] 卡叠什国王知道，如果不能打败图特摩斯的军队，他将全军覆没，于是他拼死抵抗。他在城前与埃及人交战；与此同时，为了对抗图特摩斯久经沙场的军队，叙利亚国王采取了一个策略。

第十六章 帝国的兼并：图特摩斯三世

他派出一匹母马前去攻击埃及的战车，希望以此来刺激战马，引起混乱，甚至在埃及的战线上制造一个突破口，以此来为自己创造一个契机。然而阿蒙涅姆哈布却跳下战车，手持利剑，步行追赶母马，把母马撕裂，割下它的尾巴，得意地把它带到了法老面前。[144] 此时，图特摩斯的封锁线包围了这座注定要灭亡的城市，并下令发动第一次进攻。为此，他挑选了军队里的所有精干力量，誓要攻破城墙。阿蒙涅姆哈布被任命为此精英分队的指挥官。这项危险的壮举宣告成功，久经沙场的埃及老兵势如破竹，在阿蒙涅姆哈布的领导下拥入城中。这座叙利亚最顽强的城市再次回到了法老的控制下。[145] 城中的纳哈林辅助军落入图特摩斯的手中，他甚至没有必要再向北方进军了。无论如何，年迈的图特摩斯在经过长期的战役后，都应该避免再进行艰苦的跋涉。还有一种可能是，时节已晚，在冬季到来之前，他不能再进行长时间的行军了。不过，事实也证明，没有必要再到北方彰显军力了。

只要老国王还活着，亚洲的首领就再也没能摆脱他的枷锁。在19年的时间里，17次战役，他把他们打得服服帖帖，直到他们丧失抵抗精神。随着卡叠什的倒台，曾经征服埃及的喜克索斯政权的最后残余也消失了。图特摩斯的姓名成了一个不朽的传说。过了四代人以后，他的后人们未能在凯塔人的侵略下，保护好纳哈林的忠实臣民。那些被抛弃的可怜人此时想起了图特摩斯的大名，并在给埃及的信中感伤地写道："从前，有谁能在抢掠图尼普时逃过马纳赫比利亚（图特摩斯三世）的掠夺呢？"[146]但即使是现在，这个不屈不挠，已过古稀之年的老战士，依然要求他的港口具备必要供给。[147]毫无疑问，如果必要的话，他还会率领他的军队再次出征叙利亚。在亚洲的军营里，他最后一次接待了朝贡首领的使者，[148]之后便返回了埃及。那一次，努比亚的使节们仅仅从瓦瓦特，就给他带来了578磅的黄金。[149]

有人会认为，剩下的几年里，老国王该颐养天年了。然而事实却是，在他最终在亚洲确立埃及的永久统治权后，他又将注意力转向了努比亚。很明显，他的金银库的负责人曼赫珀拉塞内布[150]每年都会从努比亚得到600到800磅的黄金。正如我们现在看到的，即使是我们掌握的不完整数据，也能表明他在第41年入库将近800磅黄金。[151]他的总督内希（Nehi）管理库什已有20年之久，[152]使这个国家的生产力达到了一个很高的水平。但伟大国王的愿望是，继续扩大他在南方的统治范围。在他的最后几年里，从他的建筑就能看出他在整个省份都非常活跃。他的神庙远至第三瀑布。在卡拉布舍（Kalabsheh）、阿玛达（Amada）、瓦迪哈勒法、库姆赫和塞姆奈，以及索利布（Soleb），我们都能追踪到他的神庙。他还在塞姆奈修复了他的伟大先祖塞索斯特里斯三世的神庙。在他统治的第50年，他被迫在第一瀑布处清理了运河。[153]从这里我们得知，此时他的一支远征队正从一场反对努比亚的战役中归来。可以想象，年迈的图特摩斯已经不可能再陪伴他们出征了。不过在更早期的时间，他们一定在这个地

第十六章　帝国的兼并：图特摩斯三世

区进行过远征，因为图特摩斯在他的卡纳克神庙的塔架上记录下了他在努比亚征服的 115 个地方，还有一份清单包含了大约 400 个这样的名字。努比亚的地理位置鲜为人知，因此我们无法确定它的领土，也无法确定图特摩斯的新边界究竟推进到了尼罗河上游多远的地方。但毫无疑问，他一直延伸到了第四瀑布，因为我们在那里的地下发现了他的儿子。

在这位伟大的国王结束了他在亚洲的最后一场战役后，他继续在王位上坐了 12 年。当他感到自己的力量日渐衰弱时，他将自己的儿子阿蒙霍特普二世立为摄政王。[154] 阿蒙霍特普二世的母亲是哈特谢普苏特 – 梅里特（Hatshepsut-Meretre）。对于这位王后的出身，我们一无所知。大约一年后，公元前 1447 年 3 月 17 日，在距离图特摩斯三世即位满 54 年还有五个星期的时候，他与世长辞，退出了他曾书写伟大篇章的舞台。[155] 他的儿子将他葬在了位于帝王谷的坟墓里，他的遗体至今仍然保存着（图 120）。在他死前，阿蒙的祭司们把一首赞美他的圣歌放进了阿蒙的口中。[156] 这首圣歌，虽然矫揉造作，但也不是全无文学色彩。与此同时，它也让我们看到，图特摩斯的影响力不仅像祭司们所看到的那样，具有普遍性，而且还深深地影响了同时代人的想象力。在一长段颂扬图特摩斯的陈词后，他的神阿蒙对他说：

　　我来了，许你击杀扎希众首领，
　　我把他们扔在你脚下的高原上；
　　我使他们看到你的威严，如同光耀的主，

使你的光芒照在他们的脸上,如同看到了我一样。
我来了,许你击打那亚洲人,
你掳去瑞特努的亚洲人首领;
我使他们看到你的威严,你的华美,
你带着兵器坐在战车上。
我来了,许你攻打东方的土地,
你践踏了神之乐土的居民;
我使他们看到你的威严,如同天上的星,
当它在火中散开火焰,喷出露水时。
我来了,许你攻打西方的土地,
让克弗悌乌和塞浦路斯处于恐怖之中;
我使他们看到你的威严,如同一头壮年的公牛,
坚定的心,坚硬的角,不可抗拒。
我来了,许你击杀沼泽地里的人,
米坦尼的土地因惧怕你而战栗着;
我使他们看到你的威严,如同一只鳄鱼,
水中的恐惧之王,无人能敌。
我来了,许你击杀海岛上的人,
他们在大海之中听见你的咆哮;
我使他们看到你的威严,如同一个复仇者,
从他们的牺牲者身后站起。
我来了,许你击杀利比亚人,

第十六章 帝国的兼并：图特摩斯三世

乌滕悌乌岛屈服在你的英勇下；
我使他们看到你的威严，如同目光如炬的狮子，
你让他们在山谷中尸首遍野。
我来了，许你攻打土地的尽头，
大弯道（俄刻阿诺斯）的通路尽在你的掌握之中；
我使他们看见你的威严，好像翱翔的鹰，
抓住他所看见的一切，随他所愿。
我来了，许你击杀那靠近你的边界的人，
你活捉沙地的居民，作为战俘；
我使他们看见你的威严，好似南方的豺狼，
敏捷的脚步，悄无声息，游荡在两国之地上。

我们对图特摩斯已经有了足够多的了解，因此我们知道，这不是毫无根据的诗兴大发，不是谄媚的祭司的奉承之言。图特摩斯的性格比早期埃及除埃赫那吞以外的任何一个国王，都更具有个性和色彩。他让我们看到了一个精力旺盛、不知疲倦的人，无论是担任法老之前还是之后；一个多才多艺的人，会利用短暂的闲暇设计精美的花瓶；一个眼光锐利的管理者，一手向亚洲出兵，一手粉碎了勒索成性的收税者。他的维齐尔雷克密尔，也是他身边最亲近的人，这样评价他："看哪，陛下时时了解事态的进展；没有他不了解的事；他是无所不知的透特（知识之神）；没有他没做过的事。"[157] 尽管图特摩斯自豪地记录下了他那举世无双的成就，但他也不止一次地申明，他这样做是对真相的深

切尊重。"我没有夸大其词,"他说,"没有为了吹嘘自己,而将我没有做过的事情说成'我做了'。我没有做过任何……可能遭到反驳的事情。我这样做是为了我的神父,阿蒙……因为他知天知地,所以他每时每刻都在看着我们的整片土地。"[158] 这样追求事实,同时表达出对神的敬畏的申明,时常挂在他的嘴边。[159] 他的统治标志着一个时代,不仅在埃及,而且在整个东方。历史上从未有哪个人像他那样,运用一个此等大国的资源,将它们打造成为这样一个集中、永久,同时又具有流动性的机器,以至于多年来,这些资源可以像熟练的工匠操作百吨重的锻锤一样,对另一个大陆产生持续的影响。不过"百吨"这个数字显然是不恰当的,因为我们知道,图特摩斯的锤子是他自己锻造的。他是历史上第一个从一个默默无闻的祭司爬上这个位置,实现这一成就的天才。这让我们想起了亚历山大或拿破仑。他建立了第一个真正的帝国,因此也是第一个通才,第一个世界英雄。从小亚细亚的要塞、幼发拉底河上游的沼泽、海上的岛屿,到巴比伦的湿地、利比亚遥远的海岸、撒哈拉的绿洲、索马里海岸的梯田和尼罗河上游的瀑布,那个时代各地的首领们纷纷向他的伟大致敬。因此,他不仅在他那个时代留下了一个遍及世界的印象,也让人感受到了一种新秩序。他那威严的身躯,在叙利亚小王朝的琐碎阴谋诡计中,化身为正义的惩罚,犹如一股强风驱散了瘴气,肃清了东方政治圈里的流毒。躲不掉来自他那强壮臂膀的惩罚,所以纳哈林的三代人都怀着敬畏的心情纪念他。他的名字后来成了

第十六章 帝国的兼并：图特摩斯三世

一个咒语。几个世纪后，当他的帝国瓦解时，这个名字被放在了护身符上，象征权力。这位国王最伟大的纪念碑之一，他的赫里奥波里斯方尖碑，[160]现在矗立在西方世界的海岸上，作为世界上第一个帝国缔造者的纪念碑，这让西方世界感到非常荣幸。

1	II, 137, 162.
2	II, 416.
3	II, 416.
4	II, 616.
5	Sec the author's Battle of Kaoesh, pp. 8-11.
6	II, 409, 415.
7	II, 409, 417.
8	II, 418.
9	II, 419.
10	II, 439.
11	II, 420.
12	II, 421. 见地图 4。
13	出处同上。
14	II, 422.
15	II, 424—425.
16	出处同上。
17	II, 426.
18	II, 427.
19	II, 428.
20	II, 426.

21	II, 429.
22	由他第二天的位置证明。
23	II.430, 1.3.
24	出处同上，1.4.
25	II, 413.
26	II, 430, 1.5.
27	II, 431.
28	II, 432.
29	II, 433.
30	II, 616, 440.
31	II, 433.
32	II, 440.
33	II, 433.
34	I Kings 15:23.
35	II, 441.
36	II, 434.
37	II, 442.
38	II, 596.
39	II, 435.
40	II, 437.
41	II, 548.
42	II, 434.
43	II, 402.
44	II, 467.
45	II, 402.
46	II, 436.

第十六章 帝国的兼并：图特摩斯三世

47	II, 409, 549.
48	II, 550—553.
49	II, 557.
50	II, 558, 543—547.
51	II, 555, 596.
52	II, 100.
53	II, 306.
54	II, 772.
55	II, 600—602.
56	II, 609 ff.
57	II, 447, 1.25.
58	II, 446.
59	II, 608.
60	出处同上。
61	II, p. 237, note f.
62	II, 604—605.
63	II, 450—452.
64	II, 779.
65	阿玛尔纳书信，ed. Winckler, p. XXXIII; n. 2; 70 rev. 12 ff.
66	II, 457—459.
67	II, 459.
68	II, 460.
69	出处同上。
70	II, 462.
71	出处同上。
72	II, 460.

73	II, 463.
74	II, 464.
75	见作者的卡叠什战役，pp. 13—21, 49；见下文，第258—259页。
76	II, 465.
77	II, 585.
78	II, 465.
79	II, 467.
80	II, 470.
81	出处同上。
82	II, 471.
83	II, 472.
84	II, 474—475.
85	II, 476.
86	II, 598.
87	II, 584.
88	II, 581.
89	II, 479.
90	出处同上。
91	II, 583.
92	II, 478, 481; 656, 11.7—8.
93	II, 478.
94	II, 480.
95	II, 481.
96	II, 588.
97	II, 482.
98	II, 484.

第十六章 帝国的兼并：图特摩斯三世

99 | II, 485.
100 | II, 483.
101 | II, 486.
102 | II, 763.
103 | II, 382—384.
104 | II, 629—631.
105 | II, 632—636.
106 | II, 402—403.
107 | II, 760—761, 773.
108 | II, 761.
109 | II, 756—759.
110 | III, 58.
111 | II, 774.
112 | II, 571.
113 | II, 545, 775.
114 | II, 763.
115 | II, 771.
116 | II, 763—771.
117 | II, 577.
118 | 摘自我自己复制的原件；见 Birch, Mém. Sur une patère Egyptienne du Musée du Louvre, Paris, 1858; and Pierret, Salle hist. de la Gal. Égypt., Paris, 1889, No. 358, p. 87.
119 | 我的复制本。
120 | 见第 322 页。
121 | II, 392.
122 | 见上文，第 291 页。

123	II, 489.
124	II, 490.
125	II, 491.
126	II, 492.
127	II, 493.
128	II, 494.
129	II, 494—495.
130	II, 498.
131	出处同上。
132	出处同上。
133	II, 499.
134	II, 587.
135	II, 500—501.
136	II, 507.
137	II, 511—512.
138	II, 517, 580.
139	II, 520—527.
140	II, 525.
141	II, 529.
142	II, 530.
143	II, 531.
144	II, 589.
145	II, 590.
146	阿玛尔纳书信，ed. Winckler, 41, 6—8.
147	II, 535.
148	II, 533—534, 536—537.

第十六章 帝国的兼并：图特摩斯三世

149 II, 539.
150 II, 772 ff.
151 II, 526—527.
152 II, 651—652.
153 II, 649—650.
154 II, 184.
155 II, 592.
156 II, 655 ff.
157 II, 664.
158 II, 570.
159 II, 452.
160 这对方尖碑中，一座现在立于伦敦泰晤士河堤上，另一座位于纽约中央公园。见第 306 页。

第十七章
帝 国

现在,帝国时代在尼罗河流域走向了全盛。与世隔绝的生活成为尼罗河人的过去,亚洲和非洲之间的"隔离墙"此前被喜克索斯人动摇,现在已经被图特摩斯三世的战争彻底摧毁。传统的国界消失不见,生命的激流不再像从前那样,只在小王国的界标内回旋,而是从大帝国的一端脉动到另一端,融汇着各个王国,各种语言,从尼罗河上游一直延伸到幼发拉底河上游。亚洲贸易的财富,曾经沿着幼发拉底河流往巴比伦,而现在经由地中海东端,改道尼罗河三角洲。几个世纪前,埃及人用运河将这里与红海相接。三角洲因此成了全世界的贸易集散地。此时,亚述文明"尚且年幼",巴比伦退出西方政治舞台已有110年之久。法老

第十七章 帝 国

希望在他所征服的辽阔帝国中无限期地执掌权力。

他对亚洲是如何管理的,我们知之甚少。整个地区由一位"北方国家总督"全面控制,图特摩斯三世的将军图蒂是第一个担任这一职务的人。[1]为了控制动荡不安的亚洲王朝,法老必须在叙利亚-巴勒斯坦地区永久驻军。以法老的名字命名的要塞在那里建了起来,法老的副手们率军在那里驻扎,代表法老行使权力。[2]在黎巴嫩的南端,就有一座这样的要塞。[3]在腓尼基海岸的某个城市,图特摩斯还修复了前任国王们建立的另一座要塞,在那里我们发现了埃及国家之神阿蒙的神庙。[4]我们猜测,埃及军队驻防的每座城镇都有这样的神庙。而在最遥远的纳哈林,位于伊卡西(Ikathi)[5]的那座要塞无疑是图特摩斯修建的。勒南(Renan)在比布鲁斯[6]发现的埃及神庙遗迹一定就属于这一时期。我们知道,法老允许这些城邦的国王以极大的自由统治他们的小国,只要他们每年按时、有规律地向埃及进贡。当这些小国王死后,他们的儿子,也就是在底比斯接受过教育的王子,会登上父亲的王位。因此,这些亚洲的臣服者,与其说是一个个地区,不如说是一系列附属国。它们实际上构成了一种外国政府体制。不过,这种体制才刚刚萌芽,也可能,它是由库什总督统治演化而来的。城邦国王的地方政府如何与"北方国家总督"的管理相联系,我们完全没有线索。不过显然,"北方国家总督"很大程度上主理财政,因为图特摩斯的总督图蒂,在他自己的名字上加上了这样的短语——"使国库装满天青石和金银"。[7]另外很明显的一点是,这些小王朝是自己征税,然后将一部分贡献给法老。我们无法确定这些亚洲附庸国贡献给法老的税收占多少比例,也丝毫不知道法老在亚洲的总收入有多丰厚。

后来的剧本也和后世类似帝国的惯常走向一样:大国王死后,附庸国的首领们奋起反抗。因此,当图特摩斯三世去世的消息传到亚洲时,亚洲的统治者们抓住这一机会,做好一切准备,试图摆脱连年的进贡。虽然阿蒙霍特普二世曾担任他父亲的摄政王,但仅仅一年,父亲便去世,[8] 风暴来临。整个纳哈林地区,包括米坦尼,可能还有北部沿海城市,联合发动起义,或者至少同时奋起反抗。年轻的法老调集了他父亲的全部力量来应对这场危机,进军亚洲,对抗集结了大量军队的盟军。[9] 显然,南方国家没有冒险起义,但从巴勒斯坦北部开始,叛乱已经全面爆发。第二年(公元前 1447 年)4 月,阿蒙霍特普率领军队离开埃及;5 月初,他与巴勒斯坦北部的敌人相遇,并立即在示麦什 - 以东(Shemesh-Edom)[10] 与黎巴嫩首领们交战。在这场交锋中,他亲自带领部队,像他的父亲一样,无畏无惧地与敌人混战。他亲手抓了 18 名俘虏和 16 匹马。[11] 敌人最终被击溃了。到 5 月 12 日,他越过奥龙特斯河,结束北进,然后可能是在塞纳扎尔,转而向东北方向的幼发拉底河进军。[12] 渡河以后,他与纳哈林的先遣军进行了一场小规模的战斗,[13] 但随后又继续迅速前进,在提赫西地区俘获了 7 名叛变的王朝统治者。[14] 5 月 26 日,在离开奥龙特斯河 14 天后,他到达了尼伊。尼伊城为他敞开了城门,城里的男女从城墙上向他欢呼，他威风凛凛地进入了城中。[15] 十天后的6月5日，他从伊卡西[16]的叛乱者手里救出了他的一支驻军部队，并惩罚了当地的居民。此后从尼伊出发，他是沿幼发拉底河北进，还是穿过幼发拉底河，进入米坦尼，我们无法确定。但后者更为可能，因为他的记录里说："米坦尼的首领们背着贡品来到他面前，恳求国王陛下赐给他们生命的甘甜气息。这是一个了不起的事件，从神的时代以来，从未听说过这样的事。这个不了解埃及的国家正在哀求仁慈的神（法老）。"[17] 当他走到他父亲开拓的边境时，有可能已经超过了父亲的边界，他像他的父亲以及祖父一样，立了一块界碑。[18] 当他到达孟斐斯时，他带回的是一支凯旋的队伍。民众聚集在街头，仰慕地看着他的队伍从中穿过，与他们一起游行的还有500多名北叙利亚领主以及他们的240名女眷、210匹马和300辆战车。他的传令官兼任总司库，掌管着近1660磅的黄金花瓶和器皿，以及近10万磅的铜。[19] 前往底比斯时，他带了7个提赫西国王。当他驶近这座城市时，这些国王被头朝下地挂在他那王家驳船的船头上。他在阿蒙面前亲自处死了他们，把他们的尸体挂在了底比斯的墙上。其中有一具尸体留给了努比亚人，作为教训，稍后我们将读到。[20] 显然，他以意想不到的干劲，在起义军集结全部力量之前就把他们镇压了下去。而且据我们所知，这场教训来得如此有效，以至于没有人再敢反对他在亚洲的宗主国地位。

现在，这位年轻的法老开始集中精力保卫帝国另一端的安全,并确立自己的南部疆界。到达底比斯后,他派遣了一支远征队前往努比亚,带去了第七位提赫西国王的尸体,把它挂在了纳帕塔的城墙上,向努比亚人暗示如果他们企图谋反,将会遭遇什么下场。先前图特摩斯三世在上努比亚开展的一系列行动,为现在的阿蒙霍特普在第四瀑布确立疆界提供了条件。他安排纳帕塔人看守此地,也就是大瀑布的下方,而这个小镇所在的卡罗伊(Karoy)地区从此被视为埃及政权的南部边界。这也延伸了"库什总督和南部国家总督"的管辖范围,[21] 将埃及的领土扩张到了尼罗河的大拐弯,也就是河流向南流动的地区。阿蒙霍特普在这里立了一块石碑,标记他的南部边界。[22] 在这些界碑以外,除了必须保持南方贸易路线的开放,以及遏制胆大妄为的野蛮人,防止他们入侵该地区以外,也没有更多的必要,来对粗野的努比亚部落进行控制了。大约在他从亚洲战役归来九个月后,努比亚远征队在阿玛达和伊里芬丁分别立了两座石碑,记录了他在这些地方将他父亲未完工的神庙建成的情况。[23] 在石碑上,他讲述了那些提赫西国王的命运;此外,尽管第二次战役还没有发生,但他把纳哈林的战争称为他的"第一次战役",这是一个重要的信号,暗示了他对征战生活的期望。现在,阿蒙理所当然地把法老的每一把权杖和剑都紧紧地握在了他的手中。不过,阿蒙霍特普的伟大父亲已经把工作做得非常彻底了,据我们所知,他已经没有必要再次入侵亚洲或努比亚了。

在底比斯的河西岸,他为自己修了一座葬祭神庙,就在父

第十七章 帝 国

亲的神庙旁边,不过他的这座神庙现在已经消逝了。在卡纳克神庙,他修复了因哈特谢普苏特方尖碑而拆除已久的大殿,将她拆除的柱子重新立了起来,并用贵金属装饰了它们。他的父亲曾绕着哈特谢普苏特方尖碑修起了一圈围墙,只为遮挡上面的铭文,让它们永远不见天日;现在,他在这围墙上记录下了这项修复工程。[24] 除了在卡纳克修建了一座小型柱廊建筑外,他还在孟斐斯和赫里奥波里斯建造了一些这样的建筑,修复了邻近的特洛伊采石场。然而这些作品,尽都毁灭。我们对他本人的了解不多,但他似乎是伟大国王图特摩斯三世的一个优秀的儿子。他的身体非常健硕,他在自己的铭文中声称没有人能拉动他的弓。我们在他的坟墓里也发现了这把武器,上面写着他的名字:"痛击穴居人的人,库什的颠覆者,入侵他们的城市……伟大的埃及之墙,将士们的保护者。"[25] 正是这个故事为希罗多德的传说提供了素材:冈比西斯无法拉动埃塞俄比亚国王的弓。

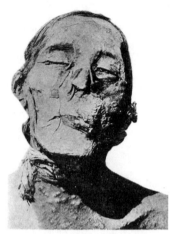

图120 图特摩斯三世的头颅
（来自他的木乃伊。现藏于开罗博物馆）

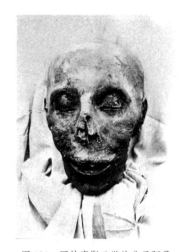

图121 图特摩斯三世的儿子阿蒙霍特普二世的头颅
（来自他的木乃伊。现在仍在他的底比斯坟墓里）

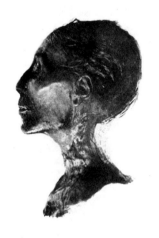

图122 阿蒙霍特普二世的儿子图特摩斯四世的头颅
（来自他的木乃伊。现藏于开罗博物馆）

图123 第296号阿玛尔纳书信
包含米坦尼国王图什拉塔（Dushratta）的女儿塔图基帕（Tadukhipa）的嫁妆清单。（现藏于柏林博物馆）

第十七章 帝 国

在他被任命为王储30周年之际,他为自己举行了盛大的庆典,并在伊里芬丁竖立了一座方尖碑,以纪念这次活动。在经历了大约26年的统治之后,阿蒙霍特普二世于公元前1420年前后去世,和他的先祖们一样,被安葬在了帝王谷。他的尸身至今仍躺在那里(图121),即使在今天,它仍然是现代底比斯狡猾盗墓者觊觎的猎物。1901年11月,他们为了寻找古代统治者身上的王家宝藏,侵入王陵,打开了木乃伊的包裹。[26] 然而,他们的底比斯祖先在3000年前也曾运用同样的技艺,精心保护着自己的身体,没有给后代留下任何东西。[27]

阿蒙霍特普二世的继任者是他的儿子图特摩斯四世。如果我们可以相信那个流传了几个世纪的民间故事的话,那么这位王子很可能不是他父亲最初选定的继承人。这个故事讲述的是在他父亲去世之前很久的事情。在一次狩猎远征中,他的父亲曾把他带到吉萨金字塔附近的沙漠,在那里,第四王朝的法老们已经沉睡了1300多年。中午时分,他躺在大狮身人面像的阴影里,睡着了。太阳神出现在他梦中,恳求他把早些时候沉积在自己肖像上的沙子清理掉,同时也把王国许给了他。王子发誓要遵从伟大的神的旨意。神的许诺应验了,年轻的国王一登基,就赶忙兑现自己的誓言。他清理了巨大的狮身人面像,并将整个事件记录在附近的一块石碑上。后来的一个版本是由宫殿的祭司制作的,刻在从邻近的奥西里斯神庙取来的一块巨大花岗岩楣梁上,并靠着狮身人面像的胸口竖立在它仍然站立的前腿之间。[28]

图特摩斯四世很早就受命在亚洲维护帝国的统治。然而，我们完全不了解他在那里的活动过程；和他的父亲一样，他也称之为"第一次战役"。[29] 然而，很明显，他被迫向遥远的北方挺进，最终入侵了纳哈林。因此，他后来能够在底比斯的国家神庙里记录战利品，"这是国王陛下在纳哈林的第一次胜利战役中所捕获的。"[30] 他出现在纳哈林的直接结果，就是彻底平息了当地首领们的不满情绪。在经由黎巴嫩返回时，他强迫那里的首领们为他在底比斯的阿蒙圣船提供雪松。[31] 到达底比斯后，他在自己的葬祭神庙的围墙内安置了一群囚犯。这些囚犯可能来自巴勒斯坦的基色市，[32] 而他的葬祭神庙建在底比斯的平原上，就在先祖的神庙旁边。至于法老和米坦尼之间的关系，也许是认识到他们在凯塔有着共同的敌人，他们达成了邦交，因为米坦尼不久就要遭受凯塔国王的侵略了。图特摩斯显然想在北方结交一个朋友，因为他派人去见了米坦尼国王阿塔塔玛（Artatama），想要娶他的女儿为妻。[33] 在适当表现出不情愿之后，阿塔塔玛最终同意了，米坦尼公主被送往了埃及。在那里，她可能得到了一个埃及名字穆特姆娅（穆特姆维娅），并生下了下一任埃及国王阿蒙霍特普三世。于是，埃及与米坦尼结成了牢固的联盟，阻止了法老将来征服幼发拉底河以东的一切想法。埃及与巴比伦的友好联盟也得到了巩固。[34] 虽然图特摩斯可能认为没有必要再次入侵亚洲，但他还是被他的贵族们称为"叙利亚征服者"，[35] 叙利亚首领们的贡品也经常会送到他的维齐尔或司库的手中。[36] 那年春天，他接

第十七章 帝 国

到了八条消息,表示努比亚发生了严重的叛乱。[37]在一次沿着河流的凯旋航行途中,他每到一座较大的神庙,都会停下来向众神致敬。然后他经过第一瀑布,向瓦瓦特挺进,接着他似乎在努比亚北部边界当地附近意外地发现了敌人。当然,接下来的战斗只可能有一个结果——大量的战利品落入图特摩斯手中。[38]他再一次将俘获的囚犯安置在了他的葬祭神庙里,作为那里的奴隶。[39]

图特摩斯很可能没有在努比亚的战争中活下来。因此,他无法再像他父亲那样去建设底比斯,装饰国庙了。但是,由于他对祖父图特摩斯三世的崇敬,他完成了祖父的一项重要工作。35年来,图特摩斯三世计划建造的最后一座方尖碑一直未完工,始终停在卡纳克神庙围墙的南门。而他的孙子现在已经在上面刻上了这位老征服者的名字,也在上面记录下了自己重启该工程的虔诚行为;还在围墙的南门竖起了一块巨大的长石,这是现存最大的方尖碑,这个地方也是这块长石曾经躺着的地方。这座方尖碑现在矗立在罗马的拉特兰宫前。在这项义举完成后不久,图特摩斯就来到了先祖们的身边(约公元前1411年),埋葬在了他们沉睡的墓谷里(图122),可能也是为了庆祝他自己的庆典活动。

接下来继位的儿子是第三个阿蒙霍特普,也是这些伟大帝王中的最后一位。他是图特摩斯三世的曾孙,但随着他的登场,埃及权力的高潮已经在慢慢退去,而他也无法阻挡这一潮流。关于他的性格,早期证据所显示的柔弱气质也在后来得到印证,尤其是从他与他的王后的关系来看，更是显而易见。也许是他担任王储的时候，或者至少在他统治早期，他娶了一个了不起的女人，名叫提伊（Tiy），出身不详。人们常说她是外国人，但没有丝毫证据表明她是在外国出生的。为了庆祝这段婚姻，阿蒙霍特普发行了大量圣甲虫，以石头雕成，并刻上这一事件的记录[40]。在这个记录中，王后的头衔非常高贵，她的名字后面坦诚地附上了她的出身，宣告了她就是王后。但这段记录的结尾这样写着："她是一个强大国王的妻子，这位国王的南部疆界远至卡罗伊，北部疆界远至纳哈林"；[41]仿佛是为了提醒那些可能会想起这位高贵王后的卑微出身的人。从一开始，这位新王后就对阿蒙霍特普产生了强大影响，他立即将王后的名字写入了王家文件的标题上。她的权力在阿蒙霍特普三世统治期间一直延续着，并开启了一个非凡的时代；这个时代的特点是女王在国家事务和公共场合占据着突出地位，而我们也只在阿蒙霍特普三世及其直接继任者的统治下发现了这一特点。这些事件的重要性，我们将在后文中进行探讨。

对于这个伟大帝国的统治，阿蒙霍特普三世开局不错。亚洲人在他即位时没有给他制造任何麻烦，他在安全和空前的辉煌中接管了这个国家。然而，就在他的统治即将满四年的时候，努比亚的动乱迫使他出征南方。10月初，他抓住时机，在水位高涨期间带着舰队通过了大瀑布流域。他的努比亚总督梅尔莫西（Mermose）征召了一支努比亚军队，征召范围从库班附近一直

第十七章 帝 国

延伸到75英里开外的伊布里姆。[42]这些人被调来和法老的埃及军队共同对抗上努比亚,这是下努比亚高度埃及化的一个显著证据。当他们到达伊比黑(Ibhet)时,至少在第二瀑布的上游,他们发现了敌人,并开始交战,此时可能是国王加冕的周年纪念日,也就是他即位第五年的第一天。据他们后来在第二瀑布旁所立的胜利纪念碑记载,他们在此次战斗中虏获了740人,杀了312人。[43]边远的村庄也受到了小支部队的光顾,那里的居民受到了惩罚,以防止反抗的事件再次发生;[44]在那里,阿蒙霍特普往南行进了一个月,抢掠俘虏和战利品。[45]最后他到达了"华(Hua)高地",这是一个位置不详的地方;然而,在名单上,它与蓬特一同出现,而且一定是在很远的南方,也许在大瀑布之上。阿蒙霍特普来到华以南的乌内舍克(Uneshek)扎营,这是他行进的最南端。[46]在读者们熟悉的纳帕塔的卡罗伊地区,他收集了大量黄金,用于底比斯建筑的建造;[47]在凯贝胡霍尔(Kebehu-Hor),也就是"荷鲁斯之池",他立起了一座胜利碑,[48]不过我们无法确定这个地方的确切位置。当然,这个地方并没有超过他父亲划定的边界。这是埃及法老对努比亚发动的最后一次大规模入侵。由于边远部落对尼罗河谷的不断掠夺,法老必须不断征讨他们。而河谷山谷本身,远至第四瀑布流域,都已经完全被法老征服了;同时,随着第二瀑布基本实现了埃及化,这个进程还在稳步推进,直到远至第四瀑布的国家有效融入埃及文明。现在,埃及的神庙在每一个较大的城镇拔地而起,埃及的神在那里受到膜拜;努比亚的工匠们学习着埃及的艺术，埃及的文化正在渗入尼罗河上游的一个个粗鲁、野蛮的部落。尽管如此，在总督的监督下，土著首领仍然可以保留他们的头衔和荣誉；毫无疑问，他们在政府中至少还享有名义上的权力。我们发现埃及人的踪迹一直向北延伸到了伊布里姆，[49]也就是阿蒙霍特普三世征收黑人辅助军时的最南端，因此这里可能也是埃及官员执掌地方行政管理这一政策向南延伸的终点。现在，总督每年带着努比亚所有地区的贡品登陆底比斯，已经成为一种古老的习俗。[50]

在亚洲，阿蒙霍特普享有无可争议的霸权；甚至连巴比伦的朝廷，也承认他在迦南的宗主地位，也就是所谓的叙利亚－巴勒斯坦地区。当那些叙利亚首领试图拉拢巴比伦国王库里加祖（Kurigalzu）与他们结盟，共同对抗法老时，库里加祖给他们写了一封断然拒绝的信，声称自己与法老结盟，甚至威胁说，如果他们结成敌对联盟，对抗埃及的话，他就对他们采取敌对行动。[51]这只是巴比伦对该事件的记录，但无论是真是假，它至少显示了巴比伦渴望与法老和睦相处的诚意。所有大国，包括巴比伦、亚述、米坦尼和阿拉萨－塞浦路斯（Alasa-Cyprus），都在尽一切努力与埃及建立友好关系。关于世界政治，这种历史上从未出现过的局面，现在正在我们眼前展开。埃及，以法老的朝廷为中心，正在与这个时代的所有伟大民族建立沟通交流渠道。

"阿玛尔纳书信"（图123）也许是早期东方留存下来的最有趣的大批量文献。它向我们展示了横跨亚洲这片土地的一个个王

第十七章 帝　国

国，犹如在我们面前展现了一个舞台一样，每个国王都在法老的宝座前扮演着自己的角色。这些信件大约有 300 封，用巴比伦楔形文字写在泥板上，于 1888 年在阿蒙霍特普三世的儿子埃赫那吞所建的都城发现。这个都城就是现在的阿玛尔纳遗址，这些书信也因此而得名。这些书信都具有严格的官方性质，可以追溯到阿蒙霍特普三世及其儿子兼继承人阿蒙霍特普四世，也就是埃赫那吞的统治时期，其中既有这两位法老之间的书信，也有法老与巴比伦、尼尼微、米坦尼、阿拉萨（塞浦路斯）国王，以及叙利亚－巴勒斯坦地区的附庸国王之间的书信。阿蒙霍特普三世与巴比伦国王卡尔利玛－辛（Kallimma-Sin），也就是卡达斯曼－贝尔（Kadash-man-Bel）的书信中，有五封幸存了下来，[52] 其中一封来自法老，其他的来自卡尔利玛－辛。巴比伦国王经常需要黄金，他坚持不懈地恳求他的埃及兄弟送给他大量这种贵重金属；他表示，据巴比伦信使报告，这些金属在埃及的储量和尘土一样多。他对阿蒙霍特普赠送给他的黄金数量表示不满，由此引发了相当大的摩擦。他提到阿蒙霍特普从他的父亲那里娶走了一个女儿的事实，并把这种关系作为赠送更多黄金的理由。随着通信往来的继续，他们开始就阿蒙霍特普的女儿与卡尔利玛－辛，或者是他的儿子之间的婚约进行商谈。同样，阿蒙霍特普与米坦尼国王淑塔尔那（Shuttarna）保持着最密切的联系，他的父亲图特摩斯四世也曾与淑塔尔那的父亲阿塔塔玛保持着最友好的关系。事实上，阿蒙霍特普也许是淑塔尔那的侄子，他娶了淑塔尔那的一个女儿，名叫柯露荷巴（Gilukhipa）。为了庆祝此次联姻，阿蒙霍特普发行了一系列带有纪念该事件的铭文的圣甲虫石头，上面写着公主带来了 317 名妇女和侍从。[53] 这一事件发生在阿蒙霍特普统治的第十年。淑塔尔那死后，他的儿子图什拉塔继续着与埃及的联姻——阿蒙霍特普为他的儿子兼继任者娶来了第二位米坦尼公主，也就是图什拉塔的女儿塔图基帕。这两位国王之间的通信非常有启发性，可以作为此类通信的一个范例。以下是图什拉塔写给他的埃及盟友的一封信[54]：

"致尼姆鲁里亚（Nimmuria），伟大的国王，埃及之王，我的兄弟，我的女婿，爱我之人，也是我爱之人——图什拉塔，伟大的国王，你的岳父，爱你之人，米坦尼之王，你的兄弟。我一切安好。愿你一切安好，你的王宫，我的姐妹和你的其他妻子，你的儿子，你的战车，你的马匹，你的首领，你的领地，和你的所有财产，都一切安好。在你的先祖统治的时候，他们与我的先祖关系甚好，你与我父亲（的友谊）更加深厚，你们之间的关系也非常友好。因此，你我现在彼此友好，你让我们的关系比与我父亲的关系亲近十倍。愿诸神使我们的友谊愈加丰厚。愿提舒伯（Tishub，米坦尼之神）、上主、阿蒙永恒保佑它如今日一般。

"我的兄弟差遣信使马尼（Mani）说：'我的兄弟，把你的女儿嫁我为妻，做埃及的王后吧。'我没有使我的兄弟伤心，我不断保持友好的姿态。正如我的兄弟所愿，我把她带到了马尼

第十七章 帝 国

面前。他看着她；一看见她，他就大大地欢喜；当他把她安全地带到我兄弟的土地上时，愿伊师塔（Ishtar）和阿蒙使她如兄弟所愿。

"我的使者基列（Gilia）将我兄弟的话带给了我。我一听见，就以为甚好，并且甚是欢喜，我说：'就我而言，即使我们之间的所有友好关系已经停止，但是，由于这个消息，我们将永远保持友好关系。'当我现在给我的兄弟写信时，我说：'在我看来，我们一定会非常友好，彼此相处得很好'；我对兄弟说：'我的兄弟，让我们的友谊比你与我父亲的友谊深厚十倍吧。'然后我要求兄弟送给我很多黄金，说：'我的兄弟，要比送给我父亲的还多。你送给了我父亲很多黄金，一个纯金的南卡，一个纯金的基鲁；而你（只）送给了我一个黄金的小板，好像是铜合金制成的……所以，我的兄弟，请送给我很多很多，多得无法计算的金子吧，比送给我父亲的还多。因为在兄弟的土地上，金子多如尘土……'"

这个时代，那些正在谱写亚洲各地命运的人都会相互通信。面对类似的请求，阿蒙霍特普送给了亚述王 20 他连得的黄金，[55] 并与他建立了友谊。阿拉萨－塞浦路斯国王一直与法老保持着附庸关系，他定期给法老送去大量的铜；只有一次，他请求法老免除这项义务，因为他的国家当时爆发了瘟疫。埃及和塞浦路斯两国之间的共识达到了非常完善的程度。甚至，两国国王认为，当一个塞浦路斯公民不幸死在了埃及，理所当然应将他的财产引渡回塞浦路斯；因此，塞浦路斯会派一名使者前去埃及，接收这些财产，将其带回塞浦路斯，交给死者的妻儿。[56]为了与埃及保持第一盟友的关系，这个岛国的国王甚至冒险建议法老不要与凯塔和巴比伦结盟，稍后我们会发现巴比伦也实行了这个策略。

就这样，阿蒙霍特普成了所有大国的外交重点，也受到了各种讨好和奉承，因此他对他的亚洲帝国也没有什么可担心的。现在，叙利亚的附庸首领们都是曾经被图特摩斯三世征服的人们的后代了，他们已经完全习惯于效忠埃及了。他们享受独立的时代已经过去很久了，除了做埃及的附庸，他们想不到其他的生存方式了。在动荡和侵略的时代，力量可能是唯一的吸引力；在他们看来，这种状况也是事物的自然状态。这样也不是全然没有好处的——这让他们摆脱了对外来攻击的恐惧。此外，曾经在法老的都城接受埃及教育的王子们现在回到叙利亚，从他们那或不忠或冷漠的父亲手中继承了政权；而与其他王子不同的是，多年的埃及教育使他们成了法老忠实的奴仆。他们会在任何场合展示他们对法老的忠诚。卡塔纳（Katna）的阿基兹（Akizzi）王子在给阿蒙霍特普的信中这样写道："我的主，在这里，我是你的仆人。我要追随我的主，不离开主。自从我先祖做了你的仆人以来，这土地就是你的土地，这卡塔纳城就是你的城，我也是主的人。我的主啊，如果主的军兵和战车来了，就把食物和牲畜都交给军兵和战车。"[57]这些信里都是最卑微的奉承："致我的主，我的王，

第十七章 帝国

我的神,我的太阳:你的仆人,亚比米利(Abimilki)。我在主的脚下拜倒了七次又七次。我是我的主、我的王鞋下的尘土。我的主是太阳,他每天升起在大地之上。"[58]这些奴仆不仅在法老面前拜倒了七次,而且还"前胸贴着后背",争先恐后地跪拜(图147)。他们是"你所踏的地,你所坐的宝座,你脚踏的脚凳",甚至是"你的狗";有人更是乐意称自己为法老的马夫。他们都是在法老恩典下即位的,即位之时法老还会派人给他们送去圣油,为他们涂抹。他们一旦发现其他首领有不忠的迹象,就会立即通知朝廷,甚至受命去对付反叛的首领。一些较大的城市到处都有埃及的驻军,有步兵,也有战车。但驻军不再仅仅是土生土长的埃及人了,更多的军兵来自努比亚和舍尔丹(Sherden),他们曾经是四处游荡,掠夺成性的海盗,也许是历史上的撒丁岛人的祖先。而现在,他们之中有越来越多的人开始在埃及军队服役。法老的这些兵力由当地的统治者来供养;正如我们先前所看到的,在给法老的书信中,考验他们忠诚度的一个手段就是看他们在军队物资供给方面的准备和实诚。正因为如此,叙利亚的政府现在享受到了前所未有的稳定。商路上再无强盗的侵扰;商队从一个属国前往另一个属国时,只要法老一句话,就可以使臣服的首领屈膝。连年的贡品像埃及的税收一样准时送达。如果有任何延误,驻扎在各大城镇的法老代表只需要出现在失职首领的附近,就可以召唤其前来履行未尽的义务。阿蒙霍特普本人从来不需要亲赴亚洲战场。他曾经去过西顿,他的一位官员提到过国王在战场上俘虏囚犯，[59]不过这可能说的是努比亚战役。正如我们稍后将看到的，派遣一名能干的军官来指挥部队就足够了，在阿蒙霍特普即位后一代人的时间里，他们从来没有面临过这方面的困难。因此，一位附庸首领后来写信给阿蒙霍特普的儿子说："的确，你的父亲并没有统治过他的附庸，也没有视察过他们的领地。"[60]

在这种情况下，阿蒙霍特普可以从容地投身于和平事业，和在类似条件下的所有其他帝王一样。商业贸易得到了空前的发展。从三角洲到大瀑布，尼罗河满载着来自世界各地的货物。这些货物跟随着来自红海的船队，跟随着往返于苏伊士地峡的长途商队，有叙利亚的丰富物资，有东方的香料和芳香的木料，有腓尼基人的武器和追击船，还有无数其他东西。它们的闪米特名称渐渐被象形文字书写的名称取代，它们也渐渐占据了尼罗河人的生活。地中海的商路与穿过地峡的陆路交通平行，满布着富丽堂皇的腓尼基大船。它们从四面八方汇集到三角洲，把爱琴海迈锡尼工业区的装饰器皿和雕花青铜器带到尼罗河的市场。埃及的工业产品同样也进入了克诺索斯、罗兹岛、塞浦路斯的海上王宫，我们在那里发现了许多这个时代的埃及纪念碑。在希腊大陆的迈锡尼，人们也发现了圣甲虫和一些带有阿蒙霍特普三世或提伊王后姓名的釉面器皿。北地中海人民感受到了埃及文明的影响，埃及文明现在以前所未有的坚定力量出现在北方。埃及的宗教形式被引入了克里特岛，曾有埃及祭司在那里占据了领导地位（图127）。迈锡尼的艺术家也深深受到了埃及产品的影响。埃及的风景出现在他们的金属作品中，而底比斯艺术家惯常用铅笔描绘的轻盈的动物姿态现在也经常出现在迈锡尼。底比斯风格的装饰华丽的天花板同样出现在了迈锡尼和奥尔霍迈诺斯（Orchomenos）的坟墓中。甚至我们在克里特岛的前希腊文字中也能发现尼罗河象形文字的影响。迈锡尼世界的克弗悌乌人把这些东西带给了他们的同胞，现在他们的身影也成了底比斯街头上熟悉的景象，他们提供的商品也在改变埃及的艺术。北方丰富的白银现在跟随着北方的陌生人大量涌入埃及，虽然在喜克索斯统治时期，这种贱金属的价值是黄金的两倍，但黄金现在而且永久地成了更有价值的媒介。黄金和白银现在的价值大约是5:3；随着白银的价值稳步下降，到了托勒密时代（公元前3世纪），该比例达到了12:1。

这种贸易需要保护和管制。东地中海沿岸到处都是游荡的利西亚（Lycia）海盗，他们大胆地进入塞浦路斯的港口，掠夺城镇，甚至在三角洲沿岸登陆。[61] 因此，阿蒙霍特普不得不组建一支水警队，在三角洲沿岸巡逻，不断把守着河口，除了合法的来者以外，不准任何人进入。这些警察还在同样的地方维护海关；所有不是送给国王的货物都要交税。[62] 这个来源的收入一定相当可观，不过我们没有办法估算。所有通往该国的陆路都受到了类似的管制，无法令人满意地解释其业务的外国人将被遣返，同时对于合法的贸易，他们也予以了鼓励、保护和适当征税。

从图特摩斯三世时期开始,闪米特族的奴隶们就不断地拥入埃及,现在仍在继续。国王的首席书吏把他们分配到全国各地,登记在纳税农奴中。[63] 由于这群外国人与当地人通婚,大量异种血液融汇成了一种新的混血型脸,这是当时的艺术家们展现给我们的。一个多世纪以来,不可估量的财富源源不断地涌入法老的金库,也开始产生深远的影响;而在后来的历史中,在同样的条件下,这种影响是远远谈不上健康的。新年当天,国王会送给他的贵族们一大堆贵重的礼物,这在金字塔时代是法老们绝对无法想象的。有一次,总司库把"金银战车、象牙和乌木雕像、各种贵重的宝石项链、武器,以及各种工匠作品"抬到国王的面前,其中包括13尊国王雕像、7座国王狮身人面像、8条精美的项链、680面精工盾牌、230个同样工艺的箭袋、用贵重金属做成的360把铜剑和140把铜匕首、30根镶银和金的乌木杖、220根象牙和乌木鞭子、7个精心制作的箱子,以及许多遮阳棚、椅子和无数的小物件。[64] 在过去,国王会用土地奖励忠诚的贵族,作为回报,贵族也必须对土地进行适当的耕种和管理,从而在大片领土上培养淳朴和健全的耕作文化;而现在的宠臣们得到的是可交换的财富,不需要进行管理。古老的质朴和坚固的基本美德消失不见了,取而代之的是这座大都市的奢华和张扬。从服装穿着上来看,从法老到最低一级的书吏,这一变化都是显而易见的。曾经,简单的亚麻短裙,从臀部覆盖到膝盖,就能让所有人满意,包括国王,而现在取而代之的是一套精致的服装——长褶裙,华丽的束腰外衣,加上流线型的衣袖;昔日朴实无华的头饰被一顶精心卷曲、垂于肩上的假发所取代;而曾经赤裸的双脚现在则穿上了优雅的凉鞋,尖尖的脚趾向上翘着。在阿蒙霍特普三世的时代,如果一个出身于阿蒙涅姆赫特王朝或塞索斯特里斯王朝的地

图 124 帝国时期的服装

主贵族走在底比斯的大街上,他可能都不知道自己身处哪个国家;另一方面,他身上那过时的服装,现在只有祭司阶层才会穿的服装,同样也会让此时的上流阶层感到惊讶。这种惊讶,不会亚于伊丽莎白时期的贵族走在现代的伦敦街头时所感受到的惊讶。他还会发现,他的周围全是优雅的城堡、豪华的别墅,迷人的花园和避暑庄园环绕着巨大的神庙——这是尼罗河居民从未见过的。

来自亚洲和努比亚的财富和奴役正在迅速转化为高贵的建筑;在底比斯,世界建筑史上的一个新的、奠基性的篇章正在一

天一天、一点一滴地谱写出来。阿蒙霍特普对这些作品充满了欣赏和热情,尽其所能地为建筑师提供他们所需的一切资源,使得他们的艺术实践比以往任何时候都更加丰满。这之中不乏一些具有极高天赋的建筑师。其中有一个人与国王同名,他的智慧使他声名鹊起,大约1200年后,他的名言以希腊语流传开来,后来被收入了《七贤箴言》(*Proverbs of the Seven Wise Men*);到了托勒密时代,他成了人们顶礼膜拜的神,并以"哈普(Hapu)之子阿蒙霍特普"的身份在埃及无数神祇中占据了一席之地。[65]

在这些人的手中,埃及建筑被注入了新的生命,与那些古老而传统的元素结合成一种新的形式,呈现出前所未有的曼妙。除此之外,在这样一位建筑师的指挥下,体量空前的财富和劳动

图125　围柱式内殿神庙

由阿蒙霍特普三世建于伊里芬丁岛。1822年,被阿斯旺的土耳其统治者摧毁,用作建筑材料。(依据拿破仑远征队的"描述")

第十七章 帝 国

资源得以整合出规模如此巨大的建筑，以至于单单从体积上来看，他的建筑就足以给人留下最深刻的印象。但是，在现在发展起来的两种形式的神庙中，较小的在功效上并不比较大的弱。有一座简约的长方形大殿，或者称至圣所，长30或40英尺，高14英尺，两端各有一扇门，周围有门廊，整座建筑立于一个高约圣殿墙壁一半高度的地基之上。殿门立于两根优雅的立柱之间，外墙在侧面的柱廊后若隐若现，整体比例堪称精致。明眼人一眼就能看出这座建筑出自大师之手，而且必定是一位能够挖掘出简约、基本线条全部价值的大师。也难怪拿破仑远征队的建筑师们会被它吸引——他们将现代世界的目光引向了这座建筑，并认为这是希腊围柱式神庙的起源。毫无疑问，希腊的建筑的确受到了这种形式的影响。另一种规模更大的神庙此时已经发展到了顶峰。这种

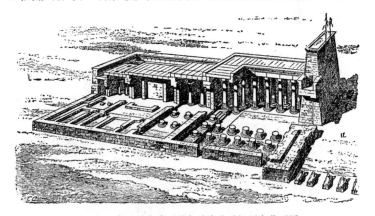

图 126 帝国时期典型塔架神庙的透视图和截面图
较近的一半，连同它的塔架，已经被截掉，以展示内部的布局。对照第343页的描述。
（依据佩罗·特奇皮兹提供的资料）

神庙与刚才讨论的那种截然不同,也许它最根本的特征就是,它的柱廊都在内部,从外面是看不见的。这种至圣所,和以往一样,被一个个房间包围着,只是规模现在比以前更大了,这是

图127 克里特岛发现的石雕花瓶碎片

在节日游行队伍中间,一位埃及祭司高举着叉铃,在克里特青年中领唱。制作于公元前18世纪。

图128 阿蒙霍特普三世的宫殿,簇拥着纸莎草柱

卢克索神庙

第十七章 帝 国

因为现在的仪式更加丰富和精致,因此必然需要更大的空间。它的前方是一个宽敞的带有柱廊的大殿,通常被称为多柱式建筑,而在这个大殿前方是一个广阔的前院,周围是有圆柱的门廊。在这个庭院的前方有两座塔(合称为"塔架"),构成了神庙的门面。塔架的墙壁向内倾斜,顶部是镂空的檐口,神庙的大门就在它们之间打开。它那砖石,由砂岩或石灰岩制成,通常不包含大块石头。巨大的柱顶过梁长30或40英尺,重达100或200吨。除了柱子的表面外,几乎所有的表面都刻有浮雕,外墙上的浮雕展示的是国王参加战斗的景象,而内墙上则是国王祭拜众神。除了少数例外,所有墙壁浮雕都色彩艳丽。在以青铜镶嵌的两扇黎巴嫩雪松大门前,一对方尖碑高高耸立在塔架的上方,两扇门一边一座;而以整块石头凿成的巨大国王雕像,则背对着塔架,屹立在门边,同样是一边一座。这些元素的使用和这种总体布局在阿蒙霍特普统治之前已经很常见了,而他的建筑师又创造出了一种全新的类型。这种全新的类型注定要作为最高贵的建筑形式之一,在频繁的使用中延续到今天。

底比斯南部的老郊区卢克索,现在已经发展成为城市,有一座小型阿蒙神庙,由第十二王朝的国王建造。阿蒙霍特普很可能是在他统治的早期,拆毁了它,建造了一座新的圣所,周围有一圈房间,前面有一个大殿,就像图特摩斯一世在卡纳克建造的那样。为此,他的建筑师们在前面修建了一个宏伟的前院(图128),布置了一个最华丽的柱廊。这个柱廊至今仍保留在埃及。获得了信心以后,他们决定在这整座建筑前面再修建一个新的、空前宏伟的大殿。很可能在这个大殿前方,还有一个更加广阔的前院。大殿中轴线的两侧各有一排巨大的圆柱,其高度远远超过了埃及人以前使用过的任何扶壁(图130)。它们的美丽没有因为巨大的尺寸而减分,因为从各个方面来看,它们都是比例精致的杰作,有着优雅的纸莎草式柱头(图130)。这些柱子比两侧的柱子高,因此在中央过道或中殿上形成较高的屋顶,在侧廊上形成较低的屋顶,不同的平面由通风的格栅石窗补齐。这便是后来长方形廊柱建筑和大教堂建筑的基本元素,要归功于阿蒙霍特普三世的底比斯建筑师。遗憾的是,国王去世时,这个巨大的大殿还没有完工,而他的儿子又是阿蒙的死敌,当然也就无法完成他父亲的工程了。他后来的继任者们用鼓状物把宏伟的中殿围了起来,鼓状物是从侧廊的柱子上取下来的,而侧廊再也没有修建起来。直到今天,整个工程呈现出来的依然是一件未完成的艺术作品的悲凉残骸——这让今天的世界无法对他们产生什么感激之情。

现在,阿蒙霍特普开始把这座城市的宏伟建筑统一起来,这种做法是前所未有的。他在卡纳克神庙前竖起了一座巨大的塔架,其奢华程度令人咂舌;两侧分别竖立起一座天青石石碑,石碑上除了镶嵌大量金银以外,还镶嵌了近1200磅的孔雀石。[66]河边的一条大道一直通向两座高大的方尖碑之间,[67]在它的前面是它的建造者阿蒙霍特普为他自己竖立的巨大雕像,也是迄今为止最大的雕像。这座雕像由一块67英尺长的粗砂岩凿成,由一支

第十七章 帝 国

运送队从现在的开罗附近的采石场逆流而上，运送过来。[68] 国王还为底比斯女神穆特（Mut）建造了一座神庙。这座神庙是由他的先祖在卡纳克南部破土修建的，神庙旁还挖掘了一个湖泊。然后，他在间隔1.5英里外的地方布置了一个美丽的花园，将卡纳克与卢克索神庙分开，并以石雕公羊步道将两座神庙连接起来（图4和图129），每座公羊石雕的前爪中间都有一座法老雕像。总体效果达到了极致：色彩绚丽的建筑，镀金的柱子和大门，镀银的地板，高高耸立的方尖碑身披着闪闪发光的金属，映衬在摇曳的棕榈树和热带树林之上。这些构成了建筑的整体。所有这一切一定给人留下了一种印象，既有华丽的细节，又有磅礴的气势。同样令人印象深刻的还有昏暗的废墟，不过它们并没有给今天的我们留下任何暗示。就像雅典在她的辉煌岁月里一样，国家很幸运地拥有着一些敏感而富有创造力的能人巧匠，他们对她的伟大产生了深刻的想象，以至于他们能够以美丽、尊贵和辉煌的形式展现她的外在。底比斯现在正迅速成为帝国的重要城市，第一座不朽的古代城市。与卡纳克和卢克索所迎来的新辉煌相比，河对岸的西部平原也没有受到影响，在这背后，是曾经的征服者们沉睡的地方。沿着崎岖的悬崖脚下，从北部不起眼的阿蒙霍特普一世小礼堂开始，一直向南延伸，我们会发现这是一条威严庄重的路线，沿途全是帝王们的葬祭神庙。在这条线的南端，离河流稍近一点的地方，阿蒙霍特普三世为自己建立了一座葬祭神庙，这是他统治时期国内最大的神庙。在塔架前，矗立着两尊巨大的国王巨像，高近70英尺，每尊都是由一块巨石切割而成，重量超过700吨，旁边还有两座方尖碑。从河边去到这座神庙要走过一条豺狼石雕大道。许多其他巨大的法老雕像也排列在前院的柱廊周围。有一块30英尺高的巨大砂岩碑[69]，上面以黄金镶嵌，外层以贵重的石头包裹——这座石碑标志着"国王之位"，是阿蒙霍特普在仪式上履行公职时所站立的地方；另外，[70]有一幅超过10英尺高的壁画记录了他为阿蒙所做的所有作品，同时神庙的墙壁和地板上覆盖着黄金和白银，呈现出极致的奢华。在这类补充型的作品中，工匠们的高雅品位和技术技巧现在已发展到一种经典的卓越水平，此后的埃及艺术再也没能超越这个水平。单就质量而言，其中一些工业艺术品中就已经令人咂舌了，因为巨大的雪松塔门的青铜铰链和其他固件重达数吨，需要空前规模的铸件；然而，要在这样的门上覆盖精美的青铜薄片，上面镶嵌神的形象，更是要求审美能力和对笨重机械的掌握相结合，这即使在今天也是难以实现的。

在这种环境下，雕塑艺术也得到了前所未有的蓬勃发展。虽然现在人们对细节的关注要求雕刻家们具备无限的耐心和细致，但这种苛刻的要求并没有妨碍这些十八王朝的雕刻家对美的追求，也没有摒弃对主要线条进行概要渲染的旧方法。在这个时代的作品中（图136、图137和图151），出现了一种优雅、细腻和灵活的气质，这是迄今为止所缺乏的，即使在曾经最好的作品中也不例外，不过古王国肖像中的那种鲜明个性可能不那么明

第十七章 帝国

图129 卡纳克大神庙前的石雕公羊大道
从神庙大门（拍摄者身后）通向尼罗河（前方的终点）——照片由约翰·霍特先生提供。

显了。尽管并非所有的巨型雕像都在这些细节上取得了成功，但雕塑家们在这种情况下对这些特质的掌握还是令人惊讶的。尤其是这个时代的浮雕艺术家们，绝对堪称大师。在一幅现藏于柏林博物馆的浮雕中，我们看到了孟斐斯大祭司的两个儿子在跟随他们父亲的遗体进入坟墓时表现出的那种被抛弃的悲痛，同时也注意到，艺术家将他们与他们身后的那些大臣的严肃和教条形成了鲜明对比；这些大臣同时也与那个时代的纨绔子弟形成鲜明对比，后者正矫揉造作地整理他那精心制作的芳香鬈发。这个碎片的作者是一位成熟的文化大师，一个善于观察生活的人，他的作品表现出了对人的悲伤的怜悯和质问，既认识到官方惯例的必要和冷漠无情，也看透了这一时的虚荣和浮夸的风尚。在这3500多年的时间里，我们在对生活的沉思中获得了一种成熟，这种成熟在每一个有修为的观察者身上都能找到共鸣。这幅残缺不全的速写，不仅超过了任何其他早期东方人的作品，而且也是这个时代的其他地方完全没有的作品类型。这是最早的雕塑作品之一，展示了对生活的诠释和对个性的欣赏（人们通常认为最早是出现在希腊的雕刻作品中），使艺术在其中得到了最极致的表达。

现在，法老的英勇事迹也激励着当时的雕刻家们创作出比以往任何时候都更精细的作品。他们在图特摩斯四世的豪华战车上绘制的战斗场面（图135）呈现出前所未有的复杂性，这种趋势在第十九王朝仍在延续。尽管那种野蛮的生物没有机会呈现在这种作品上，这一时期的艺术家在动物造型雕塑上的完美表现再次标志着埃及艺术所取得的最高成就，而拉斯金甚至坚持他一贯的观念，认为诞生于阿蒙霍特普统治时期，现藏于大英博物馆的那两座狮雕（图133），是从古代幸存下来的动物王权的最佳化身。虽然这可能有些高估了它们的价值，但我们不能忘记，这些高贵的作品是作为装饰品而设计的，用于装饰上努比亚索利布的一个偏远的省级圣所。[71] 如果用这种高度的作品来美化一个遥远的努比亚神庙的庭院，那么我们可以想象，在底比斯的法老葬祭神庙里，会有什么雕塑呢？然而，作为埃及有史以来可能最伟大的艺术作品，这座豪华的建筑已经完全消失了。只有守卫着入口的两

第十七章 帝　国

个饱经风霜的巨像还在眺望着平原（图131），其中一尊还带有罗马帝国时代好奇的游客们用希腊文书写的潦草字迹，这些游客曾经每天早晨都来聆听来自那平原的美妙声音。在它身后一百步的地方，有一块曾经镶满了黄金和贵重石头的巨大石碑，现在倒在地上，碎成了两半，上面刻着"国王之位"，我们还可以读到阿蒙霍特普关于这座神庙的话："我做这些事已有数百万年了，而且我知道它们要在这世上永存。"[72] 在后文中，我们将有机会看到，这座帝王神庙是如何在阿蒙霍特普死后200年内，沦为堕落后裔丧失虔诚的牺牲品的。那个时代，最好的绘画作品都在王官里。这些用木头和晒干砖构成的作品已经消失，但是艺术家们描绘动物和鸟类时，描绘瞬间姿态的那种精细感觉还是显而易见的，同时这种感官在下一个统治期内达到了最高境界。正如我们所看到的，法老要求画家在描绘他的战争时，要呈现出比以往任何时期都更加精细的图画，这一要求将画家的创作能力催化到了极致。当时的神庙上的战斗场面已经消失，但看到了图特摩斯四世战车上的战斗场面，我们就可以肯定它们的存在。

有了这些作品的装饰，当观察者从河流沿阿蒙霍特普豺狼石雕大道前行时，会看到底比斯西部的平原呈现出一幅壮丽的景象。在左边，神庙的后面，靠近悬崖的地方，出现了一座色彩鲜艳的木质结构的王官，光线明亮，通风透气。王官的正面插着一簇五颜六色的三角旗，前门有一个华丽的带软垫的阳台，阳台上有优雅的立柱子，国王有时会在里面向他喜爱的人显摆自

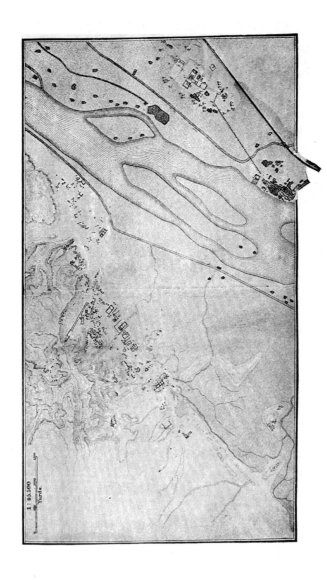

地图6 底比斯的平原（由贝德克尔提供）

"伯克特哈布"（Birket Habu）可能就是阿蒙霍特普三世建造的人工湖的所在地（第349页）；他的宫殿标在伯克特哈布的北侧；他的葬祭神庙在首两者旁边，前方屹立着"门农巨像"（Colossi of Memnon）。见图131。

第十七章 帝　国

己（图 139）。要装饰这样一座宫殿，其艺术在精致美学和工艺技巧上都要达到精湛的水平。这个王朝的工业艺术家的无数作品占据着现代欧洲的博物馆，足以让我们认识到，如此富丽堂皇、精致美丽的王家城堡，是如何布置和装饰而成的。国王的桌上摆满了华丽的金银器皿，杯沿上立着人、动物、植物和花卉的图案，在水晶高脚杯、玻璃花瓶和镶嵌着浅蓝色图案的灰色瓷器中间闪闪发光。墙壁上挂满了编织的挂毯，做工精细，色彩鲜艳，图案精美，就连经验丰富的评判者们也表示，它们足以媲美最上乘的现代作品。除了描绘动物的彩绘步道（图 138），墙壁上还装饰着精美湛蓝的釉面砖，其丰富的色彩透过金箔上精心设计的图案闪耀发光，而大部分表面上则展示着釉面图案。所有这一切都离不开对整个配色方案的细致和明智考虑。这里所有的精致艺术，都仿佛让我们走入了路易十五的时代，宫殿的各处都展现着这个时代的精神。

在这座王宫里，阿蒙霍特普也给他的王后提伊安排了一个专属区域。他在围墙里挖了一个大约 1 英里长、1000 多英尺宽的大湖。在庆祝他加冕 12 周年的庆典上，他打开了水闸，把湖里灌满水，然后和他的王后乘王家驳船游览湖中，正如《一千零一夜》中，哈里发 – 赖世德（Harûn er-Rashîd）统治时期的盛大节日"狂想日"（fantasia）。这种场合下的音乐比以往任何时候都要精致，因为自古朴时代以来，这个领域的艺术也取得了进步。竖琴现在是一种很大的乐器，有一个人那么高，约有 20 根弦，七弦琴已从亚洲传入；现在一支管弦乐队包括竖琴、七弦琴、琵琶和双管。为了庆祝此次活动，阿蒙霍特普又发行了一系列圣甲虫护身符作为纪念品，上面刻有关于这一事件的简短叙述。[73]如今，这样的节日在底比斯很常见，其形式也千变万化，丰富了这个快速发展的大都市的生活，类似的盛况可能也只有在巴比伦或罗马皇帝统治下的类似时期才能看到。7月的宗教节日十分隆重，这个月很快就有了一个别称——阿蒙霍特普节。这个别称一直沿用至今，直到后来成为这个月份的俗名。现在，这个传统依然在现代埃及的土著人之中延续着，以一种腐败的形式，但这些传承者却对他们的祖先，帝国统治者，一无所知。在这样一个时代，文学无疑得到了蓬勃发展，但不幸的是，第十八王朝几乎没有给我们留下任何文学作品。我们已经听到图特摩斯三世凯旋赞美诗的一部分，我们也将读到埃赫那吞著名的太阳赞美诗；但是关于叙事、歌曲和传说，这些必然会伴随着帝国的崛起蓬勃发展起来的文学形式，我们现存的文献却只能追溯到第十九王朝。

国王最喜欢的消遣之一是狩猎，而且已经开展到了前所未有的规模。当他的侦察员告诉他，三角洲附近的山上出现了一群野牛时，他连夜动身离开孟斐斯的王宫，彻夜向北航行，第二天一早到达牛群的所在地。一支庞大的军队，带着来自村庄的孩子，包围了牛群，把它们赶到一个大围场——这也是早期的一种狩猎方法。有一次，他的助猎者包围了不少于170头野牛。国王乘着

第十七章 帝 国

他的战车进入了围场,在第一天就杀死了56头野兽,经过四天的休整后,他在第二次猛攻中又杀死了20头猛兽。阿蒙霍特普认为这一成就值得纪念,因此发行了一系列记录了这一壮举的圣甲虫。[74]当这位酷爱狩猎的国王的猎狮生涯走过十个年头的时候,

图 130 阿蒙霍特普三世未完工的大殿的中殿圆柱
侧廊和较小的柱子应该是排列在中殿的两侧。中殿两侧的矮墙是由埃赫那吞的继任者建造的,而那个巨大的大殿,他们却无能为力。

他向宫廷贵族们分发了一份类似的纪念品,以纪念他的英勇;他在自己和王后的王室头衔后写着:"从第一年到第十年,国王陛下用自己的箭猎杀猛狮102头。"[75] 这些纪念猎狮的圣甲虫中,有三四十只幸存至今。

我们将看到,在这些事物中,一种新型的现代趋势正在形成。神圣的法老不断地出现在人际关系中,王室事务被得到公开,甚至连非王室出身的女王,她的名字也时常与法老的名字并列出现在官方文件的标题上。在与亚洲各国的不断交往中,法老被迫地、逐渐地走出他那只适合尼罗河的古老超能力国家,开始与巴比伦和米坦尼等国发展邻国关系,少了一些褊狭,多了一些现代感。这些邻国常常在信中称他为"兄弟"。可以肯定的是,面对传统,阿蒙霍特普最终还是选择了妥协。他在孟斐斯建造了一座神庙,[76] 作为人们祭拜他的地方;他还扩建了索利布的努比亚神庙,同样作为人们祭拜他[77]和阿蒙的场所。同样,他的王后被定为赛邓迦(Sedeinga)的努比亚神庙的女神。因此,阿蒙霍特普在努比亚仍然是一位神,但事实上,他早就打破了这种带有一些奉承的神学传说。无论他是否有意采纳这种现代立场,这都必然导致他与东方国家几乎无法抗拒的传统惯性产生尖锐的冲突。

与此同时,一切都很顺利。即将到来的内部斗争还没有清晰地突显出来,法老也没意识到麻烦的最初迹象。他是名副其实的"恺撒大帝",掌管着底比斯的辉煌壮丽。在他在位的第30年,他庆祝了自己被任命为王储的30周年纪念,也是他登基30周年的日子。国王葬祭神庙前的方尖碑可能正是在这个时候竖立起来的。为了烘托节庆的吉祥气氛,总司库向国王呈献了从努比亚一直到纳哈林的巨大丰收,向国王汇报了大幅增长,使国王大感欣慰,以至于当地的财政官员都受到了国王的正式接见,并得到了丰厚的奖赏。[78] 据我们所知,第二个登基庆典,可能是即位第34年,平安无事;第36年,第三次庆典时,老君主依然能够接见朝廷众臣,享受他们的祝贺。[79]

不过同时,北方地平线上已经出现了不祥的征兆。米坦尼被赫梯人(凯塔)入侵,但米坦尼国王图什拉塔击退了敌人,并从赫梯人留给他的战利品中挑选了一辆双驾战车和两个奴隶,作为礼物送给阿蒙霍特普。[80] 不过埃及的各省却没有幸免于难。法老的附庸国卡塔纳的国王阿基兹写信给他,说赫梯人入侵了他在奥龙特斯河谷的领地,夺去了得名阿蒙霍特普的阿蒙-拉雕像,同时在他们赶到时,赫梯人已经烧毁了那座城市。[81] 位于更北部的努哈什希(Nukhashshi),也遭到了类似的入侵,其国王哈达德尼拉里(Hadadnirari)给阿蒙霍特普写了一封绝望的信,信中他明确了自己对法老的忠心,并恳求法老支援其对抗入侵者。[82] 形成这样的局面,法老的那些奸诈的附庸难辞其咎,因为是他们的纵容促成的这一切,他们也在企图为自己的利益而争夺领土。后来,臭名昭著的阿齐鲁(Aziru)和他的父亲阿卜迪-阿希尔塔(Abd-ashirta)便发起了这场运动——他们从南方进入卡塔纳和努哈什希,并沿途抢掠。其他与他们同流合污的势力此时也威胁着大马士革（Damascus）的乌比（Ubi）。卡塔纳的阿基兹和比布鲁斯的利布阿迪（Rib-Addi）很快向法老报告了其附庸的叛变；阿基兹呼吁法老火速援助："我的主啊，就像大马士革在乌比一样，将她的手伸到你的脚边（祈求你的救助），卡塔纳也将她的手伸到了你的脚边。"此时的情况比法老想象的要严重得多，他根本没有意识到赫梯人的进攻如此猛烈。不过阿基兹向他保证了纳哈林国王的忠诚，他说："我的主啊，我爱我的主，我的国王，努哈什希国王、尼伊国王、塞纳扎尔国王和基纳特（Kinanat）国王也是如此。因为这些王都是我的主，我的王的仆人。"正因如此，阿蒙霍特普没有像图特摩斯三世那样，立即率领全军进驻叙利亚北部，而是只派遣一些部队。当然，他们毫不费力地暂时平息了动乱，短暂停止了忠诚附庸们所遭受的侵略；[83]但他们完全无法应付赫梯人继续向南挺进。这些侵略者在纳哈林北部建立了根据地，其最大的价值在于有助于他们实现征服叙利亚的进一步计划。此外，由于法老长期不在叙利亚，也影响了埃及在那里的威望，据说，从法老最后一次离开西顿的那一天起，他的亚洲领地就面临着另一股势力的威胁。如从远古以来，不时发生的哈比里（Khabiri）人离开闪米特，淹没叙利亚和巴勒斯坦的行动，现在又在上演。它的规模如此之大，我们完全可以称之为移民。阿蒙霍特普三世死前，这种情况已经构成了威胁，因此，比布鲁斯的利布阿迪后来写信给阿蒙霍特普三世的儿子，说："自从你的父亲离开西顿，返回埃及后，这片土地就落入了哈比里人的手中。"[84]

在这种不祥的境况下,我们的老法老,"伟大的阿蒙霍特普",也走到了生命的尽头。此时,与他依然保持着亲密关系的米坦尼兄弟,可能知道他寿限将至,因此第二次把尼尼微的伊师塔肖像送到了埃及。毫无疑问,他希望这位远近闻名的女神能够驱散导致阿蒙霍特普衰弱的恶魔,恢复老国王的健康。[85]但所有这些手段都无济于事。公元前1375年前后,统治埃及近36年的"伟大的阿蒙霍特普"与世长辞,与其他法老,也就是他的先祖一起葬入了帝王谷。

古代埃及——从原初时代到波斯征服

图131 阿蒙霍特普三世巨大的石英石雕像（门农巨像）

它们坐落在底比斯的西部平原上，曾经被阿蒙霍特普三世的奉祭神庙环绕，不过这座神庙后来被麦伦普塔捣毁了。在他们身后，拿立着西部的悬崖峭壁，上面的坟墓如蜂巢般分布着。

462

第十七章 帝 国

1 | 见第 312 页。
2 | 阿玛尔纳书信。
3 | II, 548.
4 | II, 457—458.
5 | II, 787.
6 | Rougé, Revue arch. n. s. VII, 1863, pp. 194 ff.
7 | 见上文,第 312 页。
8 | II, 184.
9 | II, 792, 1.4.
10 | II, 783.
11 | 出处同上。
12 | II, 784.
13 | 出处同上。
14 | II, 797.
15 | II, 786.
16 | II, 787.
17 | II, 804.
18 | II, 800, 11.4—5.
19 | II, 790.
20 | II, 797.
21 | II, 1025.
22 | II, 800.
23 | II, 791—798.
24 | II, 803—806.
25 | II, p. 310, note d.
26 | IV, 507—508.

27	Infra, pp. 510—511.
28	II, 810—815.
29	II, 817.
30	出处同上。
31	II, 822, 838.
32	II, 821.
33	阿玛尔纳书信，21，16—18.
34	阿玛尔纳书信，1，1.63.
35	II, 822.
36	II, 819—820.
37	II, 826.
38	II, 829.
39	II, 824.
40	II, 861—862.
41	II, 862.
42	II, 852.
43	II, 853—854.
44	II, 850.
45	II, 850, 11.11.
46	II, 847—848.
47	II, 889.
48	II, 845.
49	II, 1037.
50	II, 1035—1041.
51	阿玛尔纳书信，7.
52	阿玛尔纳书信，1—5.

53. II, 866—7.
54. 阿玛尔纳书信, 17.
55. 阿玛尔纳书信, 23, 30 ff.
56. 阿玛尔纳书信, 25, 30 ff.
57. 出处同上, 138, 4—13.
58. 出处同上, 149, 1—7.
59. II, 916, 918.
60. 阿玛尔纳书信, 87, 62—64.
61. 阿玛尔纳书信, 28.
62. II, 916, ll. 33—34.
63. 出处同上, 11, 31, 36.
64. II, 801 ff.
65. II, 911.
66. II, 903.
67. II, 903, 1.57.
68. II, 917.
69. II, 904 ff.
70. II, 878 ff.
71. II, 893, 896—897.
72. II, 907.
73. II, 868—869.
74. II, 863—864.
75. II, 865.
76. II, p. 354, note a.
77. II, 893 ff.
78. II, 870—872.

79 | II, 873.
80 | 阿玛尔纳书信，16, 30—37.
81 | 出处同上，138, Reverse, 11.5, 18—31.
82 | 出处同上，37.
83 | 出处同上，83, 28—33, 94, 13—18.
84 | 出处同上，69, 71—73.
85 | 出处同上，20.

第十八章
埃赫那吞的宗教革命

阿蒙霍特普三世死后,没有哪个国家能比埃及更迫切地需要一个强大而务实的统治者。然而,在这场致命的危机中,埃及却碰巧落入了一个年轻的梦想家手中。尽管他在思想领域取得了空前的伟大成就,但他却不能满足当前的形势需要,扮演一个勇于进取、富有经验的军事领袖——总而言之,就是图特摩斯三世那样的领袖。这个缺乏经验的年轻人就是阿蒙霍特普四世,他是阿蒙霍特普三世和提伊王后的儿子。在某些方面,他的确坚强而无畏,但他完全没有理解帝国的实际需要。当他继承政权时,摆在他面前的是一个棘手的局面。正如我们所看到的,他的父亲已经感受到了新势力与旧传统之间的冲突。那么摆在他面前的任务就是操控这些相互冲突的力量，也许最终可以合理地引导新的、现代的趋势，但同时也要保留足够的旧势力，以防止灾难的发生。这是一个关于政治才能的实践问题，而阿蒙霍特普四世却主要看到了其在思想上的一面。他的母亲提伊、王后纳芙蒂蒂（可能是亚洲出身），以及他最喜爱的祭司，也是他儿时保姆的丈夫艾（Eye），构成了他身边的亲信。其中前两人很可能对他产生了强大的影响，并且在政府中的地位突出，至少在公开活动上是这样的，因为他经常与母亲和妻子一起出现在公共场合，其程度远远超过了他父亲当年的类似倾向。对于他所设想的崇高而不切实际的目标，他一定在那两位最有影响力的顾问那里得到了现成的答案。所以说，当埃及急需一位精力充沛、经验丰富的管理者时，这位年轻的国王却总是与一个祭司及两个或许有些才华的妇女进行密切磋商，她们虽然有能力，但无法为新法老指出帝国真正需要的东西。在纳哈林迫切需要援助时，阿蒙霍特普四世没有为其召集军队，而是全身心地沉浸在当时的思想中。对他来说，祭司们的哲学性神学比亚洲所有属地都更加重要。在这样的沉思中，他逐渐发展出了一种理想和目标，使他成为所有法老中最引人注目的一个，也是人类历史上在这个领域的第一人。

埃及帝国的深远影响，不仅限于生活的外部、人民的风俗习惯、丰富多产，在美学上孕育着新的可能性的艺术，而且也同样延伸到了时代的思想上。这种思想主要是神学上的，而我们必须将其与现代术语"时代思想"所隐含的一切观点区别开来。甚

第十八章 埃赫那吞的宗教革命

至在征服亚洲之前,祭司已经在关于神的诠释上取得了很大进展,现在他们已经达到了一个水平,就像后来的希腊人一样,将半哲学意义引入了神话。显然这些元素在最初始的阶段是不存在的。对神的诠释自然是通过他在神话中的地位或作用来暗示的。因此便有了孟斐斯的工匠之神普塔为祭司们提供的一条富有成果的思想路线,推动他们沿着具体的渠道前进,从而在这个知识开始萌芽的时代,指导思想者在尚未形成相关术语的阶段(即使曾经有人进行过这种思考),用某种语言进行思考。自最遥远的时代以来,普塔就是建筑师和工匠们的神,把建筑工程和工业美术产品的规划和设计传达给他们。凝视这位神祇,很少运用抽象思维的孟斐斯祭司发现了一条切实可行的道路,沿着这条道路,他逐渐获得了一种理性的、带有一定局限性的哲学世界观。在普塔的指导下,孟斐斯神庙的工作坊为神庙制作了精美的雕像、器皿和供品,打造了一个充满色彩的世界,而这里的主人普塔,则成了这个万能作坊的工匠长。他是怎样将各式设计传授给建筑师和工匠的,现在他也照样为这里的所有工匠提供他们工作所需的一切;他成了这里的精神主宰,他代表着思想,万物都由他而生。这个"世界"以及其中的所有事物都以思想的形式存在于他的头脑中;他的思想,就像他对建筑和艺术作品的规划一样,只需要口头表达,就可以呈现出具体的物质形式。神和人一样,其行动都是由思想主导的,他们所行之事,不过是由神的思想操控着。普塔的一位祭司在一首短诗中表达了这一点,诗的其中的一部分含糊而

不确定地展示了当时的思想是如何阐释世界的:

伟大的普塔,是众神的心和口舌……

普塔,我们从他那里继承了

思想上的权力,

口舌上的权力。

来自每一个头脑,

每一个嘴巴,

来自所有的神、所有的人、所有的牲畜、所有的爬行动物,

他们精力充沛地生活、思考和执行

他(普塔)想做的一切。

它(思想)是促成每一个成功的因素。

是口舌复制头脑里的思想:

它(思想)是众神的设计者……

此时,每一句神圣的话语

都出自头脑中的思想,

和口舌中的命令。[1]

这一段中的"头脑"一词,在埃及语中会以"心"表述,"心"对他们来说,就表示"头脑",希伯来人和许多其他民族也经常使用这种表述;实际上与我们通常使用的表述方式非常相似,不同之处在于埃及人相信心和肠实际上就是产生思想的地方。尽管这样的观念可能只存在于非常有限的圈子里,但也不仅仅局限于祭司。图特摩斯三世的宫廷传令官因提夫在他的墓碑上说,他的

第十八章　埃赫那吞的宗教革命

成功归功于"心"的指引,他总是默默地倾听着自己的心,他还补充道,人们说:"看,这是神谕,在每一个人的身体里。"[2]和平时一样,"身体"在这里指的是腹部或肠子,即思想的所在。因此,埃及人认为有一个掌管一切的智慧,俯视着所有有情众生,包括众神。这个智慧要想将他的计划付诸实践,所凭借的有效力量就是他所说的"话语"——这种原始的"理性"无疑是后来的逻各斯学说(Logos)的萌芽,该学说起源于埃及。早期的希腊哲学可能也借鉴了这一思想。

类似的思想,现在已经延伸到了埃及所有伟大的神祇身上,但只要这个王国一直局限于尼罗河流域,这些神祇的思想就会一直限制在法老的领地内。从前法老是众神的继承人,统治着他们曾经统治过的上下游两个王国。因此,他们没有在神话中把他们的领土扩展到河谷之外,而这个河谷最初也只是从海洋延伸到第一瀑布流域。但在帝国的统治之下,一切都发生了改变,神跟随着法老的剑奔走;随着法老在努比亚和叙利亚推进他的界碑,神的领地也得到了延伸。国王现在被称为"将世界带给神(送其登上王位的神)的人"。[3]对于国王和祭司来说,世界只是神的一片巨大领地。法老的所有战争都记录在神庙的墙壁上,甚至是机械装置上,也集中在神庙的门上。[4]

图132 孟斐斯一位大祭司送葬队伍的一部分

出自这位第十八王朝祭司在孟斐斯的坟墓中的壁塞中的浮雕。下面是紧跟着最右边的棺材后面的一部分队伍;上面是仆人们搭起了祭葬台。见第346—347页。(现藏于柏林博物馆)

第十八章 埃赫那吞的宗教革命

从神学上来讲,国家就是国王接受了可以交给神的世界,同时他祈祷神的统治可以相应地扩展。这样,神学思想就与政治条件产生了密切而敏感的关系;神学理论也就不可避免地要把神的活跃统治覆盖到国王受贡的疆域上。当法老接受各地的朝贡之时,埃及出现了一个实际上掌管这整片疆域的神,这绝非偶然。毫无疑问,法老权力的类推在当时极大影响了埃及的神学家,因为在创造神话的时代,神被设想为统治尼罗河流域的法老,而创造神话的人又生活在法老的这种统治之下。法老此时统治着世界帝国,在法老的这种统治下,世界领土和世界概念以有形的形式呈现在帝国时代的祭司面前,这就是世界之神这一概念的先决条件。他征服了世界,组织了世界,治理着世界,这种状态已经持续了200年。渐渐地,在法老统治的世界之外,他们开始看到世界之神。

到目前为止,我们还没有给这位神起过名字。如果你问孟斐斯的祭司,他们会说他的名字就是普塔,孟斐斯的旧神;而底比斯的阿蒙祭司,自然会为国家之神阿蒙争取荣誉;那么赫里奥波里斯的拉神肯定会指出,法老是拉的儿子,继承了拉的王国,因此拉必然是整个帝国的至高之神。在地方圣所里,不知名的神会在当地的神学系统里占据主导地位,因为他们被认定为拉,并声称享有特权。但从历史上来看,拉无疑是至高之神,而阿蒙从未成功地取代过他。和以往一样,官方信件的收信人依然是拉-哈拉克提(Re-Harakhte),而在当时流行的故事中,统治世界的正是拉-哈拉克提。但是，埃及的古老神灵没有一个被认定为帝国之神，尽管事实上，赫里奥波里斯的祭司们已经为他们崇敬的太阳神拉争取到了梦寐以求的荣誉。在阿蒙霍特普三世统治时期，太阳的旧名称"阿顿"（Aton）就已经得到了广泛应用，而这里应该使用的是太阳神的名字。因此，当他与提伊在美丽的湖面上泛舟时，所乘坐的王家驳船就被命名为"阿顿·格里姆斯"（Aton Gleams）。[5] 他的一个护卫队也是以新神的名字命名的；在赫里奥波里斯，可能还有一座专为这位神建造的礼堂。同样，在阿蒙霍特普三世的时代，这位太阳神也时常被人称为"唯一的神"。

此时，法老被迫卷入了本身就已存在的新趋势与旧传统之间的冲突中。这种冲突的棘手程度，足以使任何政治家付出巨大代价，虽不至于丢掉王位，但会与强大的祭司群体陷入最危险的冲突，触及宗教传统，也就是当时最强大的保守势力。然而，年轻的国王毫不犹豫地迈出了这一步，着实有些鲁莽。阿蒙霍特普四世以阿顿为至高无上之神，发起了对他的崇拜，但他也没有隐瞒他的新神与旧太阳神拉的同一性。他向他的维齐尔传导新的信仰，对他说："拉的话语就在你面前……我威严的父亲让我知道了他们的本质……他让我的心里知道，向我透露，让我理解……"[6] 因此，他将新信仰的产生归于拉，并声称自己是拉启示世人的渠道。紧接着，他将这位新神的大祭司定为"大先知"，与赫里奥波里斯的拉神大祭司的头衔一样。[7] 然而，无论新国教的赫里奥波里斯起源多么明显，它已经超出了太阳神崇拜的范畴——"阿顿"取代了"神"（nuter）[8]这个古老的词，可是神与真实的太阳是有明显区别的。他在旧太阳神的名字后面加了一句解释性的话："以他之名：'太阳（阿顿）的热量'"；同样，他也被称为"太阳（阿顿）之主"。因此，国王把伴随生命而来的生命之热神化了。这种观点在新信仰中起着类似的重要作用，我们在古希腊早期的宇宙哲学中也发现了这一假定。因此，正如我们所料，阿蒙霍特普四世声称神通过发射"光芒"而活跃在各处，他的符号就是天空中的一个圆盘，向地面发散许多射线，这些射线射到人们的手里，每个人手里抓到的都是生命的符号。在阿蒙霍特普四世的时代，完全可以肯定的是，国王不可能在物理化学方面对他的假设产生任何模糊的概念，不像早期希腊人在处理类似想法时所做的那样；然而，这一基本思想却是惊人的正确，而且，正如我们将看到的那样，其成果也是惊人的。因此，他的神在外在象征上打破了传统，但它能够在帝国统治下的各个国家中得到实际的应用，任何一个聪明的外国人都能一眼看懂。这是埃及宗教的任何传统象征都远远比不上的（图139和图140）。

新神要取代旧神，那免不了要为其修建神庙。在阿蒙霍特普四世统治早期，他曾派遣探险队前往塞勒塞拉的砂岩采石场采集必要的石头，采石场的工作由他宫廷里的主要贵族负责。[9]阿蒙霍特普的新神庙，建在他父亲在卡纳克神庙和卢克索神庙之间布置的阿蒙花园里。这座新神庙是一座宏伟的建筑，装饰着多色的浮雕。底比斯现在被称为"阿顿光芒之城",神庙的区域被称为"伟大的阿顿光芒",而这座圣所本身被称为"杰姆－阿顿",不过这个名字的含义不明。[10] 尽管他们依然像过去一样接纳其他神的存在,[11] 但不可避免的是,阿蒙的祭司看着这个奇怪的神在他们面前辉煌崛起,心中的忌妒之情与日俱增。对于这个人造的产物,他们一无所知,只知道以前供奉给阿蒙圣所的丰厚财富现在都挥霍在了这个入侵者身上。阿蒙霍特普三世时期的一位阿蒙大祭司曾经是王国的总司库,另一位名叫普塔摩斯(Ptahmose)的大祭司是王国的大维齐尔;在哈特谢普苏特统治时期,也出现过同样的情况,当时哈芬塞布兼任维齐尔和阿蒙大祭司。除这些权力外,阿蒙大祭司也是祭司组织的最高领袖,掌管全国所有的祭司。事实上,阿蒙大祭司手握着如此广泛的政治权力,这一定也加剧了年轻的国王想要摆脱他所继承的神权束缚的迫切愿望。显然,他的父亲也曾试图摆脱握在他那权杖上的祭司之手,因为在普塔摩斯之后,接任维齐尔一职的不是阿蒙大祭司。这位名叫拉莫斯(Ramose)的新任维齐尔赢得了年轻国王的欢心,[12] 并领导了一个奴颜婢膝的朝廷,甚至受命监督新神庙的采石工作。然而,阿蒙的祭司体系是一个富有且强大的机构。他们曾经将图特摩斯三世立为国王,那么他们也有能力用自己的工具来排挤掉这位年轻的梦想家。这位梦想家现在占据着王位,他们必然会尽早抓住机会,采取行动。但是,阿蒙霍特普四世是统治集团的儿子,而这个统治集团又太过强大、太过显赫,因此即使是这个国家最有权势的神职体系也无法将他撇在一边。此外，他拥有无限的人格力量；当然，在反对阿蒙的过程中，他也得到了北部孟斐斯和赫里奥波里斯的老祭司们的支持，后者长期以来一直在忌妒这个闯入者，这个来历不明的底比斯神，在中王国兴起之前，他们从未在北方听说过阿蒙。接下来是一场痛苦的冲突，阿蒙祭司的地位也随之受到了灾难性的影响。年轻的国王无法忍受底比斯的祭司了，在他完成新神庙的修建后不久，他决定开始采取激进措施。他要打破祭司制度，使阿顿成为唯一的神——这不仅仅是他的想法，而且也成了事实；阿蒙的境遇甚至比不上先王们所敬仰的其他神灵。国王所设想的不是"众神的黄昏"，而是立即消灭诸神。就他们的外在和实质表现及设施而言，这是可能的，而且可以毫

图133 出自位于索利布的阿蒙霍特普三世神庙的狮子后来被努比亚人转移到了纳帕塔。（现藏于大英博物馆）

图 134 帝国时期的凳子

采用镶有象牙的乌木制成。(现藏于大英博物馆)

图 135 图特摩斯四世国有战车的正面

灰泥表面刻有展现战斗场面的浮雕。由特奥(Theo)先生提供。由戴维斯(Davis)先生发掘于底比斯。(现藏于开罗博物馆)

不延迟地实现。包括阿蒙祭司在内的所有祭司体系，全都被剥夺了权力，全国各地对各种神祇的官方神庙祭拜活动也全都停止了，这些神的名字也从所有纪念碑上被抹去了。针对阿蒙的迫害尤为严重。他们造访了底比斯的墓地，在祖先的坟墓里，无论哪块石头上出现了"阿蒙"这个令人憎恶的名字，他们都要把它锤掉。沿着卡纳克神庙的墙壁，古老而辉煌的帝国时期的一排排伟大贵族雕像，无一幸免，全被抹去了这位神的名字。甚至连祖先的王家雕像，包括国王父亲的雕像，都没有受到应有的尊重；更糟糕的是，由于父亲阿蒙霍特普的名字中含有阿蒙的名字，年轻的国王陷入了不快的困境——为了不让阿蒙的名字出现在底比斯所有神庙的明显位置上，他不得不砍掉自己父亲的名字。他的父亲在自己的葬祭神庙里竖立的那块华丽的石碑，[13] 记录了他为阿蒙建造的所有伟大建筑，也被无情地砍掉，变得难以辨认。即使是"神"这个词也不允许出现在任何古老遗迹上，底比斯神庙的墙壁也被痛苦地扫荡过，因为任何出现这个词的地方都可能被抹去。[14] 此外，连国王自己的名字也令人尴尬，同样是意指"阿蒙休息"的阿蒙霍特普，既不能说，也不能放在纪念碑上。国王必须放弃这个名字，取而代之的是"埃赫那吞"，这意味着"阿顿的精神"。

底比斯现在受到了太多旧团体的影响，因而对于这样一位激进的革命者来说，已经不再是个宜居之地了。当他环顾整座城市时，他看到西部平原上绵延着先祖们的一座座葬祭神庙。那些曾经被他侵犯过的神庙，现在静静地矗立在那里，空无一人。卡纳克和卢克索神庙高耸的塔架和方尖碑并不能令他愉快地回忆起他的祖先为阿蒙的荣耀所做的贡献；在卢克索，他父亲那尚未完工的大殿里，华丽的中殿圆柱恭候在那里，等待着谁来给它盖上屋顶，可能很难唤起这位年轻改革家的愉快回忆。因此，他启动了一项无疑是经过了长期考虑的计划。帝国之神阿顿，应该在帝国的三个分区，埃及、亚洲和努比亚，都拥有他的城市，而这位神在埃及的城市也应当作为王室宅邸的所在地。这一定是一项需要时间的事业，但是这三座城市都如期建了起来。努比亚的阿顿之城位于第三瀑布脚下，正对着现在的杜尔戈（Dulgo），因此也是这片埃及属地的中心地带。[15] 它以底比斯的阿顿神庙为名，即"杰姆-阿顿"。叙利亚的阿顿之城在哪里，我们不曾得知，但埃赫那吞对阿顿的贡献不会比他父亲对阿蒙的贡献少。统治第六年，国王改名后不久，就住进了埃及的阿顿之城。他选择了悬崖下的一个美丽海湾作为自己的居住地，此地位于三角洲上游160英里，底比斯下游近300英里处。这座悬崖沿河流呈半圆形，从此地退却到离河流3英里的地方，而后又在下游约5英里的地方返回河流。埃赫那吞在三面被悬崖环抱，西临河流的宽阔平原上，为自己建立了新的宅邸和阿托恩圣城。他称此地为"埃赫那顿"（Akhetaton），意指"阿顿神德泽所被之地"，这个地方便是现在的阿玛尔纳遗址。除了这座城镇，它周围的土地也被收为神的领地，包括河流两岸的平原。在两边的悬崖上，共有14

第十八章 埃赫那吞的宗教革命

块巨大的石碑（图140）插入岩石中，其中一块至少有26英尺高，上面的铭文告诉了我们这座城市周围的整个圣域的界限。[16]按照这样的布局，这个地区从北到南大约有8英里宽，两座悬崖之间有12到17英里长。在最南端和最北端的石碑上，记载着国王对此地的誓言："陛下对天发誓，对创造他的人发誓，甚至对阿顿发誓，说：'这是我永远的证言，也是我永远的见证，这个地标（石碑）……我已立埃赫那顿为我父亲的居所……我已经在埃赫那顿的南面、北面、西面、东面都做了标记。向南方，我不可逾越埃赫那顿的南面地标；向北方，我也不可逾越埃赫那顿的北面地标。……他为自己修了环道，在中间筑了自己的祭坛，我就在那里向他祭献。'"[17]关于他永远不会越过该地区边界的声明，也就是涉及四个方位的边界的誓言，我们不知道这仅仅是一个法律用语，表示财产所有人承认他没有权利超越他的正当界限，即他的财产边界，还是国王真的履行了这个誓言，在埃赫那顿境内度过了他的余生。但在我们已知的任何其他边界地标上，我们都没有发现这样的文字。然后，国王将这片区域合法地划给了阿顿，说："现在，关于这片区域……从埃赫那顿的东山（悬崖）地标到对面的西山地标，属于我的父亲阿顿，他被赋予了永恒的生命：无论是山或悬崖，还是沼泽……或是高地、田野、水域、城镇、海岸、人民、牲畜、树木，抑或是我的父亲阿顿所创造的任何东西……我将其献给我的父亲阿顿，直到永远。"[18]在另一块石碑上，他说，这些都要作为供物，永远归于埃赫那顿的阿顿神庙。[19] 除了这个神圣的领域之外，埃及其他地区和努比亚的收入也归这位神所有，[20] 可能还有叙利亚。这样的一座城市会是帝国真正的首都，因为国王亲口说："整片国土上的人都将来到这里，因为美丽的埃赫那顿之地将是另一个中心（都城），无论是北部、南部、西部还是东部，我都将为它们提供观众。"[21] 为了修建一座新神庙，王家建筑师贝克（Bek）被派往第一瀑布采购石头。[22] 或者，我们应该说，为了修建一些新神庙，因为这座新的城市里至少建造了三座神庙，[23] 一座是为国王的母后提伊所建，另一座是为巴凯特-阿顿（Beketaton）公主，也就是阿顿的女仆建造的，就在国王自己的国庙旁边。[24] 这些神庙周围矗立着国王的宫殿和贵族的城堡，其中一个贵族这样描述这座城市："埃赫那顿，可爱至极，是令人欢心的仪式女主，拥有丰厚的财产，其中还有献给拉的祭品。看到她的美丽，就感到欣喜。她可爱又美丽；看到她时，就仿佛看到了天堂。她的面目我们无法了解。当阿顿从她身上升起时，他的光芒充满了她，他（用自己的光芒）拥抱他所爱的儿子，永恒之子。永恒之子由阿顿而来，又把大地献给了他，这位送其登上王位的人，使得这大地都属于创造他的人。"[25]

在神庙准备接受第一笔收入的那一天，国王在他的四个女儿和一个华丽的扈从的陪同下，乘着战车来到那里。他们受到了神庙的热烈欢迎，人们欢呼着"欢迎"。神庙院子里高高的祭坛上摆满了丰盛的祭品，而周围储物室也装满了新收入的财富。[26]

第十八章 埃赫那吞的宗教革命

图136 帝国时期的王家肖像（现藏于开罗博物馆）

图137 哈皮之子，阿蒙霍特普的肖像。见第341页。（现藏于开罗博物馆）

图 138 在荷花间游来游去的鸭子

底比斯西部的阿蒙霍特普三世宫殿地板上的绘画碎片。见第 348—349 页。[摘自蒂图斯（Tytus），*Preliminary Report*]

每当举行这样的仪式，国王都会亲自参加，[27] 而王后会"用甜美的声音送阿顿去休息，她的美丽的双手拿着两只叉铃"。[28] 不过，埃赫那吞不再亲自担任大祭司了，而是任命他的亲信之一，梅里拉（Merire）（"拉所爱之人"）来担任。为了此次任命，一天，国王带着他的朋友们来到王宫的阳台上，和王后在那里举行了盛大的宴会。然后，国王正式命梅里拉升任这一职位，他说："看哪，我立你为埃赫那顿的阿顿神庙的'大先知'（大祭司）……我将这差事赐给你，说：'你要吃法老的食物，你的主人的食物，在阿顿的宫殿里。'"[29] 梅里拉在神庙的管理上非常忠心，因此国王公开赏赐他"黄金"，这是法老赏赐积极的侍奉者的一种传统。在一座神庙的门前，国王、王后和他们的两个女儿向幸运的梅里拉赐予了忠诚的奖赏，国王对侍从们说："把金子挂在他的脖颈前和脖颈后，把金子挂在他的腿上，因为他听从了法老在埃赫那顿的阿顿神庙中的圣所——这美丽之地，所说的每一句话，每一句训导。"[30]这样看来，梅里拉似乎已经注意到了国王关于神庙仪式的教导，或者正如他所说："在……这美丽之地，所说的每一句话。"

越来越明显的一个趋势是，在新城市里设计和完成的一切，以及阿顿信仰的传播，都直接归功于国王，并带有他的个人标记。一个国王，为了消灭革命运动的最大敌人阿蒙，而不惜在纪念碑上抹去自己父亲名字的人，绝不会是一个半途而废之人，那么他周围的人也一定会不由自主地按照他的专横意志行事。不过埃赫那吞对法老的旧政策也有足够的了解，他知道他必须以实际的回报来控制他的政党，而他在革命中的主要党羽，如梅里拉，也享受到了他慷慨的馈赠（图139）。[31]因此，他的一位阿顿祭司兼御马官，名叫艾（这位祭司幸运地娶到了国王的保姆），在下面一段陈述中非常明显地展现了这一点："他用金银加倍地感谢我"，或者一再地对国王说，"听从你命令的人是何等富有！不停地看见你就能让他满足。"[32]军队的将军马伊（Mai），享受到了同样的恩赐，也以同样的方式夸耀："他予我恩惠加倍，多如海沙。我是官员的首领，是百姓的首领；我的主人提拔我，因我遵其道，听其命，无休无止。我的眼睛每天都在注视你的美

图 139 埃赫那吞和他的王后赏赐祭司艾和他的妻子
See p. 369, note 1.

第十八章　埃赫那吞的宗教革命

丽，我的主啊，像阿顿一样睿智的人，信奉真实。听从你命令的人是何等富有！"[33]尽管一定有那么一群人，他们真的欣赏国王教诲中的理念，但很明显，许多人还是主要受"面包和鱼"的诱惑。

事实上，有一件王家赏赐，一定是所有人梦寐以求的，没有例外。那就是一座美丽的悬崖墓——国王会命令他的工匠们从东部的悬崖开始，为他所喜爱的人挖凿。因为古老的葬祭习俗并没有全部被埃赫那吞打压下去，而且人们仍然有必要埋葬在"永恒的居所"里，从而以供品来为死者的后世提供支持。[34]但是那座永恒的居所不会再被可怕的恶魔和怪兽破坏了，死者也不会在来世的生活中面对这些恶魔和怪兽了；而曾经在底比斯，为了对抗和征服冥界黑暗势力，而塞满坟墓的魔法装备，现在也被完全摒弃了。这样看来，国王的改革是最有益的，因为他废止了这些低劣、可憎的装备，这是愚蠢的祭司们以变态的想象强加给盲从的民众们的。坟墓现在成了死者的纪念碑；礼堂的墙壁上挂满了埃赫那顿人民生活中清新自然的画面，尤其是死者在仕途生涯中遇到的事件，最好是他与国王的互动场景。因此，我们现在对埃赫那顿城的了解，更多地来自那里的墓地，而不是废墟。在这些陵墓中，贵族们乐于在浮雕和铭文中再现阿顿与国王的亲密关系。他们不厌其烦地展现国王和王后站在阿顿圆盘下的场景，圆盘所发射的光线最终落到手中，笼罩着国王。[35]而自从久远的提尼斯时代以来就不断出现在所有的纪念碑上，张开保护的双翼笼罩在法老头顶之上的女鹫神穆特,也早就被放逐了。贵族们经常为国王向神祈祷,说他"从你的光芒中诞生",[36]或者说"你用你自己的光芒塑造了他"。[37]在他们的祷词中穿插着许多关于阿顿信仰的流行短语,这些短语现在已经成了常用语,取代了古老的正统宗教中的用语;而在以前,摒弃这些是很难做到的。利用这种方式,他们展示了自己是多么热切地接受和运用国王的新教义。在国事活动上,每一个享受国王恩惠的贵族都必须使用大量典故来展现他们有多么熟知阿顿信仰以及国王在其中的地位,而不是使用那些陈词滥调,一而再再而三地提起那些传统的神祇。甚至连叙利亚的附庸们也掌握了这个技巧——适当地承认太阳神至高无上的地位,使他们的信件令国王读起来赏心悦目。[38]

第十八章　埃赫那吞的宗教革命

图 141　埃赫那吞接受王后的献花

石灰岩上的鲜艳彩浮雕。传统的姿势被摒弃了，国王懒洋洋地倚靠在他的权杖上。（现藏于柏林博物馆）

图 140　阿玛尔纳的大界碑

两边的浮雕分别展示了埃赫那吞在他的王后和女儿们的陪同下，向日轮朝拜，日轮的光芒落到他们的手中，笼罩着他们，赋予他们生命的象征。

489

371 正如我们前面所提到的,这些用语由国王本人创造,而我们所提到的那些坟墓[39]里,也保存着他们所接受的"训导",常常是来自国王的训导。

或者是作为神庙服务,也可能为了个人祷告,国王为阿顿谱写了两首赞美诗,这两首诗都被贵族们刻在了他们坟墓礼堂的墙壁上。在这场空前的革命留下的所有遗迹中,这些赞美诗是迄今为止最引人注目的。我们可以从中得到一种启示,那就是,这位思辨的年轻法老为了传播他的信条而牺牲了那么多的东西。这些赞美诗经常被称为"埃赫那吞国王和尼费尔奈夫鲁顿(Nefernefruaton)王后对阿顿的赞美"的称号,而这两首诗中较长且较好的那首更是值得现代文学界进行研究。单一诗节的标题是本书作者附加的;在翻译过程中,除了提供准确的译文外,没有任何加工。希伯来诗篇第 104 篇在思想和顺序上与我们的赞美诗都有显著的相似之处,所以把最明显的平行段落放在一起似乎是可取的。

阿顿的光辉

你的曙光在天边是美丽的,

啊,活着的阿顿,生命的开始!

当你在东方天际升起时,

你以你的美丽充满大地;

因为你美丽,高大,光耀,高过大地;

你的光芒,普照大地,照着你所造的一切。

你是拉,把他们都掳了去;
你用你的爱把他们捆绑。
你虽远,但你的光芒却在大地之上;
你虽在高处,你的脚印却在白昼。

黑夜

当你在西方天际落下时,
世界像死人进入黑暗。

你创造了黑暗,它是黑夜,
林中的百兽都爬了出来。

他们睡在自己的房间里,
他们的头被包裹起来,
他们的鼻息停止了,谁也看不见谁。
他们所有的东西都是偷来的,就在
他们的脑袋底下,
而他们并不知道。
狮子纷纷从洞中出来,
所有的蛇都会蜇人。
黑暗统治(?),
世界一片寂静,
创造他们的人已经在他的地平线上
安息了。

幼狮们在吼叫,要捕食;
它们向神寻求肉类。

(诗篇 104,20—21)

白昼与人

大地变得明亮,
在你从地平线上升起之时,
在你作为阿顿,在白日闪耀之时。
黑暗被驱散,
在你发出你的光耀之时,
这两国之地(埃及)日日欢庆,
苏醒,站起来,
因为你叫他们振奋起来。
他们洗净四肢,穿上衣服;
他们高举双臂,崇敬着你的曙光。
然后他们在世界各地,做他们
的工作。

太阳升起,他们把它们带走,
把它们放在洞穴里。
人们出去做工,
一直劳碌到晚上。
(诗篇104,22—23)

白昼与动物和植物

所有的牛都在它们的草地上休憩,
所有的植物都欣欣向荣,
鸟在沼泽地里鼓翼,
它们扬起翅膀,向你下拜。
所有的羊在用脚跳舞,
所有有翅膀的东西都在飞,
你的光芒照在它们身上,它们就活了。

白昼与河水

帆船顺流而下,也逆流而上。
每一条河道都敞开了,因为你让黎明破晓了。
河里的鱼跃上你的面前,
你的光辉出现在大海之中。

远处是大海,又大又宽,
无数的东西在里面爬行,
大小野兽都有。
那里有船航行;
有庞然大物,是你所造的,为了与它嬉戏。

(诗篇104,25—26)

创造人类

是你在女人的身体里创造了男人的孩子,
你在男人身体里播下种子,
你在母亲的身体里赐给儿子生命,
你安慰他,使他不哭,
你(甚至)是子宫里的护士。
你将气息赐给你所造的人,叫他们有了生气。
当他从身体里出来的时候,
……在他出生的那一天,
你使他开口说话,
你供给他生存所需。

创造动物

当小鸡在蛋壳里叫的时候,
你将气息赐给它,保佑它活着。
当你使它完美之时,
它就可以刺破蛋壳,
从蛋壳里出来,
用尽力气叽叽喳喳;
当它从那里出来的时候,
它用两只脚跑来跑去。

整个创造

你的作为何其多!
他们隐藏在我们面前,
啊,你是独一的神,无人拥有你的力量。[40]
你按你的心意创造了大地。
而你,却孑然一身:
世上所有的人,
所有的牛,无论大小,
都用脚行走;
所有在高处的,
都用翅膀飞翔。

啊,我的主,你的作为何其多!
是你用智慧创造了他们所有;
大地上全是你所造之物。

(诗篇104,24)

第十八章　埃赫那吞的宗教革命

叙利亚和努比亚,
是埃及的大地;
你使所有人各就其位,
你供给他们生存所需。
每个人都有自己的财产,
他的日子已经算定了。
他们的语言千变万化,
他们的形体和皮肤也是如此,
因为你分化了万民。

浇灌大地

你在冥界创造了尼罗河,
你是随你的心意带它而来,为要保全百姓的性命。
啊,你是万物之主,当他们软弱的时候,
啊,你是万家之主,让他们兴盛,
啊,你是白日的太阳,让每个遥远的国度恐惧,
你(也)创造他们的生命。
你将尼罗河放到天上,
好让它落在他们身上,
在山上泛滥,像大海一样;
浇灌他们城里的田地。

永生的主啊，你的筹算何其美好！
天上的尼罗河是为外国人而流的，
375 是为各地的牲畜，用脚行走的牲畜，而流的；
但尼罗河，来自冥界，是为埃及而流的。

你的阳光滋养着每一座花园，
当你升起的时候，它们就靠你生存，靠你成长。

四季

你创造了四季，只为创造你所有的作为：
冬天带给他们凉爽，
（夏天同样）带来炎热。
你使远方的天空从其中升起，
看你所创造的一切，
当你独自一人时，
在你的形体中升起，如活着的阿顿，
黎明，遥远地照耀着，又回来了。

美源于光

你通过你自己，创造了美的形式。
城市、乡镇、住区，
公路上或河流上，

所有的眼睛都看到你在他们面前,
因为在大地上,你是白日的阿顿。

给国王的启示

你在我的心里,
这里没有人认识你,
除了你的儿子埃赫那吞。
你用你的谋划,
你的力量,让他有了智慧。
世界在你手中,
正如你所创造的。
当你升起时,他们就活了;
当你落下时,他们就死了。
因为你是永恒的,超越你的肢体,
人们指着你生存,
他们的眼睛注视着你的美丽,
直到你落下。
当你落入西方时,
所有的劳动都停歇下来;
你一升起,他们就开始生长……为了,国王。
自从你立地以来,
你让他们兴起,为了你的儿子,

来自你的肢体的人，

国王，生活在真实中的人，

两国之主，涅弗尔－赫普鲁－拉（Nefer-khepru-Re），瓦恩－拉（Wan-Re），

拉的儿子，生活在真实中的人，王冠之主，

埃赫那吞，长命之人；

（也为了）伟大的王妻，他的挚爱，

两国的女主，尼费尔奈夫鲁顿，纳芙蒂蒂，

永永远远活着，兴旺发达。

在这首赞美诗中，帝国的普遍主义得到了充分的表达，王家歌手将目光从遥远的努比亚尼罗河瀑布扫到叙利亚最偏远的地方。这些思想并不是公元前约1400年的人类所惯有的思想。一种新的精神开始在埃及传统主义的枯骨上呼吸，第一次读到这些诗句的人，一定会不由自主地对这位年轻的国王产生钦佩之情，因为在这样一个时代，他的心中已经有了这样的想法。他领悟到了世界主宰者的概念，这位主宰者是大自然的创造者，国王看到了创造者对所有生物的仁慈，甚至是最卑微的生物；因为在他看来，鸟儿在长满百合的尼罗河沼泽中翩翩起舞，是在通过振翅来向造物主致敬，而溪流中的鱼通过跃起来向这位神表达赞美。是他的声音召唤着繁花，滋养着小溪，指挥着尼罗河的奔流。他称阿顿为"他所造一切的父和母"，而在某种程度上，他也看到了这位父亲的善良，就像他邀请我们去看百合花一样。他把神的普遍影响力建

第十八章 埃赫那吞的宗教革命

立在对所有人一视同仁的父爱之上,不论种族或国籍;同时他对骄傲而排外的埃及人指出,人类共同之父的慷慨是无所不包的,

图142 埃赫那吞女儿的石灰岩雕像中的躯干。见第378页。

图143 埃赫那吞的头像

卢浮宫最近购得的举世瞩目的石灰岩半身像。

图144 沼泽地里的生活

位于阿玛尔纳的埃赫那吞宫殿的彩绘人行道碎片。见第378页。(由皮特里发掘于阿玛尔纳)

甚至把叙利亚和努比亚置于埃及之前。埃赫那吞在这一方面的思想尤其引人注目，他是历史上的第一位先知。对传统的法老来说，国家之神只是一个得胜的征服者，他粉碎了所有的民族，把他们的贡品带到法老的战车前，而埃赫那吞则在他身上看到了一个万民的慈父。这是历史上第一次有人以敏锐的眼光捕捉到这个伟大的普遍真理。此外，他的整个运动不过是对自然的回归，源于他对其中明显的善和美的一种自发认识，同时也夹杂着一种神秘感，这就正好为这种信仰增添了神秘主义的元素。

你的作为何其多！

他们隐藏在我们面前，

啊，你是独一的神，无人拥有你的力量。

虽然埃赫那吞清楚地认识到了这种力量，并且对神的仁慈的认识也达到了令人惊讶的程度，但并没有对神产生一个精神上的概念，也没有对他的道德品质进行任何归因，除了阿蒙长期以来拥有的品质以外。国王显然没有将神性中的仁慈上升到正义，也没有上升到对于人性的这种要求。然而，贵族的赞美诗和墓碑中残缺地保存了他的"训导"，这些"训导"不断强调着"真实"，这在以前和以后都没有发现过。国王总是把"生活在真实中的人"附在自己的名字上，这句话并非毫无意义，这在他的日常生活中也是显而易见的。对他来说，这意味着接受一种日常现实，即过一种简单而非传统的生活。对他来说，什么是对的，什么是恰当的，这一点从它的存在就可以看出来。因此，他的家庭生活是公开的，在人民面前毫不掩饰。他非常喜欢他的孩子们，在任何可能的场合，他都和他们以及她们的母亲王后一起出现，就好像他只是阿顿神庙里最卑微的书吏一样。他在纪念碑上描绘了他与家人之间最熟悉、最自然的交流，每当他参加神庙的献祭仪式时，王后和她的女儿也都会参加。对他来说，一切自然的东西都是真实的，在例证这种信念上，他从来没有失败过，不过他必须从根本上无视传统。

这种原则不可避免地影响了当时国王非常感兴趣的艺术。他的首席雕刻师贝克在自己的头衔后加上了这样的字样——"陛下亲自教导的人"。[41]在国王的教导下，宫廷里的艺术家们开始用凿子和刷子来描绘他们眼前所见的故事。这样产生的结果就是，一种简单而美丽的现实主义，比以往的任何艺术都更加清晰（图119、图147和图148）。他们捕捉动物的瞬间姿态：追逐的猎犬，逃跑的猎物，在沼泽中跳跃的野牛（图144），所有这些都属于埃赫那吞生活中的"真实"。国王本人也不例外，同样奉行这种新的艺术定律。埃及的纪念碑上出现了以前从未有过的内容——一个不拘泥于传统宫廷礼仪的法老（图141和图143）。这个时候的人体模型也呈现出了相当水平的造型感，以至于乍一看，人们有时会怀疑摆在他们面前的是不是希腊时代的作品（图142）。这个时代的艺术家甚至首次构思出了各类圆雕形象这样的复杂作品。最近发现的碎片向我们呈现了，在埃赫那吞的宫廷里，一群人用石头描绘了国王驾着他的战车紧跟在受伤的狮子后面的场景。这的确是艺术史上的一个新篇章，尽管它现在已经不复存在了。从某些方面来看，这是一个晦涩的章节，因为埃赫那吞的艺术家对下肢的奇怪处理仍然是一个未解之谜，即使我们假定国王是一个四肢畸形的人，也不能完全解释这一问题。这是一种不健康的症状，在国家政治中也很明显。如果我们想了解这种与传统决裂的暴力行为对国家的物质利益有多么致命，那么我们现在就必须来面对最后的这些问题。

1	请参阅作者对这一非凡文件的描述，Zeitschrift für Aegyptische Sprache, XXXIX, 39 ff.
2	II, 770.
3	II, 959, 1, 3; 1000.
4	III, 80.
5	II, 869.
6	II, 945.
7	II, 934, 1, 2.
8	II, p. 407, note e.
9	II, 935.
10	II, p. 388, note b.
11	II, 937.
12	II, 944—947.
13	II, 878 ff.
14	参阅 Zeitschrift für Aegyptische Sprache, 40, 109-110 and II, p. 386, note b.
15	II, P. 388, note b; "Monuments of Sudanese Nubia," Chicago 1908, pp. 51-82.

16	II, 949—972.
17	II, 954.
18	II, 966.
19	II, 972.
20	II, 957.
21	II, 955.
22	II, 973 ff.
23	II, 1016—1018.
24	出处同上。
25	II, 1000.
26	II, 982.
27	II, 994, 11. 17—18.
28	II, 955, 11. 21 f.
29	II, 985.
30	II, 987.
31	关于图139的说明：国王倚在宫殿阳台上那加了软衬垫的栏杆上，王后和他年幼的女儿们站在他的身边，把金项圈、器皿、戒指和装饰品扔给他最喜欢的人。女王也扔了两个项圈。仆人和艾的随从们欢欢喜喜地跳舞或鞠躬。上面（后面）是等候着艾和他的妻子的战车，接下来（下面）是他的书吏在记录这个事件，仔细地列出所有赏赐。
32	II, 994, 11. 16—17.
33	II, 1002—1003.
34	II, 996.
35	II, 1012；见下文，图139，第368页。
36	II, 1000, 1. 5; 991, 1.3.
37	II, 1010, 1.3.

38	阿玛尔纳书信，149, 6 ff., and often.
39	II, 977—1018.
40	其他的赞美诗常说："你是独一的神，除你以外，再无他神。"
41	II, 975.

第十九章
埃赫那吞的失败和帝国的瓦解

埃赫那吞沉浸在他一生所信仰的崇高的宗教里，阻挡着传统的潮流，而这种潮流一直像最开始的那样，每天都朝着他汹涌袭来。由于埃赫那吞被太多另一种性质的事业和责任困扰，因此他根本无法顾及帝国在海外的事务。我们将会看到，当他意识到这么做的必要性时，已为时过晚。在他即位后，他在亚洲的主权立即得到了赫梯人和幼发拉底河流域诸国的承认。米坦尼的图什拉塔国王曾写信给太后提伊，请求她对新国王施加影响，以延续他与埃赫那吞父亲之间的良好友谊，[1]并向年轻的国王送去了一封追悼他的父亲阿蒙霍特普三世的信，同时没有忘记他那一贯的请求——请求他的兄弟国赠予大量黄金。[2]巴比伦的布拉布里亚什也送去了类似的慰问，不过巴比伦已经沦为了埃及的传信使，呼吁迦南国王允许埃及快速通行。[3] 布拉布里亚什的一个儿子后来客居在埃赫那吞的宫里，娶了埃赫那吞的一个女儿为妻，[4] 而布拉布里亚什送给他的这位儿媳一条由一千多颗宝石组成的高贵项链。不过，我们将会看到，这种交往并没有持续多久。

此时，叙利亚北部的赫梯人力量不断增强，同时他们的同胞在背后的南部开展运动，也同样加强了他们的力量。这个非凡的民族，至今仍然构成早期东方研究中最大的一个问题，现在他们开始从笼罩他们的黑暗中走出来。从小亚细亚的西海岸，向东到叙利亚平原和幼发拉底河，再向南到哈马（Hamath），我们都发现了他们的遗迹。他们是一个非闪米特族，或者更确切地说，是一些非闪米特族，具有不确定的种族亲缘关系，但明显不同于先前所说的，于公元前1200年之后拥入的印度 – 日耳曼人，后者还引来了佛里吉斯人（见第478页）。在埃及的纪念碑上我们可以看到，他们没有胡须，长发挂在耳朵前的两个醒目的锁上，垂到肩膀上；但在他们本国的纪念碑上，他们却经常留着浓密的胡须（图146）。他们的头上经常戴着高而尖的帽子，像一顶甜面包帽，但帽檐很小。由于气候的需要，他们穿着厚重的羊毛衣服，通常是一件很长很贴身的衣服，从肩膀垂到膝盖，有时甚至到脚踝；脚上则穿高筒靴，脚趾处上翘。他们的艺术粗糙但绝非原始，这种艺术在石碑上的创造非常值得称道（图145和图146），这些石碑至今仍分布在小亚细亚的山丘上。他们在实用

第十九章 埃赫那吞的失败和帝国的瓦解

艺术方面的造诣相当高。他们在生产上面提到了一种红陶。在贸易中,这种红陶从他们位于卡帕多西亚(Cappadocia)的制造中心传到西边的爱琴海,再向东经过叙利亚和巴勒斯坦到达南边的拉吉(Lachish)和基色。我们记得,到公元前2000年,它们可能就已经到达了基色。赫梯人也是书写艺术的大师,他们的国王总是随身带着他的私人书吏。[5] 他们的象形文字记录现在正在破译过程中,也还没有取得足够的进展,因此学者们现在能够做的仅仅是在四处辨认一个个单词。为了通信,他们使用巴比伦的楔形文字,因此他们必须有精通巴比伦语的口语和书写的书吏和口译员。在波格斯凯(Boghaz-köi),人们发现了大量使用赫梯语的楔形文字碎片(见下文)。在战争中,赫梯人是强大的对手。赫梯步兵中有大量的外国雇佣兵,他们带着弓箭、剑和长矛,通常还有一把斧头。他们以密集的方阵作战,在近距离作战时非常有效;但他们的主要力量是战车。他们的战车造得比埃及的更重,因为车上要坐三个人,一个车夫,一个弓箭手,一个盾牌手,而埃及的战车上却没有第三个人。有一位赫梯首领曾经兼并过亚玛奴(Amanus)山脉之外的一个王国,图特摩斯三世经常称这个王国为"大凯塔"。这个王国可能有别于地位较低的赫梯独立贵族。这个王国的都城是被称为"卡蒂"(Khatti)(1907年确定)的重要防御城市,位于现在的波格斯凯,即安哥拉和小亚细亚东部的哈吕斯(Halys)河[基西尔-厄尔马克(Kisil-irmak)]以东。从那时起,或在不久之后,这个王国就与埃及开始了活跃的贸易和交往。[6] 其活跃的程度使塞浦路斯国王开始担心，埃及和赫梯王国（"大凯塔"）之间过于密切的关系可能危及他自己的地位。[7] 当埃赫那吞即位时，赫梯国王塞普莱尔（Seplel）给他写了一封贺信，从表面上看，他对埃及只有最友好的意愿。[8] 虽然最发达的赫梯人曾经侵略过埃及，就像米坦尼的图什拉塔所击退的入侵那样，但埃赫那吞对此确实不负有责任。甚至在埃赫那吞迁到新都城埃赫那顿之后，赫梯人的使节还带着礼物和问候到过那里。[9] 但埃赫那吞一定认为旧日的这种关系已经不重要了，因为赫梯国王还问过他，为什么中止了他父亲一直维持的这种通信[10]。如果埃赫那吞意识到当时的情况，那么他确实有充分的理由放弃这种联系，因为赫梯帝国现在站在了叙利亚北部的门槛上，而叙利亚是曾经与埃及对峙过的最强大的敌人，也是亚洲最强大的力量。埃赫那吞能否抵挡住正在向南迁移到叙利亚的小亚细亚民众，这很值得怀疑，即使他已经为此付出了巨大的努力；但是，在他刚刚即位的时候，他并没有做出这样的努力，这让那些曾被他的父亲暂时镇压、心怀不满的首领，重启了对埃及的忠实附庸的打击。其中一个附庸国在后来给埃赫那吞的来信中，准确地描述了当时的情况，他说："的确，你的父亲没有出征，也没有视察附庸国的领地……当你登上你父亲的王位时，阿卜迪－阿希尔塔的儿子们将国王的土地据为了己有。他们都是米坦尼王、巴比伦王和赫梯王的走狗。"[11] 在与不忠的埃及附庸，领导奥龙特斯河上游的亚摩利（Amorite）王国的阿卜迪－阿希尔塔及他的

第十九章 埃赫那吞的失败和帝国的瓦解

儿子阿齐鲁的合作下,赫梯人与夺取了卡叠什的叙利亚领主伊塔卡玛(Itakama)一道,占领了位于奥龙特斯河北边,安提俄克(Antioch)和亚玛米(Amamis)中间的安奇(Amki)平原。[12] 附近三个忠心耿耿的附庸国王要为法老讨回失地,但被赫梯军队的首领伊塔卡玛击退。这三人立刻写信给法老,控诉伊塔卡玛。[13] 与此同时,亚摩利的阿齐鲁进占腓尼基和叙利亚北部沿海城市,直到奥龙特斯河口的乌加利特(Ugarit);[14] 他还杀死了他们的国王,侵占了他们的财富。[15] 西米拉和比布鲁斯最终坚持了下来;不过,当赫梯人侵入奥龙特斯河下游的努哈什希时,阿齐鲁与他们合作,夺下了尼伊,杀死了尼伊的国王。[16] 此时,图尼普陷入了极度的危险之中,它的长老们给法老写了一封悲凉的信,恳求法老保护他们。"致埃及王,我的主——你的仆人,图尼普的居民。愿你一切安好,我们仆倒在主的脚下。我的主,图尼普,你的仆人通说:'从前,有谁能在抢掠图尼普时逃过马纳赫比利亚(图特摩斯三世)的掠夺呢?神……埃及王,我的主,住在图尼普。我们的主可以问问他的长者吗?(如果不是这样的话)然而,现在我们不再属于我们的主,埃及王了。……如果他的士兵和战车来得太晚,阿齐鲁会使我们变成尼伊城那样。然而,我们若要哀悼,埃及王必为阿齐鲁所行的事哀悼,因为他必转手攻击我们的主。当阿齐鲁进入西米拉时,阿齐鲁将对我们为所欲为,就在我们的主、我们的王的领土上;我们的主必将因这些事而哀伤。现在,你的城邑,图尼普,在哀哭,她泪流满面,却对

图 145 手持斧头的赫梯士兵
叙利亚北部森吉利（Senjirli）的浮雕。（现藏于柏林博物馆）

图 146 手持长矛和权杖的赫梯王
叙利亚北部森吉利（Senjirli）的浮雕。（现藏于柏林博物馆）

图 147 埃及官员接收闪米特移民
见第 388 页。哈马卜墓的浮雕，第 408 页。（现藏于莱顿博物馆）

我们无济于事。20年来，我们一直在向我们的主、我们的王，埃及王进贡，却没有收到一句话，一句也没有。'"[17] 图尼普的恐惧很快就成了现实，因为阿齐鲁现在把注意力集中在了西米拉，很快就把西米拉逼到了绝境。

在这期间，比布鲁斯（建有一座埃及神庙的国家[18]）的忠诚附庸利布阿迪，给法老写了一封紧急求救信，告诉他发生了什么，请求法老出兵将阿齐鲁赶出西米拉，因为他们很清楚，如果西米拉被攻陷，那么他们的比布鲁斯也难逃厄运。然而，法老没有出手相助，这让叙利亚统治者们变得更加放肆。西顿的齐姆瑞达（Zimrida）沦陷，并开始与阿齐鲁讲和；[19] 为了给自己争得一份战利品，遂向提尔发起进攻，提尔的国王阿比－米基（Abi-milki）立即给埃及去信，请求援助。[20] 这些附庸所要求的军队数量少得可笑，如果不是因为后面向南推进的赫梯军队，他们的行动可能不会给埃及带来多大的焦虑。阿齐鲁现在占领了西米拉的外围防御工事，利布阿迪继续为他的姐妹城市请求援助，[21] 并补充说，他本人五年来一直遭受着亚摩利的敌意，我们已经看到，这种从阿蒙霍特普三世执政时就开始了。几名埃及代表被指控在调查西米拉的事务时，什么也没做，最终这座城市被攻陷。阿齐鲁毫不犹豫地杀死了当地的埃及代表，[22] 并将这座城市摧毁，现在他可以自由地进军比布鲁斯了。利布阿迪带着恐惧写信给法老，报告这些事实，说居住在巴勒斯坦北部库米迪（Kumidi）的埃及代表现在面临着危险。[23]

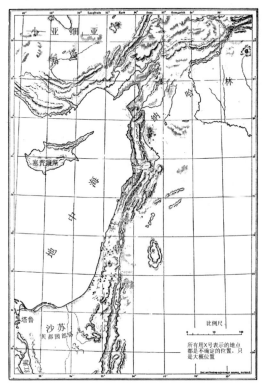

地图7　埃及的亚洲帝国

但是狡猾的阿齐鲁利用他在官廷里的朋友，顺利地逃走了。他写信给图图（Tutu），也就是埃赫那吞朝廷里的一名官员，[24] 而他则似是而非地在附近的埃及代表凯（Khai）面前为自己辩解。[25] 深谙权谋而玩世不恭的他，在给法老的信中解释说，因为赫梯人正在努哈什希，他担心图尼普没有足够的力量来抵抗他们，所

第十九章　埃赫那吞的失败和帝国的瓦解

以他不能听从命令，到埃及的朝廷上陈述自己的情况！[26] 而对于他在努哈什希的存在，图尼普自己有什么看法，我们已经很清楚了。应法老的要求，他立即重建了被他摧毁的西米拉（他声称，是为了防止西米拉落入赫梯人手中），同时回应说，他在保卫法老在努哈什希的诚意，抵抗赫梯人侵略时承受着太大的压力，但他会在一年内重建西米拉。[27] 阿齐鲁向埃赫那吞保证，他会按照他所占领的这些城市的进贡，向埃及献上同样的贡品。[28] 各地动荡不安的王朝对埃及宗主权的承认，一定给法老留下了一种安全感，但这种安全感绝对是没有道理的。因此，他写信给阿齐鲁，准许他一年后再来朝廷复命，但阿齐鲁却设法避开了替国王送信的埃及人哈尼（Khani）。国王的信就这样被带回了埃及，没有送达。[29] 这展示了埃赫那吞惊人的宽宏大量，也表明了他反对像他父亲那样诉诸武力。阿齐鲁立即写信给国王，表达他的遗憾，因为当时他正远征北方，对抗赫梯人，因而错过了会见法老特使的机会；然而事实却是，他一听到法老的特使要来，便急忙赶回了家！这是他逃避重建西米拉的惯用伎俩。[30]

在这段时间里，比布鲁斯的利布阿迪一直处于痛苦的困境中，他不断地向埃及朝廷请求援助，对抗阿齐鲁。然而，敌对王朝巧妙地把自己的主张包装了起来，以至于埃及代表实际上都不知道谁是忠实的附庸，谁是密谋反叛者。因此，派驻加利利（Galilee）的埃及代表比丘鲁（Bikhuru），在不了解比布鲁斯真实形势的情况下,将他的贝都因雇佣军派到了那里,然而他们却在那里杀死了利布阿迪的舍尔丹驻军。不幸的利布阿迪现在完全受敌人摆布,他派了两份快信,请求法老关注他可怜的处境;[31]然而更糟的还是后面,由于埃及代表的放纵行为,这座城市的居民对利布阿迪[32]发起了暴动。现在他已经被围困三年了,年事已高,身患重病。[33]不得已之下,他逃到了贝鲁特(Berut),寻求埃及代表的帮助;当他再次回到比布鲁斯时,他发现这座城市已经将他拒之门外,他的兄弟趁他不在的时候夺取了政府,并把他的孩子交给了阿齐鲁。[34]不久之后,贝鲁特便在敌人的进攻下沦陷,利布阿迪放弃了这座城市,再次回到了比布鲁斯,在某种程度上重新获得了控制权,并在更长的一段时间内保持着这种地位。[35]尽管他的敌人阿齐鲁,必须而且最终面见了法老,但绝望的利布阿迪并没有得到任何安慰。沿海的所有城市都被他的敌人占领了,敌人的船只控制了海上,导致给养和增援部队无法到达他那里。[36]他的妻子和家人敦促他放弃埃及,加入阿齐鲁一党,但他仍然坚持忠于法老,要求300人的军队前去收复贝鲁特,从而获得一点空间。[37]赫梯人正在掠夺他的领土,而哈比里人,或者说他的敌人阿齐鲁的贝都因雇佣军在他的城墙下蜂拥而入。[38]不久后,他不再给法老派信,当然他的城市也沦陷了,他自己很可能也像其他沿海城市的国王一样被杀害了,埃及北方的最后一个附庸就这样消逝了。

第十九章　埃赫那吞的失败和帝国的瓦解

图148　哈马卜作为官员接受国王赏赐的黄金

哈马卜墓的浮雕。国王在右侧，没有显示在画面里。哈马卜的仆人们在他的脖子上挂上金色的项圈，他左边的其他仆人将他拉了出来。左起，亚洲因犯在埃及守卫的带领下，由哈马卜带到国王面前，这显然是他获得荣誉的场景。见第309页。左接图119。（现藏于莱顿博物馆）

类似的情况也在南方盛行。在那里，哈比里人，阿拉姆语闪米特人的进军与北方的赫梯人有得一拼。他们的战士现在成群结队地出现在各个地方，作为王朝统治者的雇佣兵。正如我们所见，阿齐鲁在比布鲁斯用他们对付利布阿迪,而另一方面,也就是忠诚的法老附庸,也雇用了他们,因此反叛的伊塔卡玛写信给法老,指控他的附庸将卡叠什和大马士革的领土割让给哈比里。[39] 在各种冒险家的统治下,哈比里常常成了真正的主人,而像米吉多、阿斯卡隆(Askalon)和基色这样的巴勒斯坦城市却要写信给法老,请求他支援对抗哈比里人。而基色的哈比里人却与阿斯卡隆和拉吉联手反对驻扎在耶路撒冷的埃及代表阿布德希巴(Abdkhiba),此时基色已经是哈比里人在巴勒斯坦南部的一个重要据点;忠实的埃及官员向埃赫那吞派去紧急信函,解释当前的危险并恳请法老支援他对抗援助哈比里人和他们的领导者。[40] 然而,就在他的城门下,亚雅伦(Ajalon)谷,国王的车队遭到掳掠。[41] "国王的整片领地,"他写道,"都开始与我为敌,这片土地将会消失。看啊,希里(Shiri)[西珥(Seir)]的领地,直到基提-基尔米尔(Ginti-Kirmil)[卡梅尔]——他们的首领尽数败亡,我的心里充满了敌意。……只要有船只在海上航行,纳哈林和卡什(Kash)就属于国王强大的军队,但现在国王的城市却被哈比里人占领了。我的主,我的王没有留下一个首领,全部都被毁灭了。……让国王来管理他的土地……让他出兵……如果今年不派兵来,我主我王的整个领地必会灭亡……如果今年不派兵来,就让国王派他的军官来把我和我的兄弟们带回,这样我们就可以死在我主我王的身边。"[42] 阿布德希巴与埃赫那吞的楔形文字书吏熟识,因此他在他的几封信中加上了给这位朋友的附

第十九章 埃赫那吞的失败和帝国的瓦解

言,其中急切之意溢于言表:"致我主我王的文士——你的仆人阿布德希巴。请把这些话向我主我王陈明:'我主我王的全地必遭毁灭。'"[43] 许多巴勒斯坦人在哈比里人的恐怖袭击下逃离了家园,哈比里人烧毁了他们的城镇,把田野夷为平地。他们之中有些人逃到了埃及,在那里看守他们的埃及人说:"他们遭到了毁灭,他们的城镇被摧毁,大火点燃了(他们的粮食里?)……他们的同胞陷入了饥荒,活得像山上的山羊……一些不知道该如何生活的亚洲人来到法老(的领地上乞求一个居所?)来了[在这个领域的家?],按照你父亲的先祖创世以来的做法……现在法老把他们交在你手中,保护他们的边界[44](图147)。"埃赫那吞派去恢复秩序和镇压哈比里人的比丘鲁将军完全没有能力完成任何任务,因此,上文中最后一句所提到的任务实际上也是毫无希望的。正如我们所看到的,他完全误解了利布阿迪的情况,并派遣他的贝都因雇佣军前去对付利布阿迪。他一直向北推进,到达加利利北部的库米迪,却又像利布阿迪预料的那样撤退了;[45] 他曾在耶路撒冷待过一段时间,但后来又回到加沙;[46] 他很可能最终被杀害了。[47] 在叙利亚和巴勒斯坦,法老的各个封地逐渐地完全脱离了埃及的掌控,而南方也陷入了一种完全无政府的状态。绝望的埃及党羽最终放弃了维护法老权威的任何努力,而那些还没有灭亡的附庸则加入了敌人的阵营。巴比伦的布拉布里亚什商队被阿卡国王和邻近的联盟军洗劫一空,布拉伯利亚也被掠夺。布拉布里亚什强硬地要求掠夺者赔偿损失,惩罚有罪之人，以免他与埃及之间的贸易成为这些掠夺成性的王朝的长期猎物。[48]不过他所担心的事情最终还是发生了，而且埃及帝国在亚洲的统治也走到了尽头。

埃赫那吞的忠实附庸们纷纷向他派信，派去特使、儿子和兄弟，向他说明局势的严重性；可是他们要么根本没有收到任何答复，要么迎来一位兵力根本不足的埃及指挥官。这种做法是徒劳，也是散漫的，因为此时的局面是，只有法老本人和埃及全军亲临前线方可应对。在美丽的新都城埃赫那顿，宏伟的阿顿神庙里回荡着对新帝国之神的颂歌，然而他们不知道，帝国本身已经不复存在。埃赫那吞统治的第12年，贡品照常送到了埃赫那顿，国王坐在18名士兵肩上的轿子里，以华贵的姿态前来接受贡品。[49]由于世世代代的习惯，以及害怕法老可能率军出现在叙利亚（不过这种恐惧正在迅速退散），附庸国的首领们仍然不定时地给法老去信，向他表忠心。可能是出于这个原因，埃赫那吞一直维持着心中的幻觉，认为自己仍然是亚洲之主。

这场席卷他的亚洲帝国的风暴，要说灾难性，还比不上那场威胁他的埃及家族命运的风暴。但在传播新信仰方面，他依然和以前一样坚定。在他的指挥下，阿顿神庙现在遍布全国。除了他最初在底比斯修建的阿顿圣所，以及在埃赫那顿和努比亚的杰姆-阿顿修建的至少三所阿顿神庙以外，他还在赫里奥波里斯、孟斐斯、赫尔默普利、赫尔蒙迪斯和法尤姆建造了其他圣殿。[50]他全身心地致力于神殿仪式的精雕细琢，并且他在神学化上的倾向也在一定程度上削弱了对神的赞美诗的早期新鲜感。现在他的名字也变了，最后的限定词从"阿顿的热量"改为了"来自阿顿的火焰"。然而此时，他的革命所引发的全国动乱正在全国各地造成灾难性后果。他的阿顿信仰无视了民众最珍视的一些信仰，特别是关于来世的信仰。奥西里斯，旧时他们在黑暗世界中的保护者和朋友，被夺走了，保护他们免受数千敌人伤害的魔法用具也不见了。一些人试图把阿顿纳入他们的旧习俗中，可是他又不是一个民间之神，没有住在那边的树上或泉水边，他离人们的日常需要太远了，无法触及民众的生活。民众对新信仰所涉及的细节一无所知。他们只知道对旧神的崇拜已经被禁止了，而一个他们不认识也不能从其身上得到任何东西的陌生神灵被强加在他们身上。这样的国家法令最终对人们的实际崇拜没有产生多大的影响，比不上埃赫那吞革命1800年后，狄奥多西（Theodosius）为了支持基督教而驱逐了埃及旧神的那场革命。在狄奥多西死后的几个世纪里，上埃及的人们依然在崇拜古老的异教神，因为在整个民族的风俗习惯和传统信仰发生这种尝试性变革的过程中，一个人的一生实际上是微不足道的。阿顿信仰中留下来的只是理想主义者埃赫那吞和他宫廷的小圈子所珍视的理论；他的信仰从未真正成为人民的宗教。

除了人民心中敢怒不敢言的怨恨和反对之外，我们还必须注意到一种危险得多的力量，那就是老祭司们的仇恨，特别是阿蒙祭司集团的仇恨。在底比斯，阿蒙的八座大庙，或闲置，

391 或被遗弃；他曾拥有的巨大财富，包括叙利亚的城镇和埃及的大片土地显然已经被没收，很可能转移到了阿顿名下。然而结果表明，在埃赫那吞的整个统治期内，一直有一个强大的祭司党公开或秘密地尽其所能来破坏他的信仰。法老对亚洲帝国的忽视以及主权的丧失，一定使许多身强力壮的人对其产生了反感，并在那些图特摩斯三世的附庸的后代中，激起了愤慨。他们对那段光辉岁月的记忆一定非常强烈，足以点燃军人阶级的心，迫使他们去寻找一位能够收复失地的领袖。埃赫那吞也许会任命他的某个宠臣来担任军队的指挥官，正如我们以前看到的那样，但是他的理想目标和追求和平的崇高信念并不受欢迎，因为这些目标和信念是指挥官们无法理解的。有这样一位军官，名叫哈姆哈布（Harmhab），[51]

图 149　位于卡纳克的哈马卜墓的南塔架
从神庙湖向西南望去。

第十九章 埃赫那吞的失败和帝国的瓦解

图150 来世成为农夫的哈马卜
哈马卜墓的浮雕，描绘了他的前额后来插入了一条王室蛇。
（现藏于博洛尼亚博物馆）

图151 洪苏神的半身像
制于第十八王朝末期或第十九王朝。
（现藏于开罗博物馆）

现在在为埃赫那吞服役，享受着王室的恩宠；他不仅设法赢得了军界的支持，而且，我们以后会看到，他还赢得了阿蒙祭司的欢心。当然，这些阿蒙祭司正在寻找一个人，一个能给他们带来梦寐以求的机会的人。从各个方面来看，埃赫那吞都违背了全体人民所珍视的传统。因此，无论是人民、祭司阶级，还是军人阶级，都在煽动、密谋推翻法老宫里那位令人憎恨的梦想家，他们对这个梦想家的想法也知之甚少。埃赫那吞更大的危机是，他命中无子，因此随着年龄渐长，他不得不借助他的女婿的支持。这是一位名叫萨克雷（Sakere）的贵族，是他的长女梅莉特阿顿（Meritaton），"阿顿挚爱"的丈夫。埃赫那吞可能一直身体孱弱；他那张瘦削的脸上，始终带着苦行僧的神情，也越来越突显出他那沉重的忧虑。最终，他立萨克雷为继任者，同时任命他为摄政王。在这之后，他又残喘了不长的一段时间；公元前1358年前后，在统治埃及约17年后，他最终被反对他的力量压倒。在距离他的城市东部几英里的一个偏僻山谷里，他曾为自己和家人挖掘了一座岩石坟墓。死后，他被安葬在了这座坟墓里，而此时，他的次女，梅克塔顿（Meketaton），已经在那里安息了。

就这样，东方早期历史上最引人注目的人物退场了。他后来被他的国人称为"埃赫那顿的罪犯"，[52]但对我们来说，无论我们怎样指责他，因为他任由帝国从他的指缝中溜走，无论我们怎样谴责他，因为他追求自己的目标，甚至不惜侵犯他父亲的名字和纪念碑，与他一同死去的是一种前所未有的精神，一个勇敢的灵魂——勇于直面古老传统的势力，摆脱传统、缺乏感情色彩的法老形象，最终传播出的思想可能远远超出他这个时代所能理解的范畴。七八百年后，我们还在希伯来世界寻找这样的人；不过现代世界还没有足够重视，甚至还没有认识到这个人——在如此遥远的时代，如此恶劣的条件下，他成了世界上第一个理想主义者和世界上第一个拥有个人色彩的人。

萨克雷完全不能胜任摆在他面前的任务，他在埃赫那顿的统治模糊而短暂。不久后，他便消失了，之后接替他的是图坦卡顿

第十九章 埃赫那吞的失败和帝国的瓦解

(Tutenkhaton)("阿顿的活像")。图坦卡顿是埃赫那吞的另一个女婿,前国王的第三个女儿恩霍斯内帕顿(Enkhosnepaaton,意指"她住在阿顿身边")的丈夫。现在,阿蒙的祭司党不断壮大,尽管图坦卡顿仍然继续居住在埃赫那顿,但不久后,为了维持自己的地位,他被迫妥协了。他抛弃了岳父的城市,将王官迁到了底比斯,而此时,底比斯已经有20年没见到法老了。此后,埃赫那顿一度维持着不稳定的状态,全靠彩色玻璃和彩釉陶器制造厂支撑着发展,这些工厂曾在埃赫那吞统治期间蓬勃发展。这些工业很快就没落了,这个地方渐渐地也被遗弃了,直到孤独的街道上空无一人。房屋的屋顶塌了下来,墙壁支离破碎,神庙成了底比斯派复仇的牺牲品,正如我们将看到的那样,曾经美丽的阿顿之城慢慢地只剩下了断壁残垣。直到今天,这里仍被称为阿玛尔纳遗址,它仍然保持着它的敌人、它的时代、阿蒙的祭司离开时的样子。当你走在那里古老的街道上,看到房屋的墙壁还有几英尺高,你会记起那些被遗弃的居所,以及曾经居住在那里的阿顿崇拜者的生活。1885年,在一间曾经是埃赫那吞的外交部档案室的低矮砖房里,人们发现了大约300封信件,我们从中追踪到了埃赫那吞与亚洲国王和统治者之间的往来,以及他的帝国逐渐瓦解的过程。这里有60多封信都属于比布鲁斯不幸的国王,利布阿迪。这些信件以此地的现代地名命名,被统称为"阿玛尔纳书信"。所有其他的阿顿城也遭到了同样的彻底毁灭,但在遥远的努比亚,杰姆-阿顿却幸免于难。很久以后,那里的阿顿神庙变成了"杰姆-阿顿之主，阿穆"的神庙。所以，在遥远的努比亚，仍然屹立着最早的一神论神庙遗迹。[53]

迁到底比斯以后，图坦卡顿继续崇拜阿顿，并对那里的阿顿神庙进行了扩建，或者至少进行了修缮；但阿蒙的祭司们要求他恢复对阿蒙的崇拜。事实上，他还被迫恢复了卡纳克和卢克索的旧节日日历，也亲自主持了阿蒙所有节日中最盛大的奥佩特节，并修复了那里的神庙。[54] 出于权宜之计，他开始修复埃赫那吞从纪念碑上抹去或毁损的阿蒙名字，我们甚至在努比亚南部的索利布都能找到他的修复品。[55] 后来，他又被迫向阿蒙的祭司们做了一次重大的让步——把自己的名字改成了"图坦卡蒙"（Tutenkhamon），意指"阿蒙的活像"。可以看出，他现在已经被完全掌控在了祭司党的手中。[56]

他所统治的帝国，此时仍然是一个了不起的帝国，从尼罗河三角洲一直延伸到第四瀑布。在总督的统治下，努比亚省彻底埃及化了，当地的领主们都穿着埃及的衣服，自图特摩斯三世的时代起，他们就开始穿这种衣服了。[57] 埃及的革命没有严重影响到努比亚，它继续向法老的国库连年进贡。[58] 法老还接受来自北方的贡品，他的库什总督胡伊（Huy）声称，[59] 这些贡品来自叙利亚。尽管从阿玛尔纳书信中的信息来看，这可能多少有些夸张；但埃赫那吞的一位继任者在亚洲打过一仗，这个人几乎不可能是别人，只能是图坦卡顿。[60] 这说明，他可能已经在巴勒斯坦恢复了足够的权力，可以收受一些贡品或至少一些战利品了，而事实

第十九章 埃赫那吞的失败和帝国的瓦解

上,这个地区可能也包括叙利亚。图坦卡顿很快就消失了,接替他的是埃赫那顿朝廷里的另一位要人,艾,也就是埃赫那吞的护士提伊的丈夫。他在埃赫那顿为自己挖了一座坟墓,我们之前读到的那首伟大的阿顿赞美诗就出自那里。他对埃赫那吞的思想充满了感情,所以在很短的一段时间内,他坚持反对阿蒙祭司;他还在一定程度上加盖了底比斯的阿顿神庙。他撇下了他在埃赫那顿为自己修建的坟墓,转而又在底比斯的帝王谷挖了一座。这座坟墓很快就派上了用场,因为不久之后他就过世了。就在此时,或者在他即位之前,似乎还有一两个短暂的冒充者夺取过王位。接下来国家陷入了无政府状态。底比斯成了强盗团伙的猎物,他们强行进入王家陵墓,我们现在知道,图特摩斯四世的陵墓就是被他们洗劫的。[61] 至此,古老的底比斯家族在埃及统治了250年。230年前,这个家族驱逐了喜克索斯,建立了东方有史以来最伟大的帝国;而现在,这个帝国却完全黯然失色了。底比斯家族的显赫声名已经不再具有足够的影响力了,无法再支持它颓废的后代继承维持统治了。因此,公元前1350年前后,第十八王朝一步步走到了尽头。曼涅托将夺得王位的复辟者哈马卜放在了第十八王朝的末尾,但据我们所知,他既不是王室成员,也不是这个没落家族的任何亲属。而他却带来了阿蒙的复兴、旧秩序的恢复和新纪元的开始。

图152 位于卡纳克的塞提一世战斗浮雕

下左:塞提杀死了一名利比亚首领;下右:与利比亚人进行的一场战斗。上:卡叠什突袭加利利(见第412页)。在战车后面,下面是后来插入的王储的形象,如第559页的图157所示。

1	阿玛尔纳书信,22.
2	出处同上,21.
3	出处同上,14.
4	出处同上,8,41.
5	III, 337.
6	阿玛尔纳书信,35.
7	出处同上,25,49 f.
8	出处同上,35.
9	II, 981.

10	阿玛尔纳书信，35, 14f.
11	出处同上，88.
12	出处同上，119, 125.
13	出处同上，131—133.
14	出处同上，123.
15	出处同上，86; 119.
16	出处同上，120.
17	出处同上，41.
18	见上文，第323页。
19	出处同上，150.
20	出处同上，151.
21	出处同上，85.
22	出处同上，119, 120.
23	出处同上，94.
24	出处同上，44—45.
25	出处同上，46.
26	出处同上，45, 47.
27	出处同上，46, 26—34.
28	出处同上，49, 36—40.
29	出处同上，50.
30	出处同上，51.
31	出处同上，77, 100.
32	出处同上，100.
33	出处同上，71, 23.
34	出处同上，96.
35	出处同上，65, 67.

36	出处同上，104.
37	出处同上，68.
38	出处同上，102, 104.
39	出处同上，146.
40	出处同上，179—185.
41	出处同上，180, 55 f.
42	阿玛尔纳书信，181.
43	出处同上，179.
44	III, 11.
45	阿玛尔纳书信，94.
46	出处同上，182.
47	出处同上，97.
48	阿玛尔纳书信，11.
49	II, 1014—1015.
50	II, 1017—1018; Zeitschrift für Aegyptische Sprache, 40, 110—113.
51	III, 22 ff.
52	Inscription of Mes.
53	见第364页，注1。
54	Luxor reliefs, 出处同上，34, 135.
55	II, 896.
56	II, 1019.
57	II, 1035.
58	II, 1034 ff.
59	II, 1027 ff.
60	III, 20, 11, 2, 5 and 8.
61	III, 32 A ff.

第六卷

帝国:第二时期

第二十章
阿蒙的胜利和帝国的重组

我们注意到,在为埃赫那吞服务的过程中,突显出了一位能干的组织者和善于处理事务的人,他完全符合图特摩斯三世的行事方式。他的名字叫哈马卜,来自一个古老的家族,这个家族曾经是阿拉巴马波利斯(Alabastronpolis)的君主。[1] 这位哈马卜担当着重要的使命,也因为杰出的服务而得到过国王赏赐的黄金[2](图148)。他负责管理逃亡的亚洲人,这些人在哈比里人的袭击下,从巴勒斯坦逃到了埃及;[3] 他还派了一些当时外出的官员去恢复那里的秩序。在埃赫那吞或其继任者的领导下,他被派往南方执行一项与进贡有关的任务。[4] 他在这方面,和他在所有其他职责上的表现一样,展现出他的足智多谋和干练。他曾与埃赫那吞的继任者之一，可能是图坦卡顿，在亚洲打了一场漂亮的胜仗。[5] 在埃赫那吞死后，软弱的国王接连不断，王朝朝不保夕。这个时候，他巧妙地维持着自己的地位，并逐渐获得了权力和影响力。最后，他成了军队的总司令和宫廷的首席顾问，他称自己为"伟人中的伟人，强者中的强者，最伟大的人民之主，领导国王军队出征南北的国王使者；国王选中的两国主持者，为了执行两国的管理；两国领主的将军"。[6] 在国王的统治下，从来没有军官享受过这样的头衔。具体是哪个统治者赋予了他这样的权力，我们不得而知，但无论是谁，一个手握如此权力的臣子必定会危及国王的王位。哈马卜现在掌握了国王的实权，因为国王"任命他为国家的首领，作为整片土地的世袭王子，管理两国的法律。他没有对手。……议员在王宫前要向他鞠躬行礼，九弓（外国人）的首领，无论来自南北，都要来到他的面前；他们在他面前张开双手，称颂他，如同称颂神一样。凡所做的，都是在他手下做的。……他来的时候，百姓甚是惧怕他；'繁荣和健康'（王室的问候）是人们对他的渴望；他被称为'两国之父'"[7]。这种情况持续了好几年。[8] 到了公元前1350年，他实质上就是国王了，下一步就是接受王室的头衔和徽章。他有军队的支持，在底比斯也赢得了阿蒙祭司的支持，他只需要走上王位，就可以被封为统治国家的法老了。正如他在自己的记录中，以虔诚而含蓄的语言所说的："现在，荷鲁斯的长子（哈马卜）做这片土地上的首领和世袭王子已经许多时日了。看哪，荷鲁斯，这

第二十章 阿蒙的胜利和帝国的重组

威严的神,阿拉巴马波利斯的主,想要立他的儿子在他永远的宝座上。……荷鲁斯欣喜地前往底比斯……抱着他的儿子,去卡纳克,把他介绍给阿蒙,任命他为国王。"[9] 他来到的时候,底比斯的祭司正在庆祝奥佩特节,正是奥佩特节将阿蒙在卡纳克的形象带到了卢克索;[10] 而现在,哈马卜出现在了这里。正如阿蒙祭司曾经立图特摩斯三世为王一样,现在,神谕足以证明他们的选择了。但是新法老必须拥有一些合法的王权,这些也即将到来,因为在阿蒙的神谕宣布哈马卜是拉的儿子和王国的继承人之后,哈马卜进入王宫,与姆特奈得梅特(Mutnezmet)公主成婚,这位公主是埃赫那吞的王后尼费尔奈夫鲁顿的姐妹。虽然她年事已高,但她是"神的伴侣",阿蒙的女大祭司和王室的公主,这足以使哈马卜的即位完全合法。[11] 这一仪式在卢克索的宫殿举行,当阿蒙神像被带回卡纳克时,祭司们把它抬到宫殿,在那里,神再一次承认了哈马卜的即位。[12] 此时,他的王室头衔公之于众了,[13] 新的统治开始了。

哈马卜身体里所蕴含的能量将他推上了崇高的职位,而这种能量在他的管理中也立即显现出来。他不知疲倦地恢复这片土地曾经井然有序的组织。他在底比斯待了至少两个月,在那里调整自己的事务,并通过参加宗教庆典进一步安抚祭司党。[14] 之后,他向北航行,继续这项工作。"陛下顺流而下……他依照拉的时代,组织了这片土地,调整它的事务。"(就像太阳神担任法老时一样)[15] 同时,他也没有忘记在阿顿政权下长期关闭的神庙。"他修复了从三角洲沼泽到努比亚的神庙。他为他们塑造了肖像，比以前更多，也增加了作品的美感。……他兴起了他们的神庙；他塑造了一百个形象，个个体态端正，且都使用的是昂贵的石头。他为这片土地上各地区的神明寻找地界，他按他们诞生之初的样子提供。他为他们设立每日的供物。他们殿里的所有器皿都用金银铸成。他为他们配备了祭司，配备了司礼祭司，选择队伍中的最优秀者。他把土地和牲畜转移给他们，并提供所有设施。"[16] 在其他的类似作品中，有他在阿拉巴马波利斯的荷鲁斯神庙里为自己和王后竖立的一座雕像，他在上面坦诚地记录了他从一个低微的国王官员逐步走上法老王位的过程。[17] 这样，阿蒙又得到了往昔的祭献，所有神庙被剥夺的收入也恢复了。民众重新开始在公开场合祭拜无数神祇，这在阿顿霸权时期，都是秘密进行的。国王的雕刻家被派往全国各地，继续图坦卡蒙发起的修复工作，将纪念碑上那些被埃赫那吞亵渎和抹去的神祇名字重新插入。在卡纳克的阿蒙神庙里，一次又一次地出现了哈马卜下令修复的记录。这一切都必定得到了全国各地祭司党的一致支持。与此同时，对阿顿的崇拜虽然没有被禁止，但在许多地方，由于他的圣所遭到了破坏，这种活动也受到了抑制。在底比斯，哈马卜将阿顿神庙夷为平地，用这些材料建造了两座塔架（图149），将阿蒙神庙向南延伸了一些；而剩余的材料也被他的继任者用在了类似的工程中。直到今天，在卡纳克的阿蒙塔架残骸里，人们还可以看到当年建造阿顿圣所的石块，这些石块上仍然有被鄙视的阿顿崇拜者的王衔。[18]哈马卜还派人去了埃赫那顿，将那里可用的阿顿神庙建筑材料都运走了，供他建造自己的建筑。无论在哪里，被憎恨的埃赫那吞之名都受到了惩罚，就像他曾经对待众神之名那样。在埃赫那顿，他的坟墓被毁坏，浮雕被凿掉；他的贵族的坟墓也受到了同样的侵犯。他们费尽一切努力来消灭这个曾经的统治者的一切痕迹；如果法律程序中需要引用他统治时期的文件或法令时，则要称他为"埃赫那顿的罪犯"。[19]

尽管哈马卜如此坚决地反对埃赫那吞的名字和运动，并且

图153　塞提一世向奥西里斯祭献象征真理的塑像
出自他的阿拜多斯神庙浮雕。见第417页。

在恢复旧秩序的过程中如此坚决,但他并没有放弃任何可能调和矛盾的机会。哈马卜任命的赫里奥波里斯大祭司很可能是埃赫那吞在埃赫那顿的一位宠臣,名叫帕通尼哈布(Patonemhab)。他是阿顿运动的发起者之一,其祭司地位也有一定的影响力,因此国王必须在那里安插一名支持摧毁埃赫那吞纪念碑的追随者,彻底压制他的影响力。[20] 阿蒙大获全胜。正如埃赫那吞的亲信曾经歌颂过阿顿信徒的好运一样,现在哈马卜的朝臣清楚地意识到命运之风的转变,他们歌颂道:"认识那位神(阿蒙),万神之王之恩赐的人,他的产业是何等丰盛。认识他的人获得智慧,侍奉他的人获得恩惠,跟随他的人获得护佑。"[21] 阿蒙祭司奈夫尔霍特普在说这些话的时候,获得了国王最丰厚的恩典。[22] 这些人因推翻阿蒙的敌人而欢欣,他们说:"攻击你的人有祸了!你的城存了下来,但攻击你的人必被倾覆。凡在任何地方得罪你的人,你都要攻击他。……不认识你的人,他的太阳已经落下,但认识你的人,太阳却照耀着他。攻击你之人的圣所,必在黑暗中淹没,但整片土地却在光明之中。"[23]

重新组织祭司体系的过程只是出于对埃赫那吞革命的反感,但在其他方面,恢复哈马卜所认为的正常状态并不是那么容易。埃赫那吞及其继任者的统治特点是对地方行政当局的监督极为松散;在东方,这种情况下衍生出来的不正之风已经发展到非常过分的地步。长期以来,各地的地方官员脱离了中央政府的严密检查,因而沉迷于敲诈勒索,压榨长期受苦受难的百姓,最终财政和行政体制被各种贿赂和腐败所吞噬。为了改善这种状况,哈马卜首先全面地了解了这些恶行的程度和性质,然后在一个私密的房间里,他向他的私人书吏口述了一系列不同寻常的特殊又高度具体的法律,以适用于他所了解到的每一个案件。[24]这些法律至少包括九个段落,[25]都是针对财政和行政官员敲诈穷人的行为。相应的处罚也很严厉。其中有一名收税员被判犯有这样敲诈穷人的罪行,因此他被判处割掉鼻子,然后被流放到塔鲁,那是一个荒凉的边境城市,远在阿拉伯沙漠通往亚洲的沙地中。[26]在不负责任的军队手中,军事时代和军事帝国也盛行这样的不正之风,这种情况一直伴随着国家的发展,而平民和穷人成了最大的受害者。驻扎在南北的管理部队,总是从负责放牧的农民手里偷窃法老的兽皮。"他们挨家挨户地打劫,不留下任何一块皮子。"[27]对于这种典型的案件,新法律规定,农民不负责为法老的牛监提供兽皮。有罪的士兵会受到严惩:"凡属军队之人,大家都说'他到处去偷兽皮',则从当天起,其将受到法律制裁,打一百下,开五个伤口,把偷到的兽皮收去。"[28]然而,要发现这种地方恶政,所面临的最大困难是,地方官员与中央政府下派的监察人员之间的勾结。贪赃枉法的上级官员为了分得一份赃物,会对他们应检查和阻止的敲诈行为视若无睹。这种恶行在图特摩斯三世侵略时期已经被根除了,但现在又猖獗起来,显然哈马卜又拿出了图特摩斯三世当年的控制方法。[29]为了保障国库各部门能够收归土地上的各种产品,他制定了防止官员抢劫和敲诈勒索的法律。

在引入和应用新法律的过程中,哈马卜亲自走遍了王国的各个角落。[30]同时,他也借此机会寻找能够担当执法责任的合适人选,因为自阿顿革命以来,这方面的权力也受到了极大的滥用。他也特别关注他的两位维齐尔的性格,一位在底比斯,另一位在赫里奥波里斯或孟斐斯,这两位维齐尔是他任命的司法部门负责人。他对他们的评价是:"谈吐完美,品行极好,知道如何察验人心,听从王宫的指令和审判厅的律法。我任命他们管理两个国家。……我将他们安置在南方和北方的两座大城市里。"[31]他警告他们不要收受贿赂:"不要接受别人的奖赏。……如果你们之中有人行奸恶之事,那么像你们这样的人怎么能审判别人呢?"[32]为了打击地方法官的受贿行为,他采取了前所未有的措施。他免除了所有地方官员为履行司法职责而应缴纳的金银税,允许他们保留职务上的全部收入,[33]使他们没有理由非法致富。此外,他还更进了一步,在组织全国各地的地方法院时,[34]他通过了一项最严厉的法律,禁止地方法院或"议会"成员收受贿赂:"现在,任何官员或任何祭司,凡有此等行为:'他在审判委员会中坐堂执行审判,在其中犯了不义之罪',则将判为死罪。看啊,本王这样行事,是为了施行埃及的律法。"[35]为了使他的行政官员与他保持密切的联系,并为他们排除收受任何腐败收入的一切必要性,哈马卜赋予了他们极大的自由。他们每个月都要出去巡查数次,每次临行前或归来后不久,国王都要在宫廷里为他们举行一场盛大的宴会,国王亲自出现在阳台上,对每个人点名,并赏赐礼物。

第二十章 阿蒙的胜利和帝国的重组

在这些场合，他们还会得到大量的大麦和小麦，"没有一个人空手而归"。[36]

哈马卜将所有这些法令都记录在一块高 16 英尺、宽近 10 英尺的巨大石碑[37]上，将石碑立在他的一座卡纳克塔架前。建造这座塔架的材料就是我们先前提到的，取自卡纳克的阿顿神庙。他在上面加了一句话："本王正在为埃及立法，要使埃及居民的生活昌盛起来。"[38] 他还以一句训诫作为结尾："你们要听从这些训诫，这是本王首次做出此等命令，为的是治理整片土地，此刻本王记住了这土地上所发生的欺压。"[39] 这些理智而仁慈的改革措施使哈马卜在仁政的历史上占有崇高的地位。尤其是，在几乎每一位读者的记忆中，在英国人占领该国以后，他所抨击的这些罪恶行径也是极其顽固，难以根除的。

由于这些重大的任务在国内占据了哈马卜的精力，他无暇顾及国外持续的混乱和无政府状态，因此我们不能指望他在国外战争中取得多大的成就。他有过出征亚洲的经验，所以他知道那里会发生什么。他将全部的时间和精力都投入了国内，那么显而易见的是，他认为国外的形势已经没有拯救的希望了。在他的伟大法典旁边的墙上，有一份外国国家名称列表，上面按照惯例列出了国外的战利品，这些可能并没有受到重视。[40] 赫梯的名称也在其中，但后来的情况告诉我们，他并没有有效地整顿他在叙利亚的权力。相反，我们应该认为，拉美西斯二世在 50 年后提到的同盟与友谊条约应该在那之前就已存在，可能是在哈马卜统治

图154 年轻的塞提一世祭献象征真理的塑像
出自他的底比斯墓中的浮雕。见第417页。

期内签署的。[41] 在南部,他没有必要实施比较激进的行动,虽然曾经有一场较为平常的叛乱最终迫使他出征了努比亚,惩治了那里的部落。[42] 他还派了一支探险队去了蓬特,从那里带回了一些现在比较常见的产品。[43] 如果哈马卜是一个有野心的统治者,想要留下一个征服者的名声,那么现在对他来说不会是个好时代。在他即位之前,他的国家经历了一段长时间,空前未有的放纵期,所以他的所有权力和优秀能力必须用在重新组织王国上。要完成他所面临的任务,所需要的力量和技巧并不亚于征服海外所需要的;与此同时,他表现出的人道关怀精神,关注和改善民众生活条件的精神,直到今天,也从未被埃及任何时代的统治者超越。尽管他是士兵出身,但他具备早期东方帝王要求的所有品质,当他成为国王后,他真的可以说:"看啊,王一直在为埃及谋福利。"[44]

哈马卜具体统治了多长时间还不确定,但在拉美西斯二世统治时期,埃赫那吞和其他阿顿信奉者的统治明显穿插其中,增加了25年或更长时间。所以,拉美西斯二世统治时期的一宗诉讼指的是哈马卜第59年的事件。[45] 也就是说,他大概统治了35年。当他还是一名为法老服务的官员时,他在孟斐斯建造了一座工艺精湛的陵墓(图119、图147、图148和图150)。然而与他人不同的是,他没有抛弃这座孟斐斯坟墓,而同时又命人在底比斯的帝王谷修建了一座更加宏伟的陵墓。他把他的所有官衔都原原本本地留在那座坟墓的墙上,比如将军等,而这些官衔的旁边只写了他的王衔和法老称号。无论他的形象出现在坟墓礼堂的哪座浮雕中，他都命人在雕像的前额上绘出王家蛇形标记（图150），从而突显出他作为国王的形象。[46]这些插入的形象至今仍可找到。

哈马卜重组国家的成果注定要由他的继任者来享用了。他是否成功建立了一个王朝，我们也不知道。现在（公元前1315年）接任他的是拉美西斯一世，但我们无法在他们之间找到任何联系；可是，由于拉美西斯一世在他登基时年事已高，那么他一定对王位拥有某种合法的所有权。否则，在这样一个年纪，他几乎无法实现自己的主张。他年纪太大，不能完成任何事情，也不能利用哈马卜所建立的新国家的资源。拉美西斯一世规划并启动建造了一座巨大的柱廊大殿，这是著名的卡纳克多柱式建筑，后来由他的继任者继续建造并完成。在他统治的第二年，他发现新的职责已经超出了他的能力，所以他开始与他的儿子塞提一世[47]共同理政，当时塞提一世大概30岁。他可能同他的儿子一起在努比亚组织了一场征战，因为同一年，他在瓦迪哈勒法的努比亚神庙的祭品中增加了"被陛下囚禁的奴隶"。[48]上述神庙[49]中记载着这件祭品和其他祭品的铭文是拉美西斯一世统治时期唯一具有日期的纪念碑。由于塞提的名字被附在铭文的底部，因此要说年轻的摄政王子在努比亚独自发动战争，并在离开之前立起了石碑，也不是不可能的。在这块石碑上的日期的6个月后，老国王就已经死了（公元前1313年），而塞提作为埃及唯一的国王，继承

了王位。⁵⁰

在不超过一年的摄政期间，塞提一世一定制订好了所有的计划，并组建了他的军队，准备夺回埃及在亚洲失去的帝国。从埃及边境要塞塔鲁，也就是哈马卜的无鼻流亡者被流放的地方，通往巴勒斯坦的沙漠之路，现在又恢复了原貌。用以防护沿途分布的水井和蓄水池的加固站也得到了重建和翻修。⁵¹ 从塔鲁穿越沙漠到巴勒斯坦南部的加沙地带需要十天的行军，⁵² 因此，在整个行军过程中，充足的水供应是绝对必要的。很可能的是，埃及仍在一定程度上控制着巴勒斯坦，但自埃赫那吞统治期间就发生在那里的情况一直没有得到埃及的关注，可能只有埃赫那吞的某位继任者发动过一场无效的战争。塞提一世现在收到的关于国家状况的信息，泄露出我们所预料的一种情况，这也是耶路撒冷的阿布德希巴写给埃赫那吞的信中所透露的那种趋势所造成的结果。⁵³ 我们看到了，邻近沙漠的贝都因人挤进了巴勒斯坦，占领了城镇，可能是受了动荡王朝统治者的命令，也可能是自发拥入的。这些信件的内容也在埃及纪念碑上得到了证实，描绘了惊慌失措的巴勒斯坦人在敌人的侵略下，逃往了埃及。塞提一世的信使现在给他带来的信息也同样反映了贝都因人的这种特征。他们报告说："他们的部落首领结成联盟，在巴勒斯坦站稳了脚跟；他们相互咒骂和争吵，每个人都杀害了自己的邻居，他们无视王官的法律。"⁵⁴ 这些巴勒斯坦的沙漠入侵者中便有迁徙到这里并定居下来的希伯来人。对法老来说，只要这些闪米特部落定期向埃及进贡，那么他们分别占领巴勒斯坦的哪个地区都是无关紧要的；然而事实上却是，形势已今非往昔了。

在即位第一年，塞提从塔鲁出发，带领他的远征队沿着沙漠之路，经过他修缮的驻地。[55]在内盖夫，巴勒斯坦南部的一个国家，他遇到了"沙苏"（Shasu）或"苏"（Shos）——这是埃及人对该地区的贝都因人的称呼；他把他们打得四散开来。[56]当他到达迦南（埃及人对整个巴勒斯坦西部和叙利亚的称呼）边境时，他占领了一座城池，这是他与贝都因人斗争的最北方。[57]从那里，他迅速向北，占领了米吉多（耶斯列）平原的城镇，向东越过约旦河谷，在浩兰（Hauran）竖起了他的胜利碑，[58]向西到达黎巴嫩的南坡，在那里占领了森林围绕的耶诺姆（Yenoam）。[59]大约150年前，图特摩斯三世夺下耶诺姆后，这里曾经成了阿蒙神庙的产业。邻近的黎巴嫩王朝立即赶来，表示要向他效忠；自从阿蒙霍特普三世离开西顿以来，他们已经有50多年没有见过法老统领军队了。[60]此时，塞提立即对他们提出了考验，要求他们为他在底比斯建造的阿蒙圣船提供大量的雪松木材，同时也为神庙塔架上的高旗杆提供大量木材。[61]这些黎巴嫩的木材在塞提面前被砍下，他得以将它们从他当前征服的港口，由水路送到埃及，就像他伟大的前任图特摩斯三世所做的那样。他极有可能一直北进到了西米拉和乌拉扎，[62]而塞浦路斯的首领也像以前一样，送来了礼物。然而，不管怎样，提尔和奥图（Othu）[63]最终都臣服了，塞提因此得到了海岸，恢复了叙利亚和埃及之间

第二十章　阿蒙的胜利和帝国的重组

的水路，为今后的行动提供了条件。塞提满意地回到了埃及。一位胜利的法老在征服亚洲后归来，这在伟大征服者的时代是很常见的，然而现在，已经有一两代人都没有见过这样的场面了。塞提成功的消息要比他本人更早到达埃及，政府的贵族连忙赶往边境去迎接他。在塔鲁，在边境要塞的大门外，淡水运河的大桥旁（读者应该还记得，这条河已经把尼罗河和苏伊士地峡的苦湖连接起来了，见第188页），他们欢聚在一起。当塞提率领着他那疲惫的队伍，赶着巴勒斯坦和叙利亚被俘首领的战车战马，经过沙漠中的长途跋涉风尘仆仆地出现在边境上时，在此等候的贵族突然欢腾起来。[64]回到底比斯，他们又一次在阿蒙面前举行了一次展示俘虏和战利品的庆祝活动。这种庆祝活动在帝国时期很常见，但底比斯人已经有50年或者更长时间没有目睹过了。[65]在庆祝活动中，国王在众神面前将他带回的一些囚犯祭了神。[66]

这场战役足以使巴勒斯坦南部回到法老手中，可能还有巴勒斯坦北部的大部分地区。然而，塞提要想继续征战亚洲，他必须先率领他的军队对抗另一个威胁；这个威胁在第十八王朝初期，同样也分散了法老的一部分精力，还为他带来了一场战争。尼罗河口以西的利比亚人总是能瞄准埃及政府松懈的时机，进入三角洲，占领他们所能控制的所有领土，因此他们在三角洲西部边界的边境线总是或多或少地有些不确定。接下来的一整年，也就是塞提统治的第二年，他都是在三角洲度过的，正如他的餐桌用品的一系列宫廷账单所显示的那样，[67]因此很可能他在那一年对利比亚人采取了行动。他在三角洲西部某个不为人知的地方与他们交战，[68]根据他留给我们数量不多的记载，他按照惯例带着俘虏和战利品凯旋回到底比斯，准备将他们供奉给阿蒙神庙。[69]也有可能，他没有立即返回底比斯，而是在打败利比亚人之后，又前往了亚洲，继续恢复埃及在叙利亚的政权。不管怎样，接下来我们见到他是在加利利，他正在攻打卡叠什，不过这个地方可不是奥龙特斯的卡叠什。这里是阿布达什尔塔和阿齐鲁建立的亚摩利王国，正如我们在利布阿迪的信中所看到的，[70]这里形成了一个缓冲带，加利利的卡叠什就属于这个缓冲带，位于南方的巴勒斯坦和北方奥龙特斯河谷的赫梯南部边境之间。塞提必须先征服这个中间王国，然后才能对它背后的赫梯人发动进攻。在占领了这个王国，可能还占领了卡叠什之后，[71]塞提开始向北推进，对抗赫梯人。他们的国王塞普莱尔，在第十八王朝末期与埃及建立了条约关系，现在他已经去世很久了，他的王位传给了他的儿子米拉萨（Merasar）。[72]在奥龙特斯河谷的某个地方，塞提与赫梯人狭路相逢，赫梯人和法老之间的第一场战斗爆发了。至于这场战斗的性质和规模，我们一无所知；我们看到的只有一幅关于这场战斗的浮雕，描绘了塞提坐在他的战车上向敌人全力进攻。[73]不过，他遇到的不太可能是赫梯人的主力军，但可以肯定的是，他没能动摇这些赫梯人在叙利亚的权力。

第二十章 阿蒙的胜利和帝国的重组

图155 检验牛群
这幅画来自帝国时期的底比斯古墓。见第417页。

奥龙特斯河的卡叠什仍然掌握在他们手中,塞提做到的至多是阻止他们跨过边界继续侵略,从而阻止他们吸收南方的更多领土或向南推进到巴勒斯坦。再一次,他凯旋回到底比斯。赶着他的赫梯战俘,将他们和战利品一起献给了帝国的神,卡纳克的阿蒙。[74] 他在亚洲建立的疆界大致与巴勒斯坦的北部疆界重合,而且一定还包括提尔和利塔尼(Litany)河口以南的腓尼基海岸。虽然埃及在亚洲的领土增加了很多,但也只是曾经的帝国亚洲领土的三分之一。在这种情况下,塞提自然应该继续在叙利亚作战。然而,据我们所知,不知出于何种原因,他与他的部队从未再次出现在亚洲。也可能是因为他认识到,与赫梯人的斗争是无望的,他们在叙利亚的势力已经根深蒂固了。埃及在叙利亚的地位确实与赫梯人不同,后者实际上已经占领了这个国家,至少是居住在那里的士兵阶层;而法老们从未试图殖民这个国家,仅仅是将其作为附庸,要求其每年纳贡。在强大的赫梯王国的门槛上,这种远距离征服的方法已经不太可行了。这个王国根本无法抑制自己膨胀的力量,所以不断地向叙利亚拥入。如果法老想成功驱逐他们,就需要在叙利亚北部不断地发动战争,才能将他们控制在原来的疆界内。塞提可能已经察觉到了形势的变化,而且也明白,面对一个已经占领叙利亚的头等强国,图特摩斯三世建立帝国的那套方法已经不再适用。因此,可能是现在,也可能是后来,他与赫梯国王麦特拉(Metella)经过谈判达成了一项和平条约。麦特拉是米拉萨的儿子,也是他的继任者。[75]

回到埃及后,他便投身于和平事业,特别是神庙的建设上。阿顿革命时期被破坏的纪念碑,一部分已经被哈马卜修复;到了塞提的父亲统治期间,由于任期过短,所以他没有在这方面取得任何成就;因此到了塞提统治时期,他发现仅仅是在修复祖先们被损毁的纪念碑上,就有太多事情要做,而他也以令人钦佩的虔诚做到了。从南部的努比亚阿玛达神庙到北部的布巴斯蒂斯,所有第十八王朝的大型遗迹上都有他的修复记录,并附有"修复纪念碑,由塞提一世完成"的字样。[76]在埃及、阿斯旺、塞勒塞拉、吉别林的各大采石场中,都有这样的记载。[77]塞提在雇用战俘上依然采用以前的做法,但在使用埃及本土劳动力上,他却非常自豪地记录了他给予他们的人道待遇和丰厚物资。在采购

第二十章 阿蒙的胜利和帝国的重组

砂岩的塞勒塞拉,那里工作的1000名工人每人每天都能收到将近四磅的面包、两捆蔬菜和一块烤肉;每人都能得到一件干净的亚麻布衣服,每月两次。[78] 在古代诸神的所有大型圣所中,他的建筑现在正以前所未有的规模拔地而起,这在帝国最鼎盛的时期也是闻所未闻的。这一事实表明,即使塞提一世的帝国疆土缩小到从尼罗河的第四瀑布到约旦河的源头,但其收入仍然足以支持帝国范围内的事业。在构成卡纳克国家神庙外立面的阿蒙霍特普三世塔架前,塞提重启了由他父亲规划和动工的巨大柱廊大殿,其规模甚至超过了阿蒙霍特普三世曾在卢克索修建、却未完工的巨大多柱式建筑。阿蒙霍特普三世塔架前的战斗浮雕被塞提用砖石覆盖上了。他完成了北部走廊的一些柱子和北墙,又令他的雕刻师在其外部雕刻了一系列巨大浮雕(图152),描绘了他的战役。这些浮雕从底座到顶部,覆盖了整个墙面(长200多英尺),从两端汇聚到中间的一扇门上,此处描绘的是国王回到埃及,向阿蒙献上祭品、战利品和俘虏;最后他向神献上俘虏,就在门那个位置,看起来好像国王要进去执行仪式。[79] 类似的作品在第十八王朝的神庙中也出现过,但除了刚刚提到的阿蒙霍特普三世的残余浮雕,那些浮雕都已经被毁灭了,因此塞提的战斗浮雕是目前埃及尚存的最宏伟的作品。至于等待装饰的大殿,他始终没有完成,留给了他的继任者。和他的那些第十八王朝的先祖一样,他在底比斯的西部平原上建造了一座巨大的葬祭神庙。这座神庙位于先王们留下的一连串类似神庙的北端。由于塞提的父亲即位后很快就去世了，无法建造这样的圣殿，因此这一座也是他献给父亲的。这座神庙现在被称为库尔纳（Kurna）神庙，同样也是塞提留下的未竟之作。[80] 在阿拜多斯，他也建造了一座宏伟的圣所，专门供奉帝国的伟大神祇奥西里斯三联神和他自己，而侧堂则为先王们，特别是第一和第二王朝的国王们服务。那些国王的坟墓至今仍然躺在神庙后面的沙漠里。[81] 墙壁上刻着的国王名字清单，现在仍然是我们按时间顺序进行法老排列和分组的最重要的信息来源之一。虽然这座神庙已经失去了第一和第二座塔架，但它或许依然是埃及艺术中最华丽的纪念碑，至今仍然屹立在这片土地上。它的艺术价值也值得我们一再探讨。孟斐斯还有一座神庙，很可能在赫里奥波里斯也有一座，毫无疑问，三角洲地区还有一些我们无从得知的神庙；在努比亚的阿布辛贝（Abu Simbel），还有一座悬崖神庙，不过它没有在塞提的手下完工，[82] 这座神庙后来由他的儿子拉美西斯二世建成。这些神庙构成了塞提一世伟大的建筑体系。

这些工程极大地消耗了他的财力，当他决定为阿拜多斯神庙的葬祭服务永久捐助时，他意识到他必须寻求额外的收入来源了。因此，他开始将注意力转向可能利用的资源上。他发现格贝尔泽巴拉（Gebel Zebara）地区红海山区的黄金供应受到了严重限制，因为这条路线上困难重重，特别是在水路问题上。从尼罗河谷到那里的道路，在埃德夫上游几英里处偏离了河流，塞提遂亲自前去视察该地，想找出办法来解决这个问题。他发现有必要

第二十章 阿蒙的胜利和帝国的重组

在沙漠里行走两天，走到离这条河大约 37 英里的地方，那里有一个古老的驿站，可能属于第十八王朝的商队，现在可能已经被废弃了。[83] 在他的亲自监督下，工人在这里挖了一口井，保障了充足的水源。[84] 于是塞提在井边建了一座小庙，在那里建成了一个据点。[85] 他很可能在同一条路线上更远的地方，还建立了一些其他驿站。这让苦尽甘来的商队们为他唱起了赞歌："住在井里的神啊，求你们将你们的年日赐给他，因为在我们无路可走的时候，他为我们开辟了进城的路。我们继续前进，我们得救了；我们到达了，我们还活着。我们记忆里的艰难的路已经变成了一段美好的路。"[86] 然后塞提将从矿井获得的收入作为阿拜多斯神庙的永久祭献，并对任何违反他的法令的后代发出可怕的诅咒。[87] 然而，他死后不到一年，这些条款就失效了，必须由他的儿子更新。[88] 为了利用阿拉基干河南部的金矿来补充国库，塞提也在从努比亚的库班向东南方向延伸的道路上挖了一口 200 英尺深的井，不过他却没从这口井里得到水，显然从该地区获得黄金的计划也落空了。[89]

伴随着塞提的建筑发展起来的艺术，在强劲、刚毅和美观方面，几乎没有比第十八王朝流行的艺术逊色多少。由埃及帝国的地位所带来的冲力，虽然已经不像那些伟大帝王时期那样强烈，但也没有完全平息。卡纳克大礼堂的构想，虽然没有我们在第十八王朝所发现的那样精致，但正如我们将在后面看到的，它仍然是埃及权力和财富所产生的最宏伟的果实之一；尽管存在明显的缺陷，但直到今天，它依然是古埃及建筑天才们留下的最令人印象深刻的遗迹之一。在雕塑方面，塞提的战斗浮雕是现存的第十八王朝学派在精细构图上留下的最具野心的尝试，也是这一学派的代表作；虽然作为一个作品辑来说非常有效，但它们在绘图方面却存在缺陷。不过，在卡纳克神庙的这面北墙上，高举着长矛，正在派遣利比亚首领的塞提形象是埃及艺术家的作品中最强大、最生动的绘画范例之一（图152）；从一个作品的角度来看，它也几乎是同样优秀的。在阿拜多斯的塞提神殿中，我们可以找到那个时代最精美的浮雕（图153）——柔和与精致的罕有结合，线条粗犷，造型优美。还有一些几乎可以和这些媲美的浮雕，那就是底比斯宏伟的塞提之墓中的浮雕（图154）。当时的绘画也延续着阿玛尔纳艺术学派的强大力量。底比斯的坟墓里也保留了一些精美的场景，如检验牛群（图155）或沼泽地里的小冲撞。后者表现出一种动物的野性：一只轻灵的猫狂放不羁地将两只野鸟踩在脚下，同时用牙齿咬住了第三个受害者（图156）。

　　塞提即位第九年以后，关于他的统治我们一无所知了。他似乎把全部精力都花在了他那庞大的建筑上，而且也没有忘记在底比斯帝王谷中挖掘一座迄今为止最大的坟墓。这是一座结构复杂的建筑，经由一条条走廊和宽敞的大殿下行到山中，斜深度不低于470英尺。在塞提被立为王储30周年之际，他开始准备必要的方尖碑；大约与此同时，他也将他的长子立为王储，不过这位王储名叫什么,我们却不得而知。为了表现出他取得了与父亲一般的成就,这位王子把他的肖像加在父亲的卡纳克大殿的北墙上,展示着他与利比亚人作战的场景。由于他的塑像并非原有的,而这幅浮雕上又没有地方安插他的塑像了,所以为了创造必要的空间,他凿掉了一部分铭文。这种诡计在今天可以一眼看穿,因为它曾经用来伪装的颜色现在已经褪去了。拉美西斯是塞提的另一个儿子,是他与他的一位王后图雅所生。然而,这位拉美西斯却密谋取代他的长兄。因此,在他们的父亲弥留之际,拉美西斯制订了有效的计划,准备在老国王死后发动一次成功的政变。在塞提的30周年庆即将到来之时,他的方尖碑也还没完成之时,塞提与世长辞(约公元前1292年),结束了他20多年的统治。他被安葬在一个华丽的雪花石膏石棺里,石棺摆放在他在西部山谷挖掘的那座华丽的坟墓里。他的遗体,就像我们所见过的许多其他法老一样,幸运而意外地保存了下来。从他保留下来的遗骸来看,我们判断他可能是古埃及王座上最伟大的人物之一(图158)。

塞提死后,年轻的拉美西斯立即将他的计划付诸实施。我们知道,他的长兄在他父亲的浮雕中加入自己的形象,那么这一行动是他登上王位足够长时间以后才实施的,还是利用他作为王储的影响力而实现的,我们无法判断。无论如何,拉美西斯毫不犹豫地把他推到一边,夺取了王位。

图 156　乘坐芦苇船在沼泽地里狩猎
这幅画来自帝国时期的底比斯古墓。猎人前面就是第 417 页所描述的猫。

这位长兄留下的唯一印记就是，他在描绘塞提与利比亚人战斗的浮雕中插入的自己的形象（图 152）立即被抹了去，同时抹去的还有包含他的名字和头衔的铭文；取而代之的，是拉美西斯的艺术家们将新主人的雕像插入其中，还刻上了他从未享有过的"王储"头衔（图 157）。

第二十章 阿蒙的胜利和帝国的重组

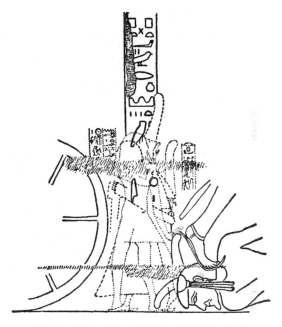

图 157　塞提一世在卡纳克的一幅浮雕的一部分

虚线部分是赛提长子的形象，他曾在浮雕完工很久以后将自己的形象插入其中，所以我们看到，一列原有的铭文向下延伸到这个肖像里。点状线部分是拉美西斯二世的形象，他将他的形象覆盖在了他所取代、排挤的长兄的形象上面。

曾经小心翼翼地掩盖着篡改痕迹的色彩早已褪去，而两位王子之间的激烈冲突，当然还涉及后宫、朝廷官员，以及毫无浪漫色彩的宫廷阴谋，仍然逃不过训练有素的双眼，至今仍在卡纳克多柱式建筑的北墙上。这就是著名的法老拉美西斯二世登基的过程。接下来就是朝廷中惯用的手段，让人们忘却了法老夺得王位的真正手段。当拉美西斯面对朝廷众臣致辞时，他特别提到了他的父亲将尚在幼年的他带到皇亲贵胄的面前，宣布他为王国的继承人的那一天。[90]这些显贵对这条登基之路太熟悉了，不得不用溢美之词来赞美国王，详述他在孩童时代的非凡力量，还讲述了他在10岁时是如何指挥军队的。[91]这位年轻的君主表现出极大的活力和高超的能力。如果与他对立的党派不幸反驳了他的主张，那么他不会让这些反对的声音留下任何痕迹。

拉美西斯不失时机地在底比斯这个权力中心站稳了脚跟。我们看到，他毫不迟疑地赶到那里，可能是从三角洲赶来的，在国庙里庆祝了一年一度的奥佩特节。[92]在获得了阿蒙祭司的支持之后，他以极大的热情投身于虔诚的事业，以纪念他的父亲。为此，他从底比斯顺流而下，去到阿拜多斯，[93]这个地方可能是他前往底比斯的时候曾路过的地方。在阿拜多斯，他发现父亲那宏伟的葬祭神庙看起来有些破败——没有屋顶，柱子的鼓状物和建了一半的墙壁上的石块散落在泥沼中，塞提那未完成的纪念碑很快就要走向毁灭了。更糟糕的是，塞提留给神庙的供品也遭到了它们的负责人的忽视、侵犯和挪用，[94]完全无视了他们的主人所记下的庄严训诫和可怕诅咒，而此时距离这位主人去世还不到一年。他还发现，2000多年前统治过的第一王朝的那些古老的国王，他们的坟墓也没有得到关注。[95]拉美西斯召集朝廷众臣，宣布他打算完成并修复所有这些工程，尤其是他父亲的神庙。[96]他落实了父亲的计划，完成了神庙的修建，同时也恢复了祭献，并重新组织了神庙财产的管理机构；此外，拉美西斯还在这座神庙的财产中增加了牲畜、捕禽者和渔民的贡品、红海上的一艘商船、尼罗河上的一队驳船、奴隶和农奴，同时也安排了负责管理神庙地产的祭司和官员。[97]所有这一切，虽然朝廷认为是出于最虔诚的动机，但对于给予者也并非全然没有好处。拉美西斯将他为父亲的圣殿所做的善行记录在了巨大的铭文[98]中，铭文所给出的结论表明，拉美西斯因此得到了父亲的青睐，父亲作为众神的同伴，代表他的这位儿子祈求众神恩宠拉美西斯，赐予他一个长久而强大的政权。[99]这种由死人代表活人向神灵代祷的观念，曾在一个与古王国一样古老的铭文中出现过，也在中王国出现过，而现在，在底比斯，在拉美西斯父亲未完工的葬祭神庙里，他又一次地引出了这个观点。[100]

也许是他父亲的祭献给他的国库带来了沉重的负担，现在拉美西斯开始寻找新的收入来源。无论如何，我们发现，在他统治的第三年，他在孟斐斯与他的官员探讨了在努比亚开放阿拉基干河以及在那里开发矿山的可能性，这也是塞提一世曾经尝试过但没成功的工程。[101]当时在场的库什总督向国王解释了这项工程的困难，并讲述了他的父亲为了给这条路线供水而做出的徒劳尝试。此时的情况太糟糕了，那些试图从沙漠前去那里的商队中，"只有一半人到达了那里，因为其他人都渴死在路上了，包括他们所赶的驴"。他们必须带上足够往返的水，因为他们在矿井里也找不到水。"因此，由于缺水，他们从来没有从这个国家带出过黄金。"[102] 总督和朝廷巧妙地奉承了一番。随后，王室下达了启动这项任务的命令。[103] 而最终的结果是，库什总督写了一封信，宣布这项任务取得了圆满成功，他们在只有20英尺深的地方发现了丰富的泉水。[104] 在库班，也就是这条路线离开尼罗河谷前往矿井的地方，拉美西斯让总督立了一块石碑，以纪念这一成就，并记录了前文所描述的事件。[105] 国内的这些开发工程只是拉美西斯计划中的预备性工程。野心勃勃的他还有着更远大的目标——他一心一意地想要收复第十八王朝的前辈所征服的伟大亚洲帝国。

1	III, 27.
2	III, 5—9.
3	III, 10—12.
4	III, 13.
5	III, 20.
6	出处同上。
7	III, 25—26.
8	III, 26, 1. 9.
9	III, 27.
10	出处同上。
11	III, 28.
12	III, 30.
13	III, 29.
14	III, 23.

15	III, 31.
16	出处同上。
17	III, 22—32.
18	II, p. 383, notes a, b.
19	Inscription of Mes.
20	III, 22.
21	III, 72.
22	III, 71.
23	Birch, Inser. in the Hier., XXVI, see Erman, Handbuch.
24	III, 50.
25	III, 45—47.
26	III, 54.
27	III, 56.
28	出处同上。
29	III, 58.
30	III, 63.
31	III, 63.
32	出处同上。
33	出处同上。
34	III, 65.
35	III, 64.
36	III, 66.
37	III, 45 ff.
38	III, 65.
39	III, 67.
40	III, 34.

41	III, 377.
42	III, 40 ff.
43	III, 37 ff.
44	III, 50.
45	Inscription of Mes.
46	III, 1—21.
47	III, 157.
48	III, 78.
49	III, 74 ff.
50	III, 157.
51	III, 84; 86.
52	II, 409.
53	见上文，第387—388页。
54	III, 101, 11. 3—9.
55	III, 83 f.
56	III, 85 f.
57	III, 87—88.
58	III, 81.
59	III, 89—90.
60	见上文，第353页。
61	III, 91—94.
62	III, 81; 92.
63	III, 89.
64	III, 98—103.
65	III, 104—112.
66	III, 113.

67	III, 82, 2.
68	III, 120—132.
69	III, 133—139.
70	见上文，第383—387。
71	III, 140—141.
72	III, 375.
73	III, 142—144.
74	III, 145—152.
75	III, 377.
76	III, 200.
77	III, 201—210.
78	III, 207.
79	III, 80—156.
80	III, 211—221.
81	III, 225—243.
82	III, 495.
83	III, 170.
84	III, 171.
85	III, 172—174.
86	III, 195.
87	III, 175—194.
88	III, 263.
89	III, 289.
90	III, 267—268.
91	III, 288, 1. 17.
92	III, 255—256, 260.

93	III, 261.
94	III, 263.
95	III, 262.
96	III, 264—265.
97	III, 274—277.
98	III, 251—281.
99	III, 279—281.
100	III, 281, 1. 103, note.
101	III, 282—293.
102	III, 286.
103	III, 288—289.
104	III, 292.
105	III, 282—295.

第二十一章
拉美西斯二世的战争

我们已经看到,在叙利亚,等待着第十九王朝的是一个非常危险的局面。拉美西斯一世年纪太大,统治时间太短,因此在那里没有取得任何成就;他的儿子塞提一世,未能渗透到赫梯人所占领的领土中,更不用说将他们收归小亚细亚,夺回第十八王朝的战利品。当拉美西斯二世登上王位时,赫梯人全面占有这些战利品可能已有20多年了,自塞提一世驱逐他们以来(在此期间唯一一次驱逐赫梯人的尝试)。在长期的和平下,塞提可能给了赫梯国王麦特拉一个机会,而他也很好地利用了这个机会,从而在叙利亚建立了坚不可摧的地位。麦特拉向南挺进,沿着奥龙特斯河谷,占领了卡叠什——在图特摩斯三世统治时期,这里曾是叙利亚的权力中心。我们记得，这个王国曾给图特摩斯三世带来了很多麻烦，比叙利亚的任何其他王国都更加顽抗。我们已经看到了这个地方的战略重要性，而赫梯国王也很快抓住了这个战略要地，使其成为他在南部边境上的堡垒。

拉美西斯的战争计划和他的伟大先祖图特摩斯三世的计划一样：他打算首先占领海岸，利用其中的一个港口作为根据地，以通过水路与埃及保持快速便捷的往来。我们所得到的信息没有告诉我们他在第一次战役中采取了何种行动，不过这一场战役最终让他实现了这一目标。我们只找到了一个无声的证据：在贝鲁特附近的犬河（Dog River）上，有一块俯瞰河面的石灰岩石碑插在岩石中。它的风化程度很高，只能依稀辨认出拉美西斯二世的名字和"第四年"的日期。因此可知，拉美西斯正是在那一年，沿着腓尼基的海岸向北推进到这里的。[1] 遗憾的是，无论这场预备战役对于拉美西斯来说有多么必要，它都给了赫梯国王麦特拉一个机会，让他能够集结他的所有资源，从各地召集所有可用的兵力。他的伟大帝国里的所有附庸国王都被迫向他的军队捐税。其中就有埃及在叙利亚的宿敌：纳哈林王、阿瓦德王、卡尔凯美什王、科迪（Kode）王、卡叠什王、努日王、以克里特（Ekereth，乌加里特）王和阿勒颇王。除此之外，麦特拉在小亚细亚的附庸王国，如凯兹韦登（Kezweden）和佩德斯（Pedes），也加入了阵营。[2] 由于不满足于所集结的兵力，因此他倾尽了国库，只为吸纳小亚细亚和地中海岛屿的雇佣军。除了米西亚（Mysia）人、

第二十一章 拉美西斯二世的战争

西里西亚人、达尔达尼亚（Dardania）人，以及身份不明的埃尔韦内特（Erwenet）雇佣兵以外，利西亚的游荡水手们，包括第十八王朝时期曾在三角洲和塞浦路斯沿海一带抢劫的利西亚海盗，此时也加入了赫梯人的军队。[3] 麦特拉以这种方式，召集了一支比埃及迄今为止任何一支军队都要强大的军队。从人数上来看，这支军队相当庞大，至少有两万人。

在争取雇佣军的支持方面，拉美西斯也是一样积极。自遥远的古王国以来，努比亚的征兵就大量地散布在埃及军队中，他们的马佐伊部落为埃赫那吞的都城供应宪兵，同时也经常在法老王国的其他地区从事类似工作。在阿玛尔纳书信的年代，这些努比亚军人经常驻扎在叙利亚，也就是我们在那里发现"舍尔丹人"或者说或撒丁人（历史上第一次出现在那里）的60年前。这些人现在被大量地召进拉美西斯的军队，成为军队中获得认可的兵种，所以说国王征收了"他们的步兵、战车和舍尔丹人"。[4] 拉美西斯声称，他在一次胜利中俘获了他们，[5] 那么毫无疑问，他们中的一些人是劫掠团伙的残余，曾在三角洲西海岸抢掠时被捕。[6] 他的军队一定不少于两万人，尽管我们不知道雇佣兵的比例，也不知道与步兵相比，他的部队中有多少战车部队。他把他的军队分成四个军团，每个军团都以一位伟大的神的名字命名：阿蒙、拉、普塔和苏特克胡；其中阿蒙军团由他亲自指挥。[7]

大约在拉美西斯统治第五年（公元前1288年）的4月底，

图159 位于腓尼基的拉美西斯二世碑(右)和亚述国王以撒哈顿(Esarhaddon)石碑(左)。 凿在贝鲁特附近的凯尔布河(Nah rel-Kelb)(大河)口的石灰岩悬崖上。见第423和556页。

图158 塞提一世的头颅
(来自他的木乃伊。现藏于开罗博物馆)

第二十一章 拉美西斯二世的战争

叙利亚的雨停了,拉美西斯率领他的部队,迈出东北边境的塔鲁。法老所率领的阿蒙军团作为先锋队,其余的拉、普塔、苏特克胡三个军团按照这个次序前进。拉美西斯穿越巴勒斯坦的路线现在无法确定,但是当他们到达黎巴嫩地区时,他们通过海路,沿着腓尼基海岸前进。我们知道,这里是他在前一年的战役中夺下的根据地。在那时或是在此之前,拉美西斯在这里建立了一座以他的名字命名的城市,显然是打算作为他发动战争的基地。这座城市的位置尚不确定,但很可能在犬河河口或附近,也就是他前一年为自己立下石碑的地方。在这里,他从军中挑选了一些士兵和领队组成了一支精锐部队,开始向内陆进发,可能是沿着犬河河谷。这是一条不那么险峻的路,离开海边向南延伸,沿此路可以到达利塔尼。然后,他进入了奥龙特斯河谷;在5月的最后几天,他沿着那条河向北行进。到离开塔鲁在第29天晚上,他来到两个黎巴嫩北端之间的高谷上最后和最北的高地上扎营,俯瞰卡叠什所在的广阔平原。此地距离卡叠什只有一天的路程了,站在北边边界上很可能可以看到它的城垛,奥龙特斯河正朝着它蜿蜒地穿过平原。

翌日清晨,拉美西斯早早就拔营了,带领他的阿蒙军团走在前面,其他军团跟在后面,同时他沿着高谷的最后一个斜坡下行,往沙比图纳(Shabtuna)的奥龙特斯河浅滩前进,也就是后来被希伯来人称为里布莱(Ribleh)的地方。在这里,河流离开了它曾经流经的险峻山谷,第一次横越到了卡叠什所在的西侧,

古代埃及——从原初时代到波斯征服

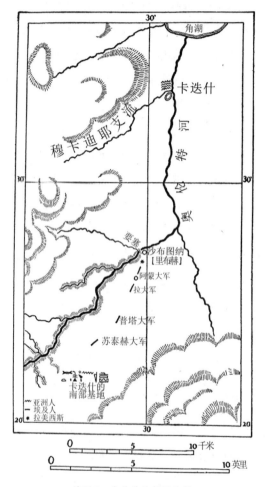

地图8　卡叠什的邻近地区

显示了"卡叠什以南的高地",也就是拉美西斯战前一晚扎营的地方,以及他在战斗当天早些时候所处的位置。

第二十一章 拉美西斯二世的战争

使军队可以从南面接近城市,在河流上形成一个相当大的弯道。经过最多三小时,甚至更短的时间,拉美西斯来到浅滩,准备过河。他的军官一天又一天地向他报告说,没有发现敌人的踪迹,给他的印象是,敌人仍在遥远的北方。就在这时,该地区出现了两个贝都因人,说他们是从赫梯人的军队中逃出来的,赫梯国王已经向北撤退到图尼普以北的阿勒颇地区。考虑到他的侦察队确实没有发现敌人,拉美西斯欣然相信了这个故事,立即率领阿蒙军团过河,并迅速向前推进。然而,拉、普塔和苏特克胡三个军团,按照指定的顺序行进,却远远地落在了后面。急于要在那日抵达卡叠什,发起围攻的法老,甚至离开了阿蒙军团,只带着他的亲兵走在了最前方,也没有一支精兵部队为他开路。临近正午时,他就已经快到卡叠什了。然而此时,赫梯王麦特拉已经在卡叠什的西北部摆好了阵,拉美西斯一步步靠近着整个赫梯部队,没有发现任何危险;他的大部分军队则分散在后方八到十英里处的公路上,而拉军团和普塔军团的军官们在酷热且尘土飞扬的行军之中,竟然在附近森林的树荫下歇息了。狡猾的麦特拉看到拉美西斯对那两个贝都因人的话深信不疑,而这两个贝都因人是他为了迷惑敌人而专门派去的,此时他已经完全想好该如何将这个难得的好机会利用到极致。他没有立刻攻击拉美西斯,而是当法老接近这座城市时,赫梯全军迅速转移到河东岸;当拉美西斯沿着卡叠什的西边向北行进时,驾轻就熟地将法老包围了起来;他一直沿着城市东侧向南移动,使城市始终位于他和埃及人之间,

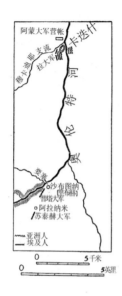

地图9 卡叠什战役
亚洲军进攻时，其敌方部队所处的位置。

以防他的军队被敌方看见。当他逐渐接近城市的东部和东南部时，他在拉美西斯的侧翼得到了一个有利位置。如果能够妥当利用这个位置，他绝对可以取得压倒性胜利，甚至摧毁拉美西斯和他的军队。埃及军队现在基本分为了两组：靠近卡叠什的是阿蒙军团和拉军团；而普塔和苏特克胡两个军团还没有跨越沙比图纳的浅滩。苏特克胡军团离队太远，根本接收不到他们的消息，他们也没有参与这一天的行动。拉美西斯在城市的西北部停了下来，可能就在不久前亚洲军队所处的位置，或者就在那附近。

午后，拉美西斯在此地安营；不久，阿蒙军团也赶了上来，在法老帐篷的周围也扎下了营，营地周围竖起了一道盾牌路障。当运送补给的队伍到达时，牛被卸下了轭，两轮手推车停在了围栏的一头。当两个亚洲奸细被拉美西斯的侦察兵带到法老帐篷里时，疲惫的军队正在休息、喂马和准备自己的饭菜。两个奸细受到了暴烈的殴打，之后他们被带到拉美西斯面前，承认了麦特拉和他的整个军队都潜伏在城市的后面。年轻的法老十分惊慌，连忙召集了他的指挥官和军官，痛斥他们没有及时报告敌人的存在，并命令维齐尔让普塔军团全速入营。

第二十一章 拉美西斯二世的战争

很有可能,受惊的维齐尔为了挽回他的声誉,也加入了这场危险的行动。拉美西斯只向普塔军团派去了急信,那么说明他根本没有希望将苏特克胡军团调来,因为我们看到,苏特克胡军团还远远地分散在沙比图纳的后方。与此同时,这也暴露了他的信心,因为之前落后于他最多几英里远的拉军团,现在已经在他的营地门口随时待命了。因此,在这个节骨眼上,他几乎没有想到自己会被出卖,陷入这种绝望的境地,也没有想到就在这个时候,不幸的拉军团正面临着一场灾难。"那时,陛下正在与他的贵胄谈话",责备他们的疏忽,"赫梯王和追随他的各国,都过了卡叠什以南的[奥龙特斯河]浅滩","他们从卡叠什的南边过来,将拉军团从中切断,而行进中的拉军团什么也不知道,也没有准备作战"。面对这样一个状况,我们现代的军事评论家很难用语言来概括当时发生的一切,还不如引用古代人关于这一事件的记载。进攻部队只剩下战车部队和拉美西斯的军团了,行军中的步兵团必然在敌人的袭击中被砍成了碎片。这支混乱的部队的南半部肯定已经完全溃散了,而剩余的部队则在一场疯狂的溃败中向北逃向拉美西斯的营地,他们失去了许多力量,一路上散落着无数的装备。他们第一时间派出了信使,向拉美西斯报告这场灾难。但据我们所知,法老得到的首要暗示是,现在他之所以面临这场可怕的灾难,其罪魁祸首就是这支败兵队伍的溃逃,而这些逃兵中还有他的两个儿子。逃兵们冲过路障,冲进尚在震惊之中的营地,而赫梯人的战车接踵而至。拉美西斯的重装步兵很快地把这

地图10 卡叠什战役
显示了拉美西斯二世分裂的军队和第二阶段的战斗中敌人的包围圈。

些入侵者从战车上拖下来，赶了出去；但在他们后面，大约2500辆亚洲战车迅速集结了过来。他们向埃及的营地步步紧逼，然后他们的两翼迅速展开，向两侧扩张，将营地包围了起来。阿蒙军团此时因长途跋涉而疲乏，全然放松，没有佩带武器，也没有军官，因此当拉军团逃跑的残余部队扫入营地时，他们被敌军打得措手不及。他们不可避免地卷入了这场溃散，并随之向北行进。因此，拉美西斯的大部分兵力都在逃亡，而南部军团又在数英里之外，被敌人的整个战车部队所分隔——这是一场彻彻底底的灾难。

稍做短暂的反思和休息后，法老毫不犹豫地抄近路，前去和他的南部纵队会和。他只带着自己的家眷、随从，以及恰巧在他身边的长官们，登上了等候在那里的战车；当赫梯人的追兵从西边拥进他的营地时，他勇猛地迎上前去。得到了片刻的喘息机会后，他向营地的西侧或南侧又推进了几步，在那里，他看到迎面而来的敌人已经如此之多，立刻明白再朝那个方向进攻是毫无希望的了。因此他又退到营里去了，此时他一定注意到沿河边包围的东翼战车部队十分薄弱，敌人还没

第二十一章 拉美西斯二世的战争

来得及巩固这条防线。作为绝望中的一丝希望，他以一种急不可待的劲头冲上了这条战线，把正前方的亚洲人乱七八糟地扔进了河里。麦特拉与8000步兵站在对岸，看着他的几个军官、他的私人书吏、他的车夫、他的护卫队长，甚至他的皇室兄弟，都在法老的猛烈攻击中倒下了。从对岸赶来的战友从水中救出很多人，其中就有已经半溺水的阿勒颇国王，然而他已经很难苏醒过来了。拉美西斯一次又一次地发起进攻，最终给敌人的阵线造成了严重的混乱。在这个关头，一个东方战场上常见的情况使拉美西斯躲掉了彻底毁灭。如果赫梯人的战车从西面和南面向他的后方疾驰而来，那么他一定已经沦陷了。但值得庆幸的是，他将他的营盘留给了那些兵丁，他们丢下了战车，将军纪抛在风中，任凭仇敌抢夺他们的财物。就这样，敌人突然被拉美西斯的一批新兵围剿了，这些新兵可能是从海岸过来的，在卡叠什加入他的军队。不管怎样，他们肯定不属于逃亡南方的任何一个军团。他们的到来使营地里正在抢掠的亚洲人措手不及，全军覆没。

拉美西斯在河边的突然进攻和"新兵"们突如其来的猛烈攻击，一定在很大程度上抑制了赫梯人进攻的热情，给了法老一个休整的机会。这些"新兵"的加入，加上先前安然无恙却四散开来的阿蒙军团逃兵的返回，使拉美西斯的力量得到了极大的增强，现在他有希望保持自己的实力，直到普塔军团的到来。迫于他们的顽强抵抗，赫梯国王动用了他的1000辆战车。绝望的法老六次冲击敌人的补给线，但是不知出于何种原因，麦特拉并没有把驻扎在河东侧、拉美西斯阵地对面的8000步兵派来对付埃及人；就我们追溯到的信息来看，这只是一场战车作战。在长达三小时的时间里，法老凭借个人的英勇气概，将他那寥寥无几的精锐力量集中在一起；他不断地向南方沙比图纳的道路投去焦虑的眼光，而此时，响应他的命令的普塔军团正沿着那条路艰难地前行。最后，当漫长的下午渐渐过去，太阳从西边落下时，普塔军团的旗帜突然在尘土和热浪中若隐若现，疲惫的法老忽然眼前一亮。赫梯人的战车被夹在敌人的两条战线中间，不得不赶回城去，很可能也是损失惨重。至于这场战斗最终以何种方式结束，我们还没找到相关的信源。随着夜幕降临，敌人躲到城里避难，拉美西斯得救了。俘虏们被带到他面前，同时他也提醒他的随从们，这些俘虏几乎都是他一个人带出来的。

这些记录描述了散落在各方的埃及逃兵如何蹑手蹑脚地回来，同时发现平原上到处都是亚洲人的尸体，尤其是赫梯国王的亲信和官员。这无疑就是事实。亚洲人在拉美西斯的营地里，在城市以北的河里，以及在普塔军团到来时肯定都遭受了惨重的损失；但拉美西斯的损失也一定相当严重，加之拉军团遭遇的灾难性意外，埃及方的损失很可能比敌方更加惨烈。拉美西斯之所以成功，是因为他从绝望的毁灭中得到了拯救。最终，他占有了这片土地，不过这并没有给他增加多少实际的优势。

埃及的一份报告称，第二天，拉美西斯再次采取行动，但收到的却是麦特拉的求和信，于是法老同意了这一请求，随后他

第二十一章　拉美西斯二世的战争

得意扬扬地回到埃及。其他消息来源没有提到过第二天的行动，而就上文描述的战斗过程来看，拉美西斯应该会欣然接受这个暂时喘息的机会，带领他溃败的部队返回埃及。现在的历史记录中经常提到他夺去了卡叠什，但他的记录中从没有做出过这样的说明。

拉美西斯陷入危险的境地，是由他的鲁莽所导致的。然而，当他安全脱身以后，他立刻开始为自己在卡叠什立下的汗马功劳沾沾自喜。他在整个埃及的所有重要的建筑上，一遍又一遍地描绘了他和那些谄媚的朝臣在战争中发生的那些最重要的事件。在阿布辛贝神庙、德尔（Derr）神庙、底比斯拉美西斯二世葬祭庙（Ramesseum）、卢克索神庙、卡纳克神庙、阿拜多斯神庙的墙壁上，以及其他建筑上，他的工匠们制作了一幅幅生动的浮雕，描绘了拉美西斯的营地，他逃亡的儿子们返回军中，他怒气冲冲地冲向河边，以及前来援救营地的新兵。在拉美西斯面前的平原上，到处都是死人，其中就有我们在上文中提到的一些重要人物，而他们的身份，我们是从浮雕随附的注解铭文中得知的。在河对岸，敌方的其他士兵将这些落难者从水中拖了出来，其中一个高大的身影低着头，以便吐出他吞下的水，并伴有一句话："可怜的阿勒颇首领，在陛下把他扔进水里之后，被他的士兵翻了个底朝天。"（图160）在埃及，现代游客对这些雕塑的了解比埃及的任何其他纪念碑都要多。有两处纪念碑还附上了一份关于战争的报告，读起来有些像一份官方文件。那里很早就出现了一首关于战争的诗。关于这首诗,我们以后还要详细地探讨。所有这些记录中不断强调的都是年轻法老的英勇:"他孤身一人,身边没有军队。"利用这些资料,我们能够确切地追溯卡叠什战役中的军事行动,这也是历史上第一个可以以这种形式研究的战役。也是由于这一事实,我们才对这场战役进行如此大篇幅的讨论。我们从中看到,早在公元前13世纪,当时的指挥官们就已经明白在战斗前有力地部署军队的重要性。当赫梯国王执行

图160 卡叠什战役浮雕上的场景

亚洲人在奥龙特斯河上逃窜,被远处的岸边上的战友拖出了水面。士兵们使阿勒颇国王的头朝下,好让他吐出吞下的水。

第二十一章 拉美西斯二世的战争

侧翼行动（我们在早期东方发现的首次侧翼运动）时，他清楚地认识到，用巧妙的策略蒙蔽敌人，就能获得极大的优势。早在那个遥远的时代，叙利亚的平原就见证了所谓现代科学的著名案例，而拿破仑又把这种科学发展到了极致，即在战争之前取得胜利的科学。

到了底比斯，拉美西斯像往常一样，在国家神庙里享受着胜利的喜悦，他的四个儿子陪同左右。他向诸神献祭："这是来自北方国家的俘虏，他们前来推翻国王陛下，国王陛下杀死了他们，并把他们的臣民作为活生生的俘虏献给他的父亲阿蒙的圣殿。"[8] 在纪念碑上，他在自己的头衔中加上了这样一句话："他独自一人征服了那些土地和国家，没有人与他一起。"[9] 尽管他可以用这种传统的荣誉来满足自己的虚荣心，并对自己英勇的名声感到极大的满足，而且他在卡叠什的英勇行为确实给他带来了这种名声，但是当他开始权衡并认真考虑他在叙利亚留下的局势时，他一定对埃及在亚洲的未来产生了不祥的预感。他在战斗结束后立即返回了埃及，甚至没有对卡叠什进行围攻，这场战役让他的军队几乎失去了一整个军团。尽管他表现出了出色的防御能力，但这只能颠覆埃及对叙利亚和巴勒斯坦王朝的影响。赫梯人尽一切可能利用这场令人怀疑的战争来破坏这种影响，并煽动叛乱。塞提一世已经把巴勒斯坦北部收作了埃及的领土，而这个地区离奥龙特斯河谷如此之近，赫梯使者不费吹灰之力就刺激了他们奋起反抗。起义向南蔓延到拉美西斯在三角洲东北部的边境要塞的大门。因此，我们看到，他非但没有扩张他父亲所征服的土地，反而被迫从最近的边界开始在亚洲重建埃及帝国，他甚至要经过艰苦的征战才能收复他父亲曾经赢得的领土。这一时期留给我们的资料非常匮乏，事件的顺序也不完全确定，但拉美西斯似乎首先在后来的非利士（Philistine）城市阿斯卡隆发动了风暴般的袭击。[10] 到了他统治的第八年，他已经强行进入了巴勒斯坦北部，然后我们发现他一个接一个地夺取和抢掠加利利西部的城市。[11] 在这里，他遇到了赫梯人的前哨——自从卡叠什战役以来，赫梯人的前哨就一直向南推进。他在坚固的德坡（Deper）城发现了赫梯人的守军，这似乎是希伯来历史上的塔博尔（Tabor）；[12] 但在他的儿子的帮助下，他袭击并占领了这个地区，在此之前，赫梯人占领这个地区的时间很短。也许正是在这个时候，他深入了浩兰和加利利海以东的地区，并在那里留下了一块石碑，记录了他的到访。[13]

就这样，拉美西斯在三年的时间里收复了巴勒斯坦，可以像四年前那样，开始展开他在亚洲的宏图伟略了。虽然我们完全无法推导出他进军的路线，但他现在大力推动着他的征战，其结果是相当明显的。他再一次沿着奥龙特斯河谷前进，这一次一定成功地击退了赫梯人。当时为数不多的记录都没有说明这一点，但当他征服到卡叠什以北的地方时，这个地方一定已经落入了他的手中。在纳哈林，他一直征服到了图尼普，还在那里竖立起了自己的雕像。[14] 但这些地方已经太久没给法老进贡了，因此根本无法温顺地服从法老。此外，这些地方现在依然被赫梯人占领着；很有可能，赫梯人继续居住在那里，但要接受拉美西斯的统治。不管怎样，赫梯人不久就煽动了这个地区的叛乱，拉美西斯再次北上收复他们，并在图尼普发现了他们。从这一点来看，他似乎是成功的。在攻打图尼普的过程中，他又遇到了一些惊险的情况，其中就包括他在没有穿戴盔甲的情况下作战。然而，遗憾的是，关于这些的记录太过零碎，无法揭示这场战斗的确切性质。[15] 他的名单显示，他征服了纳哈林、下瑞特努（叙利亚北部）、阿瓦德、克弗悌乌和奥龙特斯河谷的基特。[16] 因此，很明显，拉美西斯作为一名士兵的能力和坚韧不拔的精神，现在确实威胁到了叙利亚的赫梯帝国，尽管他是否成功地控制了这些北方国家，还很不确定。

大概就这样征战了 15 年，赫梯帝国内部发生了它历史上的一个重大事件，使拉美西斯的亚洲征战戛然而止。赫梯国王麦特拉，要么死于战争，要么死于对手之手，因此他的兄弟希塔萨（Khetasar）继承了他的王位。[17] 希塔萨为了维持自己的地位，可能在国内还有足够多的事情要做，因此他没有必要为了占领叙利亚北部而与拉美西斯展开一场危险的战争，他向法老提议签订永久和平与结盟条约。在拉美西斯统治第 22 年（公元前 1272 年），希塔萨的信使携条约来到了埃及朝廷。此时的埃及朝廷搬到了三角洲，稍后我们将看到这一点。他们所缔结的条约当然是事先草拟的，并为两国代表所接受的，因为信使带来的是最终版本。这份条约共有 18 段文字,被刻在一块银牌上,上面雕刻着"苏特克胡拥抱凯塔大首领"的画像,还有一位女神以同样的方式拥抱希塔萨的王后普图克希帕(Putukhipa),在这些图画旁边是凯塔人苏特克胡的印章,埃尔嫩(Ernen)的拉神的印章,还有两位王室成员的印章。据推测,赫梯国王也从拉美西斯那里得到了一份类似的文件。这一现存最早的国际条约的标题是:《勇敢的凯塔大首领希塔萨,米拉萨的儿子,勇敢的凯塔大首领塞普莱尔的孙子,在一块银牌上为塞乌瑟马瑞-塞特潘利(Usermare-Setepnere)[拉美西斯二世],勇敢的伟大的埃及统治者,勇敢的伟大的埃及统治者塞提一世的儿子,勇敢的伟大的埃及统治者拉美西斯一世的孙子,订立的条约,和平与兄弟情谊的良好条约,使他们永远和平》[18]。本条约审视了两国以前的关系,然后通过了本条约中的一般性定义,最后通过了其特别规定。其中最重要的规定是:两国统治者放弃对另一国的所有征服计划,重申两国之间现有的条约,形成一个互助对抗对方敌人的防御联盟;在惩罚犯罪主体方面进行合作,可能在叙利亚;以及引渡政治逃犯和移民。条约的附录规定了最终对于这些人的人道主义待遇。赫梯之境的一千位神和女神,以及埃及之境的一千位神和女神被召来见证这份契约的签订;其中一些更为重要的赫梯神灵,是按他们的城市名称提出的。这份意义非凡文件的结尾是对违约者的诅咒和对守约者的祝福,以及上文所提到的附录。拉美西斯立刻在底比斯神庙的墙壁上刻下了两份条约,而在条约之前，他讲述了赫梯使者到来的缘由，接着对银牌上的人物和其他形象进行了描述。[19] 最近，温克勒（Winckler）在小亚细亚的波格斯凯发现了赫梯人在泥板上以楔形文字刻下的条约初稿。

值得注意的是，条约没有提及两国承认的叙利亚边界；我们只能假设，这个边界可能已经载于条约所重申的某项先前订立的条约中了。我们很难确定这个边界的确切位置。从温克勒于1906年在波格斯凯发现的楔形文字文件（见第381页）来看，赫梯国王仍然控制着奥龙特斯河上游的亚摩利。我们还做出了一个不太确定的推断，拉美西斯永久地开拓了他父亲在亚洲的疆界，不过可能不包括沿海地区。他在贝鲁特附近的岩石上又雕刻了两块石碑，就立于他即位第四年所立的那块石碑的旁边，后者我们已经比较熟悉了。[20] 条约中承认赫梯国王与法老的地位平等，接受同样的条件；但正如东方人通常所理解的那样，拉美西斯在他的纪念碑上把整个事件解释为他自己的巨大胜利，而且他一直把自己称为赫梯人的征服者。[21] 条约一旦签订，和平就必须维持，尽管它让拉美西斯牺牲了征服亚洲的野心，但条约必须使双方都完全满意。13年后（公元前1259年），赫梯人国王亲自访问埃及，送他的长女前来与拉美西斯完婚。希塔萨的队伍带着贵重的礼物，在他的女儿的带领下，以及科迪国王的陪同下，来到了拉美西斯的宫殿里。[22] 他的护卫队和埃及军队，这两支曾经在叙利亚的平原上兵戎相见的军队，现在走到了一起。赫梯公主得到了一个埃及名字——玛特妮斐鲁丽（Matnefrure），意指"看见拉的美丽的人"；她还在朝廷里获得了要职。

玛特妮斐鲁丽父亲的来访被描绘在了阿布辛贝的拉美西斯神庙的正面，同时还附上了叙述性的铭文；[23]她还在塔尼斯得到了一尊雕像，就在她的法老丈夫的身旁。[24]宫廷诗人们赋诗以庆祝这一盛事，并描绘了赫梯国王派人去见科迪国王，请他同往埃及，向法老致敬。[25]他们断言，普塔向拉美西斯表明，自己是这桩喜事的代理神："我已使凯塔之地，"神对他说，"成为你官中的臣民；我使他们心里发颤，带着他们的首领所夺来的财宝，在你面前战战兢兢地出现。他们所有的财产都是陛下的贡物。他的长女站在他们面前，是为了满足两国之主的心。"[26]这次活动也给人们留下了深刻的印象。而且据我们所知，直到希腊时代，这个事件才被写成民间故事。故事从婚礼开始，讲述了后来事件是如何发展的；在公主父亲的请求下，一个底比斯洪苏神的形象被送到了公主的土地上，这位神以他的力量将恶灵从她受苦的姐妹身上赶了出去。赫梯公主的这片土地叫作贝克顿（Bekhten），可能指的是巴克特里亚（Bactria）。这样的事件在希塔萨和拉美西斯之间的交往中也不是不可能的。[27]不管怎样，这两个王国之间的友好关系一直没有中断，拉美西斯甚至有可能还娶了希塔萨的另一个女儿。[28]在拉美西斯的长期统治期间，条约始终没有破裂，和平的关系至少延续到了拉美西斯的继任者麦伦普塔赫的统治时期。

第二十一章 拉美西斯二世的战争

拉美西斯与赫梯人的冲突，使他在亚洲进行了十五六年的激战，这也构成了他作为一名士兵不断取得高阶军衔的基础。从唯一一场我们可以密切关注的战斗来看，他的的确确是一名勇敢无畏的军官，但我们却没有在他身上看到一名老练的指挥官的影子。自从与希塔萨签订和平条约的那天起，拉美西斯就再也没有上过战场。也许早在他即位的第二年，他就平息了努比亚的一些无关紧要的叛乱。[29] 这些叛乱在赫梯战争之后还在继续，[30] 但我们不知道后来的努比亚远征，他是否亲自指挥过。在他的纪念碑上，经常会含糊地提及利比亚战役。很有可能，舍尔丹的海上游民与利比亚人一起发动了对拉美西斯的三角洲西部边界的侵略，[31] 不过我们对这场战争的性质一无所知。

随着拉美西斯二世的亚洲战役的平息，埃及在驱逐喜克索斯人的过程中被雅赫摩斯一世唤醒的军事侵略性已经完全耗尽，也从未再复燃过。后来，只是在王室的外国血统的影响下，才会做出收复叙利亚和巴勒斯坦的零星努力，但这些努力也是借助雇佣军来完成的。此后很长一段时间，法老的军队不过是抵御外来侵略的一种武器；然而，这是一件他自己也无法控制的武器，在这件武器面前，令人肃然起敬的拉神防线最终也消失了。

1	III, 297.
2	III, 306.
3	出处同上。

4	III, 307.
5	出处同上。
6	III, 491.
7	关于卡叠什战役的后续记述,见III, 298-348; 以及我的《卡叠什战役》,芝加哥大学出版社,1904。
8	III, 351.
9	卡叠什战役,p. 47.
10	III, 355.
11	III, 356.
12	III, 357, 359-360.
13	III, 358.
14	III, 365.
15	III, 364-365.
16	III, 366.
17	III, 375, 1. 10.
18	III, 373.
19	III, 367-391.
20	见上文,第423页。
21	III, 392.
22	III, 410, 420, 424.
23	III, 394-424.
24	III, 416-417.
25	III, 425-426.
26	III, 410.
27	III, 429-447.
28	III, 427-428.

29	III, 478.
30	III, 448-490.
31	III, 491.

第二十二章
拉美西斯二世的帝国

由于埃及在亚洲事务中的主导地位,埃及不可抗拒地将其在尼罗河上的权力中心从底比斯拉到了三角洲。埃赫那吞曾粗暴地打破了法老必须居住在底比斯的帝国传统,而哈马卜很可能又回到了那里。但我们看到,在第十九王朝兴起后,塞提一世是在北方度过他的早期统治的,我们还发现他曾在三角洲居住了几个月。[1] 拉美西斯二世征服亚洲的计划最终迫使他彻底放弃了底比斯作为王室居所的地位。不过,底比斯仍然是这个国家的宗教首都。在神庙历上的重大节日里,法老还会经常出现在那里,但是他的永久住所已经搬到了北方。他在三角洲东部的定居为这里的城市带来了前所未有的发展。塔尼斯成了一座伟大而繁荣的城市,拥有了一座华丽的神庙，这是拉美西斯的建筑师们的杰作。在它那巨大的塔架之上，耸立着一座拉美西斯的花岗岩巨像，高90英尺，重达900吨，在方圆数英里的三角洲平原上都能看到。[2]图米拉特干河，也就是从尼罗河向东到苦湖的运河一路流经的路线，可能已经形成了一条从亚洲到埃及的天然道路。这条干河也引起了拉美西斯的极大关注，他在那里建造了一座"积货城"，就在前往苏伊士地峡的半途中，他把这座城市叫作"比东"（Pithom），意思是"阿图姆之家"。在三角洲的西端，他和塞提在赫里奥波里斯以北建立了一座城市，也就是现在的耶胡迪耶（Tell el-Yehudîyeh）。在三角洲东部的某个地方，他建了一座居住城，培尔-拉美西斯，意指"拉美西斯之家"。这座

图161 拉美西斯二世千吨巨像的碎片
在拉美西斯二世葬祭庙的第二座塔架前，竖立着一座巨大的花岗岩坐姿雕像。

图 162 比东的储藏室

这是一座城市的一部分,希伯来传说认为这是由希伯来人建造的。见第 446—447 页。(立体照片版权由 Underwood & Underwood 所有,纽约)

城市的位置并不确定,尽管人们常常认为它就是塔尼斯,但它一定离东部边境很近,因为当时一位歌颂其美丽的诗人称它位于埃及和叙利亚之间。这个地方还允许海上交通。培尔-拉美西斯成了政府所在地,所有的国家记录都保存在那里;但是维齐尔的居住地在赫里奥波里斯。[3] 拉美西斯本人也是这座城市的神祇之一。由于这些城市的建立,以及拉美西斯在该地区开展的大型工程,三角洲东部的中间地带被称为"拉美西斯之地"。这个名字与这个地区完全相配，希伯来传说甚至将此地追溯到了约瑟和他的家族的时代，那个时候还没有任何一位拉美西斯登上王位。如果说拉美西斯在亚洲开展的项目几乎不可避免地为三角洲带来了此刻的繁荣发展，那么他的积极进取精神也一定感染了整个王国，即使他本没有这种意图。他在赫里奥波里斯所建的建筑中没有留下任何遗迹，而他在孟斐斯的神庙中也只是残存了几块碎片。[4] 我们已经注意到，他在阿拜多斯实施了大量的建筑活动，完成了他父亲在那里的宏伟神庙。但他并不满足于此，他在离塞提神庙不远的地方也修建了自己的葬祭庙。在底比斯，他花费了巨大的财富和大量的劳动，完成了他父亲的葬祭庙，这也是他为他自己的葬祭服务准备的另一个美丽圣所，这便是众所周知的底比斯拉美西斯二世葬祭庙；他为卢克索神庙扩建了一个大型庭院和塔架；同时，他的建筑师还完成了卡纳克神庙的巨大柱廊大殿，其规模超过了古代和现代世界的所有建筑，这座大殿早在法老的祖父拉美西斯一世统治时期就已动工。埃及的几座伟大神庙都有以他的名字命名的房间、大殿、柱廊或塔架，为了给自己留下永久纪念，国王不顾一切地亵渎或破坏这个国家的古迹。

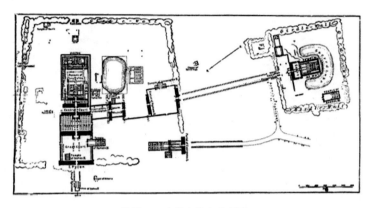

地图 11　卡纳克神庙平面图

第六王朝的泰蒂国王的一座建筑被他用作孟斐斯的拉美西斯神庙的材料;[5]他在拉宏洗劫了塞索斯特里斯二世的金字塔,损毁了周围的步道,打碎了它美丽的纪念碑,只是为了给他在赫拉克利奥波利斯的邻近神庙提供材料。[6]在三角洲地区,他同样肆无忌惮地挪用了中王国的纪念碑;同时为了给卢克索神庙的扩建腾出空间,他将图特摩斯三世的一座精美的花岗岩礼堂夷为平地,将这些材料据为己有,并将上面图特摩斯的名字翻向了里层。他在无数祖先的纪念碑上放上了自己的名字。尽管存在这些情况,但他自己的合法建筑在规模和程度上依然远远超过了祖先们所建成的一切。他所建造的建筑物里有无数补建的纪念碑,尤其是他自己的巨大雕像和方尖碑。他的巨大雕像堪称有史以来最伟大的巨石雕像。我们曾提到过这之中最高的一座巨像,就在塔尼斯神庙里;底比斯的拉美西斯二世葬祭庙的塔架上矗立着另一块花岗岩巨像（图161），虽然没有塔尼斯的高，但也重约1000吨。时间一年年地过去，他庆祝着自己的一个个加冕节，他为纪念这些节庆而建造的一座座方尖碑在他的神庙里拔地而起。仅塔尼斯一处，他就修建了至少14座方尖碑，不过它们已全部倒塌；他还至少有三座方尖碑在罗马；他在卢克索修建的两座方尖碑中，有一座现在在巴黎。[7]除了建造方尖碑需要投入财力以外，每座这样的神庙都需要一份丰厚的祭献。拉美西斯记述了他的阿拜多斯神庙如何用精细的石灰岩建成，花岗岩门柱和银金合金锻造的铜门如何制成，他还谈到了这座神庙的祭献："在季节之初，为他（神）确立永久的日常祭品，所有的节庆……他（拉美西斯）将里面装满了各种东西，满满的食物和必需品、公牛、牛犊、鹅、面包、酒和水果。那里满是农奴，田地加倍，牛群众多，谷仓满溢，谷堆高耸到天上……作为他用胜利之剑夺来的神圣祭品的仓库。他的宝库里堆满了各种昂贵的石头：成块的银和黄金；库房里满是来自各国的贡品。他造了许多园子，种了各种各样的树，各样的香木，来自蓬特的植物。"[8]这只是一座神庙的供品，而他所有的神庙都有类似的祭献，所以一定带来了严重的财务问题。

尽管王国的重心向北移动了，但南方并没有遭到忽视。拉美西斯成了努比亚的守护神，那里还建了至少六座新神庙，专门供奉埃及的伟大神祇阿蒙、拉和普塔。但在所有这些神庙中，拉美西斯也或多或少地受到了崇拜，其中一座神庙更是将他的王后内弗瑞丽（Nefretiri）奉为主神。在他的努比亚圣所中，阿布辛贝的大岩石神庙是前往埃及的现代旅行者最青睐也是最值得一去的目的地。努比亚变得越来越埃及化，在第一和第二瀑布之间，法老的文明给这个国家留下了不可磨灭的印记。这里几乎已经没有了土生土长的老首领，法老的行政官员完全控制了局面，甚至还设立了埃及法院，由总督担任首席法官。[9]

拉美西斯要建设大型建筑工程，离不开巨大的资源投入，尤其是劳动力的投入。虽然他不能像第十八王朝的伟大前辈那样广泛地从亚洲吸收俘虏来充当劳动力，但他的工程很大程度上也一定是通过这种方式完成的。毫无疑问，希伯来传说是正确的，他们把祖先的一些部落所受到的压迫归咎于比东（图162）和拉美西斯的建造者；其中有一个部落为了逃避这样的劳动而逃离了这个国家，这与我们对那个时代的了解是完全相符的。此时埃及与巴勒斯坦和叙利亚的交往比以往任何时候都更加密切。在拉美西斯二世继任者统治时期，有一封边境官员的信讲述了一群以东贝都因人经过图米拉特干河的一座堡垒，以便他们能像约瑟时代的希伯来人那样，在比东的池塘牧牛。[10] 苏伊士地峡的一位指挥官（可能是塔鲁边防要塞的指挥官）的书吏留下了一份粗略的备忘录，其中我们发现了他允许通行的人：给巴勒斯坦驻军军官、提尔国王、随法老（麦伦普塔赫）在叙利亚征战的官员送信的信使、携带报告的官员，以及赶去叙利亚面见法老的官员。[11] 尽管苏伊士地峡上从未有过连续的防御工事，但有一排据点，塔鲁便是其一，可能还有拉美西斯，横跨了可以从亚洲进入埃及的区域。这一区域并没有延伸到地峡的南半部，而是局限在提姆萨赫湖（Lake Timsah）和地中海之间的地区。从那里开始，据点线向南延伸，穿过湖泊，向西弯曲进入图米拉特干河。因此，希伯来传说描述了逃窜的以色列人穿过防线以南的地峡南半部，但可能遭到了阻碍的事件。商业浪潮在苏伊士地峡起起伏伏，比第十八王朝时期还要澎湃，而在地中海上，埃及人的船只一定使海水成了一片白色。

法老的餐桌上不乏塞浦路斯人、赫梯人、亚摩利人、巴比伦人和纳哈林人献上的珍馐美味。从巴勒斯坦和叙利亚城镇精心打造的战车、武器、鞭子和镀金权杖充盈了法老的库房，而他的畜栏里，巴比伦的骏马和赫梯人的牲畜总能让人眼前一亮。[12]这里的富人都会有一艘游弋在埃及和叙利亚海岸之间的船，为娇生惯养的埃及人送去亚洲的奢侈品；[13]甚至阿拜多斯的塞提一世葬祭神庙也拥有自己的远洋轮，这是拉美西斯赠予的，专门用于向神庙运送来自东方的祭品。[14]富人的宅子里总是摆满了亚洲工匠和艺术家们最精致的产品，这些作品对埃及当时的艺术产生了强烈的影响。这个国家到处都是闪米特奴隶和其他亚洲奴隶，腓尼基人和其他外国商人也触目皆是，以至于孟斐斯城里出现了一个外国人聚居的地方，还设有他们的巴拉特神庙和阿施塔特（Astarte）神庙——这些神以及其他闪米特神也在埃及众神中找到了一席之地。巴勒斯坦和邻近地区的方言（希伯来语是其中之一）为当时的埃及语增添了大量闪米特语词汇，一些有学问的书吏也喜欢用这些词汇来修饰他们的作品。我们时常会在第十九王朝的纸莎草纸上发现这样的词语，比《旧约全书》的希伯来文著作中的闪米特词语要早出现四五个世纪。就连王室也没有逃脱这种影响。拉美西斯最心爱的女儿名叫宾特－亚拿特（Bint-Anath）。这是一个闪米特名字，意思是"亚拿特（Anath）的女儿"，亚拿特是叙利亚的一位女神。还有一匹王家战马被取名为亚拿特－赫特，意指"让亚拿特满意的"。

图163　拉美西斯二世雇用的全副武装的舍尔丹侍卫

第二十二章 拉美西斯二世的帝国

图164 卡纳克大殿复原图

建于阿蒙国庙内的第十九王朝多柱式建筑。见第408、417、443、450和451页。(依据佩罗和特奇皮兹提供的资料)

图 165　卡纳克多柱大厅的中间通道
从大厅后朝西望向尼罗河（见第 444 页的平面图）。从主门道可以看到西部平原后面的悬崖。

第二十二章 拉美西斯二世的帝国

亚洲人的大量拥入对第十八王朝的影响已经很明显了，而现在其影响更加深远了，许多闪米特血统的外国人在朝廷或政府中受到青睐，因此也获得了很高的地位。一个名叫本－奥森（Ben-'Ozen）的叙利亚人曾在麦伦普塔赫的朝廷里当上了首席传令官兼司礼官，[15] 不过他从未像传说的那样成为摄政王。当时的商业机会也给这些在埃及的外国人带来了财富和权力，一位名叫本－亚拿特（Bint-Anath）的叙利亚人甚至将他的女儿嫁给了拉美西斯二世的一个儿子。[16] 在法老的军队里，大型工程允许接纳外国兵，不过普通士兵均是来自西部和南部的民众，并非来自亚洲。在拉美西斯派往哈马马特干河采石场服役的5000人队伍中，没有一个土生土长的埃及人；他们中4000多人是舍尔丹和利比亚人，其余的是黑人，和我们在第六王朝看到的情况一样。[17] 这种制度所固有的危险倾向现在已经显露出来，王室很快也察觉到了，但他们已无力与之抗衡。曾经使埃及登顶世界第一强国的好战精神仅仅延续了几代人，作为一个天生爱好和平的民族，埃及人正在回到他们习惯的和平生活中。而正在这种时刻，东地中海和利比亚各部落却向法老提供了优秀的雇佣兵队伍；在这种情况下，法老必然要加以利用。

虽然亚洲的战争没能让法老收复图特摩斯三世的整个帝国，但整个巴勒斯坦，可能还有叙利亚北部的一些地区又开始向法老进贡了；而在南部，帝国的边界再一次到达了第四瀑布下游的纳帕塔。伟大的法老现在正值壮年，每当他接见帝国的权贵时，都会举行庄严的典礼。从王储到所有的显贵，再到边远城镇的市长，从努比亚南部边界到叙利亚的赫梯人边境，他们都会领着引人注目的队伍，前来给法老进贡。[18] 由此获得的财富依然被投入了崇高的事业中。艺术依旧在蓬勃发展。埃及雕塑家所创作的最好的作品莫过于年轻的拉美西斯的宏伟雕像（图168）了，这座雕像现在也是都灵博物馆的镇馆之宝；甚至像阿布辛贝那里的巨型雕像（图167）也堪称精品。尽管这项艺术已经开始走下坡路了，但仍有一些浮雕大师能够把法老最宠爱的女儿宾特－亚拿特的精致、冷峻的面容雕琢在石头上。在卡纳克多柱大厅（图164和图165）里，无论它与第十八王朝的精致之间存在多少差距，都不妨碍它成为最令人印象深刻的埃及建筑，就像拉斯金所说，它的规模已经可以说明一切了。当一个人第一次站在那气势磅礴的柱廊的阴影下时，他会对那个创造出人类有史以来最大的圆柱大殿的时代充满敬意。那是人类有史以来最大的，由人类双手竖立起来的多柱式建筑。宽广的中殿柱顶上，每一个都可以站100个人，站在上面可以看到那宽阔的柱廊；屋顶上是上百吨的过梁；它的围墙可以将整个巴黎圣母院的教堂围起来，并且还能余下足够的空间；曾经有一块40多英尺长、150吨重的门楣横在它那巨大的门户上。如果说人们对它的规模的关注超出对其线条之美的关注，那么人们不应忘记，拉美西斯二世葬祭庙（图166）也是出自同一批建筑师之手，而后者的雅致程度并不亚于第十八王朝最精致的作品。在努比亚，尼罗河和悬崖之间的狭窄地带要么

第二十二章　拉美西斯二世的帝国

图166　拉美西斯二世葬祭庙
墓地西面的悬崖耸立在神庙后面，上面有许多坟墓的门。
见第451页。

图167　阿布辛贝的悬崖神庙
从正面朝南看去。见第451页。

图168 拉美西斯二世的黑色花岗岩雕像
见第450页。（现藏于都灵博物馆）

第二十二章 拉美西斯二世的帝国

空间不够，要么不能用来建造砖石建筑，所以拉美西斯在岩石中凿出的圣殿也在建筑史上留下了独特的贡献。参观阿布辛贝神庙（图167）的游客永远不会忘记这座孤寂圣所的庄严壮观，从阴森的悬崖上眺望着河流。但不可避免的是，在拉美西斯的建筑师建造的众多建筑中，有许多是缺乏生气和新鲜感的，或者像他在卢克索神庙上加建的那样，笨重、庸俗，做工非常粗陋。所有这些建筑都装饰着华丽的浮雕，描绘了法老在各种战争中的英勇事迹，特别是我们之前讨论过的，他在卡叠什战役中的绝地防御（图169）。这也是埃及画家所做过的最装腔作势的作品。蜿蜒的河流，护城河包围的城市，飞身而出的敌人，谨慎的赫梯王被他脚下的一众将士包围着，生怕自己陷入战斗，与法老狂烈的进攻形成鲜明对比——这一切都是用技巧完成的，尽管时间和地点关系比较模糊，但这也是埃及和所有其他东方早期作品的共性。尽管当时的浮雕在构图艺术上取得了显著的进步，但这类作品中时常包含无数人物，使单个个体很少受到关注，而且绘画的水平也很低劣。不过，浮雕上只描绘了拉美西斯一个人（当然，他应该是由他的王室部队陪同的），被亚洲人的战车包围了起来（上面和下面）。他的面前是赫梯王军队里倒下的首领，每个首领都附上了名字和头衔（刻在他们的旁边）。这幅图描绘了法老冲锋陷阵的场景，他将敌人的东翼冲入河中（地图10）。敌人逃窜着游到河对岸，被另一岸的战友们拉出水面（见阿勒颇国王，图160）。在阿勒颇国王的右边，城墙被攻破，赫梯国王站在战车

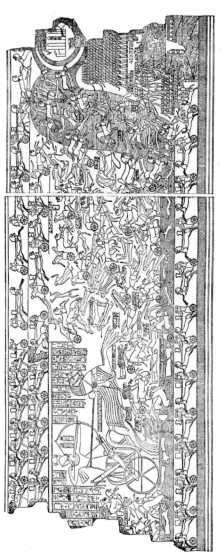

图169 拉美西斯在拉美西斯二世葬祭庙墙壁浮雕上描绘的卡叠什战役场景

上，周围是8000亚洲大军。右上角是由双层护城河包围的卡叠什。在东方世界的其他地方，600多年来都没有出现过这样雄心勃勃的作品。

这一事件不仅影响了绘画艺术，也极大地激发了宫廷诗人的想象力，其中一位诗人写了一首关于战争的散文诗。这首诗运用了大量的文学技巧，是埃及文学中最接近史诗的作品。这首诗向我们讲述了敌人是如何像蚂蚱一样遍布山丘的，准确而清晰地叙述这场引发灾难的事件。然后，据诗人描绘，当法老发现自己孤身一人处于敌人中间时，他召唤他的父亲阿蒙，向他寻求帮助，而这位神此时则身在遥远的底比斯。阿蒙听到他的儿子的哭声后，就用史诗般的优美而豪迈的精神，回应了他的召唤，鼓起了他的勇气。这位作者对戏剧性对比的感知是惊人的。他描述了御车夫的沮丧，使其与拉美西斯不屈不挠的精神形成对比，并给法老安排了一段斗志昂扬的鼓励性话语。当一切都结束后，危机过去了，这首令人愉快的史诗触动了拉美西斯；他决定，他将永远亲自喂养那匹勇敢的战马，那匹载着他安全地渡过危机的战马。这首诗的纸莎草纸抄本是由一位名叫彭特沃尔（Pentewere）[彭特奥尔（Pentaur）]的书吏抄写的，因此早期学习这份文献的学生将其误认为这首诗的作者。真正的作者，我们未曾得知，而彭特奥尔也继续享受着这份殊荣。现在，这首诗以这种方式引起了人们的注意；但在这个国家的历史上，它出现得太晚了，因为没有机会被推崇为一首真正伟大的史诗。不过，战争时代和创造精神在埃及传承了下去。在这个故事中,第十九王朝确实表现出了巨大的创造力,再加上一种本能的自然主义,它彻底地扫除了中世纪所有造作的元素。早在中王国时期,就已经有了大量关于历史主题的民间故事,这些故事以简单通俗的语言为外衣,早在第十八王朝就取得了足够高的文学声望,可以编写成辑。虽然第十八王朝已经有这样的故事了,但到目前为止,我们现存的这一类手稿中的大部分都是从第十九王朝开始的。现在,我们发现了关于喜克索斯国王阿波菲斯和底比斯的塞肯内拉间的冲突的故事。这个故事的结尾虽然已经失传了,但毫无疑问,一定和通俗的传说一样,以喜克索斯被驱逐而收场。读者可以记起,这个故事让我们对知之甚少的喜克索斯有了更多的了解。[19]现在的人们还乐于传颂图特摩斯三世的指挥官们的事迹,讲述图蒂把他的士兵们藏进驴子背上的驮篮里,让他们混进约帕城,从而夺取这座城市的故事。这个故事可能就是《阿里巴巴和四十大盗》的原型。但是,比这类历史故事更受欢迎的是公主与命中注定的王子间的那种天真烂漫的故事。作为独生子,他在出生时就注定要被哈索尔人的鳄鱼、蛇或狗杀死。在前往叙利亚的途中,他成功地爬上了一座塔,纳哈林国王曾把他的女儿关在这座塔里。他混在叙利亚的年轻贵族中,谁能够用自己的臂力和坚定的勇气爬上公主的窗户,谁就可以把她作为妻子带走。但是,由于王子没有透露他的真实身份,他谎称自己是一名埃及军官的儿子,因此纳哈林国王拒绝把自己的女儿许配给他,后来甚至还要杀了他。在这个关键时刻,

第二十二章　拉美西斯二世的帝国

年轻的女孩为了救她的爱人,她发誓,如果他们杀了他,她就要自杀。随后国王让步了,王子接到了他的新娘。很可能,在逃脱了鳄鱼和毒蛇之口以后,他却被跟随他从埃及而来的忠犬所害。故事的最终结局已经不知去向,但它提供了一个已知最早的范本,说明了一个几乎普遍存在的主题,即一个年轻人必须经历一些磨难或竞争才能赢得一个新娘。这一主题后来出现在了更多的不凡的作品中,甚至是希腊戏剧中,正如俄狄浦斯与斯芬克斯(Oedipus and the Sphinx)的故事,在索福克勒斯(Sophocles)的悲剧中得到了永生。有一个田园诗般朴素的田园故事,讲述了兄弟二人同住,哥哥已经嫁娶,有了家室,而弟弟则像他的儿子一样与他同住。后来弟弟经历了一次冒险,之后就被指定为希伯来英雄约瑟。他哥哥的妻子试图引诱他,但他却不为所动,这个女人为了报复他,就在丈夫面前诬陷他的弟弟。这个年轻人在赶着牛群去牛棚的时候,接到了牛群的警告,遂逃命去了。这个故事被糅合成了一系列半神话事件,不像开头那样美好。这样的故事一定数不胜数,在希腊时代,这些故事为许多希腊作家,甚至是曼涅托所认识的早期埃及国王提供了素材。

　　这类文学作品,虽然在内容和精神上富有诗意,但缺乏诗歌形式。然而,这种形式在那个时代并不缺乏,在这一时期的歌曲中,有一些诗歌或许能在不凡的文学作品中找到一席之地。

　　还有情歌,在一个想象力不那么丰富的国度,情歌有着散发真情实感的特质;即使在现代世界里,这一点也总是吸引着我们。宗教诗歌、歌曲和赞美诗现在已经不胜枚举了，其中一些表现出了鲜明的文学特征。在讨论这个时代的宗教时，我们将再次关注它们。当时的书吏和官员写的无数信件、由书吏学校的学生写的练习信、账单、神庙记录和账目——所有这些共同为我们呈现了一幅异常丰满而有趣的图片。

到目前为止，现存的大部分文学作品都是宗教作品，而且作为国教的副产物，他们所传达的印象远远不能令人满意。自从埃赫那吞被推翻，过去的惯例重回舞台以来，国教就已经失去了所有的活力，而且在传统祭司的手中不再拥有创造能力。不过，当时的宗教正在取得某种进步，或者至少正在朝着某个方向迅速发展。这个与宗教有着密切联系的国家，越来越像一个宗教机构，其宗旨是通过它的头领法老，来尊崇和供奉神。这一趋势的其中一个迹象就是神庙的名字。曾经，这些圣所大多采用诸如"荣耀之巅""辉煌的纪念碑""生命的礼物"这样的名字，而现在，"塞提在阿蒙宫殿的住所""拉美西斯在普塔宫殿的住所"这样的名字则成了主流。这种趋势在中王国时期已经出现，而现在则成了常态，每座神庙都被定为在任法老的圣所。长期以来一直停留在国家神权理论和理想层面的东西现在开始走入现实：帝国将成为诸神的领地，法老将放弃自己的职责，成为一个普世的大祭司。无须纳税的神庙献祭，现在在国家经济中扮演着重要角色。我们看到塞提一世和拉美西斯都在寻找新的收入来源，这正是因为祭司的需求增加了。这个国家正在逐渐扭曲，为了履行一项职能，不惜牺牲其他一切。所带来的后果就是,她的财富和经济资源正在被慢慢吞噬,最终她的工业生产过程变成维护众神的工具。尤其是随着阿蒙的财富和权力的增加,他在底比斯的大祭司占据着越来越重要的政治地位。我们知道,他是祭司组织的首脑,该组织囊括了全国所有的神职人员,所以可以说,他控制着全国最有影响力的政治派别。因此,在麦伦普塔赫(拉美西斯二世的儿子和继任者)的统治下,也可能在更早的拉美西斯的统治下,阿蒙大祭司已经能够将其触手伸得更远,还将他的儿子定为了他的继任者,从而稳固了他的家族在埃及当权阶层的领导地位。[20] 虽然这种如同王朝统治者一般的家族很可能会被倾覆,前面说的这个家族就是这样一个危险的家族,但它最终却导致法老在祭司手中被推翻。不过,这是大约150年以后的事了;与此同时,大祭司利用他的权力和影响力,对法老的财政部提出了新的要求。到第十九王朝末期,阿蒙甚至动用他自己的权力,得到了努比亚的某个黄金产国。这个国家是由库什总督管理的,因此,库什总督又得到了一个头衔,"阿蒙黄金国总督"。[21] 就这样,狄奥多罗斯所描述的神权国家逐渐兴起,当希腊时代的埃及祭司们在回顾这一时期时,就好像在怀念一个黄金时代一样。由于主流宗教的内在内容早已由占据统治地位的祭司来决定,而从外在表现来看,他们已经在这个宗教中合成了一个庞大而僵化的体系,而每一任法老的受欢迎程度则取决于他对祭司要求的接受程度。

虽然国家宗教是由各种礼节组成,但法老们并不是没有自己的道德标准，而且这些也不是完全的表面工作。我们见证了哈马卜在处理政府与被管理对象间的事务时，为加强诚信所做的努力，也注意到图特摩斯三世对真理的尊重。拉美西斯三世在底比斯的葬祭庙的献祭记录中宣称，他没有为给自己的建筑腾出空间而移除任何古墓；[22] 他也希望给人们留下这样的印象，他没有为获得崇高的地位而剥夺任何人的王位。[23] 然而，我们已经注意到，面对祖先们的纪念碑，拉美西斯二世野蛮地无视它们的神圣性。

这些国王所祈求的，既不是品格，也不是无可指摘的人生。他们想要的是物质上的东西。拉美西斯四世曾向奥西里斯祈祷："你要赐给我健康、生命、长久的存在和长久的统治；要赐给我的每一个部下忍耐之心，赐他们对我百依百顺，言听计从，日日讨我欢心。你要供我美食，直到我饱足；你要供我美酒，直到我喝醉。你要立我的儿子做王，永永远远。你要日日赐予我满足，你要倾听我的一切话语，每当我向你诉说时，你要带着爱心将它们赐予我。你要赐予我高涨、丰饶的尼罗河，好让我为你献上神圣的祭品，也为南方和北方众神和众女神献上神圣的祭品；为要保全神牛的性命，为要保全你整片土地的人民、牲畜和他们的性命。因为你是造这一切的主，你不能离弃他们，使他们去谋划别的计谋；因为那是不对的。"[24]

此时，一种更高层次的个人宗教正在上层社会中发展起来，这不是王室祷文中所表现出来的感官唯物主义。一首在当时颇为流行的阿蒙赞美诗包含了许多在阿蒙信仰中流行的古旧思想，而

第二十二章 拉美西斯二世的帝国

其他的宗教诗歌则展现出，敬拜者和他的神之间的个人关系正在逐渐发展，因此他眼中的神是人的朋友和保护者。因此，有人这样说："阿蒙-拉，我爱你，我把你包裹在我的心里……我不听从我内心的牵挂；因为阿蒙说一切顺遂。"[25] 也有人这样说："阿蒙，你要侧耳倾听那独自站在法庭中的人。"[26] 当法庭被丰厚的贿赂收买时，阿蒙就成了穷人的维齐尔。[27] 当人们有罪恶的感觉时，于是大喊："不要为我的罪过而惩罚我。"[28] 那个时代的谚语也在很大程度上体现了同样的精神。从前这些谚语只教导人们正确的行为，而现在它们也劝诫人们憎恨邪恶，憎恨神所憎恶的事情。祈祷应该是心灵的无声渴望，所以智者向透特祈祷："啊，你是沙漠中口渴之人的甘泉！它对直言的人封闭，但对沉默的人敞开。当沉默的人到来时，看哪，他便找到了那泉。"[29] 现在祭司传播的魔法文学的毒力散发各地，逐渐扼杀了中产阶级的这些愿望，而埃及宗教中伦理和道德生活的最后象征也慢慢消失了。正是在这个时候，我们才得以窥见普通人的宗教信仰。由于国家对神庙的侵占，这些信仰长期以来都无法在古老的神殿里找到栖身之地。富丽堂皇的宫殿里没有留给穷人的位置，他们也无力献上任何东西来让高高在上的神注意到他们。对于伟大神祇的那种古老而朴素的崇拜早已不见，穷人只能求助于那些代表欢乐与音乐的小精灵或妖精，那些经常在这里或那里出现的半神，有兴趣也乐于在日常生活和需求上为这些谦卑的人提供帮助。任何对象都可能成为穷人的神。一位来自底比斯的人在信中赞扬了他的朋友阿蒙、穆特和洪苏,这些当地的伟大神祇,但同时又补充道,"致贝基(Beki)的大门,致前院的八只猿猴",还有两棵树。[30]在底比斯的墓地,阿蒙霍特普一世和内弗瑞丽王后成了当地最受欢迎的神灵。一个人不小心把手伸进了一个洞里,洞里躺着一条大蛇,而蛇却没有咬他,于是他立刻立了一块碑,讲述这个故事,并向阿蒙霍特普表达了感激,因为是他的力量救了他。[31] 另一个人以某种方式违反了一位女神的戒律,人们普遍认为这位女神住在同一片墓地的山顶上,而这位女神最终把他从折磨他的疾病中解救了出来,因此他也为这位女神立了一座类似的纪念碑。同样地,死者也会折磨活着的人,一个受到亡妻折磨的军官给他的妻子写了一封劝告信,并把它交给了另一个死者,托他在来世转交给他的妻子。除了当地的神,或半神和先王以外,由大批亚洲奴隶带来的叙利亚外邦神也出现在民间所祈求的神灵之中。巴尔、基低斯(Kedesh)、阿施塔特、瑞希普(Reshep)、亚拿特和苏特克胡在当时的祭祀牌位上并不少见。而苏特克胡,正是从埃及流浪到叙利亚的赛特,后又随喜克索斯人回到埃及,他后来甚至成了拉美西斯二世的王城的宠儿和保护者。同样,动物崇拜现在也开始在民众和官员阶层中兴起。

在年轻的拉美西斯二世的领导下,这些重要的转变正在慢慢地发生,而这位法老在处理这些转变时,太过矫揉造作,以至于我们无法看出他是个怎样的人。由于他的记录几乎都是关于神权的,而这些记录中大多都是当时的祭司们的阿谀奉承,他们无

第二十二章 拉美西斯二世的帝国

休止地重复俗套的奉承，所以我们经常会说，我们很难从大量无意义的空话中辨识出主角的个性。从他幸存下来的遗体来看，他建在都灵的宏伟雕像（图168）如实地刻画出了他的肖像，至少让我们看到了他的外表。从外貌上看，他高大帅气，有着梦幻般的、近乎柔弱的美，丝毫没有显示出他确实具备的男子气概。卡叠什发生的事件无可争议地向我们表明了他是一个勇敢无畏的人，有能力应对最重大的危机；然后，当顽强地对强大的赫梯帝国发动战争，征服领土时，我们再一次看到了他的那种不屈不挠的精神，即便是这场征战并没有持续下去，但也深入了遥远的叙利亚北部。在他近15年的征战生涯中，他不仅补救了他在卡叠什犯下的近乎致命的错误，还迎来了应得的和平。他极度虚荣，在纪念碑上持续自己的战功，比图特摩斯三世的任何一段战争记录都要招摇。他贪图安逸和享乐，毫无节制地纵情声色。他的后宫庞大，随着岁月的推移，他的子嗣也成倍地增加。他有100多个儿子，女儿也至少有儿子的一半之多，其中有几个女儿还被他纳进了后宫。因此，他也留下了一个庞大的家族，这个家族形成一个拉美西斯贵族阶级。400多年后，我们发现他们的头衔中依然有拉美西斯的名字，但已经不是作为父名了，而是作为一个阶级或等级的名称。也许，他无法为他的儿子们找到拥有地位和财富的合适妻子，所以我们看到，他的一个儿子甚至娶了一位叙利亚船长的女儿。拉美西斯对他庞大的家族感到非常自豪，经常命令雕刻家在他神庙的墙上把他的儿女们描绘成长长的一排。他年轻时所生的儿子们都会随他出征,根据狄奥多罗斯的说法,他们中的每个人都统领着军队中的一个师。[32] 在这些儿子中,拉美西斯最宠爱的是卡姆韦泽(Khamwese),所以将他任命为孟斐斯的普塔大祭司。不过,他对所有的儿女都是有感情的,他最宠爱的妃嫔和女儿也经常出现在他的纪念碑上。

拉美西斯即位 30 年时,他的第一个加冕节的庆祝仪式是由他最宠爱的儿子卡姆韦泽负责举办的。这个儿子是一位大魔法师,也是普塔的大祭司。1000 年后的埃及民间传说中依然流传着他的故事。20 多年过去了,拉美西斯每隔一到三年就会庆祝一次加冕节,前后共举行了不少于九次,据我们发现,比任何一位先王都要多得多。[33] 他在这些活动上立起的方尖碑也引起了我们的注意。从三角洲北部的沼泽地到第四瀑布,拉美西斯的名字在尼罗河沿岸各处的巨大建筑上不朽地存在着,他的生活富丽堂皇,甚至比阿蒙霍特普三世还要优越。他的名字就像那条令人肃然起敬的道路上的日落余晖。随着时间的流逝,他年轻时所生的儿子们都离他而去,卡姆韦泽也不再庆祝老国王的加冕节了。他们一个接一个地被岁月带走,直到第 13 个儿子,也是在世的最年长的儿子继承了他的王位。老国王仍然活着,但已经没有了当年的活力,也无法再实施侵略了。利比亚人和与他们结盟的海上民族利西亚、撒丁,以及拉美西斯曾经横扫其海岸并从中征兵的爱琴海民族,现在可以肆无忌惮地进入三角洲西部了。利比亚人不断向前推进,逐渐将他们的定居点延伸到了孟斐斯的城门口,并从维齐尔驻扎的赫里奥波里斯的城墙下穿过了三角洲的南端。年老力衰的他对警报和埋怨充耳不闻,这如果在他精力旺盛的年轻时代,他一定会立即给予入侵者报复性的打击。身处三角洲东部富丽堂皇的官殿中,另一端的险峻形势从未让他从昏睡中苏醒。最后,在统治了 67 年后,年过九旬的他在正该收复帝国的时候与世长辞(公元前 1225 年)。我们能够观察到,他那枯老干瘪的面容(图 170)与他在拉美西斯城享受最后的辉煌岁月时的样子没有什么明显不同,与高贵的都灵雕像中的年轻面庞也非常相像。

也许没有哪个法老比他更加长寿了。25 年后,接连有十个国王与他同名,其中还有一人祈祷,他可以像他的伟大祖先那样统治 67 年。[34] 他们都不同程度地成功效仿了他的辉煌。在长达 150 年的时间里,他的烙印一直留在法老的身上——如果不当拉美西斯,就不可能成为法老。如果他们拥有拉美西斯大帝壮年时期的那种侵略性,那这种影响可能就不那么令人讨厌了,但在埃及完全丧失了扩张力的情况下,拉美西斯的印记只会助长现在在埃及占主导地位的神权倾向。也就是说,拉美西斯的后半段统治期对后世的影响是最深远的。在埃及本应勒紧腰带,节约资源,为一场关乎自身生存的斗争做准备的时候,她却把自己的剑交给了唯利是图的陌生人,把自己的财富挥霍在那些早已富庶得过头,却无法保障国家经济安全的神庙上。

1. III, 82, 2.
2. Petrie, Tanis, I, 22—24.
3. Mes Inscription.
4. III, 530—537.
5. Annales, III, 29.
6. Petrie. Illahun, p. 4; Kahun, p 22; Naville, Ahnas, pp. 2, 9—11, pl. 1.
7. III, 543—549.
8. III, 526—527.
9. Erman, Life in Ancient Egypt, 504.
10. III, 636—638.
11. III, 630—635.
12. Pap. Anast., IV, 15, 2—17=III, 8.
13. 出处同上，IV., 3, 10—11.
14. III, 274.
15. Mar. Ab.II, 50; Cat. gen. d'Ab., No. 1136, p. 422; RIH, 32; BT, VI 437.
16. Ostracon, Louvre, Inv.2262, Devér.Cat., p. 202; Rec.16, 64.
17. 卡叠什战役，9.
18. III, 481—484.
19. 见上文，第215—216、223—224页。
20. III, 618.
21. III, 640.
22. IV, 4.
23. IV, 188.
24. IV, 470.
25. Birch, lnscr. in the Hier.Char., pl.XXVI.
26. Pap.Anast., II., 8, 6.

27	出处同上，6, 5—6.
28	Erman, Handbuch.
29	Pap.Sallier, I, 8, 2 ff.
30	Erman, Handbuch.
31	Turin Stela.
32	Diod., 1, 47; comp. Battle of Kadesh, p. 34.
33	III, 543—560.
34	IV, 471.

第二十三章
帝国最后的衰落：麦伦普塔赫与拉美西斯三世

埃及现在进入了防御状态。这是内外环境共同作用的结果。正如我们所看到的，这个国家已经失去了扩张力，350年前驱逐喜克索斯人的那种冲劲也不复存在。图特摩斯三世的将军们的丰功伟绩至今仍被人传颂，只不过加上了一些传奇色彩的修饰。但是，那种曾经激励第一批英雄征服亚洲的精神现在已经荡然无存。这是埃及国内的环境；而在国外，一切都是动荡不安的。地中海北部不安分的海上民族沿着海岸悄无声息地前行，寻找可以抢掠或永久定居的地方。他们与这一边的利比亚人联手，另一边又与偏远的小亚细亚同谋，一波又一波地闯入法老帝国的边界。埃及不可避免地陷入了防御状态，征服和侵略的日子一去不复返。

第二十三章 帝国最后的衰落：麦伦普塔赫与拉美西斯三世

600年来，没有人认真努力地扩张过她的边界。在拉美西斯二世死后的60年里，我们看到了法老们的斗争，但这仅仅是为了维持帝国，迎合伟大祖先的雄心壮志，而不是为了扩张。在这场国家危机之下，已经在年老的法老统治下残喘了20年的埃及，急需一位年轻活跃而又积极有力的君主，因此年老体衰的拉美西斯将王位传给了他的第13个儿子——同样年事已高的麦伦普塔赫。就这样，一位老人继承了另一位老人的王位，那么结果也就不难预料了。新法老没有立即采取任何措施来制止利比亚人

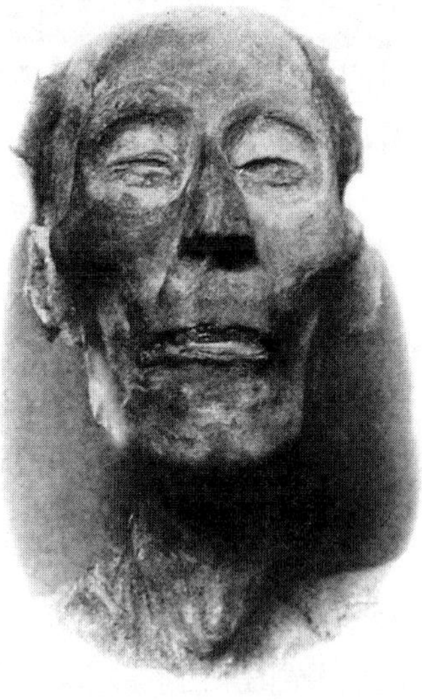

图170 拉美西斯二世的头颅
来自他的木乃伊。（现藏于开罗博物馆）

图171 麦伦普塔赫的胜利赞美诗
这是已知最早提到以色列的文献。
见第465、466、470、471和472页。

图 172　拉美西斯三世的派莱赛特俘虏（Peleset），也就是非利士俘虏
哈布城神庙（Medinet Habu）第二座塔架上的浮雕。

及其西方海上盟友的大胆入侵。据我们所见，拉美西斯的死并没有在亚洲领土上掀起任何骚乱。叙利亚的北部边界向北一直延伸到奥龙特斯河的上游河谷，那里至少有一部分属于亚摩利。在这个国家，麦伦普塔赫有一个以他的名字命名的王城，很可能是从他父亲那里继承过来，而后又更名的。他与赫梯王国和平共处，无非还是依据他父亲46年前通过谈判达成的条约条款。事实上，在赫梯人闹饥荒时，麦伦普塔赫曾派了一船粮食到那里去救济他们。尽管从他自己的记述来看，人们可能会推断这是一项慈善事

第二十三章　帝国最后的衰落：麦伦普塔赫与拉美西斯三世

业，但他一定全额收取了运费。[1]然而，到了他的统治即将满两年时，他意识到他应该就他向父亲的老敌人表现出的善意感到懊悔。我们应该记起，在卡叠什战役中，赫梯人的同盟中就有利西亚、达尔达尼亚这样的海上民族。在某种程度上，麦伦普塔赫一定已经发现赫梯人现在已经开始与利比亚人结盟，参与了这些人在三角洲西部的侵略。也许是为了进一步征服叙利亚，他们至少给了利比亚人和他们的盟友道义上的支持，并在法老的亚洲城市积极煽动叛乱。不管怎样，到了统治的第三年（约公元前1223年），他发现亚洲已经发生了大范围的叛乱：在邻近埃及国门的阿斯卡隆，在亚雅仑山谷最低处的强大城市基色，从沿海平原向上一直到耶路撒冷，在图特摩斯三世260年前赐给阿蒙的黎巴嫩三大城邦之一耶诺姆，在法老所控制的以色列各部落和整个叙利亚－巴勒斯坦西部地区——所有这些地区都群起攻击他们的埃及霸主。关于即将到来的战争，我们只能从一首胜利之歌中找到一些信息。很明显，麦伦普塔赫在统治的第三年出现在了亚洲。[2]尽管他年事已高，这场战争还是取得了胜利。很可能，连赫梯人也没能从他的暴怒下全身而退，但是我们可以推断，年迈的麦伦普塔赫所做的只是掠夺一两个边境城镇。起义的城市受到了严厉的惩罚，整个巴勒斯坦再次受到了羞辱，完全束缚在了法老的枷锁之中。遭受失败的反叛者中有一些来自以色列部落，他们现在已经在巴勒斯坦站稳了脚跟，正如我们在第十八王朝末期和第十九王朝初期所看到的那样。他们充分融合，成了"以色列人"，这是他们作为一个民族首次出现在历史上。基色一定给麦伦普塔赫带来了一些麻烦，也许还经受住了他的围攻；不管怎样，他后来给自己了一个"基色的捆绑者"[3]的称号，似乎将他的镇压视为一项非凡的成就。了解了这场围攻，就不难解释为什么直到第五年，麦伦普塔赫才得以对抗三角洲西部的入侵者，因为占领基色这样的要塞，可能耗费了他一年的时间。当他返回时，埃及在亚洲的领土被挽救了，但他不可能再继续推进他所继承的边界了。

与此同时，西方的形势也极其严峻。成群的太赫农利比亚人从他们在埃及以西，非洲北部海岸的据点向三角洲推进。很有可能，他们之中的一些先遣移民甚至已经到达了赫里奥波里斯的运河。[4]我们对这个时期，这个地区的利比亚人没有多少了解。就在埃及的边界旁，似乎是太赫农的领土；再往西是埃及人所说的勒布（Lebu）或赖布（Rebu）部落，即希腊的利比亚人，埃及人也以他们的名称来统称所有这些西方民族。在最西边，一直延伸到遥远的未知地区，居住着希罗多德所说的美什维什（Meshwesh）人，也就是马克西斯（Maxyes）人。他们无疑都是北非柏柏尔（Berber）部落的祖先。他们远非完全未开化的野蛮人，但他们擅长作战，装备精良，能够与法老进行激烈战斗。此时，他们正在迅速地整合力量。在良好的领导下，他们誓要组成一个令人生畏的侵略国家。他们的边界距离法老在三角洲东部的宫殿不到十日的路程。整个三角洲西部现在遍布着利比亚人，他们还在不断地穿越三角洲的西部边界，直到"伟大的河"，也

第二十三章　帝国最后的衰落：麦伦普塔赫与拉美西斯三世

就是尼罗河的西河口，位于克诺珀斯（Canopus）的河口。还有一些人已经渗透到位于法尤姆西南部的两个北部绿洲。"他们每天在这片土地上四处游荡，以填饱自己的肚子，"麦伦普塔赫的记录中这样说道，"他们来到埃及的土地上是为了寻找口粮。"[5] 仰仗着自己长期享有着豁免权，利比亚人发起了有组织的进攻，原本只是分散的移民现在变成了紧密的入侵。利比亚国王麦瑞（Meryey）强迫太赫农人加入他的阵营，并在来自海岸的海上游民的支持下，开始侵略埃及。他带上了他的妻子和孩子，[6] 当然还有他的盟友，[7] 显然这是一次移民，也是一次入侵。他的盟军里现在增加了我们熟悉的舍尔丹人，或者说撒丁人；有了舍克利斯（Shekelesh）人，可能就是西西里岛（Sicily）早期的西西里人；也有了埃克韦斯（Ekwesh）人，可能就是亚该亚（Achæan）人或利西亚人，他们自阿蒙霍特普三世时期以来就一直在侵扰埃及；还有特雷斯（Teresh）人，毫无疑问就是图伦尼亚（Tyrsenian）人或伊特鲁里亚（Etruscan）人。[8] 正是由于这些四处游荡的掠夺者，欧洲人第一次出现在历史的舞台上，尽管自中王国以来，我们已经在他们的材料文献中看到了他们的存在。地中海北部的人们穿越地中海来到非洲，这只是我们所知的利比亚白人在史前时代进行的众多冒险之一。从后来被杀或被俘的人数来看，利比亚国王至少指挥了两万大军，甚至更多。

麦伦普塔赫最终意识到了当前的形势，他开始为赫里奥波里斯和孟斐斯增加防御，[9] 此时是他统治第五年的3月末，关于危机的消息也传到了手里。他立即召集他的官员，命令他们集结部队，让部队在14天内做好战斗准备。[10]老国王做了一个安心的梦，在梦中，普塔以巨大的身躯出现在他身边，伸出一把剑，告诉他要消除一切恐惧。[11]到4月中旬，埃及军队进入了三角洲西部，当天晚上，他们来到了离敌人不远的地方。[12]在这附近，有一个叫作佩里尔（Perire）的地方，虽然位置不完全确定，但就在从三角洲向西通往利比亚的主路上。在几英里以外，就是守卫从这条路进入三角洲的入口的边境要塞和驻地。在佩里尔周边[13]富饶的葡萄园中，有一座法老城堡。从那里向东望去，是一望无际的低垂谷地；肥沃的三角洲地区，庄稼正在迅速成熟，等待收割。这样欣欣向荣的场景让野蛮人的首领不屑一顾，他们越过了西部边境的要塞。4月15日上午，在法老的佩里尔城堡，战斗的序幕拉开了。这场战斗持续了六小时，最终埃及弓箭手以巨大的损失将敌人赶下了战场。和现代战争中的惯例一样，此时，麦伦普塔赫立即骑上马乘胜追击。逃窜中的敌人在他的猛击下死伤惨重。他一直追击，直至敌人逃进了"大地上的荷鲁斯之山"，埃及人称之为三角洲西部高原的边缘。[14]麦瑞国王一看到这番猛攻，就立刻逃离了战场。他成功地逃脱了，可是他所有的家当和家人都落入了埃及人的手中。[15]猛烈的追击最终造成了一场大屠杀，也让法老俘获了许多战犯。入侵者中至少有9000人阵亡，其中至少三分之一来自利比亚的海上盟国，而被捕的战犯可能更多。死者中还有利比亚国王的六个儿子。[16]战利品也不计其数，

第二十三章 帝国最后的衰落:麦伦普塔赫与拉美西斯三世

大约有9000把铜剑和各种武器,以及不少于12万件类似的装备。除此之外,他们还从利比亚国王的家人和首领的营地中搜刮出了各种以贵重金属制成的精美武器和器皿,共有3000多件。[17]在彻底洗劫了营地之后,他们将敌人的皮革帐篷付之一炬,整个敌营都在烟雾和火焰中升腾。[18]

随后,军队凯旋,带着从死者尸体上砍下的双手和其他战利品,回到位于三角洲东部的王家宫邸。[19]战利品和赃物被带到宫殿的阳台下,国王在阳台上视察它们,并向欢呼的民众致意。[20]然后他把贵族召集在王宫的大殿里,对他们慷慨陈词。更重要的是,现在三角洲西部边境要塞的指挥官来信说,利比亚国王趁夜越过了埃及的封锁线,逃走了;信中还补充道,利比亚人推翻了他们狼狈不堪的国王,并选了另一个人来接替他的位置,后者曾对前任国王敌对,并与之争斗。[21]因此,很明显,利比亚侵略党已经垮台,至少在麦伦普塔赫统治期间,不必再担心他们来犯。

在这伟大的胜利之后,人民欢天喜地,不仅洋溢着胜利的喜悦,也弥漫着极度的轻松。利比亚部落的侵扰,让三角洲西部的人民忍受了近一代人的时间,而现在一切都已经结束了。不仅避免了一场重大的国家危机,也让难忍的局面得到了缓和。难怪百姓会歌唱:"埃及大有喜乐,喜乐来自托美利(Tomeri)[埃及]的城邑。他们谈论麦伦普塔赫在太赫农人中取得的胜利:'得胜的君王啊,他是何等可亲!国王在众神中是多么伟大!威风凛凛的主啊,他是何等幸运!你可以愉快地坐下来,谈天说地,或者在路上走得很远，因为人们心中没有恐惧。堡垒留给了自己，水井又开放了。信使们绕过城墙的城垛，避开阳光，直到守夜人醒来。如他们所愿，士兵们躺着睡觉，边境侦察兵们在［或不在］战场上。田野的牛群如同没有牧人一般，随心所欲地穿过河流。夜晚没有令人紧张的呼喊："停！看啊，有人来了，说着外国人的语言。"人们随着歌声来来去去，没有哀悼人民的哀歌。各城都重新安顿。自己耕种的人，自己享用。拉转向埃及；他生来注定要做她的保护者，甚至是麦伦普塔赫王的保护者。'"

那些国王被推翻了，他们说："萨拉姆（Salam）！"

九弓国中，没有人能抬起头来。

太赫农徒劳一场，

赫梯之地遭到平定，

迦南人行各样的恶，遭到抢掠，

阿斯卡隆被带走，

基色被俘，

耶诺姆荡然无存。

以色列荒凉一片，但她的后裔非也，

巴勒斯坦成为埃及［无力防御］的未亡人。

所有的土地都得到统一，得到安抚；

每一个动荡不安的人都被麦伦普塔赫王所束缚。[22]

正是这首结尾歌，总结了麦伦普塔赫在亚洲的胜利，我们对这场亚洲之战的所有了解几乎都来自这首歌。这是对他所有胜

第二十三章 帝国最后的衰落:麦伦普塔赫与拉美西斯三世

利的一种总结,是对人民欢乐的一种恰如其分的总结。

就这样,健壮的老法老,尽管年事已高,却击退了敌人的第一次进攻,这也预示着即将来临的暴风雨。此后,他至少又统治了五年,显然在北方享受着深刻的和平。他以自己的名字建立了一座堡垒,[23]加强了亚洲边境的防御,并在南部平息了努比亚的叛乱。[24]一个得到人们普遍接受的说法是,在他统治的末期,一个叙利亚人在宫廷中控制了麦伦普塔赫,成了摄政王。这种说法完全是毫无根据的,只是出于对他的叙利亚传令官,本-奥森的头衔的误解。之前我们提到过这位传令官。[25]拉美西斯二世的统治时间太长,而且在建筑上挥霍无度,使得麦伦普塔赫在这方面几乎没有办法满足自己的欲望。此外,他的时日也不多了,根本没有时间从采石场里采石;在每任法老在底比斯为自己修建葬祭庙已经成为一个传统之时,他也没有时间为此运送物资。在这种情况下,麦伦普塔赫毫不犹豫地对祖先的纪念碑进行了最残酷的破坏。为了给他的葬祭庙获取材料,他将西部平原上阿蒙霍特普三世的尊贵圣殿当作了采石场,无情地拆毁了圣所的墙壁,拆散了圣所的宏伟雕像,将它们作为自己的神庙中的石块。他还征用了一块宏伟的黑色花岗岩石碑(图171),高度达10英尺,上面记录了阿蒙霍特普三世的建筑。[26]麦伦普塔赫将其面对墙壁,建在了他的新建筑中,他的书吏在其背面刻了一首关于战胜利比亚人的颂歌,[27]上文引用的便是这首颂歌的结尾。它之所以引人注目,是因为它包含了已知最早提到以色列的文献。[28]麦伦普塔赫在亵渎早期法老的伟大作品时，甚至连他父亲的也没放过。不过我们应该记得，他的父亲在这一方面给他树立了一个臭名昭著的榜样。拉美西斯几乎一生都在破坏他人的建筑，而多年之后，他却大言不惭地在他的阿拜多斯神庙里给他的子孙留下了他的恳求：尊重他的根基和纪念碑。[29]然而，就连他自己的儿子也没有对他的这种渴望表示尊重。我们经常在拉美西斯的纪念碑上发现麦伦普塔赫的名字。

在统治了至少十年之后，麦伦普塔赫去世了（公元前1215年），与他的祖先一起被埋葬在了底比斯的山谷里。他的遗体最近在那里被发现，这无疑反驳了希伯来人的《出埃及记》中所描绘的情节，也让那些对此深信不疑的人感到尴尬。在《出埃及记》中，这位法老是在红海里淹死的！无论我们多么鄙视麦伦普塔赫，因为他亵渎且可耻地破坏了祖先们最伟大的作品，但我们必须承认，在他耄耋之年，这种国家责任对他来说必然相当沉重之时，他勇敢地面对了国家历史上的一场严重危机，避免使国家的王权旁落外邦。

两位老人的长期持续统治所带来的松懈，为敌对派系的阴谋、算计提供了充足的机会。麦伦普塔赫死后，一场持续多年的王位争夺斗争拉开帷幕。起初成功的是两个篡位者：阿蒙麦西斯（Amenmeses）和麦伦普塔赫-西普塔赫（Merneptah-Siptah）。[30]前一位统治的时间非常短暂，由于王室的某些附属关系，他可能拥有顺位非常靠后的王位继承权。他对麦伦普塔赫的记忆充满敌

第二十三章　帝国最后的衰落：麦伦普塔赫与拉美西斯三世

意，而后他的继任者麦伦普塔赫‑西普塔赫迅速取代了他，接连占领了他的纪念碑，并摧毁了他在底比斯西部山谷的坟墓。现在我们发现，对王室的敌意主要来自努比亚。就像罗马帝国时期的省份一样，努比亚在地域上远离国家的权力中心，在那里，反对统治家族、支持某些篡位者的情绪可能会在统治阶级无意识的情况下悄悄地生根发芽。西普塔赫也许正是在努比亚获得了支持。不管怎样，我们发现他在即位第一年就亲自前往那里任命他的总督，并派了他的一个亲信前去分发奖赏。[31] 通过这样的方式，同时又娶了泰乌斯里特（Tewosret）（很可能是原先的法老家族的一位公主），他成功地维持了至少六年的统治。在这期间，努比亚的贡品似乎还会定期送达，[32] 埃及与叙利亚各省也保持着惯常的交往。[33] 他在努比亚任命的总督是一个名叫塞提的人，正如我们之前所观察到的，这位总督现在也兼任"阿蒙黄金国总督"。[34] 这使他与底比斯强大的阿蒙祭司建立了密切的关系，那么他要抓住这种交往的机会并利用他的优势地位来做西普塔赫曾经在努比亚所做的事情，也不是不可能的。无论如何，西普塔赫消失了，取而代之的是第二个名叫塞提的法老。后来人们认为，在这三个国王中，只有这位塞提是麦伦普塔赫的合法继承人。他的统治似乎取得了一些成功，因为他在卡纳克建造了一座小神庙，又在埃什木能‑赫里奥波里斯（Eshmunen‑Hermopolis）建了另一座。他占领了西普塔赫和他的王后泰乌斯里特的坟墓，尽管后来他自己也挖了一座。不过，他的统治同样短暂。贵族长期脱离约束,军队里雇佣兵规模庞大,祭司阶层手握大权,朝中身居高位的外国人众多,篡权者和他们的追随者野心勃勃——所有这些极具侵略性和冲突性的影响都要求统治者必须具备强大的控制力和非凡的政治家素质。然而,塞提二世并不具备这些品质。国家需要一个比他强大的统治者,因此他成了这种环境的牺牲品。

虽然塞提二世退场了,但那些剥夺了他的权力的人,却无法获得他们所垂涎的权力。接着,国家陷入了彻底的无政府状态。整个国家都落入了当地贵族、首领和城镇统治者的手中。在这样的暴政下,平民的处境沦落到和东方人一样了。"人们丧失了自己的权利;许多年来,他们也一直没有领导他们的首领。埃及大地落入了贵族和城邑统治者的手中;邻邦互相残杀,无论大小。"[35] "许多年"的时间到底有多长,我们现在无法确定,但这个国家肯定已经开始朝着分裂成小王国和小公国的方向发展了。在历史的黎明,她就是由这些小王国和小公国统一起来的。接着是饥荒。正如阿拉伯历史学家后来在他们的编年史中描述的埃及在马穆鲁克苏丹的统治下经历的所有苦难一样,此时的埃及人民正在遭受这样的苦难。的确,拉美西斯三世在《哈里斯大纸草》[36] 中留下了关于这一时期的记载,尽管篇幅短小,读起来却像是记述 14 世纪马穆鲁克苏丹的某个统治期的一个章节。一个曾在朝廷担任要职的叙利亚人,利用人民的无助和本土统治者的出神,攫取了王位,或者至少夺取了权力,开始以暴政和暴力统治国家。"他使整片国土的人都向他纳贡,联合他的同党,抢夺人民的财物。他们使神像人一样，神殿里没有了供品。"[37]因此，人们的财产权不再受到尊重，甚至连神庙的收入也被挪用。

正如人们所预料的那样，利比亚人不久就意识到了埃及的无助。他们的移民又开始穿越三角洲西部的边境了。强盗团伙四处游荡，从孟斐斯附近的城镇一直到地中海；他们或者占领农田，定居在克诺珀斯支流的两岸。[38]在这个关头，大约在公元前1200年，出现了一个名叫塞特纳赫特的人，他身强力壮，来历不明，但很可能是塞提一世和拉美西斯二世古老家族的后裔。尽管这片土地内外受敌，但他具备政治家的组织能力和气魄，他首先在地方上无数觊觎王位之人面前实现了自己的主张；在征服了这些敌人之后，恢复了秩序，重新组织了几乎已不复存在的法老政权。他完成了伟大的任务，取得了辉煌的成功，但我们对他的一切了解都仅来自他的儿子拉美西斯三世留给我们的短短几句话。拉美西斯三世在谈到他时说："但当诸神乐意和平，按他们惯常的方式使这土地恢复正常时，他们就立了自己的儿子，作为列国的统治者，坐上他们的伟大王座，那就是国王塞特纳赫特。……他让曾经叛乱的整片土地恢复了秩序；他杀了埃及大地上的叛军；他净化了埃及的王位……每个人都认识他的兄弟，他被关在围墙里［被迫住在围墙后面］。他建立了拥有神圣祭品的神庙，按照惯例向神供奉祭品。"[39]可以看出，叙利亚的篡位者违背了祭司们的天职，因而也疏远了他们；塞特纳赫特则利用了这一点，通过安抚埃及最富有和最有权势的群体，与叙利亚篡位者迎面对抗。

不难理解，塞特纳赫特经过艰辛的斗争才取得了成就，因此他几乎没有时间去建造那些可能使他永垂不朽的纪念碑。事实上，他甚至连在底比斯为自己挖掘一座坟墓的机会都没有，但夺取了西普塔赫和他的王后泰乌斯里特的坟墓。这座坟墓当年已经被塞提二世征用，但塞提二世最终没有使用它。他的统治一定很短暂，因为关于他的最后日期就是他统治的第一年，由一名书吏在试笔时写在纸莎草纸的背面。他去世之前（公元前1198年），任命他的儿子，第三个拉美西斯为继任者，这位拉美西斯早在他在任时就已经在政府中协助他了。

从拉美西斯三世开始，曼涅托划分了一个新的王朝，即第二十王朝，也就是拉美西斯世系。显然，旧的世系在麦伦普塔赫之后就中断了，可能又在塞特纳赫特任上恢复了。拉美西斯三世即位时面临着与麦伦普塔赫完全相同的局面，但是他年轻且精力充沛，更能成功地应对这一局面。他一上任，立即完善了兵役组织，用依次服役顺序划分全国人民的等级。和拉美西斯二世时期一样，很大一部分的常备军为舍尔丹雇佣兵，而利比亚凯克（Kehek）部落的一支分遣队也在其中。[40] 当然，只要这些雇佣军符合条件，他们就会一直服役。由于土生土长的队伍不断地随着阶层更迭，法老的常备军的组成越来越依赖雇佣军。新政府的事务让拉美西斯三世无暇分身，根本没有机会去应对三角洲西部长期以来的混乱，直到他像麦伦普塔赫一样，被粗暴地唤醒，意识到必须采取行动了。但是，自从利比亚战争以后，那里的局势已经发展到了更严峻的地步。

第二十三章　帝国最后的衰落：麦伦普塔赫与拉美西斯三世

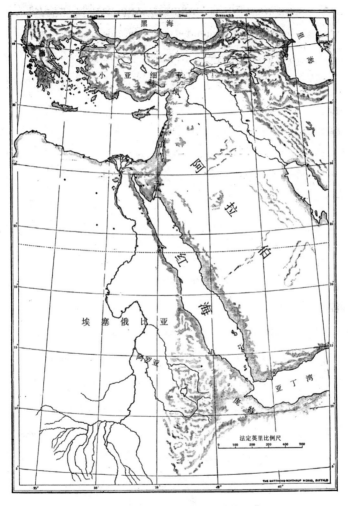

地图12　埃及和古代世界
（为了便于辨认，插入了一些现代地方和名称）

在地中海北部，不安分的动乱民族被埃及人称为"海上民族"，他们在南部的人数不断增加。在这些民族中，有两个我们从未见过的民族：泰克尔（Thekel）和派莱赛特。后者更广为人知的名字是希伯来历史上的非利士（图172）。这两个民族的攻击性极强。[41] 派莱赛特是克里特人的早期部落之一，泰克尔可能是前希腊西西里人的另一支。前面提到的两个民族在达奴（Denyen）[达奈（Danaoi）]、舍尔丹、万舍斯（Weshesh）和舍克利斯等分遣队的陪同下，开始了向东和向南的运动，这无疑是受到其他民族在其后方推进的压力而采取的行动。我们对他们的语言和制度一无所知，只有一系列描绘这些人、他们的服装、武器、船只和器具的埃及浮雕，因此猜测他们的种族关系是没有用的。但是，他们的移民显然是这种缓慢但不可抗拒的南迁的开端之一，我们首次在这里观察到的南迁可以追溯到欧洲历史的久远时期。这些移民在叙利亚逐渐向南移动，现在他们中的一些人可能已经到达了奥龙特斯河的上游水域和亚摩利王国，[42] 而更有冒险精神的人则驾着他们的船只沿着三角洲的河岸滑行，一边抢掠一边偷偷地潜入河口。[43] 他们很快就接受了利比亚领导人入侵和掠夺富饶的三角洲的计划。利比亚国王麦瑞在被麦伦普塔赫击败后被废黜，接任他的是一位名叫韦尔默（Wermer）的国王，再往后的继任者是泰默尔国王，也就是现在侵略埃及的领导者。他们从陆路和水路进入三角洲西部，拉美西斯三世很快就在那里遇到了他们，并在一个名叫"乌瑟马瑞－梅里亚蒙（Usermare-Meriamon）"的城

第二十三章　帝国最后的衰落：麦伦普塔赫与拉美西斯三世

镇附近与他们交战。在那里拉美西斯三世迅速与他们会合，并在一个名叫"乌尔玛雷－梅里亚蒙［拉美西斯三世］是捷迈胡［利比亚］的惩罚者"（Usermare-Meriamon［Ramses III］is Chastiser of Temeh［Libya］）的城镇[44]附近与他们交战。他们的船只要么被毁，要么被俘，他们的军队被击退，损失惨重；超过12 500人在战场上被杀，其中很大一部分来自海上游民，至少1000人被俘。[45]王家宫邸和往常获胜后的盛景一样，国王从宫殿的阳台上观赏他的俘虏和战利品，贵族们则在下面欢呼雀跃。[46]阿蒙取得了巨大的胜利，他依旧接受了活着的俘虏作为祭品，[47]整个埃及都为失而复得的安宁而欢欣鼓舞，就像拉美西斯吹嘘的那样，戴着面纱的埃及女人可以想走多远就走多远，不用担心受到骚扰。[48]为了巩固他与利比亚之间的边界，拉美西斯在离开三角洲，向西进入沙漠高原的西部公路上，建立了一座以他的名字命名的城镇和要塞。这座城镇位于一个被称为"大地上的荷鲁斯之山"的高地上，麦伦普塔赫在他的战争记录中也提到过这个地方。[49]

此时，来自北方的涨潮正逐渐威胁着埃及帝国；我们已经看到，最外层的海浪正拍打着三角洲的海岸。在拉美西斯三世统治的第五年，拥有先进的战舰和陆军，支持利比亚人对抗拉美西斯的北方海上民族，他们发动的小冲突不过是一场更为猛烈的进攻的前奏。现在，他们正穿过叙利亚，全面向南推进。他们的大军有的选择陆路，他们的家人坐着古怪、沉重的两轮牛车；有的选择水路，庞大的舰队行使在叙利亚海岸附近的海上。侵略者们装备精良，作战技能高超,使叙利亚的城邦根本无法招架。他们占领了叙利亚北部的赫梯人全境,一直到幼发拉底河上的卡尔凯美什,又经过腓尼基海岸的阿瓦德,沿奥龙特斯河谷而上,直到被他们摧毁的亚摩利王国。赫梯人在叙利亚的领土一定已经丧失了,他们在叙利亚的势力也完全瓦解。当舰队抵达阿拉萨,也就是塞浦路斯时,没有遭到任何有效的抵抗。"他们备好火把,准备前往埃及,他们的主要援军有派莱赛特、泰克尔、舍克利斯、达奴和万舍斯。这些土地统一了,他们不断占领土地,远至地球一周。"[50] "从海岛而来的各国,他们的心依从着他们的武器,向埃及进军。"[51] 他们在亚摩利建立了一个中央营地,显然在那里停顿了一段时间。[52]

拉美西斯三世投入了极大的精力,准备击退敌人的进攻。他加强了叙利亚边境的防御,迅速集结了一支舰队,分布在北部港口。[53] 在王宫的阳台上,他亲自监督步兵的装备准备。[54] 一切准备就绪后,他亲率部队出征叙利亚。我们无法确定地面战是在哪里发生的,但由于北方人已经挺进到了亚摩利,所以它至多在该地区以北不远的地方。在拉美西斯三世关于这场战争的记录中,除了模糊而笼统地陈述了敌人的战败以外,我们什么信息也没有得到,虽然在他的浮雕中,我们看到他的舍尔丹雇佣兵冲破了敌人分散的防线,抢夺了载着他们的女人、孩子和财物的牛车。由于入侵者中有舍尔丹人,因此拉美西斯三世要求他的雇佣军们与自己的同胞作战。拉美西斯还到达了海战现场,可能是在腓尼基海岸北部的一个港口,以便尽早地从邻近的海岸参与作战。他在

第二十三章 帝国最后的衰落：麦伦普塔赫与拉美西斯三世

他的舰队里配备了大批可怕的埃及弓箭手，他们的火力非常有效，北方全副武装的部队还没来得及接近登陆点就全军覆没。他在海岸边部署的大批弓箭手又增强了这种火力，使之更加有效。他还亲自向敌方舰队拉弓射箭。当埃及人上船时，敌人的船只陷入混乱（图173）。"他们原地倾覆灭亡，他们的心被夺去，他们的灵魂飞走，他们的武器被抛入海中。他的箭在他们中间任意穿梭，被射中的就掉入水中。"[55] "他们被拖拽，翻倒在地，躺在沙滩上。他们被杀，尸体从船尾堆到船头，他们的一切被抛入水中，为的是纪念埃及。"[56] 那些逃离舰队，游上岸的人，被海滩上等待的埃及人抓获。在这两次交战中，法老给了强敌致命的打击，使这些侵略者不敢再质疑埃及的宗主国地位，至少在北至亚摩利的区域内。他们继续进入叙利亚，但拉美西斯三世的两次胜利使这些新的定居者和他们的定居点成为埃及的附属国，向法老的国库进贡。埃及再次挽回了她的亚洲帝国，拉美西斯回到他在三角洲的宅邸，享受来之不易的胜利。

现在，拉美西斯得到了短暂的喘息，但他似乎丝毫没有放松警惕。这是件好事，因为在遥远的西部，另一次移民造成了人口泛滥，再次威胁到了他的三角洲。美什维什，利比亚后方的一个部落，也就是在他们的西边，是这场麻烦的罪魁祸首。毫无疑问，利比亚人在拉美西斯三世统治的第五年受到了惩罚，因此他们根本不想在三角洲重蹈覆辙。然而，美什维什入侵了利比亚，使该地荒废，[57] 从而迫使不幸的利比亚人与埃及结盟。[58] 其他的部

图173 拉美西斯三世的海军战败地中海北部人

哈布城神庙北墙上的浮雕。埃及战舰(左)通过猛烈的火箭射击,使敌人(右)陷入混乱。北方人的其中一艘舰船还倾覆了。见第480页。

第二十三章 帝国最后的衰落:麦伦普塔赫与拉美西斯三世

族也牵涉其中,但这次运动的领导者是米施舍(Meshesher),也就是美什维什国王开伯尔(Keper)的儿子。他的坚定目标是移居并定居三角洲。"敌人又在商议,要在埃及境内居住,将山地和平原据为己有。"[59] "他们同心合意地说:'我们要住在埃及',然后他们不断地进入埃及的边界。"[60] 到了拉美西斯第11年的12月,美什维什人开始入侵。和麦伦普塔赫时期一样,他们沿着西部道路进入埃及,包围了哈特修(Hatsho)要塞,此地距离沙漠高原的边缘约11英里,靠近被称为"拉之水"的运河。拉美西斯在哈特修的城墙下向他们发起进攻,美什维什人被打得狼狈不堪,而此时埃及守军又从城墙上向这些侵略者发射极具破坏力的弓箭。入侵者因此陷入混乱的溃败中,在逃窜时又遭到了邻近的另一个据点的火力攻击。[61] 拉美西斯沿着西部公路向高原边缘追击了11英里,相当于把入侵者赶出了他的国家。[62] 他在设防的城镇兼驻地"乌瑟马瑞-梅里亚蒙[拉美西斯三世]之城[家]"停了下来。我们应该记得,这里就是他在名为"大地上的荷鲁斯之山"的高原边缘的某个高地设立的城镇。美什维什人的首领米施舍被杀,他的父亲开伯尔被俘,[63] 他们的追随者中有2175人倒下,另有2052人被俘,其中超过四分之一为女性。[64] 拉美西斯记述了他是如何处置这些俘虏的:"我把他们的首领安置在以我的名字命名的堡垒里。我派弓箭手和各部落的首领,给他们烙上烙印,使他们做奴仆;他们的妻子和儿女也都是如此。"[65] 有近1000个美什维什人被派去照料一个名叫"拉美西斯三世是在拉之水征服美什维什的人"的神庙牧群。[66] 同样，为了庆祝这场胜利，他举行了一场庆典，在神庙历中称之为"美什维什的杀戮"；[67] 同时，他又将自己名字后缀的称号精心设计为"埃及的保护者，国家的守护者，美什维什的征服者，捷迈胡之地的破坏者"。[68] 就这样，西部部落已经连续三次从三角洲边界被埃及人赶回，拉美西斯也没有机会在该地区受到任何侵扰了。利比亚人的强大力量，虽然绝不会耗尽，但目前也不会再出现在联合行动中了。但就像史前时期一样，他们继续分散地迁徙，逐渐地渗入三角洲，不过在法老眼中，这并不算什么威胁。

北部海上民族之间的骚乱，虽然被拉美西斯三世制止在他的叙利亚边境上，但显然极大地妨碍了他在那里的附庸国。在赫梯人入侵的年代，亚摩利王是否与侵略者有过共同的事业，我们现在还不能确定；但在利比亚的最后一战之后，拉美西斯发现他有必要带上他的军队到亚摩利走一遭。关于这场征战的范围和过程，现存的寥寥无几的记录中只有一些晦涩的暗示。[69] 他攻打了至少五座坚固的城池，其中一座在亚摩利，另一座在拉美西斯的浮雕上被描绘成被水环绕的城市，那么可能是卡叠什，第三座在山上，无法辨认，剩下的两座都由赫梯人防卫着，其中一座被称为埃雷特（Ereth）[70]。他可能并没有深入赫梯人的领土，尽管赫梯人的城市正在从赫梯国王手中迅速流失，而且由于海民的袭击，这些城市的力量也大大地削弱了。这是法老和赫梯人之间最后的敌对通道，两个帝国都在迅速衰落。此后，在埃及的编年史上，

第二十三章 帝国最后的衰落：麦伦普塔赫与拉美西斯三世

我们再也没有看到叙利亚的赫梯人了。拉美西斯将叙利亚北部至幼发拉底河的城市列为他所征服的地区，这份列表[71]包含了帝国鼎盛时期统治过的所有城市。然而，这份列表很大程度上是抄袭伟大前辈的，我们对其并没有信心。他现在尽可能地维持着埃及亚洲属地的稳定。很明显，这个边界没有超过麦伦普塔赫时期的北部边界，也就是说，只包括奥龙特斯河上游的亚摩利王国。为了确保他所期望的稳定，他在叙利亚和巴勒斯坦的任何必要地方建造了新的堡垒。[72]在叙利亚的某个地方，他还建了一座阿蒙神庙，里面还有这位国家之神的巨大雕像。亚洲王朝统治者每年都必须在这座雕像前献上他们的贡品，以示他们对拉美西斯的忠诚。[73]三角洲以东的阿扬沙漠的一口大井为塞提一世建在那里的驻地补充了水源，[74]从而促进了埃及与叙利亚的交流。从此以后，法老在亚洲一直维持着和平的统治，其间只被西珥贝都因人的起义中断了一次。[75]

要说埃及对叙利亚的商业和行政影响，在一个重要方面上尤为明显：现在在叙利亚，笨重且不便利的书写泥板逐渐被便利的纸莎草纸所取代，腓尼基统治者开始在纸莎草纸上记账。为了满足需求，三角洲的纸莎草纸工厂开始出口他们的产品，以此换取腓尼基的商品。[76]当然，腓尼基人不可能在纸上用笔和墨水来书写楔形文字，以快速地记录日常生活，因为楔形文字完全不适合这种书写材料。因此，埃及人习惯用纸莎草纸书写的手写体，现在进入了腓尼基。公元前10世纪以前，这种手写体发展成辅音字母,并迅速传播到希腊的爱奥尼亚(Ionia),进而传到欧洲。

东方专制主义的主要职能,就是征收贡品和赋税,现在它们正非常有规律地进行着。"我每年都要向他们征收贡品,"拉美西斯说,"各城带着贡品,按名字聚集在一起。"[77] 努比亚偶尔出现的混乱,[78] 没有扰乱现在帝国安定下来的深厚和平。拉美西斯自己这样描述这里的和平:"我使埃及妇人蒙着耳朵往她想去的地方,因为这里没有陌生人,也没有任何人在路上骚扰她。在我的时代,我使步兵和战车闲赋在家;舍尔丹和凯克[雇佣兵]都仰躺在他们的城邑;他们不会惧怕,因为没有从库什来的敌人,也没有从叙利亚来的敌人。他们把弓和武器放在库房里,心满意足地陶醉在欢乐之中。他们的妻子在他们身边,他们的儿女在他们身边;他们不回头看,心里却充满信心,因为我与他们同在,保护他们的肢体。我保护着这片土地上的所有生命,无论是外国人、普通人、公民、男性,还是女性。我把一个人从不幸中救了出来,我给了他呼吸。我把他从比他更尊贵的压迫者手中救了出来。我使他们各在各城里安居;在请愿大殿里,我让其他人活了下来。我把土地安置在荒地上。我在位的时候,这片土地得到了极大的满足。"[79]

现在法老也开始发展与外部世界的交往和商业往来,就像在帝国的伟大时期一样。阿蒙、拉和普塔的神庙在地中海或红海各有了自己的舰队,它们将腓尼基、叙利亚和蓬特的产品运到神

第二十三章　帝国最后的衰落：麦伦普塔赫与拉美西斯三世

的宝库。[80] 拉美西斯要在西奈半岛的某个名叫"阿提卡"（Atika）的地方开采铜矿，所以从红海港口派了一支特别的探险队前往那里。他们带回了大量的金属，法老将这些金属展示在王宫的阳台下。[81] 他还往半岛的孔雀石加工厂派了使者，他们带回了大量昂贵的矿石，作为国王献给众神的精美礼物。[82] 还有一支更重要的远征队，一支由大型船只组成的舰队，被派去进行长途航行，目的地是蓬特。从尼罗河穿过图米拉特干河到达红海的运河，早在这个时代之前就已存在，但现在似乎已经被堵住，不再使用。一次，拉美西斯的船只在出发之后，又回到了科普特斯对面的某个港口，船队的所有货物都在那里被卸了下来，再由驴通过陆路运到科普特斯。到达那里后，货物再次装船，顺着河流漂到三角洲东部的王室宅邸。[83] 现在，航海的规模也许比第十八王朝的伟大法老统治的时期还要大，还要精细。据拉美西斯所述，在底比斯有一艘阿蒙圣船，长224英尺，是在他的庭院用黎巴嫩香柏木的巨大木材建造而成的。[84]

法老的财富现在能够支持他开展公共事业和改善工程了。在整个王国，尤其是底比斯和王宫里，他种植了许多树木。这些树木在埃及那晴朗无云的天空下，在一片没有天然森林的土地上，为人们带来了宜人的树荫。[85] 一些自拉美西斯二世死后一直处于停工状态的建筑，也在他的领导下重新开工。在底比斯的西部平原上，也就是现在被称为"哈布城"的地方，他为阿蒙[86]建造了一座蔚为壮观的神庙（图174和图175），这项工程在他统治初期就已经开始了。随着神庙从后向前连年地延伸和扩大，拉美西斯的战役史册也不断地在神庙的墙上找到自己的位置，直到整个建筑成为国王的战争成就史。现代游客从后面最早兴建的大殿游览到前面最后建起的庭院和塔架，便可以一年一年地追溯国王的丰功伟绩。在这里，可以看到北方部落与拉美西斯的舍尔丹雇佣军交战——正如我们前面提到的，他们突破入侵者的阵线，掠夺他们的重型牛车。还有我们所知道的那场海战，也是有史以来第一场海战，也描绘在这些浮雕中，从中我们可以研究这些北方民族的盔甲、服装、武器、战船和装备。他们的出现也使欧洲首次登上了早期世界的舞台。[87] 神庙前有一个圣湖，搭配着一座精致的花园、大量的户外建筑和库房。国王的宫殿、巨大的石塔，与神庙建筑相连，它们全部被一堵围墙围起来，形成了一个巨大的建筑群，主宰着底比斯西部平原的整个南端。从高耸的塔架顶部向北望去，可以看到先王们建造的那一排庄严的葬祭庙。它构成了南方的终点，也是那一排宏伟建筑中的最后一座，至今依然如此。它向旅者暗示了，这里是帝国法老更迭的终点。事实的确如此，拉美西斯三世确实是埃及帝国最后一个大法老。他的其他建筑大部分都已被摧毁。在卡纳克，有一座阿蒙小神庙（图183）。拉美西斯很清楚，要想与坐落在那里的卡纳克大殿分庭抗礼，绝对是无望的，因此他将他的小神庙放在了那座大殿主庙的中轴线上。这样看来，他在这方面具有很好的判断力。[88] 卡纳克神庙有一些小的附属建筑，[89] 除了卡纳克建筑群南部的穆

第二十三章　帝国最后的衰落：麦伦普塔赫与拉美西斯三世

特神庙外，[90]还有一座小的洪苏圣所，这是其中唯一一座由拉美西斯三世发起修建的。[91]我们在孟斐斯和赫里奥波里斯几乎没有或根本没有发现任何他所修建的圣所；[92]全国各地有许多供奉各种神的小礼堂，[93]不过大部已完全消逝，或只留下很少的痕迹。在他居住的城市里，他为阿蒙布置了一个富丽堂皇的区域："那里有许多大花园和散步的地方，各种各样的枣树结着果实，神圣的大道上点缀着来自各地的鲜花。"[94]这个区域拥有近8000奴隶为它服务。[95]他还在拉美西斯二世神庙的神圣围地内建造了这座城市的苏特克胡神庙。[96]就幸存下来的这些建筑来看，它们所展示的艺术显然处于一种衰败的阶段。线条沉重而懒散，柱廊没有了昔日的雄浑气势，不再是那样从步道上腾跃而起，让观者不由自主地仰视；不过昔日那种气魄显然是强加于它们的，真切地表达着设计它们的颓废建筑师的慵懒精神。这项工作在执行上也是粗心大意且不修边幅。覆盖在哈布城神庙的广阔墙面上的浮雕，除少数例外，大多都是对塞提一世留在卡纳克的精美雕塑的拙劣模仿，画工糟糕，毫无情感。只是，我们在各处感受到了一丝古老的力量，正如这座神庙的浮雕上展现的拉美西斯在猎杀野公牛（图176）的场景一样。这种浮雕，尽管构图上存在缺陷，却是充满力量和感情的作品，具有明显的景观感。当时的一项大胆而全新的尝试是，再现法老在叙利亚海岸的那场海战的胜利（图173），这幅浮雕需要一定的独创性和创造力，但对力量和效果的要求又太高。

在拉美西斯三世统治时期，艺术中的这种毫不掩饰的模仿，事实上是这个时代各个方面的共有特征。这一统治时期的记录不过是无力地复述着早期的王室赞美诗，其中的人物形象极其牵强附会，时常让人费解。作者带着一种不易摆脱的沮丧感，在长达数月的时间里，在哈布城神庙的巨大墙壁上，写满了成百上千行索然无味的空话，反复重申国王在这个或那个场合的英勇。这些都是谄媚的书吏笔下的套话，几个世纪以来亘古不变。拿任何一场战争来说，你会发现，在研究了覆盖数千平方英尺墙面的艰涩铭文之后，得出的最终结果是，这不过是以贫乏而枯燥的语言叙述了一场伟大的战役。而这场战役的事实其实分散在铭文的各处，深埋在数十个毫无意义的常用短语之下，只有最勤奋的人才能发现它们。一位年轻活跃的法老率领军队在帝国的各个边境之间奔袭，不断地击退埃及历史上最可怕的入侵——这一令人鼓舞的形象没有在因循守旧的祭司书吏的心中唤起任何回应，因为他的本职工作就是把这些事件记录下来，用来做庙墙。他手里只有先王们那破旧却源远流长的陈词滥调，却要用它们拼凑出完整的赞美诗、歌曲和清单，让它们重现荣光，只为了使一位真正能干且英勇的统治者的荣耀不朽。也许我们不应该抱怨这些书吏，因为国王认为他的终极目标是再现和复兴拉美西斯二世时代。他自己的名字是由拉美西斯二世的王位名的前半部分和他自己名字的后半部分组成的，他以拉美西斯二世的名字给他的孩子和马取名，和拉美西斯二世一样，他的战马后面也跟着一头驯服的狮子，跟在

第二十三章 帝国最后的衰落：麦伦普塔赫与拉美西斯三世

他的战车旁一路小跑。拉美西斯三世的成就完全取决于他所处的环境，而不是他性格中的任何积极倾向。但必须承认的是，他所面临的形势是，即使他想迎头赶上，他也无能为力。所有来自外界的直接威胁现在都明显消失了，可是由于国内的衰败，国家依然不可避免地在走向衰落。尽管拉美西斯三世已经展现出他的能力，完全能够应付来自外界的袭击，但他不具备刚强的独立品质，在某些人看来，这种独立品质是抵挡当时国内主流趋势的关键。

这一点在他对第十九王朝遗留下来的宗教环境的态度上尤为明显。我们已经指出，拉美西斯三世的父亲塞特纳赫特是通过安抚祭司阶层而获得王位的，正如他许多成功的前任所做的那样。而拉美西斯三世也根本没有试图去摆脱束缚着他的王权的祭司的影响。因此，神庙正迅速地给国家的政治和经济带来严重威胁。

面对这样的现实，拉美西斯三世延续了祖先的政策，极尽慷慨地将王室的财富倒入神权者的金库，他说："我为南北方的众神，做了许多大能之事，做了许多善事。我在他们的金屋里雕刻他们的像，我将他们庙里曾经坍塌的又建了起来。我在他们的院子里建造房屋和庙宇；我为他们栽种树木；我为他们挖湖；我为他们预备大麦、小麦、酒、香、果、牛、禽，作为神圣的祭品；我在他们的领域内建造了'拉之庇所'［小礼堂］，日日、永远供奉神圣的祭品。"[97]他在这里谈到的是国家的小神庙，而对于国家的三位大神，也就是阿蒙、拉和普塔，他所做的贡献还要多得多。这些神庙每天所举行的仪式,其场面之华丽莫可名状。拉美西斯对阿蒙说:"我为你锻造了一块巨大的银质祭祀板,上面以纯金镶嵌,镶入的图像使用的是凯特姆(Ketem)黄金,上面有黄金锻造的王国雕像,甚至还有一块供奉你的神圣祭品的供奉板,都是献给你的。我为你做了一个巨大的花瓶架,立在你的前院,上面以纯金镶嵌,镶入了石头;上面的花瓶是金的,里面装着酒,为的是要每天清晨献予你……我为你做了几块大金板,是锻打的,上面刻着上神你伟大的名字,以及我的祷告。我又为你做了几块银板,是锻打的,上面刻着上神你伟大的名字,以及你宫殿里的律例。"[98]神所用的一切,都是同样的奢华。[99]拉美西斯谈到他的圣船时说:"我为你凿了一艘尊贵的船'乌塞尔赫特'(Userhet),在水上有130腕尺长[约224英尺],用的是王家领地的大雪松,尺寸非凡,吃水线上镀有纯金,犹如太阳之舟,从东方驶来,所有人都沐浴在它的光辉下。它的中间有一座巨大的神殿,以精金建造,镶嵌着各种昂贵的石头,如宫殿一般;绵羊头从船头排列到船尾,头上戴着圣蛇乌拉埃乌斯的王冠。"[100]在赫里奥波里斯,为了保证拉的祭品,大神庙消耗了将近212磅的黄金和461磅的银。[101]读者可以在《哈里斯大纸草》中细读这样的描述,[102]我们稍后将对此做一些说明。这样的奢靡,虽然常常来自国王的馈赠,但必须有一笔巨大的收入来作为支撑,这笔收入便来自土地、奴隶和财政收入方面的巨大财富。因此,拉美西斯三世批准,将从伊里芬丁到塔

第二十三章 帝国最后的衰落：麦伦普塔赫与拉美西斯三世

库姆索城的沿河两岸的所有权归于伊里芬丁的克奴姆神。这一段全长70多英里，希腊人称之为多德卡西诺斯（Dodekaschoinos）或十二舍尼（Twelve Schœni）。[103] 拉美西斯三世的记录是埃及历史上第一次也是唯一一次，向我们展示了神庙所拥有和控制的财产总额。《哈里斯大纸草》中一份几乎覆盖了全国所有神庙的清单表明，它们拥有超过17万名奴隶；[104] 也就是说，全国每50到80人中就有一个人是神庙的财产。第一个数字的可能性更大，所以很有可能每50人中就有一人是某个神庙的奴隶。因此，神庙拥有2%的人口。在土地方面，我们祭献给神的土地大约有75万英亩，约占全国可耕地面积的七分之一，或者说超过14.5%；而像前面提到的克奴姆神庙这样的小神庙，它们的土地还没有记录在清单内。可以肯定地说，神庙的土地占有量要占到全国可用土地的15%。[105] 这些是神庙产业中可以确切地与全国总财富和资源进行比较的项目，但它们绝不能构成完整的神庙财产清单。它们拥有近50万头大小牛；它们的舰队共有88艘船只，由大约53个作坊和造船厂消耗了一部分原材料制造而成，这些原材料也是它们的收入；它们在叙利亚、库什和埃及共拥有165座城镇。[106] 当我们看到这片面积不到10 000平方英里，居民只有五六百万的土地上，有如此大量的财产处于免税状态时，[107] 我们就会意识到，这个国家的经济平衡正在受到威胁。

由于拉美西斯三世在给各神分配馈赠时，没有掌握适当的比例，使极端财务危机又进一步恶化了。其中很大一部分财富落在了阿蒙的领地上,贪得无厌的阿蒙祭司占了上风,他们对王家财政部的要求远远超过了其他所有神庙。除了底比斯的众多神庙外,阿蒙还在许多地方拥有圣所、礼堂和雕像,他得到的祭献遍布整片国土。[108] 我们已经注意到,他在叙利亚有一座神庙,[109] 除了拉美西斯二世在努比亚为他修建的神庙以外,[110] 他在努比亚又得到了一座新的神庙。在拉美西斯三世结束所有战争凯旋后,即他统治的第12年,他在哈布城(底比斯)为阿蒙修建的神庙落成,他还煞费苦心地为阿蒙的节期设定了全新的历法。关于这场节庆的记录,占满了神庙的一整面墙。[111] 在图特摩斯三世统治时期,这个最盛大的阿蒙节日,奥佩特节,长达11天,而现在这一历法节期被定为24天。我在总结了迄今保存下来的历法后发现,每年平均每三天就有一次阿蒙节,而且不包括每月一次的节庆。[112] 然而,拉美西斯三世后来甚至又延长了这一历法节期的天数,因此奥佩特节延长到了27天;按照历法的规定,他自己的加冕节原本只持续一天,最终也延长到了每年20天。[113] 难怪在拉美西斯三世的一位继任者统治时期,底比斯墓地一群工人的记录显示,他们的假期几乎和工作日一样多。[114] 延长这些节庆,当然也意味着要增加阿蒙的祭品和收入。哈布城神庙的藏宝室现在依然矗立着,它们的墙壁证明了曾经将它们填满的奢华财富。[115] 拉美西斯在另一份记录中说:"我用埃及大地的产品填满了它的宝库:黄金、白银、千百块昂贵的石头。它的谷仓里满是大麦和小麦;它的土地,它的群畜,它的群众,多如

第二十三章 帝国最后的衰落：麦伦普塔赫与拉美西斯三世

海沙。我在南方和北方为它征税；努比亚人和叙利亚人带着他们的贡品来到这里。那里满是俘虏，是你在九弓赐予我的，我给他们编了上万个班。……我增加了你面前的神圣祭品，有饼、酒、肥鹅；给你的屠宰场献上了许多公牛、阉牛、牛犊、奶牛、白羚羊和瞪羚。"[116] 就像第十八王朝的征服者的时代一样，战争所得

图174　拉美西斯三世的哈布城神庙
从第一塔架顶上向北眺望第一庭院和第二塔架。

图175　拉美西斯三世的哈布城神庙
从立在神庙前方的宫殿大门（"亭阁"）的墙下看向第一塔架的视野。

图 176　拉美西斯三世猎杀野公牛
哈布城神庙第一塔架背面的浮雕。见第 488 页。

的大部分战利品都被送进了阿蒙的宝库。[117] 这种长期持续的政策，其后果是不可避免的。在神庙拥有的近 75 万英亩土地中，阿蒙所占有的超过了 58.3 万英亩，比赫里奥波里斯的拉，地产数量第二的竞争对手的五倍还要多，后者只有 18 万英亩；与孟斐斯的普塔相比，更是超过了他的 9 倍。[118] 神庙占据着全国 15% 的土地，而这之中超过三分之二的土地属于阿蒙。然而，正如我们所说，所有神庙拥有的奴隶接近全国人口的 2%，而阿蒙的奴隶占全国人口约 1.5%，超过 86 500 人，比拉的 7 倍还多。[119]

第二十三章 帝国最后的衰落:麦伦普塔赫与拉美西斯三世

在其他的财产项目中,也可以看到这样的比例:阿蒙拥有5个大型牛群,大小牛共计超过42.1万头,而所有神庙一共拥有不到50万头;在513座神庙花园和小树林中,阿蒙拥有433座;在共有88艘船的神庙船队中,除5艘以外,其余的都是阿蒙的财产;在神庙所有的53个作坊中,阿蒙有46个。[120] 他是唯一一个在叙利亚和库什拥有城镇的神,共拥有9座。但在埃及,他所拥有的城镇却不及拉,拉拥有103座,而阿蒙只有56座。由于我们对这些城镇的规模和价值一无所知,再考虑到阿蒙在神庙地产上的巨大优势,所以这个数字没有什么意义。在收入上,阿蒙每年会收到26 000格令的黄金,而其他神庙却不曾享有这种厚待。毫无疑问,这些黄金来自"阿蒙黄金国",我们知道,他在第十九王朝末期获得了这块土地。至于其他收入,与其他所有神庙的总和相比,他收到的银多出了17倍;铜,21倍;牛,7倍;酒,9倍;船,10倍。[121] 他的财产和收入,仅次于国王。他现在在国家扮演着重要的经济角色,而从此时开始,法老再也不能忽视祭司群体所拥有的政治权力了,因为他们控制着如此巨大的财富。尽管目前的结论是,阿蒙大祭司逐渐篡夺了权力和最终得到了王位,这完全是仰仗着阿蒙的财富才实现,但我们的结果并不支持这一结论。不过,我们看到,如果不向阿蒙祭司妥协,如果不能不断地安抚他们,没有哪个法老能够维持长期的统治。但是,我们也将看到,其他力量也在很大程度上促成了这一结果,其中就有阿蒙对其他神庙及其财富逐渐扩大的影响力。阿蒙大祭司在第十八王朝时期，成为埃及所有祭司的首领；到第十九王朝，这个职位开始采用世袭制；阿蒙的底比斯神庙现在成了神权的都城，保存着其他神庙的记录；他的祭司或多或少地得到了监督其他神庙的权力，[122] 阿蒙的神权就这样逐渐扩展到了这片土地的所有圣地上。

对于这样的状况，我们通常会完全或者主要将责任归咎于拉美西斯三世，但这样的假定其实是错误的。无论他对神的祭献如何慷慨，他都不可能将其提高到我们所看到的比例。神庙的财富也是如此，尤其是阿蒙的财富。拉美西斯三世把努比亚的尼罗河海岸（多德卡西诺斯）70多英里长的土地赠给了克奴姆，只不过是承认了一个古老的头衔；《哈里斯大纸草》中所列举的巨额祭献，长期以来一直被认为是拉美西斯三世的礼赠，但实际上是古老的圣殿遗产的清单，国王只不过是承认了他们的所有权。[123] 我们前面所统计的数据便是基于这些长期被误解的清单。它们告诉我们，所谓统计的结果其实属于历史遗留问题，是由第十八和第十九王朝的慷慨奉送所创造的。这种挥霍至少可以追溯到图特摩斯三世时期，他向阿蒙赠送了三个叙利亚城镇。这种政策延续了几代人，使神庙逐渐积累了丰厚的财富。面对贪得无厌、早已习惯了无休止的苛求所带来的满足感的祭司，拉美西斯三世无力抵抗，也确实没有尝试过抵抗。相反，正如我们所看到的，他显然需要神权的支持来维持自己的统治，因此他故意延续了传统的政策。然而，随着国库收入逐渐减少，而国家对国库的

第二十三章 帝国最后的衰落：麦伦普塔赫与拉美西斯三世

需求却全然没有放松，因此国库一定感到了沉重的负担。尽管我们知道，国库的拨付在古代埃及和现代埃及一样缓慢，直到最近才有所改观。考虑到这一事实，我们可以推测，在拉美西斯三世的统治下，一群墓地工人为了每月能收到50袋粮食而进行着痛苦的斗争，这绝非偶然。一月又一月，在饥饿的驱使下，他们不得不采取最极端的措施——爬上墓地的围墙，威胁政府如果不给他们食物，就要袭击谷仓。而结果是，要么维齐尔亲口告诉他们，国库里什么也没有，要么他们被某个前来调解冲突的书吏用花言巧语骗回。当他们回到日常工作中后，却发现饥饿使他们无法工作，他们在上级的办公室里大喊大叫，吵吵闹闹，索要每月的口粮。[124] 因此，当国家雇用的穷人在一个空空如也的国库门口忍受饥饿时，神的仓库却在因撑肠拄腹而呻吟。阿蒙每年仅仅是在他的节日上，就能收到25万蒲式耳的粮食作为祭品。[125]

拉美西斯三世以及同时代的法老们，要想对抗强大的祭司阶层，唯一能够使用的力量就是国王所拥有的奴隶中的众多外国人。国王名下的这些奴隶被大量地投入军队，[126] 扩充了当地的雇佣军力量。我们已经说过，拉美西斯三世用来击退帝国入侵者的军队主要是由外国人组成；而当法老发现，在这种越来越困难和复杂的情况下，他自己越来越难以维持他的王权时，他开始不断增加军队中的外国人。不久，他的身边开始被这些外国奴隶占据。这一类人就是私人侍从，这一角色在中王国时期就已出现，我们应该将这个词翻译为"管家"。他们最初是为贵族或国王提供餐桌和食品柜的相关服务。这些为拉美西斯三世服务的奴隶主要来自叙利亚、小亚细亚和利比亚，特别是叙利亚。随着国王发现他们越来越得力，他们渐渐地获得了国家和朝廷中的高级职位，尽管他们只是奴隶。正如埃尔曼所说，这种情况与中世纪埃及苏丹国朝廷中的情况如出一辙。在我们所知的为拉美西斯三世服务的11个"管家"中，有5个是身居要职的外国人。[127]不久我们将会看到，这些外国人在他统治期间的一场致命危机中发挥的突出作用。虽然表面上是一片辉煌祥和，整个国家都在欢庆国王对帝国的拯救，但几代人以来，这个国家慢慢蓄积起来的腐朽势力正在迅速进入即将急剧爆发的阶段。一个贪得无厌、阴险狡诈、统治着巨大财富的祭司阶层，一支由外国人组成的、随时准备为他们的主人赴汤蹈火的队伍，以及一批由只顾追求眼前利益的外族奴隶扮演的附庸者——这些都是拉美西斯三世被迫操纵和利用的势力，但他们却又互相对抗。再考虑到另一个局势中可能最危险的因素——王室亲属，结果就不那么出人意料了。

整个局势中充斥着病态的因素。我们能够观察到的第一个具体事件就是维齐尔的反叛：他藏进了三角洲城市阿萨里比斯（Athribis），但他错误地估计了他所掌握的权力；这个地方最终被拉美西斯夺取，叛乱被镇压了下去。[128]和平与表面的安宁又回来了。随着国王被立为王储30周年临近，人们开始为纪念这一事件进行精心准备。在他统治的第29年，他派新任维齐尔塔（Ta）前去南部地区收集参加孟斐斯的盛大庆典的众神的游行

第二十三章 帝国最后的衰落：麦伦普塔赫与拉美西斯三世

形象。[129] 在这场庄严的纪念活动结束一年多以后，老国王开始意识到自己时日不多，一场更严重的危机随之出现了。他的后宫曾无数次企图谋反，现在终于掀起了一场危机。在早期的东方世界，国王众多子女的母亲中，总有某位公主或王后认为，自己的儿子比幸运的对手的儿子，也就是被提名为王位继承人的王子，更有资格继承王位。在拉美西斯三世的后宫里，就有这样一位王后。这位王后名叫提伊，她开始秘密地为她的儿子彭特沃尔争夺已经预定给王储的王位。[130] 一个谋杀老国王的阴谋很快形成了。提伊召集了大臣佩贝卡蒙（Pebekkamen）和一个名叫梅塞杜尔（Mesedsure）的王室管家作为她的主要帮手。出于来自东方的迷信，佩贝卡蒙首先得到了一套施有法力的蜡制神像和人像，他相信这能够帮助他使后宫守卫失去行动能力，或者使他避开这些守卫，否则他们可能会发现他并截获他们执行阴谋时的重要消息。随后，佩贝卡蒙和梅塞杜尔得到了10名不同级别的后宫官员、4名王室管家、国库监督者、一个名叫佩耶斯（Peyes）的部队将军、3名不同部门的王家书吏、佩贝卡蒙的助理以及几名下属官员的合作。因为这些人中的大多数都是法老身边侍奉在侧的人，所以这场共谋的危险性不言而喻。负责看守后宫大门的官员的6个妻子也加入了这个计划；事实证明，她们起到了非常重要的作用，确保后宫谋反者能够向其在外面的亲戚和朋友传递信息。这些谋反者中有努比亚弓箭指挥官的妹妹，她偷偷送出一封信给她的哥哥，因此得到了他的支援。一切都已准备就绪，他们将在宫外发动政变,同时在官内谋杀国王,从而使谋反者更容易地夺取政权,将他们的篡位者彭特沃尔推上王位。就在这个关头,国王的党羽得到了关于这场阴谋的全部情报,刺杀国王的企图遭到阻挠,谋反的计划彻底失败,参与叛乱者被一网打尽。这次暗杀未遂让老法老的内心受到了极大的折磨,可能还因此受到了身体上的伤害,他立即安排了一个特别法庭来审判这些同谋者。从委任法庭的措辞来看,国王可能意识到自己经受了这种震惊以后活不了多久了,但同时他也要求法官根据案件的是非曲直进行公正的审判。他在司法上的这种客观态度令人瞩目,因为他掌握着被告的生命,他的权力不容置疑,而且他自己也是这凶残谋杀中的受害者。国王委任特别法庭时这样说道:"我委任法官(下面列出他们的姓名和职务),说:'关于那些人说的话,我不了解。你们去调查他们。你们调查他们时,你们要将那该死的人治死,不要让我知情。你们要向其余的人施以刑罚,同样不要让我知情。你们要谨慎、小心,不要让[任何]蒙冤之人遭受刑罚。……现在我实实在在地告诉你们,鉴于所发生的一切,以及做这一切的人,要让这一切落到他们自己头上;我们在众神之王阿蒙-拉面前,在永恒的统治者奥西里斯面前,是一位正义的国王,我永远受到保护和佑护。"由于奥西里斯是死亡之神,因此国王的结束语可能表明,他预计他会在审判结束之前死去。[131]

这个法庭由14名官员组成,其中7人是王室"管家",这些管家中包含一名利比亚人、一名利西亚人、一名名叫马哈巴勒

（Maharbaal，意指巴尔加速）的叙利亚人和一名可能来自小亚细亚的外国人。我们看到了法老在这种绝境下，是多么依赖这些外国奴隶的忠诚。任命了法庭之后，随之而来的是一个值得注意的事件，从中我们看出了法官的软弱性格和被告人危险的坚持。在佩耶斯将军的带领下，一些女同谋者魅惑了看守囚犯的法警，他们和佩耶斯带着这些妇女一起到了两位法官的家里，这两位法官的不检令人震惊,他们接待了这些妇女并与她们一起狂欢作乐。两位轻率的法官，连同一位真正清白的同僚，以及两名法警，立即接受了审判。第三位法官的清白昭然若揭，他被宣告无罪，但其他人均被判有罪，并被判处割掉他们的耳朵和鼻子。判决执行后，一名不幸的法官立即自杀了。[132] 对谋反者的审判继续有条不紊地进行着。根据三次不同的起诉记录，[133] 我们可以追查到 32 名各级官员的定罪，其中包括那位不幸的、年轻的篡位者，毫无疑问，他只是一个不幸的工具。我们还找到了胆大妄为的将军、连累两名法官的佩耶斯。提伊女王的审判记录没有保存下来，因此我们不能确定她的命运，但我们没有理由相信，她的下场会好过那些被国王下令自裁之人。与此同时，法老登基 32 周年的庆祝活动如期而至。这场盛大的庆典依然持续了 20 天，自他登记第 22 年以来一直保持着这个传统。[134] 但这场庆典后只过了 20 天，老国王便薨逝了（公元前 1167 年），结束了 31 年零 40 天的统治。他终究还是没有等到那场审判的结束。

1	III, 580, 1. 24.
2	III, 629—635.
3	III, 606.
4	III, 576.
5	III, 580.
6	III, 579.
7	III, 595.
8	III, 579.
9	III, 576.
10	III, 581.
11	III, 582.
12	III, 583.
13	III, 600.
14	III, 584, 600.
15	III, 584.
16	III, 588.
17	III, 589.
18	III, 589, 610.
19	III, 587.
20	出处同上。
21	III, 586, 610.
22	III, 616—617.
23	Pap.Anast, VI, pl.4, 1.13—pl.5, 1.5.
24	III, p. 259, note a.
25	见上文，第449。
26	II, 878 ff.

27	III, 602—617.
28	见第470页。
29	III, 486.
30	III, 641.
31	III, 643—644.
32	III, 644.
33	III, 651.
34	III, 640.
35	IV, 398.
36	出处同上。
37	出处同上。
38	IV, 40, 11, 20—22; 405.
39	IV, 399.
40	IV, 402.
41	IV, 44.
42	IV, 39.
43	IV, 44.
44	IV, 52.
45	IV, 52—54.
46	IV, 42, 52—55.
47	IV, 57—58.
48	IV, 47, 1, 73.
49	IV, 102, 107; III, 588, 600.
50	也就是"大圆"（俄刻阿诺斯）所围绕的地方（IV, 64）。
51	IV, 77.
52	IV, 64.

53	IV, 65.
54	IV, 70—71.
55	IV, 75.
56	IV, 66.
57	IV, 87.
58	IV, 86, 95.
59	IV, 95.
60	IV, 88.
61	IV, 102, 107.
62	IV, 102.
63	IV, 90, 11.11—12; 97; 103, 11.11—12, 111.
64	IV, 111.
65	IV, 405.
66	IV, 224.
67	IV, 145.
68	IV, 84.
69	IV, 115—135.
70	IV, 120.
71	IV, 131, 135.
72	IV, 141.
73	IV, 219.
74	IV, 406.
75	IV, 404.
76	IV, 576, 582.
77	IV, 141.
78	IV, 136—138.

第二十三章 帝国最后的衰落：麦伦普塔赫与拉美西斯三世

79	IV, 410.
80	IV, 211, 270, 328.
81	IV, 408.
82	IV, 409.
83	IV, 407.
84	IV, 209.
85	IV, 213, 215, 410.
86	IV, 1—20, 189—194.
87	IV, 69—82.
88	IV, 195.
89	IV, 197—213.
90	IV, 196.
91	IV, 214.
92	IV, 250—265, 311—328.
93	IV, 355—361.
94	IV, 215.
95	IV, 225.
96	IV, 362, 369.
97	IV, 363.
98	IV, 199, 202.
99	IV, 198—210.
100	IV, 209.
101	IV, 256, 285.
102	IV, 151—412.
103	IV, 146—150.
104	IV, 166.

105	IV, 167.
106	IV, 97.
107	IV, 146.
108	IV, 189—226.
109	IV, 219.
110	IV, 218.
111	IV, 139—145.
112	IV, 144.
113	IV, 236—237.
114	Erman, Life in Ancient Egypt.
115	IV, 25—34.
116	IV, 190.
117	IV, 224, 405.
118	IV, 167.
119	IV, 165.
120	IV, 165.
121	IV, 170—171.
122	IV, 202.
123	IV, 157—158.
124	Erman, Life in Ancient Egypt, 124—126.
125	IV, 174.
126	IV, 405.
127	IV, 419 ff.
128	IV, 361.
129	IV, 335, 413—415.
130	以下均出自"IV, 416—456"。

131 | IV, 424.
132 | IV, 451—453.
133 | IV, 416—456.
134 | IV, 237.

第七卷

颓 败

第二十四章
帝国的没落

拉美西斯三世死后,接连出现了九个孱弱的法老,他们都有一个伟大的名字——拉美西斯。但他们远远配不上这个名字。在他们的统治下,日渐萎缩的法老权力在几十年内迅速败落。我们看到拉美西斯三世的儿子拉美西斯四世,在公元前1167年前后继承了这个绝望的局面,在其中无力地挣扎着。这位新国王即位后,立即以他自己和他父亲的名义编制了一份文件,这是古埃及文明留下来的最杰出的文件之一。为了使他父亲能在诸神中兴旺发达,使他自己能够蒙父亲的恩惠,年轻的国王为已故的法老编写了一份亡者善举清单,一同埋葬。就我们能够得到的数据来看,这份清单中还列出了拉美西斯三世赠予国家三大神灵的大量礼物,这三大神灵是底比斯的阿蒙、赫里奥波里斯的拉和孟斐斯的普塔,当然也有给小神的礼物;此外,还有一份关于他在战争中取得的成就以及他对帝国人民的恩情的声明。所有这些都记录在纸莎草纸上,形成了一个巨大的卷轴,长达130英尺,高约12英寸,有117列文字。它便是《哈里斯大纸草》,是从早期东方流传下来的最大文件。[1] 由于其中列举的礼赠主要是拉美西斯三世在其即位时确认的神长期以来继承的财产,因此根据这一独特的文件,我们能够确定神庙所持有的财富在古埃及所占的比例,正如我们在前一章中了解到的那样。拉美西斯三世被葬在了他的坟墓里,在那个孤独的帝王谷里,与他一同葬入的还有那份特别的声明,讲述了他对神和人民的恩泽。毫无疑问,这份声明能使他得到神的无限宠爱。这里面还包含了许多以拉美西斯三世的口吻,代表他的儿子兼继任者而做出的祈祷,众神无法抗拒他们宠爱之人的恳求,所以一定会保佑他的儿子长久统治。的确,很明显,这一动机在文件的编制过程中发挥了有力的作用。在这个腐朽的时代,法老更愿意依靠这样的手段来维持自己的权力,而不是依靠自己强壮的臂膀,因此这份巨大的纸草成了这个时代的重要标志。在阿拜多斯,拉美西斯四世给奥西里斯留下了一段特别的祈祷文,同样也心怀着那个实际目的,这是即位第四年他在那里写下的:"你要使我加倍长寿,使我像伟大的神,拉美西斯二世国王那样长久统治;因为我为你的宫殿做了更多大能之事和善行,只为供应你神圣的祭品,只为追求每一件美好的事物,

第二十四章 帝国的没落

每一种恩惠，每日为你的圣所做这样的事；这四年里，这样的善行，比伟大的神，拉美西斯二世国王在他的 67 年里为你做得更多。"[2] 由于得到了长久统治的承诺，纵使贪得无厌的祭司向无能的法老勒索他们所要求的一切，法老依然对神的恩惠感到心满意足。当年随着喜克索斯人被赶出埃及，而迸发出来的充满活力的政治生活的源泉，现在已经枯竭。曾经法老能够有力地掌握事物，轻松化解在东方占统治地位的国家所带来的难题；而现在这种力量已经被宗教所取代，法老过分地投入宗教事务中，极度地迷信宗教的效力，导致宗教迅速吸收了国家的所有职能。事实上，正如我们之前所指出的，这个国家正在迅速走向一种状态，在这种状态下，它的主要职能都被宗教化和神圣化，那么由阿蒙大祭司来继承王权便是一种非常自然而轻松的过渡了。

自然而然地，拉美西斯四世唯一的工作就成了为诸神谋福利，这也是我们所了解到的。在他统治的第二年早些时候，他亲自出发前往距离尼罗河五天路程的哈马马特干河采石场，为他的神庙建筑寻找石头，随后他跟随一支由 9000 多人组成的远征队进行这次考察之旅，然而这些人几乎晚了两年才到达采石场。虽然由一长列驮行李的人和十辆手推车，每辆车由六对牛拉着，但仍然至少有 900 名探险队员在高温和暴晒下丧生，约占探险队员总数的 10%。[3] 这些成本如此高昂的材料在哪儿，我们不确定。拉美西斯四世幸存下来的唯一建筑是，他在他父亲在底比斯动工建造的洪苏神庙扩建的后室和小型多柱式建筑。[4] 经过六年不那么体面的统治,他在公元前1161年将王位传给了拉美西斯五世,很可能就是他的儿子。西奈矿藏的开采现在停止了,最后一个留在这里的法老名字是拉美西斯四世。接下来,几个软弱无能的拉美西斯一个接一个地迅速登场:拉美西斯五世在位几年后,这个家族的一个旁系篡取了王位,登上王位的可能是拉美西斯四世的某个孙子,他将拉美西斯五世的儿子排挤掉,成了拉美西斯六世;紧接着,七世和八世相继即位。他们都在帝王谷挖了自己的坟墓,但我们却不知道他们有何作为。[5] 阴暗不时地升起,我们捕捉到一个伟大帝国摇摇欲坠的瞬间。不过,拉美西斯六世时期,努比亚伊布里姆的一位国王副手,名叫彭诺(Penno),在他的墓中向我们展示了这个地方在埃及官员的管理下一片和平与繁荣的场景(在第十八王朝末期,埃及官员取代了本土的首领,成了这个地方的统治者)。我们发现,彭诺的家人和亲属也在这个地区担任着重要职务。很明显,埃及一些家庭现在已经迁居到努比亚,这个地方的埃及化程度比以前更甚了。彭诺非常富有,能够在拉美西斯二世修建的德尔神庙里为拉美西斯六世立起一尊雕像,并把六块土地的收入都献给这尊雕像;于是,法老赐给他两件银器,心怀感激的他当然没有忘记将这一荣誉记录在他的墓里。[6]

从拉美西斯三世统治末期到拉美西斯九世即位的头几年,中间只间隔了25年或30年。当年协办拉美西斯三世加冕节的埃尔卡布大祭司现在仍在拉美西斯九世的领导下任职;[7]而拉美西斯九世统治时期，在底比斯担任阿蒙大祭司的阿蒙霍特普，是拉美西斯三世和四世时期的大祭司拉美西斯纳赫特（Ramsesnakht）的儿子。[8] 在第十九王朝，阿蒙大祭司的职位至少有一次由父亲传给儿子，现在已经成了永久世袭。拉美西斯纳赫特将职位传给他的儿子阿蒙霍特普，这只是一次权力更迭；而在这期间，却有六个羸弱的拉美西斯相继登上王位，他们各自挣扎了一小段时间，以维持自己在一个不稳定的王位上的地位。他们的权力和威望持续地下降，每一任都在短暂的任期里挣扎着，颤颤巍巍地维持着自己岌岌可危的宝座。与此形成鲜明对比的是，阿蒙大祭司势力的蓬勃发展。他在塞索斯特里斯一世于800年前在卡纳克建造的阿蒙神庙[9]中，豪掷千金地修复了祭司的食堂和厨房。我们看到了狡猾的祭司随心所欲地操纵着顺从的法老，并从他手中榨取一切荣誉。在拉美西斯九世十年，他把阿蒙霍特普召到阿蒙神庙的大前院，在大祭司的政治伙伴和支持者的见证下，国王赐给了他华丽的金银器皿、昂贵的装饰品和珍贵的药膏。在征战叙利亚的时代，这种荣誉是在战场上奋勇杀敌的将士们才能获得的奖赏。而那种时代已经远去,现在只要能够娴熟地运用祭司的那套伎俩，就能可靠地保障自己的优待。国王送给大祭司丰厚的礼赠，并送上赞美的话语，使人怀疑这到底是统治者送给臣子的，还是臣子送给他的主人的。而与此同时，他告知阿蒙霍特普，从前上交给法老的某些收入现在应交到阿蒙的宝库。国王的话可能不太明确，似乎是这个意思：从前由国王的国库征收，然后用于阿蒙宝库的所有收入，现在直接由阿蒙神庙的书吏来收取，在一定程度上使圣殿取代国家。这在一定程度上将神庙置于了国家的位置上。在卡纳克神庙的墙壁上，所有这些荣誉被阿蒙霍特普记录了两次，此外还有他的建筑记录。[10] 阿蒙霍特普接受的礼赠和荣誉的记录，分别附有一幅巨大的浮雕（图177），展现了他从国王那里收到礼物的场景。而在浮雕上，他的形象采用了和国王一样的英雄形象——这是一种史无前例的狂妄，埃及历史上从来没有哪个官员敢如此这般地胆大妄为。从古至今，在所有这些场景中，出现在国王面前的官员都被描绘成一个侏儒，站在法老高大的雕像前；但现在，阿蒙大祭司却在迅速膨胀，企图和法老平起平坐，无论是在神庙的墙壁上，还是在实际的政务上。他还统领着一支神庙军。正如我们所看到的，当他把国家的命脉握在手中，逐渐掌控国库时，他开始毫不犹豫地向法老展示了自己的力量。当然，关于他们之间的斗争，关于他们之间必然存在的日常摩擦，没有任何记载能够保存下来；但是，在拉美西斯九世统治时期，一位妇女在法庭上做证，指证她父亲家里的一桩盗窃案时，她告诉法庭这件事发生在"阿蒙大祭司起义的时候！"[11]

在拉美西斯九世统治时期的某些法律档案[12]中，有一章保存在底比斯政府的墓地里，它向我们揭示了逐渐演化而成的混乱和无助状态。底比斯现在正在迅速衰落。200年前，它作为王室的居所，被法老们遗弃，而现在，它却依然是所有王室亡故人的葬身之地。因此，它的墓地里聚集了大量的财富，这些财富华丽地装饰着王室的遗体。在西部平原后面的偏僻山谷里，在悬崖的深处，沉睡着伟大的先王们，他们装饰得高贵气派，这是亚洲的财富所带给他们的；而现在，他们堕落的后代像第十八王朝末期一样，不仅没能保住他们赢得的帝国，甚至还无法保护他们的身体不受破坏。在拉美西斯九世十六年，西部悬崖前的平原上的王室坟墓就被发现已经遭到攻击；其中一座是第十三王朝的塞拜克艾姆萨夫[13]的王陵，他的墓室里的所有家具以及他的遗体都被洗劫了，而他的王后因佩戴着贵重的妆饰也遭到了侵犯。虽然这份证言的编纂者遭到了逮捕和起诉，但调查显示，参与调查的官员并非完全公正无私。三年后，拉美西斯九世令他的儿子拉美西斯十世摄政时，有六个人被判抢劫塞提一世和拉美西斯二世的墓穴，这表明这些胆大包天的强盗现在已经离开了平原，进入了后面山谷中的悬崖墓穴。拉美西斯二世曾在拉宏夺走了塞索斯特里斯二世的金字塔，现在他的后代也以类似的方式对待他。接下来遭受厄运的是塞提一世的一位王后的坟墓，然后是伟大的阿蒙霍特普三世。在一代人的时间内，洗劫墓穴的恶行从未停止，埋葬在底比斯的埃及国王和帝王遗体无一幸免，包括从第十八王朝创始直至第二十王朝结束时的所有法老。只有一具尸体还躺在石棺里，那就是阿蒙霍特普二世的，但它绝没有逃过掠夺。当埃及帝王的坟墓在底比斯遭受洗劫，他们的身体遭受掠夺和玷污之时，他们曾经征服的帝国正在分崩瓦解。

图177 阿蒙大祭司阿蒙霍特普接受拉美西斯九世的授权
不同于传统，他的形象（左）与国王（右）的形象一样高大。

图178 书吏在塞提一世的石棺中留下的记录

这是关于遗体迁移的记录，最后在第二十一王朝的祭司国王的统治下，它被存放在了位于德艾尔巴赫的隐藏处（图179）。

图179 德艾尔巴赫的隐藏处
通往驴后面的小路最顶部的黑点处就是隐藏王室遗体的竖井。见第525页。

第二十四章 帝国的没落

虽然我们找不到任何关于拉美西斯十世统治时期的任何记录，除了被洗劫的王陵，以及对于他的继任者拉美西斯十一世，我们也知之甚少，但在拉美西斯十二世登基时，我们辨识到了我们所追踪的整个趋向的顶点。在他执政不到五年的时候，一个名叫内苏贝内巴德（Nesubenebded）的塔尼斯当地贵族，也就是希腊的斯门代斯（Smendes）吞并了整个三角洲，自立为北方的国王。[14] 拉美西斯三世时期的那位无名维齐尔就曾在阿萨里比斯有过这样的企图，[15] 不过当年的国王太有能力，也太有精力了，因此胆大妄为的贵族毫无胜算。但是，现在的国王已经无法再支配上埃及的全部资源了，也就无法利用这些资源来对付内苏贝内巴德，无能的法老除了退回底比斯别无他法——如果没有发生这次转移，他还可以继续维持他那岌岌可危的王位。就这样，底比斯与亚洲和欧洲之间的海洋及商业联系被三角洲的这个敌对王国横刀切断，它的财富和实力也随之迅速下降。阿蒙大祭司现在实际上成了底比斯公国的首领，我们还将看到底比斯公国逐渐成为一个越来越特殊的政治单位。法老与这位强大的祭司对手联手，继续控制着努比亚。

早在导致三角洲独立的那场革命之前，拉美西斯的迅速衰落就引起了叙利亚的注意。他们心照不宣。曾被拉美西斯三世赶回部落的泰克尔人和派莱赛特非利士人现在又卷土重来，到达了叙利亚。他们渐渐向南移动，把亚摩利人和分散的赫梯人残部推到前面，迫使他们进入巴勒斯坦，后来他们在那里被希伯来人发现。此时距离泰克尔人向拉美西斯三世投降已有75年了。75年来，他们已经在多尔（Dor）建立起了一个独立的王国，就在卡梅尔靠海的一端。[16] 由于我们在希伯来人留存下来的记录中没有发现他们的踪迹，所以他们一定是并入了非利士人的大部。这些非利士人的城邑很可能是从约旦谷的伯珊（Beth-Shean）向西和向南延伸，穿过耶斯列平原，也就是米吉多，再一直延伸到南部沿海平原，把以色列北方部落与南方族人彻底隔绝。我们在巴勒斯坦南部的拉吉和基色发现的陶器是克里特人的，这证实了希伯来人的传说，即非利士人是从克里特[迦斐托（Caphtor）]游荡过来的陌生人。[17] 随着海上来的新移民不断增加，他们扬言要在希伯来部落首领把巴勒斯坦的闪米特人融合成一个国家之前，粉碎以色列，就像他们曾经对亚摩利王国所做的那样。这些来自遥远北方的流浪者吃苦耐劳却又粗鄙，他们的南端边界杵在埃及的大门口。在拉美西斯三世（公元前1167年）死后很长一段时间里，他们都不可能再向法老进贡了。在拉美西斯九世统治时期（公元前1142—公元前1123年），或大约在那个时候，一批埃及使节被当地统治者拘禁在比布鲁斯长达17年，无法返回，最终死在了那里。[18] 拉美西斯三世曾在叙利亚为阿蒙建造了一座神庙，叙利亚的君王们每年都要向这座神庙进贡；然而，在拉美西斯三世死后不到20年或25年，他们就开始无视埃及的权力了。

几年后，在拉美西斯十二世统治时期，去到叙利亚的一位埃及特使在他的报告中生动地描述了叙利亚的情况。从这份报告

第二十四章 帝国的没落

来看,叙利亚的情况的确如此。为了奉行神谕,这位名叫温阿蒙(Wenamon)的特使被派往黎巴嫩脚下的比布鲁斯,为阿蒙圣船采购雪松。阿蒙大祭司荷里霍尔(Hrihor)只给了他一笔可怜的金银,然后给了他一座阿蒙雕像,名谓"阿蒙之路",声称可以赐予"生命和健康",希望以此打动比布鲁斯的君王,弥补金银上的不足。由于温阿蒙必须经过现在由内苏贝内巴德统治着的三角洲,因此荷里霍尔给了他一封写给三角洲君王的信,以便他可以乘坐叙利亚船长指挥的船只通行。没有什么能比这位倒霉的特使所承受的屈辱和窘迫,更生动地描绘埃及此时的颓败了,他没有船只,没有国书,为了换取所需的木材,只能拿出一点微薄的钱财,而他能给比布鲁斯君王留下的只有昔日埃及伟大的记忆。在出海途中停经多尔时,温阿蒙被抢走了仅有的一点钱,也无法从这里的泰克尔君王那里得到任何满足。绝望地等待了九天之后,他择道提尔,前往比布鲁斯,途中不知怎么又从一些泰克尔人手中夺取了一袋银子,弥补了他在多尔的损失。当他终于安全地到达比布鲁斯时,那里的君王扎卡尔-巴尔(Zakar-Baal)甚至都不接待他,而是命令他离开。这就是拉美西斯三世死后的五六十年内,埃及的一位特使在腓尼基的窘境。最后,当绝望的温阿蒙准备返回埃及时,扎卡尔-巴尔身边的一个贵族青年对神圣的预言入了邪,他狂喜地要求将温阿蒙召唤回来,体面地招待并送他离开。这是早期形式的《旧约》中最早为人所知的故事,温阿蒙因此得到了面见扎卡尔-巴尔的机会。这位特使是这样自述的:

"到了早晨,他差人把我带到他所在的海边堡垒里,献上神圣的供物。我发现他坐在楼上的房间里,背靠着一扇窗户,叙利亚海的巨浪拍打着他身后的海岸。我对他说:'阿蒙仁慈!'他对我说:'你离开阿蒙住处已有多少时日?'我说:'到现在五个月零一天。'他对我说:'你若所言属实,那么阿蒙的手书在哪里,是你手里的吗?阿蒙大祭司的书信在哪里,是你手里的吗?'我对他说:'我把它们给了内苏贝内巴德……'他很生气,对我说:'现在你看,那手书和信都不在你手里!内苏贝内巴德给你的雪松木船在哪里?叙利亚船员在哪里?他不会把你的事交给这个船长,让他杀了你!他们会把你扔到海里去!那时他们向谁寻求神[阿蒙之路]呢?还有你!那时他们向谁寻找你呢?'他这样对我说。我对他说:'确实有埃及船只和埃及船员在内苏贝内巴德的下游航行,但他没有叙利亚船员。'他对我说:'在我的港口里,确实有20艘船与内苏贝内巴德有关;在你所要去的西顿,也确实有10 000艘船只,它们与伯克特-艾尔(Berket-El)[可能是一个塔尼斯商人]有关,并驶向他的家。'然后在那个关键时刻,我默不作声。他回答我说:'你来这里所为何事?'我对他说:'我是来找万神之王阿蒙-拉的那艘雄伟庄严的圣船所需的木料的。这是你的父亲曾做过的事,你也要做。'他对我说:'他们确实做了。你若给我一些报酬,我便命我的人去办这件事;法老曾差遣了六艘船,将埃及的货物运来,卸在他们的仓库里。你也要给我带点什么来。'他叫人把他列祖的日

第二十四章 帝国的没落

记拿来，让他们念给我听。他们在他的书中发现1000德本［约244金衡磅］的各类银。他对我说：'如果埃及统治者是我的产业的主人，而我又是他的仆人，他不会送金银来吗？说，"要遵行阿蒙的命令。"这不是他们向我父亲所求贡物的付款。至于我，我不是你的仆人，也不是差你来之人的仆人。我若向黎巴嫩呼喊，天就开了，木头就躺在海边。把你所带来的风帆给我，使你的船只把你的木头运到埃及去！把你［捆绑我所砍伐的树木］的绳子给我，使它们为你扎牢！［如果暴风雨来了怎么办？］当阿蒙在天上打雷时，它们就会崩裂，你就会死在海中……因为［我承认］阿蒙装备了所有土地；他装备了它们，他先装备了你所来自的埃及之地。因为有工艺从那里传来，传到我的住处；又有教导从那里传来，传到我的住处。那么，他们为你安排的这些悲苦的旅行又是什么呢？'我对他说：'哦，有罪的人！我所走的路并不苦。这条河上没有不属于阿蒙的船。因为海是他的，黎巴嫩是他的，也就是你曾说"这是我的"的地方。它为各船之主，阿蒙的圣船而生。是的，众神之王，阿蒙－拉，对我的主人荷里霍尔说："送我去"，然后他便差遣我，带着这位伟大的神［阿蒙之路］。但你看，这位大神在你的港口登陆的时候，你竟让他等了29天，其实你明明知道他在这里。你站在黎巴嫩与它的主阿蒙讨价还价的时候，他还是从前的样子。至于你所说的，从前的王送了金银；如果他们赐了生命和健康，就不会送贵重的东西；他们把贵重的东西送给你的列祖，而没有送生命和健康。至于众神之王阿蒙，他是生命和健康之主；他是你列祖的主，他们一生都在为阿蒙奉献。而你也是阿蒙的仆人。你若对阿蒙说："我会做到！我会的！"然后你遵行他的命令，就必将存活，就必将富足，就必将健康，就必使你的整片土地和你的百姓都喜悦。不要为自己祈求一件属于众神之王阿蒙-拉的东西。是的，狮子爱的是它自己。求你领我的书吏到我这里来，好叫我差他到内苏贝内巴德和腾塔蒙（Tentamon）[他的妻子]那里去，就是得到阿蒙所赐北方之地的统治者，凡我所要写给他们的，他们都要送来，说"让人把它带来吧"，直到我回到南方，把所有的都差送给你，所有琐物[余款还未付]。'我就是这样对他说的。"

善于观察的读者一定从这场精彩的交谈中得出许多结论。这位腓尼基君王毫不迟疑地承认，他的土地欠了埃及文化的恩情，埃及是他的文明之源，但他断然拒绝对埃及统治者承担所有的政治责任，他也从来不称埃及统治者为法老，除非提到一位前君主时。情况一目了然。突然爆发出来的军事热情和一系列有能力的统治者使埃及在几个世纪以来一直享有着帝国的地位，而她不好战的人民天生就不适合占有这个地位；帝王们无能的后代不再与他们的帝国地位相称，他们现在正在以一种近乎可悲的徒劳来祈求昔日的辉煌。这是那个时代的特点，这种祈求只能诉诸宗教，甚至神学，所以温阿蒙会大胆地宣称阿蒙对黎巴嫩的统治。仅仅在两代人以前，那里的腓尼基君王还在拉美西斯三世建立的阿蒙神庙里祭拜和进贡。埃及使节带着神谕和能够赐予"生命和健康"

第二十四章　帝国的没落

的神像，试图与轻蔑他的腓尼基人就木材的事达成协议；而当年图特摩斯三世或塞提一世是带着军团来索要木材的。我们不难理解，为什么法老的军队给扎卡尔－巴尔的祖先留下了深刻的印象，而名叫"阿蒙之路"的雕像却没能打动这位君主。一直到温阿蒙差人回到埃及，又带来几件金银器皿、细麻布、纸莎草卷、牛皮、几圈绳索之类的东西时，腓尼基的统治者才命人去砍所需的木头，尽管他已经命人提前把一些较重的木材运到了驳船的船壳上，以表他的诚意。就在温阿蒙离开底比斯大约八个月后，即将带着他的木材离开时，扎卡尔－巴尔冷冷地告诉了他，曾经某个统治时期的埃及特使们的命运——被拘禁在比布鲁斯长达17年，最终死在了比布鲁斯。他甚至提议要带温阿蒙去看看他们的坟墓。受到惊吓的特使婉拒了这种特权，并补充说，曾经受到这种待遇的特使只不过是人类使节之一，而扎卡尔－巴尔现在收到了神本人，这是一种无上的荣誉！温阿蒙答应给君主还清余款后便上了船，此时他发现了一支由11艘泰克尔船组成的舰队，带着逮捕他的指示，无疑是为了他在提尔到比布鲁斯的路途中从泰克尔的船上抢走的银子。不幸的温阿蒙现在万念俱灰，扑倒在岸边痛哭了起来。甚至连扎卡尔－巴尔也被他的苦难所触动，送给他一个安慰的信息，以及食物、酒和一个埃及女歌者。第二天，这位君主成功地邀请到了这支舰队的泰克尔前来会谈，而温阿蒙则趁机上船逃跑了。然而，一场暴风雨逼得他远远偏离了航线，把他扔到了塞浦路斯的海岸，那里的百姓准备在王后哈提巴（Hatiba）的宫殿里杀死了他。正当王后从一座宫殿走到另一座宫殿时，他幸运地拦住了她。通过询问，温阿蒙在她的随从中找到了一个会说埃及语的塞浦路斯人，他叫这名翻译替他和女王讲话。"对我的女主说："我听见各城，远到阿蒙的住处底比斯，都有不义的事；但这正义却是在阿拉萨[塞浦路斯]的土地上伸张的。但是，瞧，这里每天都有不公正的行为。"她说："的确！你说的是什么？"我对她说："海若狂暴，风若将我吹到我所在的地方，他们就不肯趁机杀我，因为我是阿蒙的使者。我是他们会不断追寻的人。至于他们所要杀的比布鲁斯王的船员，他们的主必从你那里寻得十个船员，他必亲自杀了他们。"随后，温阿蒙的船员被召集起来，他自己也被要求躺下睡觉。他的报告从这里中断了，所以结果也不得而知了。但是，在塞浦路斯，我们再次发现埃及的代表几乎无法保住自己的性命；而曾经塞浦路斯的国王实际上是埃及的附庸，在昔日的辉煌岁月里，法老总是会追究海盗行为的责任。值得注意的是，当他提醒女王关注不愉快的后果时，并没有提到法老，甚至他将比布鲁斯君主的复仇看得比埃及的复仇还要紧。而就在两代人之前，拉美西斯三世的一支庞大舰队还在这片海域摧毁了北方敌人强大的联合海军。因此，温阿蒙的这篇独特而富有启示的报告[19]向我们揭示了，埃及在国外的威望彻底崩溃，同时也让我们震惊，在拉美西斯三世软弱的继任者的统治下，一个地中海盆地的主导国家竟然没落得如此迅速。大约公元前1100年，提格拉帕拉萨一世（Tiglath-Pileser I）出现在了西方。一位法老，

第二十四章 帝国的没落

可能是内苏贝内巴德,考虑到自己以前在三角洲的地位,认为用礼物来安抚亚述人是一个明智的做法,于是送去了一条鳄鱼。就这样,埃及在叙利亚的所有影响力都完全消失了,而在巴勒斯坦,只有一部分完全没有实际政治意义的传统主权国家还留在法老的朝廷上。至于主权的恢复,之后我们将看到,在希伯来王权建立之后,未来的国王在那里进行的零星活动。

此时,底比斯的情况只有一种可能。那些为阿蒙圣船运送木材的使者,不再是法老派来的,而是我们所看见的,是阿蒙大祭司荷里霍尔派来的。第二年,他获得了底比斯王家墓地的充分控制权,派他的人去那里重新包裹并妥善安放塞提一世和拉美西斯二世的尸体,这两具尸体在拉美西斯十世的第一年就遭到了侵犯和抢劫。[20] 洪苏神庙(图183),自拉美西斯三世时代以来,就只建好了至圣所和后殿,而现在荷里霍尔在那里建成了一个柱廊大殿,前面还有一个庭院和一座塔架。这些增建物的墙壁上承载着这个国家的一段重要记忆,见证着埃及正在经历的这种过渡。在新建成的大殿里,正式供奉牌匾的仪式依然按照传统的形式进行,这是自古王国以来一直延续的惯例:"在世国王拉美西斯十二世!他把它作为他的父亲,'美丽的居所底比斯的洪苏'的纪念物,首次以白色细石灰岩为他造了'佩戴王冠的人'[大殿的名称],使他辉煌的神庙永远成为一座美丽的纪念物,这是拉的儿子拉美西斯十二世为他做的。"[21] 但是在墙壁的底部,我们发现一些从未在法老神庙中出现过的文字:"众神之王阿蒙 –

拉的大祭司，南北军总司令，领袖，成功的荷里霍尔；他把它作为他献给'美丽的居所底比斯的洪苏'的纪念物；第一次为他建造的神庙，就像天边的地平线一样。[22]……"所以，我们几乎可以肯定，南方和北方军队的总司令才是这个大殿的真正建造者。在通向庭院的中门两侧，也就是大殿的前面，有两幅浮雕，分别展示着为神庆祝节日的游行队伍。这种队伍的前面，几千年来都站的是法老，而这两幅浮雕上却站的是大祭司荷里霍尔，他正在敬香。然而奇怪的是，定期记录的神恩，原来是由神传达给国王的，现在依然传给拉美西斯十二世！[23] 或许是神秘的哈里发，埃及苏丹国将他从巴格达带到开罗，并在那里维持了一段时间的统治，所以不幸的拉美西斯十二世被迫从他的三角洲住所搬到了底比斯，而古老的法老传统的习俗可能会延续一段时间。从法老在统治第17年时写给努比亚总督的一封信来看，至少在那个时候，他还保留着一些发言权。[24] 但是，上文中所说的那扇有着两幅浮雕的门（图183）向我们表明，他在那里也失去了权威，因为上面刻着荷里霍尔的铭文，日期仍写在拉美西斯十二世的名字下方（不幸的是，年份已经看不到了），此时大祭司成了"库什总督"。[25] 我们记得，阿蒙在第十九王朝末期获得了努比亚黄金国的所有权；[26] 而现在，大祭司更进一步，全面占领了上尼罗河的这个大省。那段铭文还称他为"双粮仓监督者"。由于粮食一直是埃及的主要经济来源，因此"双粮仓监督者"也是国家最重要的财政官员，仅次于总司库本人。现在，大祭司已经走到了权柄之路的顶峰，再也没有他覆盖不到的死角了——他是所有军队的司令，是库什的总督，掌握着国库，并且掌管着神的建筑。当最后一个拉美西斯的官方地位被虚置了至少27年后，大祭司的最高地位最终被洪苏的一道神谕所认可，随后又得到了阿蒙的批准。这是刚才我们说的那段铭文中所记录的。这是一个非常零碎且模糊的文件，还是刻在那扇重要的门上。[27] 在洪苏神庙的发展过程中，就像在这个国家的历史中一样，它标志着国家最终的转变。当现代游客从刻着荷里霍尔和拉美西斯十二世两人名字的内殿，穿过这扇门走到荷里霍尔修建的外院，发现神秘的法老不见了踪影，而大祭司的名字前面却有了法老的头衔，单独出现在王家纹章上。从此以后，"拉美西斯"这个名字不再属于某一个人，而是成了一个头衔，表明享有它的人是这个曾经强大的家族的后裔。

1 | I, IV, 151—412.
2 | IV, 471.
3 | IV, 457—468.
4 | IV, 472.
5 | IV, 473 ff.
6 | IV, 474—483.
7 | IV, 414—415.
8 | IV, 486 ff.
9 | IV, 488 ff.

10	IV, 486—498.
11	IV, 486.
12	IV, 490—556.
13	See Thieves' Confession, above, p. 213.
14	IV, 557, 581.
15	见上文,第 497—498。
16	IV, 558.
17	Jer.47:4; Amos 9:7.
18	IV, 585.
19	IV, 557—591.
20	IV, 592—594.
21	IV, 602.
22	IV, 609.
23	IV, 611.
24	IV, 595—600.
25	IV, 615.
26	III, 640.
27	IV, 614—618.

第二十五章
祭司与雇佣兵：利比亚人的霸权

底比斯发展成为一个独立的神权公国，不仅标志着帝国的垮台，当然也意味着王国统一的终结。从现在开始，底比斯神权君主，阿蒙大祭司，要么是自己统治这个国家，要么就是将底比斯独立出来。由于前者几乎无法做到，所以结果必然就是不断地分裂和分化，从11世纪后半叶荷里霍尔和内苏贝内巴德崛起开始，这种分裂或多或少地以明显的形式持续了450年或更长时间。沾沾自喜的荷里霍尔维持着一个统一"两国"的幻想，他自称为"主"，仿佛他真的统治着这两个国家一样。[1] 他的虚伪到了一种令人惊讶的程度，他在他的头衔上缀满了他所谓的全能力量，并且声称叙利亚的君主们每天都向着他的力量下拜。[2] 还好，从温阿蒙在多尔和比布鲁斯的胆战经历中,我们可以了解到叙利亚统治者对荷里霍尔的真实态度。大祭司的统治方法和理论并不是为了强迫叙利亚人尊重他们。他所建立的国家是一个纯粹的神权国家。早在图特摩斯三世和哈特谢普苏特时代,就有很多阿蒙干预实际政府事务的显著例子。图特摩斯三世本人就是受神谕而加冕的;哈特谢普苏特奉神的命令竖起了自己的方尖碑,并受特殊神谕而派遣她的舰队前往蓬特。但这些和其他神权干预政务的例子都发生在特殊场合。在荷里霍尔的神权统治下,这种神谕成了政府机器的一个常规部分。无论大祭司想合法地实现什么目的,他都可以在任何时候通过特别的神谕得到神的批准。大祭司会预先安排祭拜的神像,然后在这个神像面前表明自己的愿望时,这个神的形象总会以猛烈地点头,甚至是说话来做出对祭司有利的回应。大祭司家族成员的一切遗嘱和财产转让都是阿蒙的神谕,[3]民事文书也因此成为神的律例。被驱逐的政治流放者受神谕而召回,他们的刑事案件在神的面前审理,然后依神的决定处死罪犯。曾有一个受审的神庙官员,也是大祭司最宠爱的官员,有两份关于他的文书被呈到神的面前,一份是宣告他犯有侵占神庙收入之罪,另一份是宣告他无罪。神收下了后一份文件,因此确定被告无罪。[4]祭司们如此卖弄玄虚,在必须执法的时候完全无视法律和正义,这样大祭司就可以假借神的裁决来实现他的一切目的。

荷里霍尔在即位时一定已入暮年(公元前 1090 年)。他没

第二十五章　祭司与雇佣兵：利比亚人的霸权

能活到拉美西斯十二世去世。他死的时候，他的儿子帕耶内克（Payonekh）也年事已高，无法维持底比斯的独立，并与塔尼斯的内苏贝内巴德相抗衡，后者曾一度将他的权力扩展到整个国家。曼涅托称内苏贝内巴德为第二十一王朝的第一位国王，不过曼涅托却从不知晓底比斯的独立。[5]帕耶内克的儿子培瑙日姆（Paynozem）一世很快接替了他的位置，[6]虽然他在底比斯的统治多少是独立的，但他却没有国王的头衔；塔尼斯的内苏贝内巴德后来被比西布基诺（Pesibkhenno）一世接替，可能是他的儿子。虽然培瑙日姆一世无法重获祖父的王位，但他在底比斯公国政府中的表现相当活跃。他继续修建洪苏神庙，修缮了一些古老的神庙。[7]同时，由于无法保护西部大墓地的王室遗体不受到进一步的侵扰，他开始将它们转移到一个更容易守卫的坟墓里，为此他选择了塞提一世的坟墓。[8]此时，他在外交上也取得了杰出成就，并娶了塔尼斯的比西布基诺一世的女儿。因此，在他的岳父去世以后（公元前1067年），他通过他的妻子得到了塔尼斯的王位和统一埃及的主权。他立了他的儿子为底比斯的大祭司，但这个儿子和他任命的第二个儿子都死了。他的第三个儿子曼赫珀拉后来获得了大祭司的职位，并在他的父亲统治第25年的时候去到了底比斯，[9]没有受到任何阻碍便获得了权力。当时的政治动乱是显而易见的，因此他必须立即来到阿蒙面前，得到一道神谕，批准一批被放逐到某个绿洲的政治流亡者返回。这些被流放的人究竟是谁不得而知，但我们可以推测，此次召回是为了安抚底比斯王朝，因为他们现在表现得像当年起义时那样动荡不安，就像托勒密统治下声名狼藉的底比斯一样。[10]

培瑠日姆一世在塔尼斯统治了大约 40 年，虽然他的儿子曼赫珀拉似乎在他去世时（公元前 1026 年）[11]获得了一些王室头衔，但他并没有继承王位，而王位则是落到了一个叫阿蒙尼姆派特（Amenemopet）的人头上。他与培瑠日姆一世是何关系，让人全然不解。当然，在他长达半个世纪的统治里，发生过什么事件我们也一无所知。这些塔尼斯国王并不是伟大的建设者，尽管西布基诺一世在他的塔尼斯神庙周围竖起了一堵 80 英尺长的围墙。[12] 由于他们在其他方面缺乏主动性，所以他们统治的那一个半世纪显然是一个工业和经济持续衰退的时期。我们没有其他时期的数据来帮助我们进行比较，但即便如此也可以肯定，当时的土地价格非常低。在阿拜多斯，十"斯达"（约 6.75 英亩）的土地售价为一德本（略超过 1400 格令）的银。[13] 的确，当时一场突然高涨的洪水给底比斯造成了严重的破坏时，内苏贝内巴德派了一大批人前去修缮城市，[14]但塔尼斯人作为一个整体，对帝国的大首都没有提供任何帮助，它的衰落是平稳而迅速的。他们尊重底比斯王室祖先的记忆，并与底比斯的大祭司们争夺保护帝王遗体的权利。在阿蒙尼姆派特的继任者西阿墨恩（Siamon）统治期间，拉美西斯一世、塞提一世和拉美西斯二世的遗体被从塞提一世的墓中挪了出来，藏入了一位名叫伊尼亚皮（Inhapi）的女王的墓中。[15]但是由于那个时代的动荡不安，几年后，在塔尼

第二十五章　祭司与雇佣兵：利比亚人的霸权

斯王朝最后一位国王西布基诺二世的统治下，它们又被匆忙转移到了最后一个藏身之处，靠近德艾尔巴赫神庙的一座阿蒙霍特普一世古墓。这座墓可能没有使用过（图179）。这是它们的最后一次转移，当负责转运的官员离开时，一位书吏匆匆地在棺材上写下了最后一次转移的记录，[16]以及一些涂鸦。这些涂鸦和150多年前，最早开始在类似情况下进行转移时，匆忙留下的涂鸦有些相似（图178）。这些关于王室棺木和尸体转移的连续记录，让我们看到了当时的人们为了寻找一个安全的地方而将尸体从一座坟墓转移到另一座坟墓。这种徒劳的费力可能就是时代堕落的最有力的证据。从竖井底部进入悬崖的崎岖通道，也就是前往遗体的最终隐藏处的通道，在几年之后，也就是公元前940年之后不久，公元前10世纪初，被封死了。最伟大的法老们在这里安睡了近3000年，直到1871年或1872年，那些底比斯盗墓者（我们至今依然可以读到拉美西斯九世对他们的控诉）的后代们发现了这个地方，随后对王室遗体的掠夺又开始了。现在的当局采取的保护办法与拉美西斯九世当时使用的方法并无太大不同，所以也就难免被盗贼发现这个藏身之处。因此，在古代书吏将它们封藏在此地近29个世纪之后，在这座坟墓的第一个主人安葬于此约3500年之后，埃及国王和帝王的真容暴露在了现代世界的眼前。因此，本书的读者总是会看到3000年前的君主们的真实容貌。

身居异国的第二十一王朝统治者和他们的前辈，第二十王朝末期的统治者们一样软弱。他们可能在努比亚维护着埃及的权力,但在叙利亚,他们的声望并不比温阿蒙在比布鲁斯君主那里受挫的时候好。而他们在巴勒斯坦名义上的宗主国地位可能也是一个流传了一个世纪的宫廷传言。在埃及完全衰落的这段时期,以色列各部落因此得到了巩固其国家组织的机会,在扫罗(Saul)和大卫(David)的统治下,他们一步步战胜了非利士人。埃及人是否参与了这些事件,从而帮助以色列人征服这些吃苦耐劳的沿海居民,目前还无法确定,因为没有任何一座纪念碑向我们透露埃及在这一时期与亚洲的政治关系。纪念碑上不再提到海洋民族;利比亚人从西部开始,和平地征服了三角洲,他们通过逐步的移民得到了从前在敌对入侵中未能获得的东西。虽然底比斯有一支本地自卫军部队,主要由阿蒙大祭司指挥,但利比亚雇佣兵现在充斥在埃及的军队中,并且控制着三角洲重要城镇要塞和驻军的美什维什指挥官们很快就获得了权力和影响力。第二十一王朝初期,一个名叫布尤瓦瓦(Buyuwawa)的利比亚特亨(Tehen)人进驻了赫拉克利奥波利斯,他的儿子穆森(Musen)被任命为赫拉克利奥波利斯神庙的祭司和镇上的雇佣军指挥官。这些职位在他的家族中世袭传承了下去。[17] 穆森的曾孙舍松契,是"美什维什大首领",也是一个有钱有势的人。他把儿子南洛(Namlot)葬在阿拜多斯的一座富丽堂皇的坟墓里,并提供了丰饶的祭品,包括土地、花园、奴隶、侍从和日常的祭献。这一产业的管理者后来被证实对舍松契不忠。舍松契在第二十一王朝的一个国王那里相当有影响力,遗憾的是,这位国王的名字我们已经找不到了。

第二十五章 祭司与雇佣兵：利比亚人的霸权

舍松契遂在底比斯拿到一道阿蒙神谕，并借此让那些不忠的管理者受到了惩罚。[18]虽然我们不能以这种方式追踪整个三角洲地区的其他利比亚指挥官的命运，但毫无疑问，他们都或多或少地享受着类似的荣耀，并逐渐将权力掌握在了他们自己的手中。这个弱小而不光彩的第二十一王朝现在统治了将近一个半世纪了，而同样在这段时期，居住在赫拉克利奥波利斯的利比亚布尤瓦瓦人的后代，经过五代人的发展，不断地增加他们在当地的权威，一直到我们刚才谈到的那个舍松契的孙子，另一个舍松契继承家族代表的角色。这个舍松契，或者是他的祖辈们，从赫拉克利奥波利斯将他们的势力一直扩展到了北方，直到他们控制了一个公国，这个公国的疆域可能远至孟斐斯，南至休特。究竟是塔尼斯家族灭亡了，还是它的最后一位代表力量太弱，无法维持自己的统治，我们可能永远也不会知道。但赫拉克利奥波利斯的雇佣军指挥官的权力如此之大，他把自己的居所转移到了三角洲东部的布巴斯蒂斯；在那里，他夺取了王权，然后在公元前945年，宣布自己为法老。[19]他的家族被曼涅托定为第二十二王朝。因此，在拉美西斯三世死后的两个多世纪里，利比亚人没有拔剑就摘下了埃及的王冠。一个外国士兵坐上法老的尊贵王位与国家落入祭司之手，这两种变化是同时发生的。但是，祭司的权力比士兵的增长得更快，虽然这两种情况都根植于第十八王朝的帝国制度。

舍松契很快让他家族的这种继承权具备了合法性。他让自己的儿子娶了第二十一王朝最后一个塔尼斯国王佩西布基诺二世的女儿，让他的儿子通过妻子获得了王位的继承权，为儿子争得了无可争议的合法性。[20] 他是一个有活力、有能力的统治者，我们现在称他"舍松契一世"，他有可能会把埃及重新焊接成一个强大的国家；但他在建立新国家时必须应对的那些因素却在阻碍形成任何一个稳定的结构。这本质上是一个封建组织，现在受到了舍松契一世的影响。那些对他忠心耿耿的君主，大多是像他一样，曾经是动荡不安的美什维什部落的首领。他们自然不会忘记他的出身，也不会看不到，一场成功的政变可能会为他们中的任何一个人带来实现自己目标的机会。尽管我们不能区分他们在地理上的势力，但很明显，他们统治着三角洲的城市，向法老提供了他们的兵力。上埃及被组织成了两个公国：如我们所见，北至上埃及北部，南至休特的赫拉克利奥波利斯公国；由休特发端，包括直至大瀑布的所有国土，也许还包括努比亚的底比斯公国。因此，这个国家已经分化成了三个部分，与托勒密和罗马时期的情况大致对应。[21] 舍松契因为他的出身而控制住了赫拉克利奥波利斯，他所带领的家族与孟斐斯的普塔大祭司保持着密切的关系。统治不到五年，[22] 他就兼并了底比斯。他曾试图任命自己的儿子为阿蒙大祭司，希望以此来维持对家族的支持，[23] 但是阿蒙祭司仍然维持着一个独特的公国，有能力对三角洲的统治家族提出强烈反对。这座城市至少不用向法老缴税，也从未接待过法老的财政官员。[24] 在这种情况下，一旦没有舍松契一世这样一只强有力的手

第二十五章 祭司与雇佣兵：利比亚人的霸权

掌控全局，三角洲地区的利比亚领主之间或者强大的南方公国就可能会爆发争端。

在充满活力的舍松契的领导下，埃及的外交政策呈现出更具侵略性的特征，她长期以来对巴勒斯坦的正式的主权要求实际上受到了压制。所罗门（Solomon），埃及的一个附庸，可能娶了法老的一个女儿为妻,他的埃及宗主恩赐于他一座重要的城市，基色，从而扩展了他的领土。[25] 我们上一次听说基色还是在300年前的麦伦普塔赫统治时期；不过它从来没有被以色列人制伏过，而且它的迦南领主现在开始背叛了。法老遂将这座城攻取并烧毁，然后交给所罗门重建。[26] 一个让所罗门无法躲避的法老，攻取并焚烧基色这样的巴勒斯坦坚固城市的法老，不可能是第二十一王朝末期的某个堕落的法老，他一定是一个具有侵略性的统治者，恢复了埃及在巴勒斯坦的控制权。这个时代出现的这样一位法老，除了舍松契一世，我们想不到还有谁了。当希伯来王国在所罗门的继任者罗波安（Rehoboam）的统治下分裂之后，已经窝藏了逃亡的耶罗波安（Jeroboam，罗波安在北方的敌人）的舍松契一世，看到了一个绝好的机会，可以无可争议地在巴勒斯坦宣示主权。因此，在罗波安统治的第五年，可能是公元前926年前后，他入侵了巴勒斯坦。他的军队只向北深入了加利利海的纬度，向东可能延伸到了约旦河以东的玛哈念（Mahanaim）。[27] 此时距离埃及军队上次进入亚洲已过去了270多年。到了耶斯列平原上的城镇后，舍松契释放了他的利比亚雇佣兵，他们开始从北方的利合（Rehob）一路掠夺，经过哈巴连（Hapharaim）、米吉多、他纳、书念（Shunem），一直到东部约旦谷的伯珊。在南方，他们破坏了耶拉撒、伯和仑（Bethhoron）、亚雅仑、吉比恩（Gibeon）、索苛（Socoh）、伯亚诺（Beth Anoth）、沙鲁亨和阿拉德（Arad），最后两个地方是他这次活动的最南方。根据希伯来人的记载，[28] 他们还进入了耶路撒冷，掠夺了所罗门时代积累在那里的财富。但很明显，舍松契的讨伐是公正的，针对的是两个王国，并不是单独针对犹大。[29] 后来，他声称已经把米坦尼推向了北方，但这显然只是他的吹嘘，因为此时米坦尼早已不再是一个王国了。[30] 在他记录的他所夺取的其他巴勒斯坦城镇中，有一个至今未被注意到的地方，叫作"亚伯拉罕（Abram）之地"，在这里我们第一次发现了以色列英雄亚伯拉罕的名字（图180）。舍松契带着大量的战利品回到埃及，用以补充长期枯竭的法老宝库。他在底比斯的卡纳克神庙的墙壁上，记录了巴勒斯坦和努比亚的贡品，他现在已经控制了这两个地区，除此之外还有帝国征服的其他土地的贡品。[31] 他在大绿洲任命了一位新的利比亚总督，他的一位利比亚附庸国首领管理着三角洲西部，并管理着与大绿洲之间的商队来往。[32] 因此，至少有一段时间，从巴勒斯坦北部到尼罗河上游，从大绿洲到红海，贡品都源源不断地流入国库，恢复了第十九王朝时期的帝国辉煌。

于是，国库得到了补充，法老们传统的建筑工程得以复兴，这些建筑已经停产了 200 多年。他美化了布巴斯蒂斯，他的三角

第二十五章 祭司与雇佣兵：利比亚人的霸权

洲居所，并在底比斯启动了卡纳克神庙的大型扩建项目。他的儿子叶伟佩（Yewepet），那里的阿蒙大祭司，派了一支探险队前去塞勒塞拉，为一座巨大的庭院和塔门寻找石头。这座庭院和塔门将建在卡纳克神庙的西面，作为面向河边的宏伟大门。庭院的侧墙和柱廊是第十九王朝以后的某个时候规划和建造的，不过那时却没有建造塔门。它曾经是，现在也是现存最大的神庙庭院，宽超过314英尺，深269英尺，前面是埃及最大的塔架，厚36英尺，高150英尺，前面有357英尺（地图11）。他打算在他登基30周年的加冕节上使用它。我们不知道他是否真的在这个场合使用了它，但直到他去世时，这座建筑依然没有完成，建筑工人的脚手架和运送晒干砖的斜坡现在仍然挡着它的墙壁，墙壁旁是存在了许多世纪的废墟。然而，部分装饰已经完成了，在现在被称为布巴斯蒂斯大门的南门旁边，舍松契用古老的方法呈现了一个巨大的浮雕，描绘了他在阿蒙面前痛击亚洲人的情景，阿蒙和底比斯的主女神一起带领十排俘虏并赠送给他，包括156名巴勒斯坦俘虏，每一个都象征着一个舍松契俘获的城镇或地区，并带有城镇的名字。[33] 其中可以辨认出许多《圣经》中的名字，其中主要的几个我们曾经也注意到过。

大约公元前920年，当舍松契一世的儿子和继承人奥索尔孔（Osorkon）一世即位时，他继承了他的妻子的继承权，也就是第二十一王朝最后一位国王佩西布基诺二世的女儿。他继承到了一个繁荣的王国和巨大的财富。在他统治的头三年多一点的时间里，他一共给了埃及神庙不少于 48.7 万金衡磅的银，金银加在一起一共给了 56 万金衡磅，当然这里面包含刚才说的银的总量。[34] 这些巨额捐献是利比亚王朝早期财富和繁荣的最显著证据。为了控制赫拉克利奥波利斯的公国，奥索尔孔一世在法尤姆河口建立了一个据点，[35] 而在底比斯问题上，他则效仿他的父亲，将他的一个儿子任命为那里的阿蒙大祭司。他的两个儿子在任职期间去世以后，他的第三个儿子舍松契接任了这个职位。这个舍松契在底比斯享有着显赫的地位，获得了王室头衔，随着他的权力的放大，他以自己的能力确保了他的儿子获得了底比斯神权君主的继承权。[36] 因此，公元前 895 年左右，当塔该罗特（Takelot）一世在布巴斯蒂斯接替他的父亲奥索尔孔一世时，他强大的兄弟舍松契成了他在底比斯的对手。但在塔该罗特一世短暂统治之后，他的儿子奥索尔孔二世重新控制了底比斯，并在一场大洪水之后对那里的卢克索神庙进行了修缮。[37] 奥索尔孔二世在塔尼斯的一座雕像上保留了一段祈祷文，其中有一条请愿，充分暗示了利比亚王朝当时所处的不稳定局面。他祈祷他的后裔能统治"众神之王阿蒙-拉的大祭司；美什维什的大首领……和赫里沙夫的先知"，[38] 最后一条说的是赫拉克利奥波利斯的利比亚统治者，那里也是法老家族诞生的地方。他还说："你要把我的儿女安置在我所赐给他们的官邸里，弟兄不可反害弟兄。"[39] 这段祷告的字里行间，都透露着那个王朝的故事。它因家族纷争而分裂，并且经常受到这样或那样的反抗的威胁，还要应付强势的雇佣军指挥

第二十五章 祭司与雇佣兵：利比亚人的霸权

官,他们认为自己受到了不公的待遇,企图通过武力来改善自己的地位。

从所有重要细节来看,埃及的这些利比亚统治者已经完全埃及化了。第一个舍松契的祖父在阿拜多斯以埃及的方式埋葬了他的儿子,并按照埃及的殡葬信仰为这座坟墓祭献。[40] 尽管他们还保留着利比亚名字,但布巴斯蒂斯的统治者还是采用了埃及1500年来沿用的整套头衔。他们的雇佣军指挥官仍然保留着他们过去的本土头衔,翻译过来是"美什维什大首领",在遗迹上也经常缩写成"美大首领";他们崇拜埃及诸神,并像埃及人一样,为了获得神的恩宠而向神庙赠送土地。[41] 虽然埃及文化可能只是一种表面现象,他们可能仍然是利比亚的野蛮人,但是埃及化的进程正在迅速推进。就统治家族而言,毫无疑问,他们的埃及化实际上已经完成。因此,在奥索尔孔二世统治的第22年,他在布巴斯蒂斯修建了一座气势恢宏的大殿,以埃及的方式来庆祝自己被立为王储30周年。[42] 但是,加冕节的盛况并不能掩盖王朝的衰落,局势中固有的危险力量开始渗入布巴斯蒂斯家族。奥索尔孔二世曾与他的儿子舍松契二世有过短暂的共治,这位王子去世后,[43] 他又选了另一个儿子与之联手。经过七年的共治之后,这位王子于公元前860年继承了王位,成为了塔该罗特二世。

第二十二王朝自此开始走向衰亡,虽然我们只能追溯到底比斯公国的这段历史,但它清楚地显示了当前这个国家的封建君主们浮躁不安的性格。塔该罗特二世十一年来到底比斯的大祭司奥索尔孔，在卡纳克神庙的墙壁上留下了一系列的历史记录，以他自己的名义记录他的事迹以及他给神庙的祭献。[44]这些记录表明，他为了向底比斯人示好，新创立了一个包含丰厚祭献的神庙历，但他还是在一场起义中被逐出了这座城市，这场起义最终蔓延开来，将南北双方都卷入了内战。大祭司逃跑了，战争持续了好些年，直到他最终得到了父亲的追随者们的支持。当他再次回到底比斯时，随着他那长长的船队渐渐靠近城市的河岸，他欣喜若狂。他立刻回到神庙，阿蒙从那里出来，带着华丽的队伍迎接他，神在那里发布了一道神谕，免除了底比斯人因叛乱而受到的惩罚。这些重大的事件，保存在大祭司编年史的几行贫瘠且支离破碎的文字中。[45]这无疑是最后三个布巴斯蒂斯君主统治时期的事件，他们继续控制着底比斯，统治了100年，尽管他们的布巴斯蒂斯城已经完全毁灭，几乎没有或根本没有留下任何关于他们的统治生涯的记录。起义必然会增加底比斯和赫拉克利奥波利斯两个公国之间的敌意，这一方面，我们发现了明显的证据；[46]同时在三角洲的雇佣军首领之间也引发了争斗。这种情况很像马穆鲁克统治下的情况，当时的人民在各种压迫下呻吟，特别是两个不同的领主经常相继课收重税，人们一次又一次地起义，结果却被雇佣军以屠杀和掠夺的方式镇压下去。在这种情况下，法老在巴勒斯坦的影响力一定已经完全消失了。但是，由于担心叙利亚尼尼微的势力日益强大，其中一个布巴斯蒂斯君主，可能是塔该罗特二世，向西方联盟贡献了1000人的兵力，用来对抗

第二十五章 祭司与雇佣兵：利比亚人的霸权

亚述人，然而这一联盟却在公元前854年，在奥龙特斯河域的卡尔卡尔（Qarqar）被撒缦以色（Shalmaneser）二世打败。

我们无法确定塔该罗特二世之后，最后三个布巴斯蒂斯君主之间的亲属关系。舍松契三世、毗摩（Pemou）和舍松契四世可能与他没有关系。他们掌管着孟斐斯和底比斯，他们的名字偶尔出现在各处的小型遗迹上。埃及古代辉煌的纪念物在他们手中遭到了公然的破坏，塔尼斯的拉美西斯二世巨像和其他早期的纪念碑被拆毁，被舍松契三世用于建造他的塔尼斯塔门。很明显，在他们统治期间，三角洲的地方领主和统治者逐渐获得了独立，其中许多人很可能早在公元前745年前后，舍松契四世尚未去世时就放弃了对布巴斯蒂斯王族的效忠。而当舍松契四世去世时，第二十二王朝也随之走到了尽头。

其中一个三角洲领主，名叫皮狄巴斯特（Pedibast），他在舍松契四世死后，抛弃了布巴斯蒂斯的宗主地位，在他的竞争对手中夺取了主导地位，并建立了一个新的王族，被曼涅托称为第二十三王朝。曼涅托把这个王朝定在塔尼斯，但是，正如皮狄巴斯特的名字所告诉我们的，他出身于布巴斯蒂斯。稍后我们将看到，他抛弃了布巴斯蒂斯的家族，而他的继任者后来又回到了布巴斯蒂斯继续统治。皮狄巴斯特得到了底比斯，并一直占领到他统治的第23年，不过自第14年起，他就开始被迫与三角洲东部的一个叶伟佩的国王分享对底比斯的控制权。[47]维也纳的一张民间纸莎草纸上记录了一个民间故事，揭示了混乱的统治者之间那种动荡不安的局势，其中就包括不受皮狄巴斯特控制的叶伟佩。它讲述了三角洲门德斯（Mendes）的统治者卡门霍特普（Kaamenhotep）和赫里奥波里斯的雇佣军指挥官毗摩之间长期而严重的不和。争端的起因是卡门霍特普没收了一艘价值不菲的邮船，而皮狄巴斯特无法阻止三角洲统治者之间的广泛敌对，因为他们互相指责对方是引发争端的始作俑者。[48] 在皮狄巴斯特的继任者奥索尔孔三世的领导下，占据统治地位的家族的权力迅速减弱，最终三角洲的各个城邑，甚至是河流上游的赫尔默普利都有了独立的君主或小国王。我们知道这其中 18 个统治者的名字，[49] 他们之间的斗争导致了埃及国家的彻底解体。至此，这片土地又变成了史前时代那样，充斥着一个个小的地方政治单位，就像统一的中央政府出现之前一样。它的力量完全瘫痪了。从希伯来先知等政治家的政治智慧来看，埃及政党在以色列的政策是多么无用，他们本可以依靠埃及的支持来对抗亚述的压迫。公元前 734—公元前 732 年，提格拉帕拉萨三世的军队摧毁了埃及的西部边境，三角洲地区的国王们深陷在他们复杂而琐碎的战争中，无法给可怜的希伯来人提供任何帮助。他们也没有预见到，底格里斯河上的强国很快就要越过分隔埃及和巴勒斯坦的沙漠，吞并古老的尼罗河王国。不过，在这场不可避免的灾难爆发之前，掌握法老宝座的实际上是另外一个外国势力。

第二十五章 祭司与雇佣兵：利比亚人的霸权

图 180 "亚伯拉罕之地"

这个地名出现在舍松契一世留在卡纳克的名单里，也是历史上首次出现"亚伯拉罕"这个名字。见第 530 页。

图 181 以撒哈顿的森吉利石碑

他领着他的俘虏，提尔的巴尔和长着黑人面孔的跪着的塔哈尔卡（Taharka）。（现藏于柏林博物馆）

图 182 普萨姆提克一世的塞拉比尤姆石碑

记录了普萨姆提克一世二十一年年初，即塔哈尔卡二十六年，一位阿匹斯的死亡。

1	IV, 620.
2	IV, 623.
3	IV, 795.
4	IV, 670—674.
5	IV, 627, 631.
6	IV, 631.
7	IV, 633—635.
8	IV, 642.
9	IV, 650.
10	IV, 650—658.
11	IV, 661.
12	Petrie, Tanis, I, 19.
13	IV, 681.
14	IV, 627 ff.
15	IV, 664—667.
16	IV, 691—692.
17	IV, 785—793.
18	IV, 669—687.
19	IV, 785 ff.
20	IV, 738.
21	IV, 745—747.
22	IV, 700.
23	IV, 699.
24	IV, 750.
25	I Kings, 9:16.
26	I Kings, 9:15—17.

第二十五章 祭司与雇佣兵：利比亚人的霸权

27 | IV, 709 ff; Amer.Jour, of Sem.Lang., XXI, 22-36.
28 | I Kings, 14:25.
29 | IV, 709—722.
30 | IV, 710.
31 | IV, 723—724 A.
32 | IV, 782—784.
33 | IV, 709—722.
34 | IV, 729—737.
35 | IV, 853.
36 | IV, 738.
37 | IV, 742—744.
38 | IV, 747.
39 | 出处同上。
40 | IV, 669 ff.
41 | IV, 782—784.
42 | IV, 748—751.
43 | IV, 697, No, 13; 772.
44 | IV, 756—770.
45 | IV, 763—769.
46 | IV, 790.
47 | IV, 794, 878, No. 2.
48 | Wiener Zeitsch. für die Kunde des Morgenlandes, XVII, sequel to Mitth. aus der Samml. der Pap.Erzherzog Rainer, VI, 19 ff.
49 | IV, 796 ff.; 830, 878.

第二十六章
埃塞俄比亚的霸权和亚述的胜利

现在,下努比亚已经被埃及人统治了1800多年,而从第二瀑布上游一直到第四瀑布之间的地区,大部分也被埃及人控制了1000年了。我们已经看到,这个国家逐渐被埃及化,努比亚的每一座大城市都有一座宏伟的埃及神庙,自从拉美西斯二世时代以来,埃及众神在各处都受到崇拜。虽然当地人仍然使用他们的母语,但埃及语是当地的行政和政府语言,也是定居在那里的埃及移民所使用的语言。上努比亚肥沃多产的土地,下努比亚东部山区丰富的矿藏,在某种程度上补偿了其农业上的贫瘠;来自苏丹的活跃贸易不断地从该国经过,使这里充满了资源和可能性。这些慢慢地唤起着埃及化的努比亚人与生俱来的权利,现在他们

第二十六章　埃塞俄比亚的霸权和亚述的胜利

终于开始意识到了。东部沙漠敌对部落，苏丹黑人的偶尔袭击仍在继续，但基本上没有妨碍这个国家的发展。

舍松契一世依然控制着努比亚。[1] 到了塔该罗特二世统治的后半段，底比斯的阿蒙大祭司已经能够向神敬献努比亚的黄金了，[2] 可以肯定，这些黄金肯定是通过贸易获得的。然而，公元前850年前后，第二十二王朝中叶之前，这个大瀑布国家很可能还是埃及的一个属国。我们记得，几个世纪以来，努比亚一直与底比斯和阿蒙神庙有着密切的联系。那里有一个"阿蒙黄金国"，早在第十九王朝末期就有了自己的统治者；第二十王朝末期，阿蒙大祭司成了努比亚总督；而在第二十一王朝，这个职务开始由底比斯的神权君主担任。[3] 因此，自13世纪末以来，底比斯的统治阶层就一直牢牢控制着努比亚，超过100年；之后，他们的控制加强，直到完全占有，更是超过250年。当我们回忆起，第二十一王朝的塔尼斯人曾经把反对他们宗主国地位的那些动乱的底比斯家族赶到了一个绿洲上，可后来又被迫召回这些流放者时，当我们想起在塔该罗特二世统治下，底比斯爆发了漫长而危险的叛乱，[4] 而阿蒙神谕又赦免了这座反叛的城市时，我们不难发现，在这种情况下，底比斯的祭司家族时常会为了躲避北朝王朝的报复，而被迫逃到遥远的努比亚瀑布地区，以寻求安全，这有效地切断了北方的追捕。这样的逃窜不太可能留下记录，因此我们没有直接的文献来证明它的发生；但是到公元前8世纪中叶，一个完全发展起来的努比亚王国出现在我们的视野中，它的政府设在纳帕塔，就在第四瀑布之下。在700年前的阿蒙霍特普二世时期，纳帕塔是埃及的一个边境站点；在被埃及占领之前，它无疑是埃及和苏丹之间的重要贸易站。此外，它是埃及努比亚最偏远的地方，因此最安全，不受北方攻击。

根据我们对其起源的解释，这里出现的国家是底比斯阿蒙神权政体的复制品。国神是阿蒙，他继续通过具体的神谕直接干预政府事务。这里的神权甚至比底比斯的更加专制，最终，甚至连国王也在神的要求下被迫退位，然后神又立了一个新的统治者。然而，最终的局面是逐步发展的结果，起初并不是如此。在希腊时期，埃及的祭司们习惯于将埃塞俄比亚神权政体描述为一个理想境界，并且，与这个理想境界的概念密切相连的还有一个错误的观念，即埃塞俄比亚是埃及文明的源头，这是希腊人普遍的共识。这个国家的国王拥有所有法老的头衔，自称为两国之主，仿佛他统治着整个埃及。起初，他可能只有一个埃及名字，然后这个名字很快就消失了，取而代之的是一个纯正的努比亚名字，不过他的王衔和其他国家称谓仍然长期保留着埃及的形式。他建造的神庙是埃及式的建筑，以埃及浮雕装饰，并带有象形文字铭文，采用埃及传统的献祭形式。墙上描绘的仪式是底比斯使用的仪式。所以，这个国家起源于埃及文明，这是无可争议的，它的底比斯特征也是经得起考究的，尽管如何解释最终形成的这个事实，各方可能还存在一些不同意见。

我们第一次看到上尼罗河的这个新王国时，正是公元前8

第二十六章　埃塞俄比亚的霸权和亚述的胜利

世纪中叶之前，它当时由卡什塔（Kashta）国王统治。⁵我们无法向北追踪他的势力范围，也不知道他统治时期的任何情况。他的儿子皮安基（Piankhi），在公元前741年前后继承了他的王位，很可能自此开始了对埃及的吸收。无论如何，到公元前721年或722年，他已经占领了上埃及，北至赫拉克利奥波利斯，就在法尤姆以南，并在重要的城镇设有努比亚驻军。当时，在布巴斯蒂斯，以奥索尔孔三世为代表的第二十三王朝实际上已不再统治布巴斯蒂斯地区，他被对手包围，他的对手遍及三角洲的每一个重要城镇；在三角洲西部，他还有一个好斗且强大的对手，赛伊斯的统治者泰夫纳克特（Tefnakhte）。⁶在皮安基执政的第21年，他在上埃及的指挥官向他报告说，泰夫纳克特击败了整个三角洲西部的统治者，以及三角洲上游尼罗河两岸的王朝，几乎南至贝尼哈桑附近。除此之外，他还控制了三角洲中部和东部的所有领主，所以他实际上成了整个下埃及和上埃及下半部分的国王。只有赫拉克利奥波利斯，这个我们已经认识的强大公国，坚决抵抗他并受到了他的围攻；而与此同时，所有附庸他的三角洲领主都在给他提供支援，协助围攻。诡计多端的皮安基意识到北方的力量平衡已经被彻底摧毁，他希望把他的敌人引到更南的地方，远离他无法渗透的三角洲沼泽地带，于是他静静地等待事态的发展。随后，北方指挥官的第二份报告送来，告诉他赫尔默普利的国王南洛已经向泰夫纳克特投降。于是，皮安基派他的指挥官前去埃及北部侦察，看泰夫纳克特是否进一步向南推进，并包围赫尔默普利。泰夫纳克特真的如皮安基所愿,与此同时,皮安基从努比亚派遣了第二支军队前去支援北方。离开底比斯后,第二支努比亚军队与泰夫纳克特的舰队相逢,并击败了他们,俘获了许多船只和囚犯。他们继续向北,很有可能沿着约瑟运河顺流而下。他袭击了围攻赫拉克利奥波利斯的泰夫纳克特部队,迫使他们由陆路和水路逃走。这些北方人逃到了约瑟运河的西边。第二天早上他们又在那里受到了努比亚人的追赶。再次感到不安的他们被迫撤退到三角洲。曾与泰夫纳克特的附庸国战斗过的赫尔默普利国王南洛逃过一劫,于是返回自己的赫尔默普利,保护其免遭努比亚人的袭击。得知这一消息,努比亚的指挥官沿约瑟运河而上,回到了赫尔默普利,然后将其紧紧地包围了起来。

接到这些行动报告后,皮安基非常愤怒,认为不该让北方军队逃回三角洲。到了这个日历年的年末,在本国庆祝了新年之后,皮安基决定前往底比斯,去庆祝3月的盛大节日奥佩特节,然后亲自率军征讨北方。与此同时,他派去埃及的指挥官占领了赫尔默普利下游和附近的城镇,包括重要的奥兹里希努斯(Oxyrhyncus),但赫尔默普利仍在负隅顽抗。随后,皮安基按照计划在当年年初出发去往北方。3月,他如期在底比斯庆祝了奥佩特节,并继续前进,去接管围攻赫尔默普利的行动。这场围攻现在已经持续了四个月,甚至五个月了。皮安基猛烈地推进了围攻。这座在劫难逃的城市日日承受着从堤岸和高塔上倾斜而下的箭和石头;堆积如山的尸体散发出令人难以忍受的恶臭。皮安

第二十六章 埃塞俄比亚的霸权和亚述的胜利

基到达后不久,这个地方就准备好投降了。它的国王南洛发现,不管自己送上任何礼物,即使献上自己的王冠,都对皮安基毫无用处,于是他派王后去恳求努比亚的妇女,让她们代表南洛向皮安基求情。这个计策成功了,在临死之时保住了他的性命,南洛将他的城市和所有财富拱手让与皮安基,皮安基遂立即接管了这座城市。在检查了南洛的宫殿和国库之后,皮安基进入了赫尔默普利的马厩。他的编年史上这样说:"陛下进入了马厩,和饲养马驹的区域。当他看到它们正在忍受饥饿时,他说:'我发誓拉爱我……比起你为了满足你的欲望而行的任何邪恶之事,更让我痛心的是,我的马一直在挨饿。'"[7]南洛的财富随后被分配到了皮安基的王家财政部和阿蒙的神圣产业。

泰夫纳克特的封锁已经让赫拉克利奥波利斯精疲力竭,这个被困国的国王佩夫迪巴德(Pefnefdibast),此时连忙上前迎接皮安基,盛赞他的出手相救。然后,皮安基顺着约瑟运河继续向三角洲挺进,河西岸的所有主要城镇看到皮安基的部队后都相继投降,除了法尤姆的克罗科迪洛波利斯(Crocodilopolis)。这个地方可能远离他的航线,因为他要经过法尤姆河口的拉宏。也是因为同样的原因,他也没有到达河东岸的亚弗罗底波立,他的航线是经过麦杜姆和伊索托威,到达孟斐斯。努比亚国王在他沿途经过的各城向诸神献祭,并且为了充盈自己的国库和阿蒙的产业,占有了所有可得的财产。

到达孟斐斯后,他发现泰夫纳克特的防御已经非常坚固了,这座城市现在已经被收入了他的王国。他已经占据这座城市很长时间了，而且他是孟斐斯的伟大神祇普塔的大祭司。面对皮安基的劝降，孟斐斯人关闭了城门，发动了突袭，但显然效果不太好。在夜色的掩护下，泰夫纳克特成功地进入了城市。他敦促守军依靠坚固的城墙、充足的补给和高涨的水位来保护东部免受攻击，并激励他们坚持下去，而他自己则骑马北上寻求增援。在城市北部登陆后，皮安基对这个地方的强大力量感到惊讶。他的部下中，有些人赞成围攻，也有人希望对堤防和堤道上的城墙进行猛攻。皮安基决定进攻，但他拒绝费力的行动，而且由于进程太慢还会给敌人准确地指示出攻击地点，因此他制订了一个精明的进攻计划，这充分证明了他的战略才能。这座城市西部的高墙最近被筑得更高了，而东面很明显被人为抬高的水位保护着，却被忽视了。这里位于港口，现在船只浮得很高，船头的缆绳被系在城里的房屋中间。皮安基派他的舰队进攻港口，很快就捕获了所有船只。随后，他亲自指挥，迅速地将缴获的船只和他自己的舰队沿东墙排列，从而为他的进攻阵线提供了基础，他立即派人越过城墙，在东墙的防御力量加强之前占领了这座城市。接下来便是一场大屠杀，但侵略者尊重且保护了所有的圣所，当然普塔也罢黜了泰夫纳克特，承认了皮亚基的国王地位。

后来孟斐斯的整个地区都屈服了，于是三角洲的统治者蜂拥而至，给皮安基带来贡品，以示臣服。把孟斐斯的财富分到阿蒙和普塔的宝库后，皮安基穿过河流，在赫雷哈－巴比伦

(Khereha-Babylon)的古老圣所里祭拜了以后，沿着古老的圣道，去了赫里奥波里斯，在那里的港口安营。他的编年史里详细地记述了他如何进入太阳神的圣地，神按照遥远的第五王朝以来的惯例，承认他为神的儿子，以及埃及王位的继承人。在布巴斯蒂斯，第二十三王朝的奥索尔孔三世现在只是一个小君主，和其他小国的统治者一样，他拜访了皮安基，承认了努比亚的宗主国地位。随后，皮安基把营地搬到了阿萨里比斯以东的一个叫克赫尼（Keheni）的小镇上，在那里接受了三角洲领主的臣服。这之中有15位统治者：两位国王，此时依然跟在皮安基身边的奥索尔孔三世，和三角洲东部的滕特穆（Tentremu）的叶伟佩国王，后者曾与奥索尔孔三世的前任皮狄巴斯特共享底比斯；九位君主，分别统治着门德斯、塞布尼托斯（Sebennytos）、萨夫特·埃尔-亨尼赫（Saft el-Henneh）、布西里斯、赫塞布卡（Hesebka，第11诺姆）、法克罗里奥波利斯（Phagroriopolis）、赫雷哈-巴比伦，以及三角洲及其附近的其他无法确定的城镇；最后，还有赫尔默普利-帕尔瓦（Hermopolis Parva）的一名雇佣军指挥官，也是门德斯君主的儿子，以及一位荷鲁斯祭司，他曾在莱托波里斯（Letopolis）建立了一个神权公国，就像赫拉克利奥波利斯的祭司所建立的，诞生了第二十二王朝的公国一样。其中，阿萨里比斯的君主佩迪埃斯（Pediese）对皮安基表现出了特别的忠诚，并邀请皮安基到他的国家，把所有的财富都交与努比亚人支配。于是，皮安基来到阿萨里比斯，接受了佩迪埃斯的礼物，他可以为自己挑选最好的马,甚至进入了佩迪埃斯的马厩。精明的阿萨里比斯人正是察觉到了他对马的喜爱,特别邀请他前来的。三角洲的15个领主,当然除了佩迪埃斯以外,自行解散,然后回到他们的城市,效仿佩迪埃斯,又给皮安基送来了更多的礼物。

绝望的泰夫纳克特此时驻扎在米塞德(Mesed),一个位置不明的城镇,但可能在他的赛伊斯边境的某个地方。他烧毁了他无法保存的船只和物资,没有让皮安基俘去。然后,皮安基的一批军队到了米塞德,杀死了那里的守军。此时,泰夫纳克特来到了尼罗河西岸一个偏远的岛屿上避难。绵延数英里的三角洲沼泽和一望无际的灌溉渠把这个逃亡者和皮安基隔开了。派遣军队到这样一个地区是一项危险的任务。因此,当泰夫纳克特送了一些礼物和一封卑微的投降信,请求皮安基派一个使者给他,让他可以和这个使者一起去附近的神庙,宣誓效忠他的努比亚宗主国时,皮安基欣然接受了这个提议。泰夫纳克特以这种不那么羞耻也不那么危险的方式,接受了皮安基的宗主权。后来,法尤姆和亚弗罗底波立两国的国王,也就是皮安基在北上途中没有骚扰过的两位国王,带着他们的礼物出现在了皮安基的面前。至此,这个努比亚法老完全得到了承认,取代了利比亚人,成为全埃及的领主。

当三角洲的附庸们最后一次造访皮安基时,他把北方的财富装上了他的船只,在北方人的欢呼声中驶向了他在南方的都城。如果我们为现在已经结束的战役投入明显不成比例的空间,那是

第二十六章 埃塞俄比亚的霸权和亚述的胜利

因为它比以往或以后任何时候都更清楚地向我们表明，每当受到削弱的中央权力暴露给地方统治者时，埃及总会出现一种情况，使地方统治者可以毫无危险地获得独立，甚至逐渐篡夺法老的王冠。到达纳帕塔后，皮安基在阿蒙神庙内竖立了一块宏伟的花岗岩石碑，[8]四面都刻上了字，详细记录了整个战役；在这场战役中，他作为阿蒙的儿子，羞辱了这位神在北方的所有敌人。除了图特摩斯三世的编年史和拉美西斯二世关于卡叠什战役的文件外，这座非凡的文学纪念碑是对一支从古埃及幸存下来的军事远征队最清晰、最合理的描述。它展示的文学技巧和对戏剧场景的欣赏，也是值得注意的，而随处可见的生动修辞也使它摆脱了这类象形文字文件中常见的枯燥语调。相比其他类似的埃及历史故事，想象的手法更容易为其中的人物赋予生命；仁慈的皮安基，尤其是作为一个爱马者，与其他类似记录中的统治者截然不同，后者往往被描述为神的同伴，相当于高高在上的神，无可争议地登上了法老的宝座。当然，也正是这份文件，让我们能够跟随皮安基征服北方。

泰夫纳克特虽然表面上臣服了皮安基，但他只是在等待埃塞俄比亚人撤退，然后重新启动他的计划。他最终成功地建立了一个下埃及王国，获得了法老的头衔，并统治了一个类似于第二十二王朝的封建国家，统治了至少八年。他的统治与第二十三王朝的最后几年是平行的，在布巴斯蒂斯。在他的领导下，布巴斯蒂斯的领主们似乎一直在苦苦挣扎。很明显，泰夫纳克特远远优于普通的三角洲统治者。他一定大大地提高了赛伊斯的权力和威望，因为他的儿子波科里斯（Bocchoris），也就是他的继任者，后来被认为是第二十四王朝的创立者。在上埃及，皮安基的统治只持续了很短的时间。他控制底比斯的时间足够长，使他可以在穆特神庙修建一些小小的建筑。他在那里留下了一幅浮雕，描绘着他的船只经历的一次盛大航行，也许就是他从北方归来的那次，因为这些船只中有一艘赛伊斯的国家驳船，这艘船是他在北方战争中从泰夫纳克特的舰队中缴获的。当时，皮安基仍在控制着北至赫拉克利奥波利斯的区域，赫拉克利奥波利斯的指挥官以努比亚舰队上将的身份出现在浮雕中。[9] 为了以合法的表象获得阿蒙财富的控制权，皮安基让他的姐妹，也是他的妻子阿曼底斯（Amenardis）被谢普努佩特（Shepnupet）收养。谢普努佩特是底比斯的奥索尔孔三世的女儿，也是底比斯的神权公主。[10] 这可能并不是他第一次使用这个伎俩。随着皮安基的退位，颓废的第二十三王朝进行了最后的垂死挣扎，并在底比斯建立了一个短暂的政权，奥索尔孔三世可能在那里与另一个默默无闻的塔该罗特，也是第三个塔该罗特，共同统治了比较短的一段时间。因此，皮安基入侵埃及，以及他的整个统治期似乎都在奥索尔孔三世的统治期内。但是，赛伊斯政权的崛起很快就压倒了衰败的布巴斯蒂斯人。正如我们刚刚提到的，大约在公元前718年，赛伊斯的泰夫纳克特之子波科里斯获得了下埃及的王位。他后来被称为第二十四王朝的创始人，而且据我们所知，他也是这个王朝的

第二十六章 埃塞俄比亚的霸权和亚述的胜利

唯一国王。关于他的短暂统治，我们没有从埃及的纪念碑上找到任何信息；唯一一个刻有他的名字的当代遗迹是一段铭文，记录了他统治的第六年，一头阿匹斯神牛在孟斐斯塞拉比尤姆的葬礼。[11] 毫无疑问，可信的希腊传说将他描述成为一个明智的立法者，他修改了关于土地的法律，并且亲自做出法律裁决，其精明程度非常值得注意。不难理解，在这个国家经历了那样一段动荡的时期以后，设立这种新的法律是很有必要的。在罗马皇帝奥古斯都（Augustus）三十四年的一篇引人注目的民间纸莎草纸上，叙述了一只羔羊在波科里斯第六年发出的预言。他预言亚述人即将入侵埃及，并征服埃及，似乎还断言，这个不幸的国家的不幸应该持续900年。[12] 这是预言文学流派的最后一个例子，中王国的伊普威尔是这个流派已知的最早代表。[13] 曼涅托把这个神奇的故事描述成了波科里斯统治时期的一个重要事件。

众多地方王朝的分裂统治，现在在埃及可能已经持续了一个半世纪。中央集权的彻底解体不可避免地危及了曾经繁荣的经济。埃及的对外贸易萎缩到了近乎消失的地步；农业和工业退化到了底谷；国家资源任由不负责任的贵族和领主摆布，必然走向迅速的枯竭。由于大量的灌溉工程正在逐渐地遭到毁坏，道路得不到保护，城市之间的交通不安全，大的群落经常发生动乱和骚动，国家的生产能力正在不断下降。虽然这些结论并非基于当代文献，因为在这样一个时代，这种情况很少能被人记录下来，但我们可以从后来类似的政治局势所产生的结果来合理地倒推。睿智的以赛亚深知这个国家的绝望，向他的百姓宣告说："看哪！耶和华乘驾快云，临到埃及。埃及的偶像在他面前战兢；埃及人的心在里面消化。我必激动埃及人攻击埃及人，弟兄攻击弟兄，邻舍攻击邻舍，这城攻击那城，这国攻击那国。……我必将埃及人交在残忍的主手中，强暴的王必辖制他们。这是主，万军之耶和华说的。……琐安（Zoan）的首领极其愚昧；法老大有智慧的谋士所筹划的成为愚谋……琐安［塔尼斯］。首领都变为愚昧，挪弗［纳帕塔？］的首领都受了迷惑；他们使得埃及走错了路，这是支派的房角石。耶和华使乖谬的灵掺入埃及中间，首领使埃及一切所做的都有差错，好像醉酒之人呕吐的时候东倒西歪一样。埃及中无论是头与尾、棕枝与芦苇，所做之工都不成就。"[14]没有比这些叙述更为真实的画面了。

尽管有这些不利条件，埃及文化的一个重要因素却受到了新生活的鼓舞。正如在动荡不安的美第奇（Medicis）时代，意大利，尤其是佛罗伦萨，经历了一次艺术变革，在这次变革中，最杰出的天才作品以惊人的繁殖力涌现出来；就像在开罗，在马穆鲁克人不断的革命、暗杀、篡夺和无休止的压迫下，在这片土地的经济走向毁灭的时候，清真寺的形式得到了发展、完善，萨拉森（Saracen）建筑中最高贵的纪念碑也被竖立了起来；因此，在同样看似不利的影响下，埃及的雕刻家们正悄无声息地在艺术史上开创一个新时代。我们将会发现，在随后经历了半个世纪的外国侵略和政治衰退之后，这种情感冲动在民族的恢复中达到了

第二十六章 埃塞俄比亚的霸权和亚述的胜利

最高成就。

当然,这类作品几乎无一幸存下来。但是,在底比斯,奥索尔孔三世统治时期建造的一座简朴的小教堂里,有一幅浮雕清楚地显示出了一种只需要社会、政治和经济机会就能创造出最伟大的东方艺术作品的新能力。

同样,读者所预见到的那些对埃及构成最大威胁的深刻政治变革,现在也正在亚洲发生。几个世纪以来,底格里斯河上强大的军事国家一直在谋求成为西亚地区的主导力量。早在公元前1100年,塔尼斯的第一任法老内苏贝内巴德就在提格拉帕拉萨一世去到西部的时候向他送上了礼物;250年后,法老又为西方联盟提供兵力支持,希望在公元前854年打破撒缦以色二世在卡尔卡尔的统治。提格拉帕拉萨三世将亚述从暂时的颓废中唤醒,将她的全部力量带到西方,在公元前734年至732年间蹂躏了叙利亚和巴勒斯坦,直到埃及的边界。随着大马士革的阿拉姆王国灭亡,整个西方落入了亚述人的手中。在提格拉帕拉萨三世的继任者,撒缦以色四世的短暂统治时期,以色列和其他国家受到西瓦(Sewa)或者是索(So)的鼓动奋起反抗。[15]这位西瓦或者索,他们要么是一个不知名的三角洲首领,要么是北阿拉伯王国穆斯里(Musri)的统治者。北阿拉伯的名字与埃及的名字十分相似,因此会导致我们对当时的文献理解混乱,也许楔形文字书吏也对此产生了理解混乱。在亚述人入侵之前,撒玛利亚(Samaria)人在他们的领地上维持了一些年的统治;但在撒缦以色四世伟大的继承人萨尔贡（Sargon）二世入侵并统治后，撒玛利亚在公元前722年垮台了。以色列的主要家族被驱逐出境，国家就此被毁灭。埃及的小国无法对抗强大的亚述军队，因此不断在叙利亚－巴勒斯坦的国家中煽动不满情绪，撺唆反抗，以期在他们的本土与亚述建立一个缓冲地带。公元前720年，萨尔贡再次出现在西方，镇压了一场叛乱。这场叛乱，埃及无疑也参与了其中。他在北方取得了彻底的胜利，然后向南进军到拉非亚（Raphia），在那里彻底击败了南方的盟军，其中就有埃及征召的一支军队，由一位名叫锡比（Sib'i）的指挥官指挥。[16] 亚述人的军队现在已经两次横扫埃及边界，统治者们此时一定已经完全意识到了他们所面临的危险。很可能，现在能够阻止提格拉帕拉萨三世和萨尔贡入侵埃及边境，窥见她的不堪一击的，只有埃及往日的声誉了。在人们的记忆里，她曾是亚洲的霸主，尼尼微的国王们都要向她进贡，以此来换取与她之间的友谊。而现在，情况已经逆转了：公元前715年，萨尔贡的记录显示，他收到了埃及皮鲁（Pir'u，法老）送来的礼物，[17] 这位法老很可能就是波科里斯。

这就是大约公元前711年埃及所面临的威胁。在皮安基退位大约十年后，努比亚国王再次出现在了北方。皮安基的兄弟沙巴卡（Shabaka）继承了他的王位，从此法老们开始使用纯正的埃塞俄比亚王衔。他娶了皮安基的女儿，[18] 然后顺理成章地继承了王位，就像埃及王室的传统一样。他的继承权不仅仰赖他的出身，也得益于他的婚姻。我们没有掌握他征服埃及的原始记录，

第二十六章　埃塞俄比亚的霸权和亚述的胜利

但曼涅托说他活活烧死了波科里斯。下埃及完全被征服了，埃塞俄比亚的霸权得到了承认，沙巴卡巩固了自己的地位。根据曼涅托的记载，沙巴卡最终成了第二十五王朝或埃塞俄比亚王朝的创立者。沙巴卡意识到，亚述这样一个强大的国家存在于他的边界上，是一种严重的威胁，所以他立即派遣代表去叙利亚－巴勒斯坦国家，鼓动他们发起反抗。在非利士、犹大、摩押和以东[19]，他应许亚述的附庸们，帮助他们反抗他们的尼尼微宗主。他们仍然记得埃及的古老霸权，不了解埃及现在堕落无能的状态，同时又急于摆脱亚述人的压迫，因此对沙巴卡的使者言听计从。只有犹大的先知政治家以赛亚预见到，指望埃及是枉然的，埃及终将被亚述人毁灭。[20] 然而，警觉的亚述人听说了这个尚在筹划的联盟，果断采取行动，反叛者们欣然放弃了他们的计划，表示忠诚。尽管在巴比伦困难重重，北方又叛乱不断，但能干且具有侵略性的萨尔贡还是成功地巩固了自己的权力，并在公元前705年将第一个稳定且稳固的、由闪米特人建立的帝国留给了他的儿子西拿基立（Sennacherib）。

西拿基立统治早期，巴比伦常态化的复杂局面让他非常困窘。能干且活跃的马尔杜卡巴利丁（Mardukbaliddin）一直在觊觎巴比伦的王位，曾经他给西拿基立的父亲带来了很多麻烦，现在他又派他的使者去西方煽动叛变，制造有利于他的事端。最终，提尔的活跃国王路利（Luli），犹大的希西家（Hezekiah），以及以东、摩押、亚扪（Ammon）的统治者，联合贝都因邻邦的首领们结为联盟，打算对抗尼尼微。实际上，除了埃及以外，亚述人在西部征服的所有南部地区都加入了这个联盟。然而，盟军还没来得及采取行动，西拿基立就突然出现在了西部。他沿着腓尼基海岸行进，占领了除提尔以外的所有要塞，并向南推进到叛乱的非利士城邦。在这里惩罚了阿斯卡隆之后，他来到了阿尔塔库（Altaqu），在那里遇到了行动迟缓的沙巴卡在他北方附庸中集结的杂七杂八的军队。西拿基立称这些北方附庸为"穆斯里（埃及）国王"。我们对这支部队的力量一无所知，尽管西拿基立声称他们"人数众多"，但可以肯定的是，他们不是一支强大的军队。随着埃及中央政府的解散，主要由雇佣兵组成的常备军也已不复存在，而从当地三角洲附庸国中精心组织的联合部队几乎无法与亚述国王逐渐发展起来的紧凑而精干的军队作战。亚述国王的军队最终成了一支令西部人闻风丧胆的力量。尽管埃及小分队曾经是对抗亚述人的辅助部队，但尼罗河和底格里斯河上的两个帝国的军队从未正面交锋过。当西拿基立亲自领导自己的力量时，沙巴卡把埃及军队托付给了他的侄子塔哈尔卡，也是皮安基的一个儿子，名叫塔哈尔卡。[21] 十三四年后，塔哈尔卡成了埃塞俄比亚国王。基于这一事实，希伯来编年史作者在记录这场战役时，就把他记为了埃塞俄比亚国王。[22] 这场战斗的结果只有一个可能：西拿基立毫不费力地消灭了塔哈尔卡的军队，同时围剿了耶路撒冷，并彻底摧毁了犹大。他有效地平息了西方的不满情绪，彻底挫败了盟军，但在他攻占耶路撒冷之前，从爆发疟疾的三角洲东

第二十六章　埃塞俄比亚的霸权和亚述的胜利

部海岸吹来的瘟疫之风使他的部队伤亡惨重。这场大灾难，加上巴比伦传来的令人不安的消息，迫使他匆忙撤退到尼尼微，从而让耶路撒冷人看到了以赛亚所应许的拯救。这次拯救对埃及和耶路撒冷来说也许都是幸运的。所向无敌的亚述军队第三次站在了埃及的门槛上，然而每次都会发生有利于埃及的情况使亚述军队匆忙撤退，也使尼罗河沿岸的这个衰败的国家暂时逃脱了屈辱，现在这个国家已是如此不堪一击。尽管亚述军撤退了，但叙利亚和巴勒斯坦的首领们却被彻底吓坏了。从此，可耻的埃塞俄比亚人再也无法引诱他们造反了。他们和希伯来人一样，终于承认了这一事实，正如西拿基立的首领对耶路撒冷不幸的使臣所说的："现在，看啊，你所倚靠的是这压伤的苇杖——埃及。若有人靠在其上，就必刺透他的手。埃及法老王对一切倚靠他的人都是如此。"[23]

在剩余的任期里，沙巴卡显然和平地统治着他的埃及附庸国。在库扬及克（Kuyunjik）发现的一块刻有沙巴卡和亚述王印章的泥板碎片，可能表明两国之间存在某种协议。沙巴卡对祭司阶层极为偏袒，并偏爱神庙。他在普塔神庙修复了一部非常重要的古代宗教文献，为我们这部作品的研究提供了古埃及幸存下来的最优秀的文献之一。[24] 在底比斯，他召回了他的姐妹阿曼底斯的原职，阿曼底斯肯定是被奥索尔孔三世暂时驱逐出境的。他和阿曼底斯一起在卡纳克建造了一座礼堂，而为了这项建筑工程，他不得不远征遥远的哈马马特采石场。我们还发现了他在底比斯修缮神庙的记录。[25] 那么很明显，他统治了埃及，至少在他与神庙的关系上是这样，就像一个土生土长的法老所做的那样。他的姐妹阿曼底斯，似乎在很大程度上独立地统治着底比斯，尽管她偏爱祭司，但很可能是由于沙巴卡打破了阿蒙大祭司的权力。关于这一点，我们将在后面发现更多的证据。

公元前 700 年前后，在沙巴卡统治埃及大概 12 年后（在掌管埃及之前，他可能已经在努比亚统治了一些年头），他传位于沙巴塔卡（Shabataka）。这个沙巴塔卡也是埃塞俄比亚人，不过他与掌权的埃塞俄比亚或努比亚家族是什么关系，我们有些不确定，尽管曼涅托称他为塞比科斯（Sebichos），认为他是沙巴卡的儿子。由于西方附庸保持沉默，西拿基立正全神贯注于他帝国的另一端，所以沙巴塔卡没有受到亚述人的影响。我们很少在埃及见到他的名字，但从幸存下来的关于他的资料来看，他完全不能消灭当地的首领，巩固埃及的权力，从而应战最高级的斗争。事实上，埃塞俄比亚人现在完全不能胜任摆在他们面前的帝国任务，这一点已经是众所周知的了。公元前 688 年前后，沙巴塔卡的统治接近尾声时，我们发现了他身上的南方血统。

就是在这个时候，我们才追溯到塔哈尔卡王子的命运，他是皮安基的儿子，年仅 20 岁时跟随一位国王从纳帕塔到了北方，遗憾的是，这个国王的名字已经找不到了，但他一定是沙巴卡。[26]他的母亲是一位努比亚妇女。在当代的雕塑中，他的容貌展现出明显的黑人特征。他是伟大的皮安基的儿子，他扮演了一个重要

第二十六章 埃塞俄比亚的霸权和亚述的胜利

的角色，正如我们所看到的，他受命指挥军队对抗西拿基立。我们不知道是什么原因使他登上了王位，但是曼涅托说，他从埃塞俄比亚率领一支军队杀死了塞比科斯，这个人一定就是沙巴塔卡，然后夺取了王位。他以这样的方式处置了篡位者，当代的纪念碑上并没有反映出这些事件，却突然把他描绘成塔尼斯的国王，他将他多年未见的母亲从纳帕塔召到了塔尼斯，让她在那里扮演太后的角色。[27] 考虑到这一事实，以及亚述人可能带来的麻烦，所以埃塞俄比亚人此时将塔尼斯作为他们在埃及的住所，也不是不可能的。

塔哈尔卡统治了埃塞俄比亚大约13年，没有受到来自亚洲的侵扰。同时，他还能够在塔尼斯和孟斐斯建造一些无关紧要的建筑，并在底比斯建造更多重要的纪念碑。但他显然预见到了即将到来的斗争，并及时做好了应战准备。在西方，西拿基立已经有20年没露面了，他在公元前681年被他的儿子们暗杀了。他的儿子以撒哈顿甫一登基，便下定决心对埃及不断干预巴勒斯坦亚述当局的这种事态采取唯一可能的补救办法，即征服这个尼罗河国家，让法老蒙羞。他深谋远虑，制订了实现这一目标的计划。我们看到，公元前674年，他的军队正在攻打三角洲东部的边防要塞。[28] 但是，塔哈尔卡的能力远远超过他的两位前任，他必然做出最大的努力来应对危机。如果像文献所表明的那样，亚述人没有遭受严重的失败，那么这场战争的结果（公元前673年）至少是不利于亚述人的。不过，以撒哈顿还在继续秘密地为征服埃及做准备。看到亚述人第一次入侵遭受了挫败,提尔国王巴尔受到鼓舞,开始叛变,与塔哈尔卡同谋。公元前670年,以撒哈顿又一次率领军队来到西部。包围了提尔之后,他在穿越沙漠前往三角洲的过程中得到了当地贝都因人的帮助,他们的骆驼队给他提供了水。塔哈尔卡此时已无法再应对顽固的以撒哈顿的持久斗争了,埃及军队溃不成军。当埃塞俄比亚人撤退到孟斐斯时,以撒哈顿紧追不舍,包围并占领了这座城市。孟斐斯最终沦为残忍贪婪的尼尼微军队的战利品。塔哈尔卡继续向南逃亡,放弃了下埃及,以撒哈顿随即将下埃及收入囊中。他记录了三角洲20个领主的名字,这些领主以前是埃塞俄比亚的附庸,现在已经宣誓效忠亚述了。在这些用楔形文字书写的名字中,有一些可以认出是曾经在这个地区与皮安基交过手的人,或者至少来自同一家族。尼科无疑就是泰夫纳克特的后裔。作为赛伊斯和孟斐斯的首领,他在这份名单上占有最重要的地位。名单中还包括底比斯的一位首领,但是此时在上埃及,以撒哈顿只是拥有名义上的权威。当他沿着海岸公路向北返回尼尼微时,他在凯尔布河(Nahr el-Kelb)畔的岩石上,也就是拉美西斯二世胜利纪念碑的一旁,凿下了他伟大的成就(图158);而在叙利亚北部的萨马勒(Senjirli,也就是森吉利),他建造了一座类似的纪念碑。在这座纪念碑上,他以英雄的形象示人,带着两个俘虏,其中一个很可能是提尔国王巴尔,另一个当然就是不幸的塔哈尔卡(图181)。

在被利比亚和努比亚相继占领之后,埃及现在成了第三个外国征服者的战利品，但是这个外国征服者的统治却与之前的征服者截然不同。利比亚和努比亚基本上都已经埃及化了，正如我们所看到的，他们也都沿用埃及法老的统治模式；而此时挟制三角洲的霸主，是一个伟大的亚洲帝国的首脑，他对埃及的机构或习俗没有丝毫的认同感。导致的结果是，宣誓效忠尼尼微人的三角洲小王族，立即与塔哈尔卡密谋恢复他在下埃及的统治，于是他毫不迟疑地假定亚述军队已经撤退。因此，以撒哈顿不得不卷土重来。但在公元前668年，他死在了前往埃及，重启军事行动的途中。他的儿子亚述巴尼帕（Ashurbanipal）继续进行战斗，只稍微拖延了一下，他派了一名指挥官负责远征。在孟斐斯和三角洲东部的边界之间，塔哈尔卡再次被击溃。他没打算守住孟斐斯，而是向南逃跑；此时敌人仍然追击他，而他选择到底比斯避难。而亚述人通过在三角洲附庸国征兵巩固了自己的军力，然后向底比斯挺进了40天，决心将塔哈尔卡赶出埃及。亚述人迫使塔哈尔卡放弃底比斯，虽然他又逃到河的上游扎了营，但亚述人没有再继续追击。此时敌人是否真的占领了底比斯还不好说。无论如何，亚述巴尼帕依然无法将他的权力扩展到上埃及。他刚刚夺回亚述在三角洲的霸主地位，他的附庸们就又开始与塔哈尔卡沟通，一如从前地期望恢复塔哈尔卡的统治。这支叛党中为首的，是由以撒哈顿立为赛伊斯国王的尼科、塔尼斯的沙鲁路达里（Sharuludari）和佩尔塞佩（Persepet，也就是萨夫特－埃尔亨尼赫）的帕克鲁鲁（Pakruru）。不过他们与塔哈尔卡之间的来往被驻埃及的亚述官员发现，他们被囚禁在了尼尼微。在那里，狡猾的尼科赢得了亚述巴尼帕的信任，亚述巴尼帕赦免了他，赐给了他荣誉，并让他回到他的赛伊斯王国，还任命他的儿子统治阿萨里比斯。同时，亚述巴尼帕命他的亚述官员与尼科同返赛伊斯，当然这是为了督察他的行为。这个计划非常奏效，塔哈尔卡无法再从三角洲的亚述附庸中获得任何支持，尽管普塔神庙的祭司秘密地以他的名义记录了他统治的第 24 年（公元前 664 年），一头阿匹斯神牛被埋葬在孟斐斯塞拉比尤姆的一个圣墓里[29]。

就这样过了好些年，上埃及继续处于塔哈尔卡的实际统治下。在底比斯，阿蒙大祭司已经沦为一个傀儡首脑。真正的权力掌握在一个叫"孟特姆赫特"（Mentemhet）的人手中，他是"底比斯君主"和"南方总督"，同时也掌握着埃及的神权。不过，他在底比斯祭司中的排位仅仅是"第四先知"。因此，底比斯的政权体制实际上已经瓦解了；但是这位底比斯君主还是具备可观的权力和财富的，即使在埃及的贫困和混乱时期，他也有能力在亚述人蹂躏之后，完成耗资巨大的神庙修复工程。[30] 塔哈尔卡使他的姐妹谢普努佩特被"神女"也是底比斯的神权公主阿曼底斯收养；皮安基也曾以这种方式任命了他的姐妹。通过这种方式，塔哈尔卡掌握了阿蒙财务的支配权。[31] 在纳帕塔，他建造或扩建了两座相当大的神庙，埃塞俄比亚的都城显然也在他手中成了一个令人瞩目的王家居所。[32]

公元前 663 年，年事已高的塔哈尔卡已经统治有 25 年了，他接受了沙巴卡的一个儿子塔努塔蒙（Tanutamon）作为摄政王，也许这并非他自愿的。他任命塔努塔蒙统治上埃及。塔努塔蒙可能住在底比斯，而底比斯公国的君主孟特姆赫特依然控制着那里。塔哈尔卡本人在与亚述的实力不对等的斗争中疲惫不堪，早已退到了纳帕塔。在任命塔努塔蒙之后，他只活了不到一年，公元前663年便去世了，而后塔努塔蒙匆忙赶到纳帕塔继承了王位。[33] 在这些事件发生之前，塔努塔蒙在梦中得知他将获得北方和南方的主权。[34] 因此，作为对这个梦境的回应，他立即入侵了下埃及（公元前663年）。一切都像塔哈尔卡时代一样重复着。上埃及当然对他的到来一片欢呼，直到他来到孟斐斯附近时，他才遇到了反对的力量。亚述的守军，无疑还有惧怕尼尼微宗主国的三角洲领主，向他发起了挑战；不过他最终击败了他们，占领了孟斐斯。[35] 赛伊斯的尼科很可能在战斗中倒下了，根据希罗多德的说法，他的儿子普萨姆提克逃到了叙利亚。塔努塔蒙为自己的胜利扬扬得意，立即将一些战利品送到纳帕塔，下令在那里建造新的神庙建筑。与此同时，考虑到不可避免的后果，亚述的三角洲附庸们不敢向埃塞俄比亚人低头，所以塔努塔蒙前去进攻他们，可是却无法将他们拖入战场，也无法夺下他们的城池。[36] 徒劳而返后，许多三角洲的领主终于来到孟斐斯，来向他致敬，但毫无疑问的是，他们这样做实际上是为了挽救他们在亚述霸主面前的地位。[37]

下埃及为塔努塔蒙留下的至高无上的地位让他心满意足，

因此他决定在孟斐斯安顿下来,成为全埃及的法老,以实现他的神圣愿景。与此同时,他一离开纳帕塔,三角洲的亚述官员就急匆匆地到尼尼微向亚述巴尼帕报告这个消息。公元前 661 年,伟大的国王亚述巴尼帕最后一次将埃塞俄比亚人赶出下埃及。亚述人一直追到了底比斯,当他狼狈不堪地向南撤退时,这些亚述人洗劫了埃及辉煌时期的宏伟都城。虔诚的底比斯君主孟特姆赫特为神庙配备的昂贵的神像、华丽的祭仪家具和器具,都落入了残暴的亚述士兵手中,而"两座亮银制成、分别重达 2500 他连得、用以装饰神庙大门的巨大方尖碑"被他们带回了尼尼微。这让我们看到,虽然这个国家长期遭到摧残,但她的神庙依然保有着财富。[38] 底比斯的毁灭传遍了周边所有民族。50 年后,当先知那鸿(Nahum)宣告尼尼微即将毁灭时,底比斯的荒凉景象仍然萦绕在他的脑海里,他对这座注定要灭亡的城市说:"你岂比挪亚们(No-Amon)[底比斯]强呢?挪亚们坐落在众河之间,周围有水;海做他的濠沟,又做他的城墙。古实[埃塞俄比亚]和埃及是他无穷的力量;弗人(Put)和路比族(Lubim)是他的帮手。但他被迁移,被掳去;他的婴孩在各市口上也被摔死。他们为他尊贵的男人拈阄;她所有的伟人都被链子锁着。"[39] 自此,这座古城的财富不断减少,它那早期东方城市中前所未有的盛景也逐渐消失。它进入了漫长的、长达几个世纪的持续衰退。直到今天,它依然是从古代世界幸存下来的最强大的废墟(图 183)。

随着塔努塔蒙退出纳帕塔,埃塞俄比亚在埃及的霸权宣告

第二十六章　埃塞俄比亚的霸权和亚述的胜利

终结。他的那个既软弱又不体面的王族是国王生涯中挥之不去的阴影。埃塞俄比亚人从尼罗河上游的偏远地区崛起，企图成为帝国统治者，并渴望干预西亚的国际政治。当亚述统治东方，没有势均力敌的对手牵制他的时候，人们期望历史悠久的尼罗河人能够与之对抗，对他的发展提出公平的质疑。于是埃塞俄比亚人接受了这项伟大的使命，然而，从来没有哪个王族能像他们这么不堪，完全无法胜任这项崇高的使命。由于他们无法将所征服的国家凝聚起来，成为对抗亚述人的有效武器，因此他们一次次地试图抵制强大敌人的前进，却又一次次地让人们看到一支孱弱队伍的徒劳。只有一次，塔哈尔卡似乎成功地解决了他的内部困难，并短暂地钳制了以撒哈顿的进军；但是顽强的亚述人很快就打破了埃塞俄比亚人的壁垒，狼狈地逃到了上尼罗河寻求庇护。总之，不幸的尼罗河居民没有选出一个强有力的统治者，亚述在征服埃及的过程中也从来没有过真正强大的对手。在不堪的埃塞俄比亚人的统治下，尼罗河人的任何期望都是徒劳。

　　埃塞俄比亚人撤退到纳帕塔后，再也没有试图征服过下游王国，而是把注意力放在了努比亚的发展上。由于居住在这个国家的埃及人逐渐消亡，也没有其他民族来取代他们，使埃及人曾经创造的辉煌开始湮灭，土地重新陷入了半野蛮的状态。政府的神权性质越来越明显，最终国王成了祭司手中的一个傀儡。他甚至要按照祭司的要求自杀，只为给祭司挑选的另一个弱者让

古代埃及——从原初时代到波斯征服

图183 从南面看到的卡纳克全景

从拉美西斯三世动工修建的洪苏神庙的塔架看着去。神庙的后殿在前景中;从第520-521页所说的门中可以看到阴影深处的光线。

第二十六章　埃塞俄比亚的霸权和亚述的胜利

路。早期的国王们建造并美化了纳帕塔，而他们的继任者却被迫把王宫搬到了河的上游。毫无疑问，第一个推动这种变化的因素是公元前6世纪初普萨姆提克二世对下努比亚发动的战争。无论如何，此时这个王国开始向南扩张。在青尼罗河上的富饶土地上，其中最重要的地区被阿拉伯地理学家称为阿罗亚（Aloa）。这个地方也被这个王国收入囊中。上游的瀑布将纳帕塔与这一切都分离开来。随着他们与南方建立起了贸易联系，新的吞并计划在那里得到了更充分的发展，王家居所被转移到了大瀑布的上游。到公元前560年，努比亚国王占领了一个新都城，希腊人称这个地方为麦罗埃（Meroe）。公元前525年，冈比西斯国王纳斯特森（Nastesen）率军远征努比亚，却遭遇了尴尬的失败。排除其他考虑因素的话，这一事件表明，将难以突破的大瀑布地区置于都城和北方入侵者之间，是一种明智的做法。当这个国家向南迁移以后，它完全与北方世界隔绝了。埃塞俄比亚逐渐迷失在传说的迷雾后面，成了希腊神话中诞生文明的仙境。以前国王用埃及的语言和象形文字来记录他们的历史,现在这些文字慢慢地消失了；到我们这个时代的初期，当地的语言终于被写成了一种至今仍未被破译的文字。当罗马人征服埃塞俄比亚一两个世纪后，埃塞俄比亚王国慢慢崩溃、瓦解。它的北部地区被来自东部的布雷米斯（Blemmyes）野蛮部落占领；而南部则被基督教王国阿比西尼亚掌权。阿比西尼亚王国是公元4世纪在青尼罗河的源头崛起的，以其古老的发源地命名。

1	IV, 724.
2	IV, 770.
3	IV, 796.
4	IV, 764 ff.
5	IV, 940.
6	之后的内容是依据皮安基石碑编写的（IV, 796—883）。
7	IV, 850.
8	IV, 796—883.
9	IV, 811.
10	IV, 940.
11	IV, 884.
12	Krall, in Festgaben für Büdinger, Innsbruck, 1898.
13	见上文，第 204—205 页。
14	《以赛亚书》（Isaiah），第 19 章。
15	II King, 17:4.
16	Winckler, Unters, zur Altoriental.Geschichte, p. 93.
17	Winckler, 出处同上，p. 94.
18	IV, 920.
19	Winckler, 同上.
20	《以赛亚书》，第 20 章。
21	IV, 892.
22	II Kings, 19:9.
23	II Kings, 18:21.
24	见第 357 页。
25	IV, 886, 889.
26	IV, 892, 895.

第二十六章 埃塞俄比亚的霸权和亚述的胜利

27	IV, 892-896.
28	参见以撒哈顿的以下战役的资料，见"Winckler, 出处同上，pp. 97—106"。
29	IV, 917 ff.
30	IV, 901 ff.
31	IV, 940.
32	IV, 897 ff.
33	IV, 923 ff.
34	IV, 922.
35	IV, 925—928.
36	IV, 930.
37	IV, 931.
38	Winckler, op. cit.
39	《那鸿》，第3章：8—10。

第八卷

复兴与终结

第二十七章
复 兴

赛伊斯的尼科死后（很可能是死在塔努塔蒙的手中），他的儿子普萨姆提克，如我们所见，逃到亚述人那里去了。向亚述巴尼帕表示了他的忠诚以后，亚述巴尼帕派他去掌管他父亲的赛伊斯和孟斐斯。埃及现在似乎比以往任何时候都更加绝望地掌控在亚述人手中。亚述人将外国人驱逐出境，并加强了附庸组织。三角洲继续被雇佣军首领控制，虽然从第二十一王朝以来就出现了一些中断。上埃及的情况还不确定，但孟特姆赫特仍然保持着他的王位。从表面上看，这个长期受苦受难的国家几乎看不到任何曙光。随着时间的推移，普萨姆提克逐渐开始控制这些资源，这是他实现王室一直珍藏的宏伟计划的必要条件。他是好斗的泰夫纳克特的后裔；在皮安基时代，泰夫纳克特是赛伊斯家族的首领。据我们所知，这是一个拥有显赫权力和政治智慧的家族。普萨姆提克很快就摆脱了亚述常驻官员的约束和监督。他不可能不知道，亚述巴尼帕不久就要与他的兄弟巴比伦国王决一死战，这牵涉到与埃及的危险复杂的关系。随着战争的爆发（公元前652年），阿拉伯部落试图往巴比伦运送援助物资，要求亚述人远征到那里。然而，由于尼尼微帝国北部边界上的人民之间发生动乱，以及有必要在西里西亚与西米里（Cimmeria）人会面，因此亚述巴尼帕需要将他现有的军事力量大量地派往这些地区。经过12年多的时间，这些困难才全部得到了缓解。当公元前640年，亚述帝国终于迎来和平的时候，普萨姆提克的运动已经发展得太远了，所以亚述巴尼帕此时显然不愿意冒险反对他。

如果希腊人能对他们轻易相信的民间故事进行适当筛选的话，那么随着普萨姆提克的登场，希腊关于埃及的传说也开始变得相当可信。希罗多德讲了一个大家熟悉的故事，讲的是普萨姆提克与另外11位国王友好地划分了整个埃及，并和谐地统治着各自的领土。然而，有一道神谕说，凡在伏尔甘（Vulcan）神庙里用铜碗盛祭酒的，就要做全埃及的王。过了些日子，当他们都在庙里奠酒的时候，主祭的祭司没有给他们提供足够的金碗，于是普萨姆提克摘下他的铜盔做碗。于是，他被同伴们放逐到三角洲的沼泽中，而另一道神谕提醒他，当铜人从海上出现时，他就

第二十七章 复 兴

要向那些同伴复仇了,所以他要等待着他的机会。一些卡里亚(Caria)和爱奥尼亚(Ionia)雇佣兵因暴风雨转移到三角洲海岸来,他们身着铜制盔甲突然出现,开始掠夺富饶的三角洲平原。普萨姆提克得到了他们的援助,征服了他的对手,成了全埃及的国王。抛开被扭曲的故事情节,这个民间传说包含了普萨姆提克早期行动的基本事实。12个国王当然就是三角洲的雇佣军领主,我们已经对他们非常熟悉了;而爱奥尼亚人和卡里亚人,正如迈尔所见,是吕底亚(Lydia)国王盖吉兹(Gyges)从小亚细亚派来的雇佣军——盖吉兹在向亚述人示好,从而将他自己从西米里部落中救出来以后,又急于与埃及联合,共同反对尼尼微人的侵略。据亚述人编年史上的记载,他曾向埃及提供过援助。毫无疑问,普萨姆提克利用了这些有利的环境,并通过这种方式在当地统治者中获得了永久的优势,当然这个有利环境的创造也离不开他自己的加薪助燃。

他的进步很快。公元前654年,就在亚述巴尼帕向巴比伦进发的时候,他夺下了底比斯,塔哈尔卡的宠臣孟特姆赫特承认了他在那里的主权。[1]正如我们所看到的,底比斯的政权体制在埃塞俄比亚的统治下被彻底粉碎,因此没有人要求普萨姆提克去解决那个令人费解的问题。为了获得对阿蒙财产的合法控制权,他判定他的女儿尼托克里斯应该被底比斯的"神女"、已故的塔哈尔卡的姐妹,谢普努佩特收养。当然,此时阿蒙的财产已经消耗殆尽了。这道收养令留存了下来,是我们所知的唯一一份关于普萨姆提克一世统治时期的象形文字文献，其中包含了谢普努佩特的所有财产和收入转移给尼托克里斯的过程。[2] 阿蒙大祭司体制现在已经彻底瓦解。60 年间，这个曾经手握大权的职位实际上都是由这些神权公主担任的。阿蒙大祭司成了一个女人！[3] 在镇压雇佣军首领和当地领主的过程中，普萨姆提克结束了长期以来摧残这片不幸土地的半无政府状态。这个国家终于摆脱了封建领主及其动乱的军队的不稳定统治；在他们不负责任的暴政下，这个国家遭受了大约 400 年的痛苦，其间只得到了一些短暂的喘息。普萨姆提克一世的这一非凡成就使他成为有史以来法老宝座上最有能力的统治者之一。事实上，他所面临的情况是如此不利，而他不得不应付的种种罪恶又是如此陈旧、顽固和根深蒂固，以至于他的成就甚至可能比建立第十二王朝的阿蒙涅姆赫特一世或者征服喜克索斯的雅赫摩斯一世更高。而正如人们通常所说的那样，他并不能完全消灭那些统治者。当然，他们中的一些人会支持他的事业，从而获得豁免权。在这一点上，我们也找到了明显的证据。在底比斯，孟特姆赫特仍然是君主和"南方总督"；[4] 在上埃及的另一个公国赫拉克利奥波利斯，我们发现具有将军军衔的荷尔（Hor）君主以他自己的名义修建了一座神庙，这至少是普萨姆提克一世之后一代人以后的事。[5] 像佩迪亚曼莫佩特（Pediamenemopet）在底比斯拥有的这种巨大坟墓，是常人不可能挖掘出来的，除非是一个拥有巨大财富和广泛权力的贵族。不过，值得注意的是，在底比斯，孟特姆赫特还要为普萨姆提克

第二十七章 复 兴

的女儿尼托克里斯的收入做出慷慨贡献；[6] 更重要的是，他的长子内苏普塔（Nesuptah）并没有接替他的职位，而是由一个名叫佩迪霍（Pedihor）的人接任了"底比斯君主"和"南方总督"。[7] 也许这就是普萨姆提克一世的策略，从封建领主那里收回他们的继承权，从而将他们这个世袭阶层除掉。因此，一些旧时代的统治者仍然享有某些特权，但普萨姆提克强硬且巧妙地控制着他们，就像在阿蒙涅姆赫特一世统治下的中王国早期一样。这些首领无法再危及国家的统一。

还有一个同样棘手的问题，那就是军人阶层的组织。在埃及生活了几个世纪的利比亚人，现在已经完全埃及化了，他们最终发展成为一个没有多大效力的军人阶层。他们的人数，也被希罗多德夸大得非常荒谬，我们根本无法确定。希罗多德提到了两个神秘的族群，海尔摩吐比（Hermotybies）和卡拉西里（Calasiries），他们主要居住在三角洲城市，对国家的经济生活毫无贡献。除了封建领主的反对，这些军人阶层的反对也是普萨姆提克不得不面对的。他没有别的办法，只能让他的北方雇佣兵，希腊人和卡里亚人来对付他们。因此，埃及在经历了古代军事王国不可逃避的命运之后，逐渐落入了一个又一个外国军事阶层的控制之下。普萨姆提克一世现在组建的军队，一方面是由希腊人、卡里亚人和叙利亚人组成，另一方面是利比亚人和他们已经埃及化的同胞。爱奥尼亚人和卡里亚人驻扎在达夫尼（Daphnae）附近的东北边境，尼罗河的一条支流穿过他们的营地；而三角洲西部的边界则有一支军队在马雷亚（Marea）的一个据点驻守，离后来的亚历山大港不远。为了抵抗来自南方的任何入侵，在伊里芬丁也有一支类似的驻军。希罗多德说，有24万名士兵曾被关在一个站点长达三年，没有得到释放。被遗弃的他们组成一支军队前往南方，投奔了位于麦罗埃的埃塞俄比亚国王。尽管这个数字依然是夸张得令人难以置信，但这个故事也蕴含了现实的萌芽，与我们对普萨姆提克时代的了解相符。作为对这个军人阶层的让步，普萨姆提克的亲卫队里也有1000名海尔摩吐比人和卡拉西里人，但任何时候，他的手里都会有更多勇猛的希腊人和卡里亚人。

这个从长期的颓败中崛起的繁荣而强大的埃及，与任何早期复兴的埃及截然不同。她再也不可能像驱逐喜克索斯的时候那样，将全民武装起来，因此，普萨姆提克一世的深思熟虑的政策必然是，不遗余力地为国家建立一个良好的经济基础，同时依靠外国军队来获取作为东方统治者所不可或缺的军事力量。那么他必然要持续关注，如何将这片土地的经济繁荣转化为军事力量。总之，国家的财富必须滋养和维持一支强大的军队，即使这支军队的主力可能是外国人。这是普萨姆提克无力扭转的不幸。在这样一种状态下，保持国家的生产力与维护军力同等重要，甚至可以说，前者是后者的必要条件。这两者相辅相成，缺一不可。在这个方面，普萨姆提克与欧麦尔（Omar）和早期的哈里发（Caliph）们面临着同样的问题。要在这种情况下复兴，几乎完全要靠主权

第二十七章 复 兴

者现有力量的个人主动性，即操纵权力的力量和工业的力量。因此，要在和谐的互动中利用这些力量，这样才会产生国家的繁荣和有效的权力。普萨姆提克本人具有动力和创造力，而人民只是有机会履行他们的适当职能，并在其惯常的渠道中自由行动。这个国家已经没有那么强大的生命力了（此时普萨姆提克的任务与早期哈里发的任务也明显不同），有序政府的回归和随之而来的繁荣让人民开始沉迷于回溯第二十三王朝已经开始显现的趋势。国家没有像帝国初期那样在新形式的自发发展中表现出旺盛的精力，而是退回到过去，有意识地努力恢复帝国推行变革之前的旧状态。透过1000多年的迷雾，对他们来说，古埃及被赋予了理想中的完美神权政体。人们重新开始崇拜那些在古老的日子里统治孟斐斯的国王，恢复了他们的葬祭服务，并重新开始为他们祭献。他们的金字塔甚至也开始大范围地修复。宫廷里的贵族以及金字塔建造者的政府中所使用的古老头衔和一长串的名号再次时兴起来，而在政府的外表上，人们所做的一切都是为了给它披上远古的外衣。在正式的和官方的纪念物上，那个时代的文字也被赋予了古老的色彩，这种古老的形式一定让赛伊斯的书吏进行了长时间枯燥的研究。在宗教方面，人们竭尽全力净化所有现代闯入者的神殿，摒弃一切创新的仪式。宗教中的一切外来元素都被抹除，荒原和沙漠之神赛特也被到处驱逐。一种不可阻挡的排他性，就像即将占领新生的犹太群落的那种排他性，现在也开始蔓延。古老的金字塔中的葬祭文献被重新发掘出来，尽管人们常常无法理解它们，但依然将它们刻在了巨大的石棺上。《亡灵书》经过了最后一次修订，它变成了一卷60英尺长的书，清晰地印证着这部古老的葬祭文学作品的复兴。在坟墓的小礼堂里，我们又看到了人们生活在沼泽和草地，在作坊和造船厂里的新鲜而令人愉快的画面。他们完美地再现了古王国玛斯塔巴式坟墓中的浮雕场景，如此完美，乍一看，人们绝对不会怀疑这座遗迹的年代。在底比斯，曾有一个叫阿巴（Aba）的人，他派他的艺术家到休特附近的一座古墓去临摹那里的浮雕，以便他自己的底比斯坟墓里再现这幅浮雕，这样做是因为那座古墓的主人也叫阿巴。

在按照古代路线重建现代宗教、社会和政府的努力中，仿古者必然会有意识或无意识地不断受挫，因为一个种族的社会政治和经济条件会不可避免地发生变化。自古王国以来匆匆流过的2000年是不可能被磨灭的。仿古的外衣试图掩盖着当代的境况，然而无情的现实是掩盖不了的。人们为这种困难找到的解决办法，竟然与希伯来人在类似困境中尝试的解决方法是一样的：这只是由于现代的元素也是一种古老的遗物，因为整个希伯来立法机构的建议都要归功于摩西（Moses）。这样，理论上的复兴得以挽救。这对赛伊斯复辟时期的埃及人来说尤其容易；因为早在他统治之前，埃及人就喜欢追溯古王国，尤其是神圣的葬祭文献、最流行的药方和谚语。在某些情况下，这种说法在帝国时期可能是正确的，但到了第二十六王朝，就不再是普遍正确的了。尤其值得一提的是，要把当下硬塞进古老的模子里，是不可能

第二十七章 复兴

的——我指的是人民的艺术能力。他们的文化中这一始终富有成果的元素，现在已经成为一个明显的例外，表明他们在生活的所有其他职能中都毫无生气，缺乏主动性。他们的创作活力已经在埃塞俄比亚时期复苏，但仍然没有被点燃，而他们的艺术意识已经敏锐地感知到了新秩序下的新可能性。我们已经看到，要恢复宗教，人们就要在坟墓礼堂的浮雕中恢复古老的主题，尽管这些复制品与它们的古代模型相似，但这毕竟不是停留在表面的临摹，必然会流露出它们独有的特征和方式。古王国的艺术缺乏一种自由感，而它们蜿蜒线条中的柔和美又为赛伊斯的浮雕增添了难以形容的优雅。如果这种倾向有时极端到了柔弱的地步，那么新自由所带来的品质也会对这种柔弱加以补偿。虽然旧的标准和习俗仍然普遍盛行，但不时有一位艺术家能够摆脱它们的束缚，使浮雕中的人体呈现出适当比例的肩膀，从古王国的扭曲中解脱出来。正是这种自由和洞察事物的能力，使得此时的肖像画流派远远超过了古王国时期最好的作品。在赛伊斯的墓葬浮雕中，古王国标准中所规定的传统头像几乎是一成不变的，但艺术家有时可以插入一幅具有明显个性的肖像，与周围千篇一律的头像形成鲜明对比。同一角色的半身雕像也以圆雕呈现（图186），显示出对头骨骨骼构造、皮肤褶皱和皱纹的研究，对整个解剖学发展的掌握和对人物个性的掌握，是早期艺术未能企及的。这类作品只能与希腊雕刻家技艺高超的肖像做比较，而且相较之下，毫不逊色。青铜艺术家的工艺现在是最杰出的，制作出了相当大尺寸的空心铸件，动物的造型也特别精细（图185）。精美的青铜雕像，精心镶嵌着各种金、银、银金图案，在工艺上表现出非凡的精妙。此时的青铜技艺非常多产，现代博物馆展示的青铜作品大都是出自这个时代。工业艺术空前繁荣，令埃及工匠望尘莫及。当时的彩釉陶器创作也特别成功，而且产量巨大，博物馆现在收藏的依然多是这一时期的作品。那个时代的建筑，唉，已经消亡了。如果我们要基于赛伊斯雕刻家的成就来判断，那么我们在这一方面会犯下无可挽回的错误，因为我们很可能会认为托勒密神庙那丰富而美丽的柱子出自赛伊斯建筑师之手。

艺术的物质产品在视觉上明显不同于它所遵循的古代原型，这种不一致在政府组织中并不少见，但可能不太明显。从这一时期仅存的几座纪念碑来看，国家的真正属性并不明确。从地理上看，三角洲永远成了主导地区。与北方世界的贸易发展以及相关的政治原因，使这种向北的转移成为必然，也成为永久。普萨姆提克和他的后代生活在他们的家乡赛伊斯，这里现在成了一座伟大而辉煌的城市，由神庙和宫殿装饰着。底比斯不再具有政治或宗教意义。尼罗河谷成了三角洲的附属物。我们之前谈到过某些封建领主的遗存问题。他们可能保留了自己的土地，但从底比斯的孟特姆赫特的情况来看，他们不能再把土地遗赠给他们的儿子。除此之外，所有的土地都属于国王，由农奴耕种，农奴把20%的收成交给法老。祭司和士兵不必纳税。行政管理必然是像在帝国统治下一样，由中央政府的地方官员负责，他们收税并拥有司

第二十七章 复兴

法权。据我所知，他们的古老头衔通常与政府的实际职能无关。在教育和训练方面，这些人与帝国的书吏有本质不同，因为他们没有必要掌握古老的象形文字。从埃塞俄比亚王朝开始，就有了一种非常草书化的象形文字，即古代的行书。这种新的、更能快速书写的形式是一种无意识的发展，更适合实际的商业和行政管理需要，并且在日常生活中得到了普遍使用，因此希腊人称之为"通俗"的文字。即使在今天，人们也经常用这个词来形容这种书写形式。这种文字也代表了当时人们的口头语言，而那个时代的象形文字，也继续人为地存在着，采用几百年前盛行的古老语言形式。这种根本性的变化只是政府所进行的诸多变革之一，必然是由于条件的变化而产生的。在社会上，复兴的工业使人们基于他们的职业，或多或少地被划分为各种阶级或行会，但是"种姓"这个词的恰当意义，在埃及历史上的任何时期都是未知的。

在再现昔日光辉上，祭司们的表现没比官员们好多少。事实上，复辟未遂很大程度上还要归咎于他们。和政治中心一样，宗教中心也发生了彻底的改变。我们知道，底比斯已经不再具有任何宗教意义了。在赛伊斯的三角洲城市，阿萨里比斯和布托是拥有神庙最多的城市。与古王国的情况形成鲜明对比的是，祭司阶层比以往任何时候都更加排外和独特，而且这个职位已经走向了不可切割的世袭。受人民敬仰，他们必须有自由的收入来维持他们的存续，这在政治上也是必要的。虽然他们不再具有任何政治影响力，不再像帝国统治时期那样位高权重，但我们发现提尼斯旧领主被剥夺了绿洲和当地渡船上的收入后，这些收入可能转移给了奥西里斯。[8] 然而，我们将看到的，相关的设定与以往大相径庭。旧神无法复苏，只有奥西里斯还能维持自己的生命。他的配偶伊希斯，与古代习俗相反，获得了一种精心设计的崇拜，使她后来在古典世界里得到了广泛的青睐。2500年前，左赛尔朝廷的智者伊姆霍特普，现在成了普塔的儿子，在众神中获得了一席之地。这是祭司们无意做出的创新。祭司们所形成的宗教是帝国末期趋势的必然结果。它最大程度地笼罩着人们的日常生活和行为，涉及无数的外部用途，极度艰辛地恪守着仪式的纯洁，就像非常类似的条件下产生的拉比信仰一样。我们发现各地的贵族和官员都在为神建造圣所。[9] 从前，一类动物中只有一种是神圣的；但现在，许多情况下，一类动物中的每一个代表都是神圣不可侵犯的。对这些神的化身的日益崇敬，尤其体现在对阿匹斯公牛（普塔的一个化身）的精致崇拜上；而为他举行华丽葬礼的巨大圣墓，也就是孟斐斯圣墓，在希腊也变得很有名。虽然这种轻微的倾向在古王国时期已经可以察觉到了，但现在却进入了一种没有节制的模式。这最终导致了罗马时代亚历山大人的狂热无度。很可能，祭司们为所有这些肉体的化身，如他们的神话故事，强加了一种更高级的意义，而他们从未拥有过这种意义。关于这种过程，我们已经在帝国时期发现了这样的例子，[10] 但我们无法确定，祭司们是否真的让希腊人了解了他们所赋予的所有特点。虽然他们在帝国接受的教育让他们很好地衔接了

第二十七章 复 兴

当前所处的时代，但他们现在必须学习一门语言和一种写作方法，并熟读大量传承下来的文学作品，而他们周围这个忙碌的世界早已与这些作品分道扬镳。正是在这个过程中，早被认为是神圣起源的古代文字，成为一种神圣的成就，是神圣学问的卓殊之处，因此被希腊人称为"圣书体"或神圣的符号。这样的教育必然会把祭司们带到一个被遗忘已久的世界里去，而这个世界遗赠下来的智慧，是终极的真理。现在，人们热切地寻找过去的文字和神圣的书卷，带着时代的尘埃，将它们收集、分类和整理。因此，过去是至高无上的；珍视它的祭司生活在一个阴影世界里，对当代世界来说，他们所珍视的东西没有什么重要意义。巴比伦也同样如此，同样的复辟精神现在主导着复苏的尼布甲尼撒（Nebuchadrezzar）帝国。世界已经老去，人们深情地怀念着她那远去的青春。

虽然赛伊斯时期的内部因素在很大程度上是具有追溯力的，也因此它被称为"复兴"，但其外交政策几乎没有考虑到过去。普萨姆提克一世的外交政策，与未遂的复辟，尤其是民族排他性形成了鲜明对比，而且他的外交政策也比以往任何时候都更加紧张。

图 184 普萨姆提克的姐妹阿曼底斯的雪花石膏雕像现藏于开罗博物馆。

第二十七章 复 兴

对秩序井然的中央政府进行改组，对精心设计的灌溉系统进行恢复，这些足以确保国家沿着传统的路线实现内部繁荣。但是，普萨姆提克的早年生活和所接受的训练使他无法满足于此。他目睹了贸易大动脉从广阔的亚述帝国的一端向另一端的搏动；他了解他正在建设的国家对外交通的巨大经济价值；他也认识到，这样的交通可能征收各种各样的税，为他的国库带来相当可观的收入。因此，他重拾了与叙利亚的关系；腓尼基人的大帆船塞满了尼罗河的河口；闪米特商人，即波斯时代数量众多的阿拉姆人的先驱者，挤满了三角洲。如果普萨姆提克能够在他的军队中雇用希腊人，他会发现这些希腊人在推进他的商业计划时同样有用。公元前8世纪以来，北方人开始在南方活动，其中"海上民族"的入侵更是从500多年前就开始了[11]——这些曾经只是一些先兆，而现在已经成了日常现象。希腊人从遥远的北方挺进，首次清晰地出现在了历史上。他们很久以前就拥有了希腊半岛及其邻近的群岛，以及他们的迈锡尼文明中心；现在他们已经发展出了繁荣的群落，迅速成长的海上国家，他们的舰队遍布地中海，为腓尼基人带来了激烈而持续的竞争。他们的殖民地和工业区，以及活跃的制造厂，迅速包围了地中海，并渗透到了黑海。普萨姆提克可能是第一个支持以这种方式在埃及建立殖民地的埃及统治者。不久，希腊商人云集全国，埃及人允许他们在国内设立制造区，特别是三角洲西部，靠近赛伊斯王室居所的地方。在孟斐斯，有一个希腊人居住区，也有一个卡里亚人居住区，其

578 他大城市可能也有类似的分区,以容纳外国人,尤其是希腊人。

希腊和埃及之间的往来渠道很快就为他们搭建起了直接、连续的关系,并在某些方面形成了密切的联系。普萨姆提克为了自己的征服计划不断地征召希腊新兵,这些新兵不知疲倦地与希腊商人积极交往,当然也将越来越多的民间故事传回了祖国,讲述着奇妙的埃及世界,一个对他们来说新鲜而又陌生的世界。底比斯的奇迹在《荷马史诗》中被歌颂,埃及的神也出现在他们的神话中。

最终,希腊人领会了埃及文明的外在,但他们从未学会阅读她的奇特文字,了解她的现存记录,或了解她古代历史的真相。随着时间的推移,出现了一批翻译员,他们人数众多,形成了一个众所周知的阶层。像希罗多德这样的质问者常常只能被动地接受他们所转换出来的信息。埃及人令人费解的缄默,以及他们的无限诉求,都给富有想象力的希腊人留下了深刻的印象。这种印象只能被这片土地所充满的奇迹所强化:巨大的建筑和神庙,对他们来说简直是一个谜;神秘的文字,覆盖着他们的墙壁;奇怪的河流,是他们前所未见的;非凡的宗教,在他们看来,神秘的宗教仪式似乎是为最深刻的真理披上的外衣;无数座令人印象深刻的遗迹,随处可见。此时,对那里的人民及其历史进行公正、客观的研究是不可能的,所以,所有这一切不可避免地蒙蔽了希腊人的眼睛,使他们看不到这里的最高智慧和文化。因此,希腊人从来没有正确领悟到埃及及其文明的真正特征。他们在关于尼罗河国家的著作中，经常嘲笑其奇怪的习俗，而且给我们传递了一种错误的印象，使我们对埃及的价值，特别是她的知识成就产生了错误的印象。希腊人也是如此崇敬埃及人的智慧，虽然我们都知道，希腊人对真理有着永不满足的渴望，心怀着不断探究的态度，这一点要比埃及人优越得多。在这种情况下，希腊人所熟悉的只是埃及后来的政治史，而且这段历史是他们通过直接观察所了解到的。从普萨姆提克一世的时代开始，就出现了大量关于第二十六王朝的希腊传说。如果能够妥善利用这些传说，他们将为我们提供关于这个时代的宝贵启示，因为这个时代的当地记录和遗迹（位于暴露的三角洲）几乎完全消逝了。

在外来生活的冲击面前，埃及人完全无动于衷，独善其身，以纯洁的仪态和不可侵犯的矜持为自己筑起了堡垒。如果他们有办法的话，他们早就把这些外国人一个一个地驱逐出境了；而在现在这种情况下，他们和现代的中国人一样，与这些外国人通商，并因为他们所带来的利益而甘心接受他们的存在。因此，我们将会看到，当赛伊斯法老深受希腊人性格的影响时，大部分埃及人都安然无恙。另一方面，希腊人一定也通过与尼罗河流域文明的交流而获益匪浅，尽管他们所获得的主要是物质利益。他们在那里发现了完善的、现成的技术流程，而他们独有的天赋使他们能够应用这些技术流程实现更高的目标，超越这些统治古老文明的人。当然，他们也借用了大量的艺术形式。早在第十二王朝

（公元前2000年），尼罗河的艺术就影响着迈锡尼文明的中心；而现在，它在这些北方地区依然是一股强大的力量。尽管"正面律"广为传播，古老的（所谓的）亚波罗（Apollos）重现了在埃及盛行的站立姿势的每一个细节，包括左脚向前突出的特征，这并非偶然。希腊人可能从赛伊斯肖像雕刻家身上学到了很多东西，甚至超越了他们的最高艺术成就。智力影响的证据更加难以捉摸，但希腊传说中有一点是真的，那就是他们接受了埃及的哲学。埃及祭司的哲学性神学中含有暗示性的萌芽，这些萌芽很容易渗入早期的爱奥尼亚哲学体系。早在第十八王朝就有了原始智力和创造性的"词"的概念。[12] 这几乎无法避免地影响到了早期访问埃及的、受过教育的希腊人，早在这种概念在希腊出现之前。埃及人对来世的坚定信仰，以及他们对殡葬的精心安排，无疑对希腊人和罗马人都产生了深远的影响；埃及宗教在古典世界的广泛传播，也显示了它现在给人们留下的深刻印象。直到今天，我们仍然可以在地中海盆地挖掘到它的象征符号。正是在普萨姆提克一世统治时期，这些来自埃及的影响开始被各国所感受到，这些国家正是为后来的欧洲文明奠定基础的国家；而且，这也是希腊世界伟大恢复者的个人威望的一个重要标志——科林斯（Corinth）强大的佩里安德（Periander）立了他的侄子普萨美提库斯（Psammetichos）为继承人。

到公元前640年，普萨姆提克感到自己已经足够强大了，可以恢复在亚洲的征服计划了，恢复埃及对叙利亚－巴勒斯坦的

第二十七章 复兴

传统主权，也可以与亚述争夺他们的所有权了。他攻打了非利士人，将阿什杜德（Ashdod）围困了多年，但他那雄心壮志却被从遥远的北方拥入的塞西亚（Scythia）人摧毁，他们横扫亚述，向南渗透到了埃及的边界。根据希罗多德的说法，他们后来被普萨姆提克收买了，普萨姆提克通过慷慨的馈赠成功地赎回了他的王国。但更有可能的是，他用自己强壮的臂膀拯救了他的土地。他已经把埃及从几百年的衰弱和落魄中拯救了出来。他统治了埃及54年，辞世的时候他留给埃及的是，自拉美西斯三世去世以后，500年来从未享受过的和平与繁荣。

1 | IV, 937, 949.
2 | IV, 935—958.
3 | IV, 988 D.
4 | IV, 949.
5 | IV, 967—973.
6 | IV, 949.
7 | IV, 902 end.
8 | IV, 1016, 1024.
9 | IV, 967 ff., 989 ff., 1015 ff.
10 | 见上文，第356—358页。
11 | 见第477—483页。
12 | 见上文，第356—358页。

第二十八章
最后的斗争：巴比伦和波斯

582　　当尼科在公元前 609 年接替他的父亲普萨姆提克一世登上埃及王位时，似乎没有什么能够阻止他在亚洲重建埃及帝国。随着普萨姆提克王国的蓬勃发展，曾经强大的尼尼微迅速衰落。在普萨姆提克一世统治时期，由于塞西亚部落的可怕造访，尼尼微再也没有恢复过来，当巴比伦与崛起的中间国的国王基亚克萨雷斯（Cyaxares）达成共识时，尼尼微根本无法抵挡他们的联合攻击。它不可避免的衰落在西方民族的意料之中，希伯来人那鸿就曾清晰地预见到了，他还欣喜若狂地预言了它的毁灭。尼科即位时，尼尼微正处于这种崩溃的状态下，因此他立即在亚洲重启了他父亲的帝国计划。他在地中海和红海都建立了一支舰队，第一

第二十八章　最后的斗争：巴比伦和波斯

年就入侵了非利士。奋起抵抗的加沙和阿斯卡隆随即被占领并受到惩罚，[1] 然后尼科率领一支庞大的军队继续向北推进。此时在脱离亚述掌控的犹大，先知党占据了上风。因为他们在将近一个世纪以前从西拿基立手中被救了出来，所以他们天真地相信，现在他们在埃及面前，还能以同样的方式得救。在历史悠久的米吉多平原上，埃及在近900年前第一次赢得了亚洲的霸主地位，而此时，年轻的约西亚（Josiah）不顾一切地扑向了尼科的大军。他那可怜的部队很快就被击溃了，而他自己，也受了致命伤，退到了耶路撒冷，最终在那里死去。尼科预计亚述方面至少会试图拯救它的西部领土，因此他毫不迟疑地向幼发拉底河施压。但是，亚述就快到濒死的边缘了，连最无力的抗争也完成不了；而尼科发现根本没有军队前来应战，又觉得自己没有足够的力量去攻打尼尼微，随后又向南撤退，占领了叙利亚全境，一举收复了古埃及的整个帝国。米吉多战役后过了三个月，他由奥龙特斯河到了里布莱，然后派人去召了约西亚的儿子约哈斯（Jehoahaz）。此时约哈斯已经被犹太人送上了他父亲的王位，并用链子锁了起来。尼科后又立了约西亚的另一个儿子以利亚敬（Eliakim）为犹大王，并改名叫约雅敬（Jehoiakim），还命他进贡银100他连得和黄金1他连得。不幸的约哈斯被法老带到埃及，死在了那里。尼科把他在这场胜利的战役中所穿的盔甲献给了米利都（Miletus）的布朗奇达伊（Branchidae），这是时代精神改变的特点——当然这是为了感谢助他成功的希腊雇佣兵。这一切与阿蒙当权的日子相比,有着翻天覆地的变化,那时胜利只属于亚述!在西顿有一块石碑碎片,可以追溯到尼科统治叙利亚的时期,上面用象形文字写着他的名字。²

尼科的新亚洲帝国并不长久。在不到两年的时间里,巴比伦国王那波勃来萨(Nabopolassar)和米堤亚的国王,危险的基亚克萨雷斯组成的联合部队就推翻了尼尼微。这座城市被摧毁了,这个国家作为一种政治力量被彻底消灭了。两个征服者瓜分了他们征服的领土,米堤亚人占领了北部和东北部,巴比伦占领了南部和西南部。叙利亚就这样成了那波勃来萨的战利品。但他已经老了,无法再继续他的收复事业了,所以他很快派他的儿子尼布甲尼撒与尼科对抗。听到这个消息,公元前605年,尼科十分明智地集结了他的军队,并迅速赶到幼发拉底河上的北部边境,等待着他的到来。在卡尔凯美什,法老的杂七杂八的军队被巴比伦人彻底击溃。在巴比伦的绝对胜利下,尼科根本不敢再寻阵地,也放弃了巴勒斯坦,他匆忙撤退到了三角洲,尼布甲尼撒却依然紧追不舍。尼科骄傲的军队仓皇撤退,穿过巴勒斯坦,给犹大的希伯来人留下了深刻的印象。耶利米(Jeremiah)在耶路撒冷向他的百姓讲解列国的动态时,毫不掩饰地讽刺和嘲笑了落荒而逃的埃及人。³若不是年轻的卡尔迪亚(Kaldea)王子因为他父亲的死而被召回到巴比伦,他必然会进一步征服埃及,或者至少是进一步地羞辱她。在当前的情况下,尼布甲尼撒不愿意离开都城太久,于是他与尼科达成了协议,随后回国即位。就这样,叙利

第二十八章 最后的斗争：巴比伦和波斯

亚-巴勒斯坦又成了巴比伦的领土。

尼科与巴比伦的协议要求他要放弃在亚洲雄心勃勃的计划。他遵守了契约，不再企图维护埃及在那里的主权，正如希伯来的编年史所记载的："埃及王不再从他国中出来。因为巴比伦王将埃及王所管之地，从埃及小河直到幼发拉底河都夺去了。"[4] 公元前596年，当尼布甲尼撒围困并占领耶路撒冷，驱逐犹大的主要家族时，他甚至没有做任何干涉。法老现在把精力放在了促进他父亲的商业事业上。他试图从三角洲重新挖掘连接尼罗河东段和红海的古运河。希罗多德声称，这次行动中有12万人丧生，而法老为了响应一道神谕，最终决定终止这个计划；而狄奥多罗斯也断言，国王的工程师警告他埃及有洪水泛滥的危险，这表明红海水位要比地中海高。这可能是他停止这项如此重要的工程的真正动机。通过尼罗河在红海和地中海之间建立海上联系，在当时能对埃及产生不可估量的商业利益，而且在战争时还能创造宝贵的战略优势。尼科对海上发展的兴趣也进一步印证了他著名的探险活动。他派遣了一群腓尼基水手，奉命在非洲航行，希罗多德称此地为利比亚。由于埃及人很早的时候就认为他们的土地被大海包围，也就是在南方与尼罗河相连的希腊海洋，因此腓尼基人实际上在三年内完成这一壮举，不足为奇。

大约在公元前593年，普萨姆提克二世接替了他的父亲尼科。他可能认为埃及在亚洲的前景是无望的，也可能是为了维持他父亲与巴比伦的契约，总之他未能在北方完成任何事业。他把注意力转向南方，试图收回努比亚，自埃塞俄比亚王国建立以来，努比亚便脱离了埃及的控制。他进攻了下努比亚，一支先头部队几乎冲到了第二瀑布。在那里，他们用希腊文在拉美西斯二世的一座巨像前留下了他们造访阿布辛贝的文字记录。正如我们之前提到的，这次入侵无疑为埃塞俄比亚人提供了一个借口，使他们把大瀑布上游的都城迁到麦罗埃，但是这次远征的结果可能并不持久，下努比亚从来没有成为赛伊斯王国的一个组成部分。埃及人与希腊人的关系在过去友好的关系基础上继续发展着。希罗多德还讲述了爱利亚斯（Eleans）如何派遣一支代表团前去邀请普萨姆提克二世来评判他们在奥林匹亚运动会管理上的公平性。在国内，他继续对底比斯实行赛伊斯式的控制，安排他的女儿埃尼赫恩奈弗里布（Enekhnesnefribre）由他的老姑姑收养，她的姑姑是普萨姆提克一世的女儿尼托克里斯，此时仍然是底比斯的"神女"和神权公主。普萨姆提克二世授予他的女儿"阿蒙大祭司"的头衔，她得到了尼托克里斯的财产；9年后，尼托克里斯去世。此后埃尼赫恩奈弗里布一直控制着底比斯，一直到70年后波斯人出现。[5]

与此同时，赛伊斯仍在觊觎着埃及在亚洲的古老领土，当阿普里斯（Apries）[埃及人称哈布尔（Ha'abre'）；希伯来人称"霍弗拉"（Hophra）]于公元前588年年初继承他父亲普萨姆提克二世的王位后，他立即重启了他的家族重返亚洲的古老计划。我们看到，早在公元前597年尼科统治时期，尼布甲尼撒因约雅

第二十八章 最后的斗争：巴比伦和波斯

斤（Jehoiachin）的背叛而被迫进攻耶路撒冷，尼科可能也暗中参与了此事。第二年，这座不幸的城市投降了，大约有9000到10 000的上等人被驱逐到巴比伦，只留下"这片土地上最贫穷的人"。⁶约雅斤的叔叔西底家（Zedekiah）被尼布甲尼撒封为国王，来治理这片苦难的土地。当他执政已有9年的时候，我们发现他正在反抗巴比伦。为什么会有这种愚蠢的政策，原因是显而易见的。他叛乱的日期是阿普里斯登基的日子。提尔、西顿、摩押、亚扪也差遣使者去见犹太王。当阿普里斯的重压也降在天平上时，摇摆不定的西底家再也承受不住了，于是他半心半意地和其他人一起放弃了巴比伦的主权。从前亚述当局发动类似叛乱之后发生的事件，现在在巴比伦的统治下再次上演；同盟国无法迅速采取一致行动。事实上，阿普里斯使他们不可能攻击到提尔和西顿。他派遣了一支远征队，试图从海上征服北方，也许是希望像他的祖父尼科那样，在幼发拉底河上与尼布甲尼撒会战。他在海上打败了提尔人和塞浦路斯人，带领了足够的军队登陆并占领了西顿，其他腓尼基城市也就此屈服。⁷还有一种可能是，公元前587年年初，尼布甲尼撒的一部分军队曾在南方出现，阿普里斯希望能把尼布甲尼撒从南方引开，或者切断这支现在正在攻打耶路撒冷的南方军队——如果是这样的话，那么这种战争构思是非常出色的。但是，他从来没有推进到足够远的地方，从而在内陆取得任何成就；尼布甲尼撒明智地把他的行动基地设置在了奥龙特斯河流域的里布莱，在那里他可以毫无顾虑地关注埃及的行动。他的敌人正在用尽全力互相攻击，如果阿普里斯向内陆进发，尼布甲尼撒可能很快就会遇到来自里布莱的力量。或许勒南在阿瓦德、提尔和西顿发现的赛伊斯时期的埃及纪念碑、石像、祭坛和刻有文字的石片残骸正是诞生于法老短暂统治腓尼基的时期。[8]很明显，法老也曾一度控制过黎巴嫩的领土。[9]

公元前586年春天，阿普里斯的军队终于出现在南方，威胁围困耶路撒冷的巴比伦人，但他们也只是给这座受困的城市带来了短暂的喘息，因为埃及军队再次表明他们无法应付亚洲的军队。事实上，阿普里斯可能毫不犹豫地放弃了他对巴勒斯坦的主张。因此，耶利米的预言得到了极好的证实，他一直宣称依靠埃及的援助是愚蠢的；不过这位不幸的先知为他政治家般的睿智付出了沉痛的代价，差点丢掉性命。公元前586年夏天，耶路撒冷沦陷，被夷为平地。落魄的西底家被带到里布莱的尼布甲尼撒营中，在目睹了自己的儿子被杀后，他失明了。犹太民族被消灭了，但这场灾难的始作俑者——埃及，并没有受到决定性的打击，他的力量也没有遭到削弱。多年来，尼布甲尼撒没有在这个方向下什么工夫；他的首要任务是惩治提尔，提尔在坚持了13年以后，最终在公元前573年屈服。

尽管在亚洲不太成功，但阿普里斯在他的王国内部管理上却享受到了无限的繁荣，这种繁荣只在他的曾祖父，也就是王国的创建者的统治下才出现过。他还从西部获得了绿洲地区的收入，在绿洲北部，他的官员瓦希伯雷诺夫（Wahibrenofer）建造了一

第二十八章 最后的斗争：巴比伦和波斯

座神庙。[10] 但是，正当他沉浸在他的财富和荣耀中时，一场悲剧却在一个意想不到的地方等着他。他发现他很难约束他的军队，无论他们来自哪个国家。有一次，军队中的利比亚人、希腊人和叙利亚人试图逃到努比亚，就像普萨姆提克一世统治时期的一群士兵一样。在阿普里斯的统治下，有多少人参与了这场叛乱，无法确定；可以确定的是，这个人数足以使国王非常担心，而且事件的记录也清楚地表明，"陛下害怕"。当逃兵们快到达第一瀑布时，阿斯旺的总督尼苏赫（Nesuhor），一个精明的官员，成功地劝阻了他们，把他们交给了国王，国王惩罚了他们。[11] 他们与本土士兵阶级之间的另一个误会并没愉快地解决。此时，希腊在昔兰尼（Cyrene）的新定居点正逐渐发展成为一个繁荣的国家，并蚕食着昔兰尼与埃及之间的利比亚人。阿普里斯认为明智的做法是遏制希腊殖民地的发展，因此他派了一批埃及军队去帮助利比亚人，当然这里面不包括他的希腊雇佣军。轻视敌人的埃及人漫不经心地挺身而出，然而却被希腊人尽数歼灭。他们因自己的狼狈不堪而恼怒，对阿普里斯充满了怨恨，他们以为他是要借着攻打昔兰尼的幌子摆脱他们这些军人。那么随之而来的就是战士阶层的起义，这场起义甚至扩大到了危险的程度。于是，阿普里斯委派一个名叫雅赫摩斯［希罗多德称他"阿玛西斯"（Amasis）］的人去安抚反叛者，并将他们镇压下来。阿玛西斯是个宫廷管家，也就是司礼官。在王宫里，除了这个职位外，他还担任着重要的司法职位。作为一个异常精明和有洞察力的人，他在这个时候的选择可以拯救阿普里斯，也可以毁灭阿普里斯。阿玛西斯巧妙地控制了局势，令不满的士兵很快拥立他为国王，而阿玛西斯派来召回这个叛徒的使者，却被他狠狠地羞辱并赶回去了。怒不可遏的法老现在愚蠢到把自己的愤怒发泄到这个不幸的使者身上。这个使者尽管现在是个有地位的人，但马上失去了鼻子和耳朵。看到他们的同僚受到如此不公的惩罚，许多阿普里斯的贵族和追随者愤而抛弃了他，转而支持阿玛西斯的事业。据希罗多德讲述，接下来便是一场战争，在这场战争中，阿普里斯的希腊雇佣兵在人数上占据优势，但被阿玛西斯的本地部队打败，阿普里斯被俘。有可能希罗多德在这里把当前的局势与后来的战斗混淆了；据我们从当代文献中的了解来看，这场战斗发生在两股敌对势力之间。不管怎样，阿玛西斯对待阿普里斯是仁慈的，没有把他赶下台，只是用他那精力充沛的手握住了他的权杖。接下来是一段共治期，毫无疑问，在这期间阿普里斯只扮演着微弱的角色。有一两座纪念碑记录了这两位统治者共治的情况。阿玛西斯现在仍然保留着以前那些不那么显赫的旧头衔。[12] 不过，在共治的第三年，两个摄政者之间发生了一场斗争。正如希罗多德所说的，阿普里斯得到了希腊人的支持，他带领一支由这些雇佣兵组成的军队，在舰队的支持下，从北方向赛伊斯前进。阿玛西斯很快集合了他的部队并发起攻击，将阿普里斯的军队打得丢盔弃甲，东逃西窜。他们继续向北流浪了几个月，道路上到处都是他们的出没之地，当然也靠掠夺为生；阿玛西斯派了一支部队来对付他们。在这期间，阿普里斯好像一个逃犯。不管怎样，他是在这次追击中被杀的，当时他正在他的舰队中幸存的一艘船上休息。阿玛西斯按照国王的规格为他举行了一场体面的葬礼，将他与他的赛伊斯祖先安葬在了一起，并为他的祭品安排了丰厚的收入。[13]

人们也许会认为，阿玛西斯的即位源于他高涨的民族情感，而不是希腊人对他的偏爱，然而从他对外国影响的明显反应来看，他还是对他们充满了感激之情。在这一点上，他的确是个极其精明的政治家。他似乎想要剥夺希腊人的特权，但实际上却给了他们想要的一切。不过，希腊商人以前在选择贸易地区上享有无限的自由，现在除了阿玛西斯为他们指定的城市以外，他们不得在三角洲的任何地方登陆。在位于三角洲西部的尼罗河克诺珀斯河口，这里可能有一个古老的但不太重要的定居点，阿玛西斯在这里建了一座新城，名为"瑙克拉提斯"（Naucratis），作为希腊人的家园和市场。他们很快将这里建成了埃及最重要的商业中心（还可能是整个地中海地区最重要的）。本质上，这是一座希腊城市，城墙内制造的货物，除了少数例外，其他的在任何意义上都不是埃及的。快节奏的生活在熙熙攘攘的市场和工厂里涌动，城市的构成和日常管理与希腊母国的任何工商界所盛行的并无二致。所有希腊人都或多或少地关心着它的成功和繁荣。因此，当瑙克拉提斯的主神庙即将兴建的时候，爱奥尼亚城市基奥斯（Chios）、提奥斯（Teos）、腓凯亚（Phocæa）和克拉索美纳（Clazomenæ）、多里安的罗兹岛、科尼多斯（Cnidus）、哈利卡纳索斯（Halicarnassus）和法塞利斯（Phaselis），以及爱奥利亚（Æolia）的米提林尼（Mitylene），共同出资建立了赫拉尼奥（Hellenium），一座巨大而庄严的圣所，由巨大的围墙围出了一个宽敞的围场。不过，强大的埃伊纳岛（Ægina）、米利都（Miletus）和萨摩斯（Samos）也各有一座自己的神庙。因此，尽管明显受到限制，希腊人在埃及仍然享有最大的特权，

图 185　来自赛伊斯时代一艘船的船头青铜山羊。见第 573 页。（现藏于柏林博物馆）

图 186　赛伊斯时代的绿色玄武石头像。见第 572—573 页。（现藏于柏林博物馆）

第二十八章 最后的斗争：巴比伦和波斯

阿玛西斯的法规也从来没有表现出，对领土上的希腊人所享有的福利怀有敌意。当一个德尔非安（Delphians）的使者找到他，请求他为他们的神庙建造工程捐款时（公元前548年），他慷慨地答应了。他还向林多斯（Lindos）、萨摩斯和昔兰尼的神庙赠送了礼物，并向斯巴达（Sparta）人赠送了一副华丽的盔甲。因此，他与欧洲和亚洲的希腊世界保持着密切的关系，并与萨摩斯富有强大的君主波利克拉特斯（Polycrates）保持着堪称盟友的友谊。他在国内外一直深受希腊人的欢迎，许多关于他的统治生涯和个人品格的故事在希腊人中间流传。

遗憾的是，我们对阿玛西斯的了解，也仅限于他与希腊人的交往；对于他的任何其他成就，我们几乎一无所知。他并没有忽视他在埃及人中的利益，因为考虑到阿普里斯遭遇的灾难，他不太可能这样做。他为赛伊斯和孟斐斯的神庙增建了华丽的建筑；他还将第一瀑布采石场运来的一个巨大的整体礼堂建在了赛伊斯，这座建筑也赢得了希罗多德的钦佩。人民享受着最大的繁荣，希罗多德断言，这片土地"在当时拥有着2万座城市"。他再次修订了法律制度，其中一项要求每一个居民"每年应向他所在地区的总督报告他如何维持自己的生活"。这一制度在梭伦访问埃及时被采纳，并在雅典得到执行。但最终，他对希腊人的明显好感还是没有逃过埃及方面的注意。阿玛西斯在三角洲东北部有两个边境要塞，[14] 其中之一是达夫尼。为了确保孟斐斯的安全，他必须把驻扎在达夫尼的希腊驻军转移到孟斐斯。最后，他不得不摘下面具，为了获得雇佣军和舰队支持，他动用了神庙的财富和收入。[15]允许祭司党吸纳如此大比例的土地资源，已不再符合现代政治家的作风。像埃及所拥有的海军，以及阿玛西斯军队中大量的雇佣兵，都严重地消耗着他的国库。因此，削减神庙的收入已经是不可避免的了。这只是一个开端，波斯时期神庙财产所遭受的侵犯更甚，其结果是到了托勒密王朝，祭司的收入和神庙财产所得到的税收已经锐减。由于政治上的无能，祭司只能忍气吞声；然而，这种不满逐渐蔓延到了所有上层阶级。但是，阿玛西斯，凭借着众所周知的聪明才智，总是能够操纵他手中的力量，让埃及方面感到无能为力，不得不同意他的要求。

　　阿玛西斯与希腊人保持着良好的关系，保障了他在地中海上的安全。在西部，他控制了绿洲，并在北部绿洲建立了一座神庙；[16]但他在东部关系上就没有那么幸运了。他篡夺了王权，让尼布甲尼撒找到了梦寐以求的羞辱埃及的机会，卡尔迪亚人认为，这样一场革命所引起的内部纷争自然会削弱埃及的力量。早在公元前568年阿普里斯死前，卡尔迪亚人的军队就出现在三角洲边境，但后续的行动过程不得而知。尼布甲尼撒想要征服埃及，但现在的情况与亚述人在埃塞俄比亚人统治下发现的那个无能的、处于无政府状态的埃及大不相同。无论如何，他没有征服这个国家。怀着热切的期望，等待着他们憎恨的法老王国被推翻的耶利米[17]和以西结（Ezekiel），[18]一定非常失望，因为他们满怀信心地为自己的同胞预言的灾难没有发生。不过，这场运动也浇灭了

第二十八章 最后的斗争：巴比伦和波斯

阿玛西斯征服叙利亚-巴勒斯坦的野心。尽管如此，他强大的海军还是征服了塞浦路斯，他使塞浦路斯成了埃及的附属国，向他进贡。他的海军现在变得非常强大了，为埃及的海上力量奠定了基础，因此到了托勒密时期，埃及成了地中海上占据统治地位的国家。

这个时候，尼布甲尼撒死了（公元前562年），也带走了他的强大人格，使得巴比伦帝国的威望遭到了明显的削弱。随着国内纷争的爆发，巴比伦与米堤亚的结盟也难以为继。当安尚（Anshan）国王赛勒斯（Cyrus），一个波斯人，最终推翻米堤亚国王阿斯提阿格斯（Astyages）（公元前550年），成功取代米堤亚王朝时，巴比伦的地位也走向了危险的边缘。赛勒斯的非凡事业现在成了一种奇观，西方的所有人都以惊奇和惊恐的目光注视着他。阿玛西斯充分意识到了一个新的危险，这个危险威胁着他的王国，同样也威胁着西方的所有其他强国。因此，公元前547年，他与吕底亚的克里萨斯王（Crœsus）、西方的斯巴达人，以及东方巴比伦人的拿波尼度（Nabuna'id）结成联盟。然而，这支盟军还没有开始联合行动，克里萨斯就被打败并废黜（公元前546—公元前545年）了。新的征服者和他的人民精力充沛，他们生活在自己家乡的山中，鲜活的力量几个世纪以来一直没有被耗尽。随后，他们被引向了巴比伦；公元前539年，巴比伦陷落。阿玛西斯无力控制。当庞大的波斯帝国在闪米特人留在两河流域的废墟上和小亚细亚王国的废墟上建立起来的时候，阿玛西斯根本无力阻止他们的进步。新的世界强国不可避免地将目光投向了埃及。凝视着赛勒斯的绝对霸权，阿玛西斯的最后几年一定笼罩在一种焦虑的不祥之感中。不过，他还是幸运的，没有受到像克里萨斯一样的裁决，因为当他在公元前526年年末或525年年初去世时，那场迫在眉睫的灾难还没有降临到他的王国上。

在长达44年的统治期间，阿玛西斯充分地展示了他作为政治家的品质。他有着丰富的资源和永不衰竭的聪明才智，但他属于希腊，很大程度上也是希腊世界的产物。他的本性让他从根本上反对法老的传统观念和神权观念。这一观念支配着古代王权，以至于它的遗迹都主要产自祭司体制，也迫使所有法老进入同一个模式。阿玛西斯把它们描绘成死板的、没有色彩的形式，每一种形式都和其他形式一样，具有相同且单调的神权属性。阿玛西斯很少考虑这些正式的祭司传统。当他处理了一个上午的公事之后，他喜欢抛开繁文缛节，宴请几位挚友，尽情享受欢乐的时光，当然也少不了美酒。在他那个时代，他是一个通情达理的人，不太文雅，对一切不会危及他地位的影响和趣味都欣然接纳；同时，他也展现了一个一流政治家的风范。关于他的机智和幽默，希腊人流传着很多故事，而他操纵人和事的那种轻松而巧妙的手法，也一直受到他们的钦佩。不过，阿玛西斯的性格和政策清楚地揭示了这样一个事实：我们一直追随的古埃及世界已经不复存在了。它的生命力，在赛伊斯时代的艺术中，又一次闪烁成了火焰，现在已经永远地熄灭了。赛伊斯国家不过是一个人工搭建的

第二十八章 最后的斗争：巴比伦和波斯

结构，由睿智的统治者巧妙地建立和维持着，但是由国家本身的主动性和生命力所决定的特征实际上早已消失。早在无情的冈比西斯敲响贝鲁西亚（Pelusium）的大门之前，埃及的陷落和她独特历史的终结就已经是不可挽回的事实了。赛伊斯国家是统治者的产物，他们着眼于未来，属于未来，与过去几乎没有或根本没有关系。他们本质上并不属于埃及，就像跟随波斯人的托勒密王朝一样。波斯人在公元前525年的征服，剥夺了阿玛西斯之子普萨姆提克三世的王位和王国，其实不过是统治者的改变，纯粹是一个外部事实。如果一种微弱的民族感情的爆发能使这个或那个埃及人在短时间内摆脱波斯的枷锁，那么这种运动就可以比作痉挛性的收缩。有时，有意识的生命早已离开了肢体，但这种收缩却会使肢体发生瞬间的颤动。随着普萨姆提克三世的陷落，埃及步入了一个新世界，她对这个世界的发展做出了很大的贡献，但她再也不能在其中发挥积极的作用了。她完成了伟大的任务，像尼尼微和巴比伦一样，无法从舞台上消失。她在波斯人和托勒密王朝的统治下延续了一段时间的人工生命，其间一直下沉，直到她变成了罗马的粮仓，被富有的希腊人和罗马人视为一片充满古代奇迹的土地。他们在她那古老的遗迹上乱写乱画，留下他们的名字，就像现代游客欣赏这些奇迹所做的那样。但是，她的那些不好战的人民，依然在将埃及建成世界的花园，没有任何觉醒的迹象。希伯来预言家说"必不再有君王出自埃及地"[19]——这确实应验了。

1	Jer.47, 1 and 5.
2	Proceedings Soc.of Biblical Arch., XVI (1894), pp. 91 f.
3	Jer.46:1—12。
4	II Kings 24:7.
5	IV, 988 A-988 J.
6	II Kings 24:15.
7	Diodorus, I, 68.
8	Rougé, letter to Renan, Revue arch. n. s., VII, 1863, pp. 194—198.
9	IV, 970.
10	Steindorff, Berichte der phil.-hist.Classe der Königl.Sächs, Gesellschaft der Wissenschaften zu Leipzig, 1900, p. 226.
11	IV, 989.
12	IV, 999 f.
13	IV, 996 ff.
14	IV, 1014.
15	Revillout, Revue égyptologique, I, 59 ff., III, 105.
16	Steindorff, Berichte der phil.-hist.Classe der Königl.Sächs, Gesellschaft der Wissenschaften zu Leipzig, 1900, p. 226.
17	Jer.43:8—13.
18	Ezek.40:10—18.
19	Ezek.30:13.

国王年表

（见《古埃及记录》，I，38—75）

注：所有带 * 的日期均是通过天文学方法确定的。

历法的采用　　　　　　　　　　　　公元前 4241 年

美尼斯即位，王朝开始　　　　　　　公元前 3400 年

　　　第一和第二王朝，公元前 3400—公元前 2980 年

18 任国王，420 年

　　　第三王朝，公元前 2980—公元前 2900 年

左赛尔至斯尼夫鲁，80 年

第四王朝，公元前 2900—公元前 2750 年

胡夫	23 年	
迪德夫	8 年	
哈夫拉	x 年	
孟考拉	x 年	
-------	x 年	
-------	18 年	
谢普塞斯卡弗	4 年	
-------	2 年	
总计	55 年	已知至少 150 年

第五王朝，公元前 2750—公元前 2625 年

乌瑟卡夫	7 年	
萨胡拉	12 年	
内弗尔卡拉（Neferirkere）	x 年	
谢普塞斯卡拉（Shepseskere）	7 年	
卡奈弗拉（Khaneferre）	x 年	
尼乌舍勒	30（+x）年	
门卡霍尔（Menkuhor）	8 年	
迪德克尔-伊塞西（Dedkere-Isesi）	28 年	
尤尼斯	30 年	
总计	122（+3x）年	至少 125 年

第六王朝，公元前 2625—公元前 2475 年

泰蒂二世	x 年
乌瑟卡拉（Userkere）	x 年
佩皮一世	21 年
迈瑞恩拉一世	4 年
佩皮二世	90（+x）年
迈瑞恩拉二世	1 年
总计	116（+3x）年　已知 150 年

第七和第八王朝，公元前 2475—公元前 2445 年

已知总计 30 年。

第九和第十王朝，公元前 2445—公元前 2160 年

18 任赫拉克利奥波利斯国王，估计 285 年

第十一王朝

荷鲁斯 瓦哈内克（Wahenekh）- 因提夫一世	50（+x）年
荷鲁斯 纳赫特内布 - 泰普尼弗（Nakhtneb-Tepnefer）- 因提夫二世	x 年
荷鲁斯 塞内克希布托（Senekhibtowe）- 孟图霍特普一世	x 年
尼伯帕特尔（Nibhapetre）- 孟图霍特普二世	x 年

内布托（Nibtowere）- 孟图霍特普三世		2（+x）年
尼伯帕特尔 - 孟图霍特普四世		46（+x）年
塞内克勒（Senekhkere）- 孟图霍特普五世		8（+x）年
总计	106（+x）年	已知总计 160 年

第十二王朝，公元前 2000—公元前 1788 年

共治

阿蒙涅姆赫特一世	30 年	公元前 2000*—公元前 1970* 年
		公元前 2000—公元前 1980 年，独立
		公元前 1980—公元前 1970 年，与其子
塞索斯特里斯一世	45 年	公元前 1980*—公元前 1935* 年
		公元前 1980—公元前 1970 年，与其父
		公元前 1970—公元前 1938 年，独立
		公元前 1938—公元前 1935 年，与其子
阿蒙涅姆赫特二世	35 年	公元前 1938*—公元前 1903* 年
		公元前 1938—公元前 1935 年，与其父
		公元前 1935—公元前 1906 年，独立
		公元前 1906—公元前 1903 年，与其子
塞索斯特里斯二世	19 年	公元前 1906*—公元前 1887* 年
		公元前 1906—公元前 1903 年，与其父
		公元前 1903—公元前 1887 年，独立
塞索斯特里斯三世	38 年	公元前 1887*—公元前 1849* 年

		年份不确定，与其子
阿蒙涅姆赫特三世	48 年	公元前 1849*—公元前 1801* 年
		年份不确定，与其父
		年份不确定，与其子
阿蒙涅姆赫特四世	9 年	公元前 1801*—公元前 1792* 年
		年份不确定，与其父
塞贝肯弗鲁尔（Sebeknefrure）	4 年	公元前 1792*—公元前 1788* 年
总计	228 年	
折抵共治期	15 年	
实际总计	213 年	

第十三至第十七王朝，公元前 1788*—公元前 1580 年
包括喜克索斯人统治时期，208 年

第十八王朝，公元前 1580—公元前 1350 年

雅赫摩斯一世	22（+x）年	公元前 1580—公元前 1557* 年
阿蒙霍特普一世	10（+x）年	56 年
		公元前 1557*—公元前 1501* 年
图特摩斯一世	30（+x）年	

图特摩斯三世	54 年	公元前 1501 年*5 月 3 日到 1447 年*3 月 17 日

（包括图特摩斯二世和哈特谢普苏特）

阿蒙霍特普二世	26（+x）年	公元前 1448*—公元前 1420 年
图特摩斯四世	8（+x）年	公元前 1420—公元前 1411 年
阿蒙霍特普三世	36 年	公元前 1411—公元前 1375 年
阿蒙霍特普四世	17（+x）年 25 年	公元前 1375—公元前 1350 年
（埃赫那吞	公元前 1375—1358 年）	
萨克雷	x 年	
图坦卡蒙	x 年	
艾	3（+x）年	
总计	227（+4x）年	至少 230 年

第十九王朝，公元前 1350—公元前 1205 年

哈马卜	34（+x）年	公元前 1350—公元前 1315 年
拉美西斯一世	2 年	公元前 1315—公元前 1314 年
塞提一世	21（+x）年	公元前 1313—公元前 1292 年
拉美西斯二世	67 年	公元前 1292—公元前 1225 年
麦伦普塔赫	10（+x）年	公元前 1225—公元前 1215 年
阿蒙麦西斯	x 年	公元前 1215 年
西普塔赫	6（+x）年	公元前 1215—公元前 1209 年
塞提二世	2（+x）年	公元前 1209—公元前 1205 年

总计　　　　　142（+6x）年　　　至少 145 年

过渡期

无政府状态和叙利亚篡权者的统治，5（+x）年，公元前 1205—公元前 1200 年

第二十王朝，公元前 1200—公元前 1090 年

塞特纳赫特	1（+x）年	公元前 1200—公元前 1198 年
拉美西斯三世	31 年	公元前 1198—公元前 1167 年
拉美西斯四世	6 年	公元前 1167—公元前 1161 年
拉美西斯五世	4（+x）年	公元前 1161—公元前 1157 年
拉美西斯六世	x 年 ⎫	
拉美西斯七世	x 年 ⎬ 15 年	公元前 1157—公元前 1142 年
拉美西斯八世	x 年 ⎭	
拉美西斯九世	19 年	公元前 1142—公元前 1123 年
拉美西斯十世	1（+x）年	公元前 1123—公元前 1121 年
拉美西斯十一世	x 年	公元前 1121—公元前 1118 年
拉美西斯十二世	27（+x）年	公元前 1118—公元前 1090 年
总计	104（+5x）年	至少 110 年

第二十一王朝,公元前1090—公元前945年

苏贝内巴德 } 荷里霍尔 }	x 年	公元前1090—公元前1085年
佩西布基诺一世	17(+x)年	公元前1085—公元前1067年
培瑙日姆一世	40(+x)年	公元前1067—公元前1026年
阿蒙尼姆派特	49(+x)年	公元前1026—公元前976年
西阿墨恩	16(+x)年	公元前976—公元前958年
佩西布基诺二世	12(+x)年	公元前958—公元前945年
总计	134(+6x)年	至少145年

第二十二王朝,公元前945—公元前745年

舍松契一世	21(+x)年	公元前945—公元前924年
奥索尔孔一世	36(+x)年	公元前924—公元前895年
塔该罗特一世	23(+x)年	公元前895—公元前874年
奥索尔孔二世	30(+x)年	公元前874—公元前853年
舍松契二世	0年	(逝于公元前877年,与奥索尔孔二世共治期间)
塔该罗特二世	25(+x)年	公元前860—公元前834年 (与奥索尔孔二世共治7年)
舍松契三世	52年	公元前834—公元前784年
毗摩	6(+x)年	公元前784—公元前782年
舍松契四世	37(+x)年	公元前782—公元前745年

总计	230（+x）年	折抵可能的共治期 30 年
实际总计	200（+x）年	至少 200 年

第二十三王朝，公元前 745—公元前 718 年

皮狄巴斯特	23（+x）年	公元前 745—公元前 721 年
奥索尔孔三世	14（+x）年	
塔该罗特三世	x 年	
总计	37（+3x）年	
折抵共治期	10 年	
实际总计	27（+x）年	至少 27 年

第二十四王朝，公元前 718—公元前 712 年

贝库拉乌夫（Bekueranef，波科里斯）　6（+x）年

公元前 718—公元前 712 年

至少 6 年

第二十五王朝，公元前 712—公元前 663 年

沙巴卡	12 年	公元前 712—公元前 700 年
沙巴塔卡	12 年	公元前 700*—公元前 688 年
塔哈尔卡	26 年	公元前 688—公元前 663 年
总计	50 年	至少 50 年

第二十六王朝,公元前663—公元前525年

普萨姆提克一世	54年	公元前663—公元前609年
尼科	16年	公元前609—公元前593年
普萨姆提克二世	5年	公元前593—公元前588年
阿普里斯(霍弗拉)	19年	公元前588—公元前569年
雅赫摩斯二世	44年	公元前569—公元前525年
普萨姆提克三世	几个月	公元前525年
总计	138年	

被波斯人征服(第二十七王朝),公元前525年

埃及作为波斯的一个省,其间被本土王朝短暂地中断(第二十八至三十王朝),公元前525—公元前332年

亚历山大大帝占领埃及,公元前332年

亚历山大和他的继任者统治埃及,托勒密王朝,公元前332—公元前30年

埃及成为罗马的一个省,公元前30年

版权专有　侵权必究

图书在版编目（CIP）数据

古代埃及：从原初时代到波斯征服 /（美）詹姆斯·亨利·布雷斯特德著；罗静译. -- 北京：北京理工大学出版社，2022.4

ISBN 978 - 7 - 5682 - 8445 - 5

Ⅰ.①古… Ⅱ.①詹…②罗… Ⅲ.①埃及—古代史—研究 Ⅳ.① K411.207

中国版本图书馆 CIP 数据核字（2020）第 078664 号

出版发行 /	北京理工大学出版社有限责任公司
社　　址 /	北京市海淀区中关村南大街 5 号
邮　　编 /	100081
电　　话 /	（010）68914775（总编室）
	（010）82562903（教材售后服务热线）
	（010）68944723（其他图书服务热线）
网　　址 /	http://www.bitpress.com.cn
经　　销 /	全国各地新华书店
印　　刷 /	唐山富达印务有限公司
开　　本 /	850 毫米 × 1168 毫米　1/32
印　　张 /	25.625
字　　数 /	505 千字
版　　次 /	2022 年 4 月第 1 版　2022 年 4 月第 1 次印刷
审 图 号 /	GS（2020）3824 号
定　　价 /	128.00 元

责任编辑 / 顾学云
文案编辑 / 朱　喜
责任校对 / 周瑞红
责任印制 / 李志强

图书出现印装质量问题，请拨打售后服务热线，本社负责调换